Die außerchristlichen Religionen bei Hegel

Reinhard Leuze

19

»Neunzehntes Jahrhundert«
Forschungsunternehmen
der Fritz Thyssen Stiftung

Vandenhoeck & Ruprecht

REINHARD LEUZE

DIE AUSSERCHRISTLICHEN RELIGIONEN BEI HEGEL

Studien zur Theologie und Geistesgeschichte
des Neunzehnten Jahrhunderts

Band 14

Forschungsunternehmen „Neunzehntes Jahrhundert"
der Fritz Thyssen Stiftung

REINHARD LEUZE

Die außerchristlichen Religionen bei Hegel

GÖTTINGEN · VANDENHOECK & RUPRECHT · 1975

ISBN 3-525-87468-5

© Vandenhoeck & Ruprecht, Göttingen 1975. — Printed in Germany.
Ohne ausdrückliche Genehmigung des Verlages ist es nicht gestattet, das
Buch oder Teile daraus auf foto- oder akustomechanischem Wege zu
vervielfältigen. Satz: Carla Frohberg, Freigericht 1.
Druck und Einband: Hubert & Co., Göttingen.

Vorwort

Die unübersehbar gewordene Literatur über Hegel hat einen Bereich auffallend vernachlässigt: Hegels Ausführungen zu den außerchristlichen Religionen. Die vorliegende Untersuchung wendet diesem Bereich ihre Aufmerksamkeit zu. Sie fragt nach den der Darstellung Hegels zugrundeliegenden Quellen und versucht von da aus, Hegels Bedeutung für die Religionswissenschaft in den Blick zu bekommen.

Die Arbeit lag im Sommer 1972 als Dissertation der Evangelisch-Theologischen Fakultät der Ludwig-Maximilians-Universität München vor, der ich für die Verleihung des Doktor-Grades danke. Mein besonderer Dank gilt meinem Lehrer, Herrn Professor Dr. W. Pannenberg D. D., der die Anregung zu dieser Arbeit gegeben und sie ständig mit Interesse und Rat betreut hat.

Mein Dank gilt gleichfalls Herrn Professor Dr. H. Fries, der — zusammen mit Herrn Professor D. M. Schmidt D. D. — die Abhandlung für die theologische Reihe des „Forschungsunternehmens 19. Jahrhundert der Fritz Thyssen Stiftung" vorgeschlagen hat. Ebenso danke ich der Fritz Thyssen Stiftung für die Übernahme und Finanzierung sowie dem Verlag Vandenhoeck & Ruprecht für die sorgfältige Betreuung der Arbeit. Meinen Eltern möchte ich diese Untersuchung widmen.

München, den 17. April 1974   Reinhard Leuze

Inhalt

I. Die chinesische Religion

IV. Die ägyptische Religion

V. Die jüdische Religion

VI. Die griechische Religion

VII. Die römische Religion

Einführung

Die Bedeutung der außerchristlichen Religionen liegt für Hegel darin, daß sich in ihnen der Begriff der Religion realisiert. Zwar ist dieser Begriff erst in der absoluten, d. h. der christlichen Religion, ‚gesetzt' in dem Sinne, daß er erst hier Gegenstand des Bewußtseins wird.[1] Aber das heißt nicht, daß die Entwicklung, die zu dieser Religion führt, dieser gegenüber keine Bedeutung hätte; denn daß „der Begriff nicht von Anfang, für sich herausgebildet ist, nicht unmittelbar (ist, das) ist (die) Natur des Begriffs, seine Lebendigkeit, sein Werden, Geistiges überhaupt; Wahrheit (ist) für das Bewußtsein nicht im Anfang."[2] Nur wenn man sich das klar gemacht hat, kann man verstehen, mit welcher Ausführlichkeit Hegel in seiner Religionsphilosophie, aber auch in anderen Teilen seines Werkes[3] auf die außerchristlichen Religionen eingegangen ist.

Eine angemessene Würdigung der von ihm auf diesem Gebiet geleisteten Arbeit ist indessen nur möglich, wenn man sich über die Quellen orientiert, von denen aus er seine Darstellung der einzelnen Religionen konzipiert hat. Damit ist bereits ein Ziel der hier vorliegenden Abhandlung angegeben. Es soll untersucht werden, wie sich diese Darstellung und das recht umfangreiche Schrifttum, das ihr zugrundeliegt, zueinander verhalten. Darüber hinaus wollen wir bei jeder Religion die Ergebnisse der modernen religionswissenschaftlichen Forschung in unsere Überlegungen einbeziehen, wenn das auch wegen des umfassenden Themas nur in selektiver Form geschehen kann. Schließlich soll nach der Relevanz gefragt werden, die Hegels Ausführungen für die Religionswissenschaft im allgemeinen und für das Problem des Verhältnisses des Christentums zu den außerchristlichen Religionen im besonderen haben.

---

[1] Vgl. Vorlesungen über die Philosophie der Religion (= PhdR) Hamburg 1966, IV S. 3.
[2] Ebd. II S. 18.
[3] Vor allem in der Geschichtsphilosophie und in der Ästhetik.

I. Die chinesische Religion

A. Die begriffliche Bestimmung als solche

1. Die Lassonsche Ausgabe

a) Die Staatsreligion

In der Lassonschen Ausgabe von Hegels Vorlesungen über die Philosophie der
Religion wird die Religion Chinas als „ausgebildete Zauberreligion"[1] charakterisiert. Zauberei ist „dies, daß das Geistige M a c h t über die Natur ist; aber dies
Geistige ist noch nicht als Geist, noch nicht in seiner Allgemeinheit, sondern es ist
das einzelne, zufällige Selbstbewußtsein des Menschen, der sich in seinem
Selbstbewußtsein . . . höher weiß als die Natur, der weiß, daß es eine Macht über
die Natur ist"[2]. Ihre Existenz findet diese begriffliche Bestimmung zunächst „bei
den ganz rohen, wilden Völkern"[3], den Eskimos, afrikanischen Stämmen und den
mongolischen Schamanen. Von Religion im eigentlichen Sinne kann hier noch
nicht die Rede sein[4]. „Denn zur Religion gehört wesentlich das Moment der
Objektivität, daß die geistige Macht für das Individuum, für das einzelne
empirische Bewußtsein als ein Selbständiges, als Weise des Allgemeinen gegen das
Selbstbewußtsein erscheint"[5]. Für die Entwicklung über die ersten Formen der
Zauberei hinaus ist der Begriff der „Objektivierung"[6] wesentlich. Erst mit dieser
„beginnt ein Verhältnis des göttlichen Gegenstandes zum Bewußtsein"[7]. Drei
Arten dieses Verhältnisses sind zu unterscheiden: Zuerst ist „das subjektive
Selbstbewußtsein . . . noch Meister und Herr; die lebendige, selbstbewußte Macht
. . . ist gegen die nur formelle, schwache Objektivität noch als Macht wirksam und
behält die Gewalt. Das zweite Verhältnis ist, daß das subjektive Selbstbewußtsein
des Menschen vorgestellt wird als abhängig vom Objekt"[8]. „Das dritte Verhältnis
ist die freie Verehrung, daß nämlich der Mensch die Macht als frei ehrt, sie als

---

[1] PhdR II S. 105.
[2] Ebd. S. 78.
[3] Ebd. S. 81.
[4] Trotzdem gebraucht Hegel öfters diesen Terminus: die „erste Religion" (ebd. S. 80); die
„Religion der Zauberei" (ebd. S. 81) oder einschränkend: die „erste Religion . . ., wenn wir es
Religion nennen wollen" (ebd. S. 81).
[5] Ebd. S. 85.
[6] Ebd. S. 85 — Hegel unterscheidet die „bloß formelle Objektivierung von der wahrhaften . . .
Jene ist dies, daß die geistige Macht, Gott, als gegenständlich für das Bewußtsein gemacht . . .
wird; die absolute Objektivierung dagegen ist das, daß Gott ist, daß er als an und für sich
seiend gewußt wird . . ." (ebd. S. 85 f.). Wir haben es hier nur mit der formellen
Objektivierung zu tun.
[7] Ebd. S. 86.
[8] Ebd. S. 86.

Wesen anerkennt, aber nicht als Fremdes"[9]. Doch ist Objektivierung nicht zu denken ohne die mit ihr eintretende Vermittlung, die darin ihren Ausdruck findet, daß das Verhältnis des Selbstbewußtseins zum Objekt nicht mehr „innerhalb seiner", sondern erst „in dem Anderen, vermittels eines Anderen, im Durchgang durch ein Anderes"[10] befriedigt wird. Bei dieser Vermittlung sind wiederum verschiedene Momente zu unterscheiden: Zunächst weiß sich das Selbstbewußtsein noch als „Macht über die Naturdinge", aber das Subjekt nimmt sich nicht mehr „die direkte Macht über die Natur selbst ... sondern nur die Macht über die Mittel"[11]. „Das Zweite[12] ... ist ein Verhältnis zu Gegenständen, die eher als ... selbständige Macht scheinen angesehen werden zu können"[13]. Die Verehrung solcher „elementarisch"[14] großer Gegenstände steht unter der Verehrung von Tieren, dem dritten Moment, weil das Leben ein höheres Prinzip ist, als „die Natur der Sonne oder des Flusses"[15]. Einen „wesentlicheren Gegenstand" erreicht die Verehrung schließlich auf der vierten Stufe, wenn „der M e n s c h selbst" es ist, „worin selbständige Geistigkeit angeschaut wird"[16]. Hier ist nicht jedes einzelne Bewußtsein „über die Natur mächtig", sondern nur wenige oder einer, z. B. der Kaiser von China, werden „als Geistigkeit angeschaut und verehrt"[17]. Hatten wir oben festgestellt, daß Objektivierung nicht ohne die zu ihr gehörende Vermittlung zu denken ist, so gilt andererseits, daß gerade in den Momenten dieser Vermittlung die Objektivierung sich vollzieht[18]. Somit stellt sich die Frage, wie sich die drei Arten der formellen[19] Objektivierung zu den vier Momenten der Vermittlung verhalten. Dabei ist klar, daß die erste Objektivierung, wo das „subjektive Selbstbewußtsein ... Meister und Herr"[20] ist, der ersten Vermittlung entspricht, wo der „Mensch unmittelbar Macht"[21] über die einzelnen Dinge ausüben kann. Schwieriger wird es beim zweiten Moment, das sowohl der ersten wie der zweiten Objektivierung zugeordnet werden muß, weil die Verehrung der Naturgegenstände nicht rein, sondern „mit Zauberei gemischt", also „zweideutig"[22] ist[23]. Ähnlich

---

[9] Ebd. S. 87.
[10] Ebd. S. 88.
[11] Ebd. S. 89.
[12] Die Gliederung Lassons ist nicht glücklich, da durch die Überschrift auf S. 91 das erste Moment der Vermittlung von den drei weiteren Momenten getrennt wird. Die Jubiläumsausgabe (G. W. F. Hegel, Sämtliche Werke Band XV, Stuttgart-Bad Cannstatt 1965, S. 309 ff.) macht den Gedanken Hegels hier besser deutlich.
[13] PhdR II S. 92.
[14] Ebd. S. 92.
[15] Ebd. S. 94.
[16] Ebd. S. 96.
[17] Ebd. S. 96.
[18] So vollzieht Hegel den Übergang vom zweiten zum dritten Moment mit den Worten: „Die nächste Objektivierung ist die ..." (ebd. S. 93).
[19] S. Anmerkung 23 und 25.
[20] Ebd. S. 86.
[21] Ebd. S. 92.
[22] Ebd. S. 93.
[23] Bei der zweiten Objektivierung kann sich der Mensch nur vorstellen, „daß er auf zufällige Weise abhängig sei, daß er nur durch eine Abweichung von seiner gewöhnlichen Existenz zur

verhält es sich beim dritten Moment, wo die Tiere zwar verehrt, andererseits aber der „größten Willkür unterworfen werden"[24] können. Erst das vierte Moment bezieht sich ausschließlich auf die zweite Objektivierung, und zwar auf jene Bestimmung dieser Objektivierung[25], in der davon die Rede ist, „daß die Geistigkeit sowohl als auch der natürliche Wille, der empirische, unmittelbare Geist, der Mensch, in der Religion sich wesentlich erkennt, und zwar erkennt, daß nicht das die Grundbestimmung ist, daß er von der Natur abhängig sei, sondern daß er sich als Geist frei weiß"[26]. Die dritte Objektivierung kann man mit keinem der vier Momente verbinden; hier „treten wir aus dem Kreise der Zauberei heraus, obwohl wir uns noch in der Sphäre der Naturreligion befinden"[27]. Diese Objektivierung wird erst in der ‚Religion des Insichseins', dem Buddhismus erreicht, wo die Macht als „Wesen"[28] gefaßt wird, wo die „f r e i e V e r e h - r u n g"[29] beginnt.

Wir sehen, daß die bisher erfolgte begriffliche Bestimmung der chinesischen Religion ausschließlich in der Stellung begründet ist, die dem Kaiser von China zugewiesen wird. Die chinesische Religion ist Zauberreligion, weil das einzelne Selbstbewußtsein die Natur beherrscht; sie ist die höchste Stufe dieser Religionsform, weil es nur *ein* Selbstbewußtsein ist. Wird nun der allgemeine Charakter dieser Religion näher betrachtet[30], so ergibt sich insofern eine Schwierigkeit, als eine Größe eingeführt werden muß, die begrifflich nicht vorbereitet ist: das, was die Chinesen ‚t'ien' nennen. Dieser t'ien, der „als das höchste Herrschende anerkannt wird", ist „nicht bloß die Naturmacht, sondern zugleich mit morali-schen Bestimmungen verbunden"[31]. Haben wir damit nicht den Bereich nicht nur des Zauberns, sondern sogar der Naturreligion überhaupt hinter uns gelassen? Hegel hält diese Folgerung für unangemessen[32]. t'ien ist für ihn nicht mehr als der ganz unbestimmte Inbegriff physischen und moralischen Zusammenhanges über-haupt[33]. Er gibt nicht die Gesetze, er beherrscht nicht die Natur; das ist alles dem Kaiser vorbehalten[34]. Freilich: Der Kaiser opfert ihm, er richtet seine Gebete an ihn[35] — beides ist schwer verständlich, wenn dieser t'ien nur die „ganz unbestimmte abstrakte Allgemeinheit"[36] ist, von der Hegel spricht.

Abhängigkeit komme" (ebd. S. 86). Bei der Bestimmung des zweiten Momentes wird dies ausführlicher erläutert: Das „Bewußtsein . . . verhält sich zu ihnen (sc. den Gegenständen d.V.) nur nach seinen zufälligen Wünschen, Bedürfnissen, Interessen, oder insofern ihre Wirkung als einzelne, als zufällig erscheint. Auf diesem Standpunkt interessieren den Menschen die Sonne, der Mond nur, insofern sie sich verfinstern . . . Das theoretische Interesse ist hier nicht vorhanden, sondern nur das praktische Verhalten des zufälligen Bedürfnisses" (ebd. S. 92).
[24] Ebd. S. 94.
[25] In der Jubiläumsausgabe wird hier schon die dritte Objektivierung erreicht (XV, S. 307). Diese Einteilung ist deshalb sinnvoller, weil so anders als in der Lassonschen Ausgabe (s. u.) alle drei Arten der Objektivierung der Zauberei untergeordnet werden können.
[26] PhdR II S. 87.
[27] Ebd. S. 88.
[28] Ebd. S. 120.
[29] Ebd. S. 123.
[30] Ebd. S. 105 ff.
[31] Ebd. S. 107.
[32] Ebd. S. 107 f.
[33] Ebd. S. 109.
[34] Vgl. ebd. S. 109 f.
[35] Vgl. ebd. S. 110.
[36] Ebd. S. 109.

b) Der Taoismus

Bisher wurde nur die chinesische „Staatsreligion" [37] betrachtet; schon Hegel aber
war sich darüber im klaren, daß neben dieser noch zwei andere Religionen
berücksichtigt werden müssen: die „Religion des Fo oder Buddha" [38] und der
Taoismus. Letzterem wollen wir uns nun zuwenden. Insofern bei dieser „Sekte des
Tao" von einer „Rückkehr des Bewußtseins in sich selbst" [39] die Rede ist, könnte
es scheinen, als sei schon innerhalb der in China selbst entstandenen Religionen die
zweite Form der Naturreligion erreicht, bei der der Mensch als „in sich gehend,
sich in sich sammelnd" [40] charakterisiert wird. Das ist aber nicht Hegels Meinung.
Für ihn handelt es sich hier um eine weitere Stufe der „e r s t e n [41] Gestaltung der
natürlichen Religion" [42]. Zwar kann man sagen, beim Taoismus sei der „Anfang, in
den Gedanken, das reine Element überzugehen"; aber die Bestimmungen des Tao
bleiben „vollkommene Abstraktionen" [43]. Das „Geistige fällt ... noch in den
unmittelbaren Menschen" [44], so daß das Verhältnis t'ien — Kaiser hier im
Verhältnis Tao-Lao-tzu seine Entsprechung findet [45]. Wie verhalten sich nun aber
die Taoisten zum Kaiser, der ja auch ihr Herrscher ist, wie die von Hegel
wiedergegebene Erzählung [46] deutlich zeigt? Wir finden keine Antwort auf diese
Frage, können aber vermuten, daß die Anhänger des Tao als ‚Staatsbürger' genau
dasselbe Verhältnis zu t'ien und Kaiser haben wie die anderen auch, während ihre
eigene Religion auf einen abgeschiedenen, privaten, innerlichen Bereich beschränkt
bleibt.

2. Die Jubiläumsausgabe

a) Die Staatsreligion

Die Stellung, die der chinesischen Religion in der Jubiläumsausgabe zugewiesen
wird, stimmt nur zum Teil mit der Anordnung überein, die wir bisher dargestellt
haben. Schon die Einteilung [47] zeigt die grundlegende Differenz: Die chinesische
Religion fällt nicht mehr unter den Oberbegriff der Zauberei [48]. Die Entwicklung

---

[37] Ebd. S. 107, Zur Problematik dieses Ausdrucks s. u. S. 31 ff.
[38] Ebd. S. 107, Der Buddhismus wird bei der Darstellung der indischen Religion behandelt.
[39] Ebd. S. 116.
[40] Ebd. S. 69.
[41] Sperrung von mir.
[42] Ebd. S. 116.
[43] Ebd. S. 117.
[44] Ebd. S. 117.
[45] Vgl. ebd. S. 117.
[46] Ebd. S. 115 f.
[47] XV S. 15.
[48] In seiner ‚Einführung in Hegels Religionsphilosophie' (Leipzig 1930) vermutet Lasson, erst
Bruno Bauer habe 1840 „in die Hegelsche Gliederung der Naturreligion die chinesische

setzt mit dem ein, was Hegel die „natürliche Religion"[49] nennt. Hier hat die
Zauberei ihren Ort, die in recht allgemeiner Weise als etwas mit dem „Moment der
Erhebung" Gegebenes bestimmt wird, „das . . . ein Höheres seyn soll als nur ein
Unmittelbares"[50]. Der nächste Schritt ist die „Entzweiung des Bewußtseyns in
sich selbst, so daß es sich weiß als bloßes Natürliches und davon unterscheidet das
Wahrhafte, Wesenhafte, in welchem diese Natürlichkeit, Endlichkeit nichts gilt und
gewußt wird als ein Nichtiges"[51].

Diese „Erhebung des Geistes über das Natürliche", die zunächst — in den „d r e i
o r i e n t a l i s c h e n R e l i g i o n e n d e r S u b s t a n z" — noch nicht „conse-

---

Religion als eine besondere Grundform, nämlich die ‚Religion des Maßes' hineingestellt"
(S. 115). Er will das mit der nicht bewiesenen Behauptung begründen, mit dem Worte
Zauberei, wie Hegel es verstehe, sei „der Grundzug der chinesischen Religion am deutlichsten
ausgesprochen" (ebd. S. 115). Darüber hinaus bemüht er die Hegelsche Logik für seine
Auffassung. Da das Maß (in der Logik) die letzte der Kategorien sei, die der Bestimmtheit des
Seins zugehören, bleibe zur Charakterisierung aller folgenden Formen der Naturreligion keine
logische Kategorie mehr übrig (vgl. ebd. S. 116). Deshalb sei kaum anzunehmen, daß Hegel die
chinesische Religion „aus dem allgemeinen Kreise der Religion der Zauberei hätte herausnehmen
wollen", da ihm „an der Übereinstimmung der Reihe der Religionen mit der Kategorientafel
seiner Logik ernstlich gelegen" (ebd. S. 116) sei. Das letzte Glied seines Beweisganges macht
Lasson selbst fragwürdig, wenn er im weiteren Verlauf seiner Ausführungen feststellt, daß
Hegel beim Übergang sowohl von der Religion der Zauberei zu der des Insichseins wie von der
indischen Religion zum Parsismus „bereits innerhalb der logischen Sphäre des Seins" zu den
Bestimmungen gelange, „die an sich den späteren Sphären des Wesens und des Begriffes
zugehören" (ebd. S. 181). Er ordnet der chinesischen Staatsreligion die Kategorie des Daseins
mit den Momenten von Endlichkeit und Unendlichkeit zu. Aber müßten diese Momente dann
nicht wesentliche Begriffe bei Hegels Charakterisierung der chinesischen Religion sein? Die
Bedeutung der Hegelschen Logik für die Einteilung der Religionen ist offensichtlich, wenn wir
uns die Ausführungen auf S. 19 ff. der Lassonschen Ausgabe vergegenwärtigen. Zunächst ist
hier von der „Religion in der Bestimmtheit . . . des Seins" (S. 19), zu der alle orientalischen
Religionen gerechnet werden, die Rede (vgl. ebd. S. 21). Es folgt die „Religion in der Bestimmtheit des Wesens" (ebd. S. 19), d. h. die jüdische und griechische Religion (vgl. S. 21),
und schließlich die „Religion in der Bestimmtheit des Begriffs, aber des noch endlichen . . ."
(ebd. S. 20), geschichtlich die römische Religion (vgl. ebd. S. 21). Aber die Frage ist, ob wir
von hier aus dazu berechtigt sind, auch die einzelnen Ausprägungen der ersten und zweiten
Form der Religion zu den einzelnen Bestimmungen der Logik in Beziehung zu setzen. Schließlich muß noch ein weiterer Einwand gegen Lasson geltend gemacht werden: Hätte Bruno
Bauer wirklich die Hegelsche Gliederung so eigenmächtig geändert, wie es bei Lasson den
Anschein hat, so wären auch alle Abschnitte von ihm eingefügt worden, die eine ‚Religion des
Maßes' voraussetzen. Da dies völlig unwahrscheinlich ist, kann kaum bezweifelt werden, daß es
für Hegel mindestens auch möglich war, die chinesische Religion als eine ‚besondere Grundform' aufzufassen.

Daß Lasson Bruno Bauer zuviel zutraut, hätte er schon aus der ersten von Marheineke 1832
herausgegebenen Auflage der Religionsphilosophie (Werke Bd. 11 + 12, Berlin) entnehmen
können. Schon dort spielt nämlich der Begriff des Maßes eine große Rolle (vgl. z. B. folgende
Äußerungen: „In dieser Form wird die Substanz als Maß gewußt. Das Weitere ist die Macht
dieser Maaße, dieser Substanz — diese Macht ist der Kaiser. Das Maaß selbst ist eine feste
Bestimmung; es heißt Tao, die Vernunft" [245 f.] und : „Das Maaß wird hier . . . als das an
und für sich Seyende gewußt. Dieß ist die allgemeine Grundlage" [247]).

[49] XV S. 274.
[50] Ebd. S. 274.   [51] Ebd. S. 274.

quent durchgeführt" [52] ist — ist nur „ein H i n a u f" [53]. Die Umkehrung ist das
„Verhältniß der Substanz zum Endlichen" [54]. Die Formen, die sich auf dieser
„allgemeinen Gründlage gestalten", sind „fortschreitende Versuche . . ., die
Substanz als sich selbst bestimmend zu fassen" [55]. In der chinesischen Religion
wird die Substanz als „e i n f a c h e G r u n d l a g e" gewußt; es darf aber „auch
auf dieser Stufe nichts von dem fehlen . . ., was zum Begriff des Geistes gehört" [56].
Die „Bestimmungen des Geistes" treten jedoch „auf ä u ß e r l i c h e W e i s e" [57]
hinzu, so, daß „ein p r ä s e n t e r Mensch als die allgemeine Macht gewußt
wird" [58]. Die Korrelation der beiden Begriffe ‚Substanz' und ‚Geist' bereitet besser
als das in der Lassonschen Ausgabe Gesagte die Ausführungen über die chinesische
Religion vor, da dort nur der Kaiser, hier aber sowohl Kaiser wie t'ien von
vornherein bestimmt sind. Da nun aber auch hier der Kaiser als letztes Moment der
Vermittlung erscheint [59], stehen Aussagen, die nur sinnvoll sind, wenn die
chinesische Religion als Form der Zauberei verstanden wird, neben solchen, die
voraussetzen, daß diese Religion den Bereich der Zauberei hinter sich gelassen hat.
Daß die Einteilung, in der die „Religion des Maaßes" [60] deutlich abgehoben wird
von den Formen der Zauberei, nur scheinbar eindeutig ist, zeigt sich auch bei dem,
was über die chinesische Religion im einzelnen gesagt wird [61]. Wir sind zwar aus
der „unmittelbaren Religion, welche der Standpunkt der Z a u b e r e i war . . .
herausgetreten, da der besondere Geist sich jetzt von der Substanz unterscheidet
und zu ihr im Verhältniß steht, daß er sie als die allgemeine Macht betrachtet" [62].
„Dennoch zieht sich . . . die Bestimmung der Zauberei . . . in diese Sphäre herein,
insofern i n d e r W i r k l i c h k e i t d e r e i n z e l n e Mensch, der Wille und das
empirische Bewußtseyn desselben das Höchste ist" [63]. Es muß also klar sein, unter
welchem Gesichtspunkt die chinesische Religion betrachtet wird, wenn die Frage
beantwortet werden soll, ob sie Zauberreligion sei oder nicht. Die Unterschiedlichkeit der Betrachtungsweisen wird nun aber nicht nur für die Einordnung der
chinesischen Religion relevant; sie macht sich auch geltend, wenn es um die
Klärung der Momente geht, die für diese Religion wesentlich sind. Dabei rekurriert
Hegel nicht mehr auf diese Unterschiedlichkeit, sondern begnügt sich damit,
Aussagen zusammenzustellen, die als solche nur schwer zu vereinbaren sind. So
werden die Bestimmungen, die t'ien als „a b s t r a c t e A l l g e m e i n h e i t",
„etwas ganz Leeres" kennzeichnen — Bestimmungen, denen, wie wir schon in der
Lassonschen Ausgabe fanden, das Verständnis der chinesischen Religion als
Zauberreligion entspricht — hier wiederholt [64]. Daneben ist t'ien „objective
Anschauung" des „An- und Fürsichseyenden" [65], des Maßes, als das die Substanz
gewußt wird, „Totalität der Maaße" [66] und „Macht der Maaße" [67], Aussagen, die
von einer ‚Religion des Maßes' ausgehen, die nicht mehr auf der Stufe der Zauberei
steht [68].

---

[52] Ebd. S. 275.
[53] Ebd. S. 325.
[54] Ebd. S. 325.
[55] Ebd. S. 325.
[56] Ebd. S. 325.
[57] Ebd. S. 325.

[58] Ebd. S. 326.
[59] Vgl. ebd. S. 317.
[60] Ebd. S. 15.
[61] Ebd. S. 342 ff.
[62] Ebd. S. 342.
[63] Ebd. S. 342 f.

[64] Ebd. S. 343.
[65] Ebd. S. 342.
[66] Ebd. S. 345.
[67] Ebd. S. 346.
[68] Vgl. die Einteilung ebd. S. 15.

Sind wir aber überhaupt darauf angewiesen, die offensichtliche Diskrepanz mit einer unterschiedlichen Betrachtungsweise zu erklären? Hat nicht Hegel selbst in den Ausführungen über die allgemeine Bestimmtheit der chinesischen Religion eine sehr viel bessere begriffliche Verarbeitung gegeben, wenn er davon spricht, der von der Substanz verschiedene Geist, der ja hier „besonderer, endlicher Geist ... M e n s c h" ist, sei „einer Seits der G e w a l t h a b e n d e, der Ausführer jener Macht" (der Substanz), „andrer Seits als jener Macht unterworfen, das A c c i - d e n t e l l e" [69]. Heißt das nicht, daß dem Geist einerseits das Verständnis des t'ien entspricht, das der chinesischen Religion als einer Form der Zauberei eigen ist und daß ihm andrerseits die für die ‚Religion des Maßes' charakteristische Auffassung zugeordnet werden muß? Aber dem gewalthabenden ebenso wie dem accidentellen Geist korrespondiert derselbe Substanzbegriff, der nur in einer Religion, die über der Zauberei steht, einen Sinn hat. Der Geist hat nur die Gewalt, indem er die Macht der Substanz ‚ausführt'. Wohl läßt sich sagen, daß er als der ‚Ausführende' nun selbst die Macht bekommt; aber eine Entgegensetzung in dem Sinne, daß nun nicht die Substanz, sondern er die Macht habe, was den eine Zauberreligion voraussetzenden Ausführungen Hegels, nicht der Himmel, sondern der Kaiser sei „Regent auf Erden" [70], entspräche, läßt sich von hier aus nicht ableiten. Die bei der Bestimmung von t'ien auftretende Differenz kann also nicht mit der Unterscheidung von gewalthabendem und accidentellem Geist erklärt werden. Diese Unterscheidung, die die ‚Religion des Maßes' voraussetzt, steht neben den Bestimmungen von t'ien, die die Frage nach der Stellung der chinesischen Religion nicht einheitlich beantworten. Ist eine eindeutige begriffliche Bestimmung, die konsequent durchgeführt wird, Kriterium für die Beurteilung, so kommt man zu dem Schluß, daß das Niveau des in der Lassonschen Ausgabe Gesagten hier nicht erreicht wird [71].

b) Der Taoismus

Hatte Hegel in der Lassonschen Ausgabe den Begriff ‚Tao' nur im Zusammenhang mit der Sekte der Taoisten verwendet, so führt er hier diesen Terminus schon bei der Besprechung der chinesischen Staatsreligion ein. ‚Tao' wird dabei eng mit dem zentralen Begriff des ‚Maßes' verbunden: Beim ‚Maß' handelt es sich nämlich um „feste Bestimmungen, die Vernunft (T a o) heißen" [72]. Da die Maße die „Gesetze des Tao" [73] sind, verschwimmen auch die Grenzen von Tao und t'ien, der ja als

[69] Ebd. S. 342.
[70] Ebd. S. 343.
[71] Das muß nicht unbedingt eine Kritik an Hegel sein; denn es ist fraglich, ob er jemals dieses Nebeneinander von Zauberreligion und ‚Religion des Maßes' als seine Sicht der chinesischen Religion vorgetragen hat. Es könnte sein, daß er in der Vorlesung vom Jahre 1831, von der uns keine Nachschrift erhalten ist (s. u. S. 59), die chinesische Religion konsequent als ‚Religion des Maßes' dargestellt hat und daß die Jubiläumsausgabe eine Kombination seiner früheren und seiner späteren Auffassung bietet.
[72] XV S. 344.
[73] Ebd. S. 344.

„das Ganze, die Totalität der Maaße" [74] charakterisiert werden kann, wogegen in der Lassonschen Ausgabe Tao als das abstrahierende, reine Denken [75] deutlich von t'ien, der abstrakten Allgemeinheit [76], abgehoben wurde. Werden so ‚Maß' und ‚Tao' nahe aneinandergerückt, so könnte man vermuten, daß nur die Sekte des Tao deutlich dem Bereich der Zauberei entnommen wird. Das ist aber nicht der Fall: Der Taoismus erscheint ebenso wie in der Lassonschen Ausgabe [77] als weitere Stufe der „ersten Gestaltung der natürlichen Religion" [78], die als Zauberreligion bestimmt wird, ja er ist insofern noch mehr dieser Gestaltung verhaftet, als nun die „Richtung zum Innern, dem abstrahirenden reinen Denken" [79] nicht mehr den „Übergang zur zweiten Form der Naturreligion", dem Buddhismus, „ausmacht" [80], da dieser in unserer Ausgabe erst hinter dem Hinduismus eingeordnet wird. Er hat seine Bedeutung für den begrifflichen Fortgang verloren [81] und ist nicht mehr als eine Variante der Zauberreligion, in der Tao und Lao-tzu bzw. dessen Priester an die Stelle von t'ien und Kaiser getreten sind [82].

B. Hegels Chinakenntnisse

Um zu einem fundierteren Urteil über Hegels Sicht der chinesischen Religion zu gelangen, müssen wir uns nun den von ihm selbst herangezogenen Quellen zuwenden. Die Hauptfrage dabei ist natürlich, wie Hegel diese Quellen verarbeitet

---

[74] Ebd. S. 345.
[75] Vgl. PhdR II S. 116.
[76] Vgl. ebd. S. 109.
[77] Vgl. ebd. S. 116.
[78] XV S. 351.
[79] Ebd. S. 351.
[80] PhdR II S. 116.
[81] Die Unterteilung der Naturreligion in vier Formen (PhdR II S. 68 ff.), von der aus der Taoismus als Übergang von der ersten zur zweiten Form verständlich wird, fehlt in der Jubiläumsausgabe. Diese hat insofern den Vorzug der Einheitlichkeit, als die doppelte Beurteilung des Taoismus einerseits als weitere Stufe der „ersten Gestaltung der natürlichen Religion" (PhdR II S. 116), andererseits als Übergang von der ersten „zur zweiten Form der Naturreligion" (ebd. S. 116) hier aufgegeben worden ist.
[82] a) Die Parallelisierung von t'ien und Kaiser bzw. Tao und Lao-tzu hat nur einen Sinn, wenn t'ien und Tao deutlich voneinander unterschieden werden können, d. h. wenn t'ien als Moment der Zauberreligion bestimmt wird.
So bezeichnet Hegel t'ien in diesem Zusammenhang als „abstracte Grundlage" (XV S. 352), den Kaiser hingegen als „Wirklichkeit dieser Grundlage, das eigentlich Herrschende" (ebd. S. 352). Es kommt aber nicht mehr zu einer Entgegensetzung von Kaiser und t'ien.

b) Was das Verhältnis der Taoisten zum Kaiser angeht, so bestätigt sich unsere oben S. 7 geäußerte Vermutung, wenn Hegel von den Taoisten als von einer „Klasse von Menschen" spricht, „die nicht n u r (Sperrung von mir) zur allgemeinen Staatsreligion des Thiän gehörten" (ebd. S. 351).

hat, ob er eine ihnen angemessene Darstellung gibt oder ob er sie mit Rücksicht auf die eigene Begrifflichkeit einseitig interpretiert oder gar verfälscht. Daneben stellen sich weitere Fragen, zunächst die, ob Hegel schlechthin alles, was an Berichten über China bis etwa zum Jahre 1800 in Europa erschienen war, gelesen oder ob er bestimmte Werke ausgewählt hat, wobei in diesem Fall gleich weiter zu fragen ist, ob Prinzipien erkennbar sind, nach denen diese Auswahl vorgenommen wurde. Weiter ist es für uns wichtig zu wissen, wie viel man zu Beginn des 19. Jahrhunderts in Europa von China wußte. Um diese Fragen beantworten zu können, müssen wir wenigstens in groben Zügen die Geschichte der Erforschung Chinas in Europa skizzieren. Der Überblick, den wir so gewinnen, wird uns erst die Möglichkeit geben, die von Hegel selbst benutzten Quellen richtig einzuordnen und uns damit eine Ausgangsbasis für die Erörterung der Hauptfrage zu verschaffen.

1. Das europäische Chinabild

1621 wurde in Si-an-fu ein zweisprachiger Gedenkstein gefunden, der durch syrisch-nestorianische Missionare im Jahre 781 n. Chr. errichtet worden war. Die Diskussion über die Inschrift dieses Steins war die Veranlassung zu dem 1667 von Athanasius Kircher herausgegebenen Werk: ‚China ... illustrata‘, dem „das Verdienst zukommt, weithin die Beschäftigung mit China ... angeregt zu haben" [83]. Bedeutsam für die Folgezeit wurde die Übersetzung chinesischer Originalurkunden, da sie viele gebildete Kreise dazu veranlaßte, sich mit der Geisteswelt Chinas zu beschäftigen. Zwei Werke sind hier zu nennen: 1. die von Pater Couplet besorgte, 1687 erschienene Zusammenstellung: ‚Confucius Sinarum Philosophus sive Scientia Sinensis latine exposita‘, die grundlegend für die Chinastudien von Leibniz war. Sie gibt unter anderem ‚Breves notitiae‘ über Sekten, „worin meist zutreffend der Taoismus, der Buddhismus ... und der Konfuzianismus ... erläutert werden" [84]; 2. die von Pater Noël ausgeführte, 1711 erschienene Übertragung der ‚6 Libri Classici Sinensis Imperii‘, worin zu den schon im ‚Confucius Sinarum Philosophus‘ übersetzten Büchern (Da Hüo, Dschung Yung, Lun Yü) noch die Übersetzung von Mong Dsi, des Hiau Ging und des San Dsi Ging kam [85]. Diese Werke vor allem waren die Grundlage für die Chinabegeisterung in Europa, die in der ersten Hälfte des 18. Jahrhunderts ihren Höhepunkt erreichte. Daß China in dieser Zeit zum für Europa idealen Land werden konnte, ist auf zwei recht unterschiedliche Ursachen zurückzuführen: einmal auf die „Schwärmerei" der Aufklärung „für das China des stilisierten Konfuzianismus, der Vernunftreli-

---

[83] R. F. Merkel, Zur Geschichte der Erforschung chinesischer Religionen, in: Studi e Materiali di Storia delle Religioni XV 1939, S. 90.
[84] Ebd. S. 96 f.
[85] Vgl. ebd. S. 98 f.

gion und der ‚bürgerlichen Tugend' "[86]: Voltaire ist hier das berühmteste Beispiel[87]; aber auch Ch. Wolffs ‚De sapienta Sinensium Oratio' (1721)[88] gehört in diesen Zusammenhang[89] — zum andern auf die Wirksamkeit der Jesuiten[90], die in ihren Berichten, den, um nur die wichtigsten zu nennen, 1717—38 in Paris erschienenen ‚Lettres édifiantes et curieuses . . .', die 1776—1816 eine Fortsetzung erhielten in den in Paris erschienenen ‚Mémoires concernant l'Histoire . . . des Chinois . . .', der 1735 in Paris erschienenen dreibändigen ‚Description geographique, historique, chronologique, politique et physique de l'Empire de la Chine et la Tartarie Chinoise' von J. B. du Halde, die 1747—49 in Rostock in deutscher Übersetzung herauskam[91], sowie den schon erwähnten Werken von Couplet und Noël, China im besten Licht erscheinen ließen. In der zweiten Hälfte des 18. Jahrhunderts läßt sich jedoch eine zunehmende Skepsis gegenüber der Chinaschwärmerei feststellen. Der wohl entscheidende Grund hierfür ist das Verbot der Jesuiten[92], das dazu führte, daß man auch in katholischen Kreisen den Missionsberichten über China keinen Glauben mehr schenkte[93]. Man zweifelt nun an der Wahrheit der chinesischen Annalen[94], und von der chinesischen Philosophie behauptet man, sie sei in einem so groben Zustand stecken geblieben, daß es kaum lohnend sei, sich mit ihr abzugeben[95]. Bezeichnend ist, daß besonders die

---

[86] O. Franke, Geschichte des Chinesischen Reiches I S. VII f.

[87] Über Voltaires Chinabild vgl. Merkel a. a. O. S. 106 und U. Aurich, China im Spiegel der deutschen Literatur des 18. Jahrhunderts, Berlin 1935, S. 29 und S. 66.

[88] Wolff vertrat die These, daß die Moral des Konfuzius nicht sehr von seiner eigenen abweiche, um daraus den Schluß zu ziehen, daß man zu einer haltbaren Sittenlehre auch ohne Offenbarung lediglich durch die menschliche Vernunft gelangen könne (vgl. Merkel, Deutsche Chinaforscher, in: A-Kult G 1951, S. 85), was bekanntlich das Mißfallen der Pietisten hervorrief.

[89] Allerdings waren nicht alle der Aufklärung nahestehende Denker von China so eingenommen wie etwa Voltaire (vgl. die Meinungen Diderots [Aurich a. a. O. S. 30], Montesquieus [ebd. S. 33] und Friedrichs des Großen [ebd. S. 34 und S. 67].

[90] Merkel hat sicher recht, wenn er die Zurückhaltung der Protestanten gegenüber China als „polemischen Gegensatz gegen die Jesuiten" versteht (Deutsche Chinaforscher S. 82). Man muß aber hinzufügen, daß die Gefahr, sich mit einem engen Horizont zufrieden zu geben, beim Protestantismus immer größer war als beim Katholizismus.

[91] Nach Aurich war sie „das Modebuch der vornehmen und gebildeten Kreise" (a. a. O. S. 19). Du Halde, der selbst nie in China war, habe „alles verdeckt . . ., was irgendwelche Schatten auf das . . . Bild der chinesischen Tugend hätte werfen können" (ebd. S. 20). Trotzdem meint Merkel, mit du Halde sei „der religionswissenschaftliche Ertrag des 18. Jahrhunderts erschöpft" (Zur Geschichte S. 105). Alles, was weiterhin veröffentlicht worden sei, beruhe „mehr oder minder auf dem bisher erschlossenen Material" (ebd. S. 105).

[92] Entscheidend war die Aufhebung des Ordens in Frankreich 1762-64, nicht erst das 1773 von Clemens XIV. verfügte Verbot.

[93] Vgl. Aurich a. a. O. S. 31; siehe auch A. Reichwein, China und Europa im 18. Jahrhundert, Berlin 1923, S. 158 f.

[94] De Guignes in seinem ‚Examen critique des Annales chinoises ou Mémoire sur l'incertitude des douze premiers siècles des ces Annales et de la Chronologie chinoise' (Rec. de l'Académie Mém. XXXVI, 1774, S. 164-189; vgl. Reichwein a. a. O. S. 159).

[95] Jones, Discours sur les Chinois, 1790, in: Recherches Asiatiques 1805, S. 401 ff. (vgl. Reichwein. a. a. O. S. 159).

Denker, welche die für die Aufklärung typischen Anschauungen nicht teilen, auch
in ihrer Beurteilung Chinas zurückhaltend oder ablehnend sind: Rousseau hat nach
dem Urteil Aurichs das Verdienst, die „Begeisterung des Rokoko" durch eine
objektive, wissenschaftliche Chinaforschung abgelöst zu haben [96]. Herder meint in
seinen ‚Ideen zur Philosophie der Geschichte der Menschheit', daß die Chinesen
sich „Jahrtausende hindurch auf derselben Stelle erhalten" [97] hätten, was er mit
der ‚mongolischen Abkunft' zu erklären sucht [98]. Der „Durchbruch der römisch-
griechischen Antike in den siebziger Jahren" [99] ist ein weiterer Grund für das
Zurückgehen der Chinaverehrung. Das läßt sich an Ch. Meiners zeigen, der die
nicht über den ersten Band hinausgekommene [100] deutsche Übersetzung der 16
Bände umfassenden ‚Mémoires . . . des Chinois' [101] mit chinafeindlichen Anmerkungen bereichert hat, in denen er den Ursprung der chinesischen Kultur in
Griechenland zu finden meinte [102]. Schließlich trat um 1800 „der ganze indische
Kulturbereich in das Blickfeld der europäischen Welt" [103], die Romantik griff die
neu erschlossenen religiösen Quellen, deren Mystik ihr mehr zusagte als die
moralischen Sprüche des Konfuzius, mit Enthusiasmus auf. So hatte die um 1700
lebhafte Chinabegeisterung „mit einer gewissen Ernüchterung, ja Ablehnung" [104]
ihr Ende gefunden.

2. Hegels Quellen

Wir sehen, daß die erste Phase der Erforschung Chinas bereits abgeschlossen war,
als Hegel begann, sich ein Urteil über dieses Land zu bilden. Wenn Hegel also seiner
Zeit gründliche Kenntnisse der „Literatur", des „ganzen Lebens" und der
„Geschichte" Chinas bescheinigt [105], so kann man ihm darin nur zustimmen.
Seine Behauptung aber, „daß wir jetzt durchaus über China Bescheid wissen" [106],
kann von unserem heutigen Wissensstand aus in dieser Allgemeinheit nicht mehr
akzeptiert werden. Ganz ungenügend war damals die Kenntnis der chinesischen
Kunst [107]; aber auch bei den Religionen Chinas war Wesentliches unklar oder noch

---

[96] A. a. O. S. 31.
[97] 1966, S. 184.
[98] Vgl. ebd. S. 281.
[99] Reichwein a. a. O. S. 160.
[100] Wenn Merkel (Zur Geschichte S. 102) von den „beiden ersten" Bänden spricht, so ist das
nicht richtig.
[101] Abhandlungen Sinesischer Jesuiten über die Geschichte, Wissenschaften, Künste, Sitten
und Gebräuche der Sinesen, Leipzig 1778.
[102] Vgl. Reichwein a. a. O. S. 160.
[103] Ebd. S. 162.
[104] Merkel, Zur Geschichte S. 107.
[105] Vorlesungen über die Philosophie der Weltgeschichte (= PhdWG) Hamburg 1968, S. 280.
[106] Ebd. S. 280.
[107] Vgl. H. Witte, Hegels religionsphilosophische Urteile über Ostasien, in: ZMR 1922, S. 146
und R. F. Merkel, Herder und Hegel über China, in: Sinica 1942, S. 19.

gar nicht erforscht. Man kann allerdings nicht sagen, daß Hegel „nur die
konfuzianische Form der Staatsreligion" gekannt habe [108], er hatte auch Berichte
über den Taoismus gelesen [109] und wußte, daß es noch eine dritte Religion, die
‚Religion des Fo‘, gab [110]. Man war sich jedoch damals nicht sicher, ob diese
Religion mit dem Buddhismus identisch sei [111], was nicht überraschend ist
angesichts der Tatsache, daß man mit der wissenschaftlichen Erforschung des
Buddhismus in dieser Zeit erst begonnen hatte [112]. Wichtiger noch als die
lückenhaften Kenntnisse auf diesem Gebiet ist die Tatsache, daß man sich den
„Universalitätscharakter des chinesischen Systems" [113], der durch Gelehrte wie O.
Franke und de Groot erschlossen wurde [114], noch nicht vergegenwärtigt hatte. So
faßte auch Hegel das als „rein chinesisches Staatsgesetz" auf, was „den Chinesen
selbst Weltgesetz war" [115]. Allerdings war er sich darüber im klaren, daß China in
seiner Geschichte sich von „allen andern Reichen abgeschlossen" [116] hatte. Er
wußte, daß die Chinesen ihren Staat nicht in seiner Unterschiedlichkeit gegenüber
anderen Staaten begriffen, sondern daß er für sie ein geordnetes Ganzes war, über
dessen Grenzen sie nicht hinaussahen. Insofern hat die mangelnde Kenntnis des
chinesischen Universismus keine so großen Auswirkungen auf das Chinabild
Hegels, wie man zunächst vermuten könnte [117]. Aus der Tatsache, daß schon
bevor Hegel sich mit China beschäftigte, verhältnismäßig viele Werke über dieses
Land erschienen waren, läßt sich nun eine weitere Folgerung ziehen: Es ist ganz
unwahrscheinlich, daß Hegel alle bis dahin veröffentlichten Berichte über China
gelesen hat. In der Tat zeigt sich, daß die von ihm ausdrücklich genannten oder nur
beiläufig erwähnten oder nur angedeuteten Werke nur einen Ausschnitt dessen
darstellen, was damals an Literatur über China hätte verarbeitet werden können.
Betrachtet man aber die verwendeten Werke genauer, so wird deutlich, daß es sich
um eine repräsentative Auswahl handelt, so daß man dem Urteil Wittes, Hegel sei
„der Literatur, die für ihn faßbar war, eingehend nachgegangen" [118], zustimmen
kann.

---

[108] So Merkel, Herder und Hegel S. 19.
[109] S. o. und u.
[110] Vgl. z. B. PhdR II S. 107.
[111] PhdWG S. 328.
[112] Vgl. H. v. Glasenapp, Artikel: Buddhologie in Rgg³ I, Tübingen 1957, Sp. 1492 — Das
Verhältnis Hegels zum Buddhismus wird von uns erst bei der Erörterung der indischen Religion behandelt (s. u. S. 61 ff.).
[113] Witte a. a. O. S. 141.
[114] Vgl. ebd. S. 137.
[115] Ebd. S. 141.
[116] PhdWG S. 276.
[117] Deshalb scheint mir eine Kritik an Hegels Chinaanschauung wie die Wittes, die sich ganz
von dieser mangelnden Kenntnis bestimmen läßt, recht einseitig zu sein. Freilich muß man
Witte zugute halten, daß er unter dem Einfluß des wenige Jahre vorher erschienenen Buches
von J. M. de Groot über den Universismus stand (Universismus. Die Grundlagen der Religion
und Ethik, des Staatswissens und der Wissenschaften Chinas, Berlin 1918 — über de Groot s.
Merkel, Deutsche Chinaforscher S. 97 f.).
[118] A. a. O. S. 130.

Als Hauptquelle nennt Hegel die von uns schon erwähnten ‚Mémoires concernant l'Histoire, les Sciences, les Moeurs, les Usages, etc. des Chinois par les Missionaires de Pékin' (Paris 1776—1814). Ein weiteres Sammelwerk, auf das er sich bezieht, ist die 13bändige ‚Histoire générale de la Chine des Pères de Mailla (Paris 1777—85), die noch nach der Meinung des Sinologen Ferdinand von Richthofen „die Grundlage für jede zusammenhängende Darstellung der Geschichte Chinas" [119] bildet. Daneben waren für Hegel zwei kleinere Werke von Bedeutung: der Reisebericht von Sir George Staunton, der 1798—1800 in Berlin unter der Überschrift ‚Des Grafen Macartney Gesandtschaftsreisen nach China ...' in deutscher Übersetzung erschien, und die Abhandlung des französischen Sinologen Abel-Rémusat ‚Mémoire sur la vie et les opinions de Lao-Tse' (Paris 1824). Zur Abrundung seines Chinabildes hat Hegel noch verschiedene andere Schriften herangezogen, die allerdings für seine Gesamtdarstellung nicht relevant sind, so daß wir sie bei der Beurteilung seiner Quellenverwertung nicht berücksichtigen müssen: An Lao-tzu war er so interessiert, daß er, wie er selbst bemerkt, in Wien die Übersetzung des Tao-te-ching eingesehen hat [120]. Zur Orientierung über Konfuzius dient ihm die Übersetzung Marshmans [121]; daß er auch das von uns erwähnte Werk ‚Confucius, Sinarum philosophus ...' benützt hat, ist unwahrscheinlich [122]. Er kannte die französische Übersetzung des Shu-ching [123] ebenso wie den von Abel-Rémusat übersetzten Roman Ju-kiao-li ou les deux cousins (Paris 1826; deutsch Stuttgart 1827) [124]. Um zu einem Urteil über den Wert der chinesischen Astronomie zu gelangen, stützte er sich auf Werke von Delambre und Laplace [125]. Er erwähnt das berühmte Buch von A. Kircher [126] und setzt sich mit der Chinaauffassung von Leibniz auseinander [127]. Schließlich kommt er auf manches zu sprechen, was schon in das allgemeine Bewußtsein der damaligen Zeit eingegangen war, so daß es nicht sinnvoll ist, hierfür eine bestimmte Quelle ausfindig machen zu wollen [128].

---

[119] Vgl. J. Grundmann, Die geographischen und völkerkundlichen Quellen und Anschauungen in Herders ‚Ideen zur Geschichte der Menschheit', Berlin 1900, S. 49 — Über Ferdinand v. Richthofen s. Merkel, Deutsche Chinaforscher S. 97.

[120] XVII S. 159.

[121] J. Marshman, The works of Confucius, containing the orginal text with a translation, London 1811.

[122] Zwar verweist Michelet in der Glocknerschen Ausgabe auf das von Couplet bearbeitete Werk (XVII, S. 156 Anm.), aber in den Vorlesungen über die Philosophie der Weltgeschichte gibt Hegel genau in demselben Zusammenhang Marshman als seine Quelle an (S. 315).

[123] Le Chou-king traduit par ... le P. Gaubil ... Paris 1770; s. u. Anm. 379.

[124] Vgl. PhdWG S. 295.

[125] Vgl. ebd. S. 316: J. J. Delambre, Histoire de l'astronomie ancienne Paris 1817; P. S. Laplace, Traité de la mécanique céleste, Paris 1799—1825 und Exposition du système du monde, Paris 1796.

[126] Ebd. S. 287.

[127] Ebd. S. 313 f.

[128] Das gilt etwa dann, wenn Hegel auf den Ritenstreit zu sprechen kommt (z. B. PhdR II S. 108 f.).

Da wir nun wissen, welche Quellen Hegel benützt hat, und uns auch über die wichtigsten Werke der europäischen Chinaliteratur bis etwa zum Jahre 1800 orientiert haben, können wir die Frage zu beantworten versuchen, ob bestimmte Prinzipien erkennbar sind, nach denen Hegel seine Quellen ausgewählt hat. Es zeigt sich, daß es Hegel darauf ankam, ein Bild vom neuesten Forschungsstand zu bekommen. Die ‚Mémoires . . . des Chinois . . .' und die ‚Histoire générale . . .' sind die letzten großen Sammelwerke des 18. Jahrhunderts, die sich mit China befassen. Ebenso ist Stauntons Reisebericht jüngeren Datums, vor allem wenn man bedenkt, wie viele Reisebücher „seit der französischen Jesuitenmission des 17. Jahrhunderts erschienen sind" [129]. Dabei hätte sich Hegel sicher lieber auf noch weniger weit zurückliegende Berichte gestützt; aber die Reisen der letzten Gesandtschaften waren, wie er selbst bemerkt, „nicht sehr lehrreich" [130]. Schließlich kann man daraus, daß Hegel die Lao-tzu Abhandlung Abel-Rémusats gekannt hat, entnehmen, daß er, auch nachdem er sich schon grundlegend und umfassend über die neuere Chinaliteratur unterrichtet hatte, noch bestrebt war, neu veröffentlichte Forschungsergebnisse bei seiner Beurteilung dieses Landes zu berücksichtigen [131].

Bei der Behandlung der Quellen Hegels müssen wir uns nun noch eine weitere Frage stellen, die wir hier nur vorläufig beantworten können, weil wir auf den Inhalt der Quellen noch nicht eingegangen sind. Es ist nämlich zu untersuchen, ob die Möglichkeit gegeben ist, daß die Meinung Hegels durch tendenziöse Berichte der Quellen präformiert wurde, sei es, daß man nur Gutes, sei es, daß man nur Schlechtes über China zu sagen wußte. Was das für Hegel wichtigste Werk, die ‚Mémoires . . . des Chinois', anbelangt, so muß man sich klar machen, daß es der Literatur der Jesuiten zuzurechnen ist, denen, wie wir sehen, alles daran lag, China als mustergültiges Land vorzustellen. Grundmann rechnet es zur Gruppe der Werke, die „die chinesische Kultur und Staatsverfassung als wirtschaftliches und politisches Ideal hinstellen" [132], während er Maillas ‚Histoire générale . . .' den ‚neutralen' Werken zuordnet [133]. Wenn es sich nicht herausstellen sollte, daß die

[129] H.-J. Schoeps, Die außerchristlichen Religionen bei Hegel, in: Studien zu unbekannten Religions- und Geistesgeschichte, Göttingen 1963, S. 257. Damit ist schon gesagt, daß ich die Meinung von Schoeps, der diese Reisebücher als Quellen für Hegel namhaft macht (s. S. 257), nicht billige. Die einzelnen Kenntnisse Hegels lassen sich im großen und ganzen, wie noch zu zeigen sein wird, aus den Quellen belegen, die Hegel selbst angibt.

[130] PhdWG S. 286 — Zu den nicht lehrreichen Gesandtschaften ist auch die von William Pitt Amherst zu rechnen, auf dessen vermutlich 1820 in London erschienenen Chinabericht ‚Scenes in China . . . exhibiting the manners, customs, diversions, and singular pecularities of the Chinese . . . including the most interesting particulars . . .' Hegel an einer Stelle (PhdWG S. 308) zu sprechen kommt.

[131] Vgl. den Brief Hegels an den Hamburger Fabrikanten Duboc vom 22. 12. 1822: „Meine Vorlesungen über die Philosophie der Weltgeschichte machen mit sehr viel zu tun. Ich bin in Quartanten und Octavbänden zunächst noch an Indischem und Chinesischem Wesen . . ." (vgl. PhdWG S. VII). Die grundlegende Beschäftigung Hegels mit China fällt also in den Zeitraum des Wintersemesters 1822/23, in dem er zum ersten Mal seine Vorlesungen über Philosophie der Weltgeschichte hielt. Die Abhandlung Abel-Rémusats erschien aber erst im Jahre 1824.

[132] A. a. O. S. 44.

[133] Ebd. S. 47.

übrigen Quellen Hegels gegenüber China so ablehnend sind, daß man hierin einen Ausgleich für die wohlwollende Beurteilung der Mémoires zu sehen hätte, wird man sich grundsätzlich mehr bei lobenden als bei tadelnden Äußerungen Hegels fragen, ob eine Zurückführung auf die Eigenart der Quellen möglich ist.

C. Die begriffliche Bestimmung in ihrem Verhältnis zu den Quellen

1. Das Verhältnis Kaiser — t'ien

a) Die Lassonsche Ausgabe

Die Frage, ob Hegel dazu legitimiert ist, die chinesische Religion als Religion der Zauberei zu verstehen, kann nur beantwortet werden, wenn geklärt worden ist, wie sich diese beiden Größen, Kaiser und t'ien, zueinander verhalten. Hegel mußte ja, wenn er in China das Prinzip der Zauberei finden wollte, Kaiser und t'ien voneinander abheben, ja in einen Gegensatz zueinander treten lassen, wobei der Kaiser als gegenwärtiges einzelnes Selbstbewußtsein „die göttliche Macht" [134] war, während mit t'ien eine „ganz unbestimmte, abstrakte Allgemeinheit" [135] bezeichnet wurde. Es fragt sich aber, ob nicht diese Entgegensetzung als solche bereits das verfehlt, was die Chinesen meinten, wenn sie t'ien und Kaiser miteinander verbanden. Freilich kann man Hegel nicht vorwerfen, er habe übersehen, daß in China t'ien als das „höchste Herrschende anerkannt" [136] wurde. Jedoch zielt seine Argumentation darauf ab, t'ien als so abstrakt erscheinen zu lassen, daß in Wirklichkeit der Kaiser sich als das eigentlich Herrschende herausstellt [137]. Genau das aber muß bezweifelt werden, wenn man sich die Aussagen der Quellen Hegels vergegenwärtigt. Der Kaiser wird als ‚Sohn des t'ien' bezeichnet, was an einer Stelle dahingehend erläutert wird, daß er vom t'ien das Imperium und die Herrschaftsgewalt über die Völker bekommen habe [138]. Daraus ergibt sich einerseits, daß die Stellung des Kaisers, was das Verhältnis zu t'ien anbelangt, untergeordnet ist, andererseits fällt es schwer, im t'ien, auf den der Kaiser ja seine ganze Würde zurückführen muß, ein bloßes Abstraktum zu sehen. Man könnte nun freilich einwenden, daß es sich hier um rhetorische Floskeln handle, aus denen nicht so grundlegende Folgerungen gezogen werden dürften. Es ist aber die Frage, ob man auf diese Weise dem chinesischen Denken gerecht wird, vor allem wenn man sich einen Bericht in den Mémoires vor Augen führt, der die Übergabe der

---

[134] PhdR II S. 107.

[135] Ebd. S. 109.

[136] Ebd. S. 107; vgl. PhdWG S. 322.

[137] Vgl. PhdR II S. 107 ff., Mémoires (= M) IV, S. 96.

[138] „L'Empereur est le fils du Tien suprême, c'est de lui qu'il reçoit l'Empire & un pouvoir souverain sur les Peuples, pour les instruire & les gouverner, les récompenser & les punir; voilà pourquoi l'Empereur prend le titre de Tien-Tsée" (M IV, S. 96). Vgl. auch M VI, S. 332: „Le souverain est réputé fils du Ciel." (Ich habe die französische Rechtschreibung und Akzentsetzung in ihrer vom heutigen Gebrauch differierenden altertümlichen Form belassen.)

Macht vom Kaiser Yao an den Kaiser Shun [139] zum Inhalt hat [140] und zeigt, daß
die Abhängigkeit der Kaiser vom t'ien ihren Ausdruck in religiösen Handlungen
fand, die, wenn man die von den chinesischen Kommentatoren gegebene
Interpretation ernst nimmt, nicht als bloß äußerlich abgetan werden können. Der
erste Akt Shuns als Kaiser war es, dem t'ien zu opfern. Das wird dahingehend
erläutert, daß Yao Shun das Imperium nicht geben konnte, „puis qu'il n'etoit pas
à lui: Que le Tien avoit rendu Chun digne de lui succéder ...“ [141]. So machte
Yao Shun zunächst zum „Chef des sacrifices, pour montrer la source &
l'excellence de son autorité ...“ [142]. Es kann also nur einen vom t'ien
ermächtigten Kaiser geben, was sich auch daran zeigt, daß die entmachteten
Herrscher gefühlt haben, „que le ciel les rejettoit ...“ [143]. Auch die Völker „ne
voient plus leur Prince dans celui qui n'est plus l'homme du Tien“ [144]. Diese
allgemeine Denkweise, die wir schon im ältesten China vorfinden, „ôte tout-a-coup
à un Empereur toute ressource“; sie „fait trembler les Empereurs sur leur
Trônes“ [145]. Das heißt doch, daß t'ien, weit entfernt davon, als abstrakte
Allgemeinheit hinter dem Kaiser zu verschwinden, ein kritisches Prinzip ist, das
sich gegen den Kaiser richten und ihn zur Abdankung zwingen kann. Freilich,
wenn t'ien die Kaiser verwirft, so deshalb, „parce qu'ils avoient abusé de l'autorité
qui leur etoit confiée [146]. Man muß fragen, ob Hegel nicht doch diesen
Zusammenhang bedacht hat, wenn er in seiner Geschichtsphilosophie meint,
kennzeichnend für „eine feinere Art von Zauberei“ sei es, daß „das Benehmen des
Menschen ... das absolut Determinierende“ [147] sei. „Wenn der Kaiser sich wohl
verhält, so ist der Himmel genötigt, es ihm wohlgehen zu lassen“ [148]. Es ist nur die
Frage, ob man die Beziehungen Kaiser — t'ien so personal fassen darf, wie Hegel
das in diesem Satz tut, was um so verwunderlicher ist, als wir bisher an Hegels
t'ien-Verständnis die allzu große Abstraktheit zu kritisieren hatten. Hegel geht also
in zweifacher Weise vor, um die chinesische Religion der Zauberei unterordnen zu
können: Auf der einen Seite abstrahiert er t'ien so sehr, daß der Kaiser als der
eigentlich Herrschende übrig bleibt; auf der anderen Seite faßt er das Verhältnis
Kaiser — t'ien personal, um zu zeigen, daß die Handlungen des t'ien immer von

---

[139] Diese beiden Kaiser gehören zu den sogenannten ‚Urkaisern‘, die nicht als „vollhistorisch“
betrachtet werden können. Das heißt nun aber nicht, daß unserem Bericht keine Bedeutung
zukäme, ganz im Gegenteil: Die „«heiligen Herrscher» der Vorzeit“ waren nämlich „Vorbilder
idealen Herrschertums, denen nachzueifern den irdischen Herrschern von ihren Beratern
immer wieder angeraten wurde“ (Fischer Weltgeschichte 19; Das Chinesische Kaiserreich,
Frankfurt 1968 [= FiWG], S. 19). Dabei waren gerade Yao und Shun Vorbilder für die
Konfuzianer (vgl. ebd. S. 22). Unser Bericht zeigt, daß „die Herrschaft durch freiwillige
Übertragung an einen würdigen Nachfolger weitergegeben“ wurde, was vielleicht auf ein „im
ältesten China ... bestehendes Wahlherrschertum“ hindeutet (ebd. S. 22).
[140] M I S. 258 ff.
[141] Ebd. S. 259.
[142] Ebd. S. 259.
[143] Ebd. S. 259.
[144] Ebd. S. 259.
[145] Ebd. S. 259.
[146] Ebd. S. 259.
[147] PhdWG S. 325.

denen des Kaisers abhängig sind. In beiden Fällen wird aber das Verhältnis Kaiser — t'ien nicht angemessen interpretiert: Die zu starke Abstraktion des t'ien kann nicht mehr verständlich machen, wie sich t'ien gegen den Kaiser wenden und ihn verwerfen kann; die zu starke Personalisierung dieser beiden Größen läßt t'ien einem Zwang unterworfen sein, wo er nur aktualisiert, was in ihm selbst angelegt ist. Eine Unterordnung der chinesischen Religion unter die Zauberei läßt sich von den Quellen Hegels aus nicht rechtfertigen.

b) Die Jubiläumsausgabe

Wir haben gesehen, daß die Bestimmung der chinesischen Religion in der Jubiläumsausgabe zweideutig ist: Mit der Stellung des Kaisers wird sowohl die Ausgrenzung aus dem Bereich der Zauberei wie die Einordnung in diesen begründet, die Ausgrenzung insofern, als der Kaiser der „besondere Geist" ist, der sich „von der Substanz unterscheidet" [149], die Einordnung insofern, als der Kaiser als „der einzelne . . . das Höchste" ist [150]. Darüber hinaus ergibt sich dadurch eine weitere Schwierigkeit, daß da, wo die „allgemeine Bestimmtheit" der chinesischen Religion ausgeführt wird [151], nur eine Vorstellung zugrunde liegt, die die Ausgrenzung aus dem Bereich der Zauberei voraussetzt, obwohl hier doch schon alle für die geschichtliche Existenz der Religion wichtigen begrifflichen Momente fixiert sein müßten. Nachdem gezeigt wurde, daß die Unterordnung unter die Zauberei von den Quellen her nicht möglich ist und die Jubiläumsausgabe, was diese Sicht der chinesischen Religion anbelangt, keine neuen Aspekte bietet, scheint es mir methodisch am besten zu sein, in den folgenden Ausführungen nur die Vorstellungen zu berücksichtigen, die von einer ‚Religion des Maßes' ausgehen, und zu prüfen, inwiefern sie sich mit den Quellen Hegels vereinbaren lassen.

Ohne Zweifel liegt hier eine angemessene Verarbeitung der Quellen vor, weil klar gemacht wird, daß in jedem Fall der Kaiser vom t'ien abhängig ist. Zwar stellt sich die „ä u ß e r l i c h e   W e i s e", wie die „Bestimmungen des Geistes" zur Substanz hinzutreten [152], für Hegel so dar, „daß ein p r ä s e n t e r   M e n s c h" [153] als die allgemeine Macht gewußt wird, woraus man entnehmen könnte, daß t'ien nur Ausdruck für die Bedeutsamkeit des Kaisers, nicht aber etwas gegenüber dem Kaiser Selbständiges sei. Aber im nächsten Satz macht Hegel diese Folgerung unmöglich, wenn er meint, in der chinesischen Religion sei der Kaiser „wenigstens das B e t h ä t i g e n d e der Macht" [154]. Die Unterscheidung von gewalthabendem und accidentellem Geist [155] kann als glückliche Zusammenfassung des in den

---

[148]　Ebd. S. 325.
[149]　XV S. 342.
[150]　Ebd. S. 342 f.
[151]　Ebd. S. 342.
[152]　Ebd. S. 326.
[153]　Ebd. S. 326.
[154]　Ebd. S. 326.
[155]　Vgl. ebd. S. 342.

Quellen Gesagten gelten; denn als solcher, der in Verbindung mit t'ien ist, hat der Kaiser die Gewalt; er ist aber accidentell, weil t'ien sich jederzeit gegen ihn richten und ihn seiner Würde berauben kann. Wenn t'ien als „objective Anschauung" des „An- und Fürsichseyenden" [156], des Maßes, verstanden wird, so obliegt dem Kaiser die „B e t h ä t i g u n g   d e s   M a a ß e s", d. h. konkret die „Aufrechterhaltung der Gesetze" [157]. Die falsche Entgegensetzung, nicht t'ien, sondern der Kaiser habe die Gesetze gegeben oder gebe sie [158], wird hier vermieden, die Aufgabe des Kaisers ist es, „das Gesetz zu ehren und demselben Anerkennung zu verschaffen" [159]. Schließlich ermöglicht es der nun für die Bestimmung des t'ien grundlegende Begriff des Maßes, die für das chinesische Denken charakteristische Weise, in der das Verhalten des einzelnen, besonders des Kaisers, und das Geschehen in der Natur miteinander verbunden werden, gut zum Ausdruck zu bringen. Wenn der Mensch „die Vernunftgesetze" nicht befolgt hat und somit die „Maaßbestimmungen im Reiche nicht ... aufrecht erhalten worden sind," wird das „allgemeine Maaß zerstört", was „Unglück" (Überschwemmung, Erdbeben usw.) zur F o l g e [160] hat.

Es fragt sich nur, ob Hegel nicht diesen Begriff des Maßes noch sehr viel stärker hätte zur Geltung bringen müssen, indem er ihn kritisch gegen das gewandt hätte, was er den moralischen Zusammenhang „zwischen dem Thun des Menschen und dem, was in der Natur geschieht" [161], nennt. Natürlich kann man sagen, die „Wohlfahrt des Reiches und des Individuums" hänge von der Pflichterfüllung ab [162], wie entsprechend bei einem Unglück der Kaiser und seine Beamten prüfen müssen, wo sie nicht recht gehandelt haben. Entscheidend ist aber, daß diese Pflichterfüllung kein Verdienst ist, das dann mit der Wohlfahrt des Reiches belohnt werden müßte, sondern ein Einfügen in die von vornherein bestehende Ordnung des Kosmos, während unrechtes Handeln des Kaisers oder der Beamten nicht mit Unglück ‚bestraft' wird, sondern von sich aus diese Ordnung des Kosmos außer Kraft setzt, was sich dann daran zeigt, daß in der Natur das Außergewöhnliche, das der kosmischen Harmonie Entgegengesetzte, geschieht [163]. Diese Vorstellungen lassen sich nicht ohne weiteres mit denen parallelisieren, die im Alten Testament zu finden sind [164], weil dort ein persönlicher Wille in völliger Unabhängigkeit und Freiheit auf die Taten der Menschen antwortet [165]. Der

---

[156] Ebd. S. 342.
[157] Ebd. S. 345.
[158] Vgl. ebd. S. 343.
[159] Ebd. S. 346.
[160] Ebd. S. 345.
[161] Ebd. S. 345.
[162] Ebd. S. 346.
[163] Vgl. die Ausführungen Menschings, der die Religionen Chinas als ‚Religionen der kosmischen Harmonie' versteht (Die Religion, Erscheinungsformen, Strukturtypen und Lebensgesetze, München, Goldmann 882/83, S. 40 ff.).
[164] Vgl. PhdWG S. 324.
[165] Damit soll freilich noch nicht die Antwort auf die Frage, ob t'ien nicht auch in irgendeiner Weise als persönliches Wesen zu denken sei, vorweggenommen werden. Diese Frage wurde

Begriff des Maßes gibt Hegel die Möglichkeit, seine Anschauung von t'ien als einer unpersönlichen Größe durchführen zu können, ohne die t'ien zweifellos zukommende Bedeutsamkeit bestreiten zu müssen [166]. Allerdings muß man sich fragen, ob nicht der Maßbegriff, dadurch daß er es unmöglich macht, t'ien als persönliches Wesen zu denken, den Aussagen der Quellen widerspricht; denn wenn der Vorgänger t'ien den Nachfolger vorschlägt, „comme les Grands proposent des Magistrats à l'Empereur pour leur succéder" [167], wenn der Kaiser sich immer im klaren sein muß, daß nur t'ien es ist, dem er sein Reich verdankt, dann fällt es schwer, ohne die Vorstellung von t'ien als Person auszukommen. Oder ist dies doch möglich, wenn man die chinesischen Texte vor Augen hat und nicht die dem westlichen Denken zugehörige französische Übersetzung? Vielleicht ist es besser, den wohl erst vom Christentum entwickelten Personbegriff [168] bei einer Interpretation chinesischen Denkens nicht zu verwenden.

2. Das Verhältnis Kaiser — Volk

Wenn nach Hegel für China das Prinzip der Substanzialität grundlegend ist, und zwar in einem Maße, das „jede Veränderlichkeit" [169] ausschließt, so ändert das

---

bekanntlich im Ritenstreit ausführlich verhandelt. Auch die neuere Forschung scheint hier noch keine Klarheit gebracht zu haben, denn Merkel schließt sich dem Urteil Hegels an, t'ien sei kein geistiger Gott (Herder und Hegel S. 20 — Obwohl Merkel manche einzelne Beobachtungen Hegels gutheißt [vgl. auch Anm. 232], kommt er am Schluß seiner Abhandlung zu einem recht negativen Urteil: Hegel habe in „dialektisch-ungeschichtlicher und auch unwirklicher Abstraktion, die eigene Gegenwart „für die Quintessenz aller Zeiten und Völker" haltend, die jahrtausendalte geistig — kulturelle Formungsgeschichte Chinas im Spiegel der religiös-ethischen Wertkategorien des Westens gesehen [S. 25]. Einen Nachweis für diese Behauptung suchen wir aber vergebens). Eder meint, es sei nicht daran zu zweifeln, daß „der Himmel ein persönliches Wesen ist" (Die Religion der Chinesen, in: Christus und die Religionen der Erde III, Freiburg 1951, S. 327 f.).

[166] Hier wird die Überlegenheit gegenüber dem in der Lassonschen Ausgabe Gesagten deutlich.

[167] M I S. 259.

[168] Vgl. den Artikel ‚Person‘ von W. Pannenberg, in: RGG³ V, Tübingen 1961, Sp. 230.

[169] PhdWG S. 275. Von unserer heutigen Kenntnis der Geschichte Chinas aus kann man nicht mehr so sehr das „Statarische" (ebd. S. 275) betonen, wie Hegel das tut. In den Quellen Hegels spiegelt sich die „Ideologie des Kaiserstandes" wieder, „die sozusagen in die Geschichte rückprojiziert wurde, so daß man sich Chinas Vergangenheit nicht mehr anders denn als einheitlichen Kaiserstaat vorstellen mochte . . ." (FiWG S. 18)

Von seinen Quellen her hat also Hegel völlig recht, wenn er in China nichts Geschichtliches zu sehen vermag (vgl. Franke a. a. O. S. VIII). Ob man aber von den neueren Forschungsergebnissen aus immer noch Hegels Urteil für richtig halten kann, „daß China keine eigentliche Geschichte kennt", wie Merkel meint (Herder und Hegel S. 13), daß es in allen Verhältnissen seinen Charakter immer „behalten" habe (ebd. S. 13), scheint mir fraglich zu sein. Selbst wenn das 1944 noch gültig gewesen sein sollte, werden wir nach 1949 nicht mehr zustimmen können, was nicht heißt, daß sich nicht auch zwischen dem kommunistischen China und dem alten China Ähnlichkeiten aufweisen lassen, etwa die Betonung des Prinzips der Gleichheit, wobei hier allerdings die Behauptungen Hegels eingeschränkt werden müssen (s. u. S. 39 ff.) oder die Fortsetzung des Kaiserkultes in der Mao-Verehrung.

nichts daran, daß auch hier die Substanz sich zum Subjekt bestimmt [170]. Substanzieller Geist und Subjektivität sind aber so fest verbunden, daß „die Substanz nicht vermag, zur Reflexion in sich, zur Subjektivität zu gelangen [171]. Das Substanzielle, das als Sittliches erscheint, herrscht somit nicht als Gesinnung des Subjektes, sondern als Despotie des Oberhauptes" [172]. Die „Substanz ist unmittelbar [173] ein Subjekt, der Kaiser . . ." [174]. Diesem kommt also eine Stellung zu, die eine grundsätzliche Scheidung von allen anderen Gliedern seines Volkes impliziert; denn alles, „was wir Subjektivität nennen", ist in ihm als dem „Staatsoberhaupt zusammengenommen" [175]. Nur die Person des Kaisers hat „moralische Würde", die im „Innerlichen des Menschen, in seinem Gewissen" [176] liegt. Alle anderen „Individuen sind selbstlos und ohne moralische Freiheit" [177]. Nur beim Kaiser kann man von Willkür reden; dem Staatsganzen fehlt diese, weil sie „gesinnungsvoll, das heißt subjektiv und beweglich" [178] ist. Allerdings hat die Willkür des Kaisers „wenig Spielraum, denn alles geschieht auf Grund alter Reichsmaximen", so daß „der Eigenwille sich nicht geltend machen kann" [179]. Wenn Hegel dennoch meint, es sei der „Kaiser, dessen Gesetz die Gesinnung ausmacht" [180], so bedarf diese Behauptung der Erläuterung. Daß sie nicht so zu verstehen ist, daß der Kaiser beliebig Gesetze erläßt, denen dann die Gesinnung des Volkes zu entsprechen hat, versteht sich nach dem Gesagten von selbst. Gesinnung setzt, ebenso wie Willkür, Subjektivität voraus und kommt folglich diesem Staatsganzen nicht zu. Man muß unseren Satz also dahingehend interpretieren, daß hier in China das Gesetz des Kaisers die Stelle einnimmt, die, wenn die Substanz zur Subjektivität gelangt ist, von der Gesinnung besetzt werden wird. Wenn vom Gesetz des Kaisers gesprochen wird, obwohl der Kaiser das Gesetz nicht gemacht hat, sondern es in seinem Grundbestand seit alter Zeit feststeht, so soll damit gesagt sein, daß es in einer Weise mit ihm identisch ist, die ihn qualitativ von allen

---

[170] Vgl. XV S. 325.
[171] Man könnte meinen, Hegel unterscheide Subjekt und Subjektivität in dem Sinne, daß in China die Substanz zwar zum Subjekt, nicht aber zur Subjektivität gelange. Hegel kann dem chinesischen Kaiser aber auch Subjektivität zubilligen (PhdWG S. 271). Subjekt und Subjektivität sind für ihn synonyme Begriffe. Subjekt bzw. Subjektivität sind schon in China vorhanden, weil sie Bestimmungen des Geistes sind und „auch auf dieser Stufe nichts von dem fehlen darf, was zum Begriff des Geistes gehört." Aber sie treten auf „ä u ß e r l i c h e W e i s e" hinzu: die Substanz wird noch nicht als „Geist gefaßt" (XV S. 325); sie reflektiert noch nicht in sich und gelangt in diesem Sinne nicht zur Subjektivität (vgl. PhdWG S. 275).
[172] PhdWG S. 275.
[173] Der Ausdruck ,unmittelbar' weist darauf hin, daß die Substanz die Reflexion in sich noch nicht vollzogen hat, er entspricht genau dem, was Hegel meint, wenn er die Bestimmungen des Geistes auf „ä u ß e r l i c h e W e i s e" (XV S.325) hinzutreten läßt.
[174] Ebd. S. 288.
[175] Ebd. S. 271.
[176] Ebd. S. 300.
[177] Ebd. S. 300.
[178] Ebd. S. 288.
[179] Ebd. S. 292. Diese Aussage Hegels ist deshalb bemerkenswert, weil der von ihm gebrauchte Terminus ,Despotie' andere Folgerungen nahelegt.
[180] Ebd. S. 288.

seinen Untertanen unterscheidet. Das Gesetz ist sein Gesetz; er ist das Subjekt, das es zur Geltung bringt, ohne daß dem Volk eine subjektive Aneignung möglich ist. Ob sich jedoch diese Sicht von den Quellen Hegels her rechtfertigen läßt, erscheint mehr als fraglich. In den ‚Mémoires‘ findet sich eine in unserem Zusammenhang bemerkenswerte Stelle, wo der Staat Chinas deutlich von einem despotischen Staat abgehoben wird:

„. . . dans un Etat despotique tout plie sous la volonté du Souverain & le Souverain ne donne pour loi suprême que sa volonté. A la Chine au contraire tout plie sous la loi, & la volonté du Souverain n'est censée avoir un effet légitime, qu'autant qu'elle est conforme à la loi" [181].

Man kann nun natürlich nicht sagen, hier erscheine das als despotischer Staat, was für Hegel der chinesische Staat sei. Aber aus dem, was hier über den chinesischen Staat gesagt wird, muß man folgern, daß das Verhältnis des Kaisers zum Gesetz nicht grundsätzlich [182] anders ist als das seiner Untertanen, daß also der qualitative Unterschied Hegels, der sich daraus ergibt, daß der Kaiser als einziger Subjekt ist und dieses Subjektsein gerade in seinem Verhältnis zum Gesetz sich verwirklicht, hier nicht bestätigt wird. Die Begrifflichkeit Hegels vermag die Sonderstellung, die dem Kaiser in China ja ohne Zweifel zukommt, nicht angemessen auszudrücken. Darin liegt die Ursache für das, was wir im folgenden zu zeigen versuchen, daß nämlich für den chinesischen Staat so wichtige Momente wie das Verhältnis des Kaisers zu den Mandarinen und die Religion bei Hegel eine nicht immer korrekte Darstellung erfahren.

3. Das Verhältnis des Kaisers zu den Mandarinen

Daß China „dazu gekommen" ist, „die vortrefflichsten Fürsten zu haben" [183], hat sich für Hegel aus der Beschreibung Lord Macartneys ergeben, der 1792 als englischer Gesandter durch China reiste und ausführlich berichtet, wie er vom Kaiser Ch'ien-lung empfangen wurde. Macartney bescheinigt diesem Kaiser „ebensoviel Geistesstärke und Umfassungskraft als persönliche Thätigkeit und rastlose Aufmerksamkeit" [184] bei der Wahrnehmung seiner Regierungsgeschäfte. Die chinesischen Kaiser sind aber weit davon entfernt, sich auf eine politische Wirksamkeit zu beschränken. Ch'ien-lung hat sich als „Verfertiger von Gedich-

---

[181] M VI S. 334.
[182] Die Verantwortung, die der Kaiser für die Aufrechterhaltung des Gesetzes hat, ist natürlich um vieles größer als die seiner Untertanen. Wichtig ist aber die Feststellung, daß die Distanz des Gesetzes zum jeweiligen Kaiser erhalten bleibt, so daß es nicht angemessen ist, vom ‚Gesetz des Kaisers‘ zu sprechen.
[183] PhdWG S. 292.
[184] A. a. O. II, S. 291. Auch die neuere Forschung bescheinigt Ch'ien-lung, daß er sich „einer regelmäßigen Lebensführung" befleißigt habe, „die es ihm ermöglichte, einen langen Arbeitstag zu bewältigen" (FiWG S. 288). Später, „als der Hof mehr Luxus trieb", habe er allerdings die „Zügel stark schleifen" lassen (ebd. S. 288). Mit der Ära Ch'ien—lungs habe die Ch'ing Dynastie zwar den „Zenit ihrer Entwicklung" erreicht, „doch ihr Abstieg setzte schon Ende des 18. Jahrhunderts ein" (ebd. S. 289).

ten" [185] einen Namen gemacht, und jedem Kaiser obliegt es, selbst die Prüfung der
ersten Gelehrten im Reiche vorzunehmen [186]. So ist verständlich, daß es schon bei
der Erziehung der Prinzen darum geht, daß der Kaiser „von allen der erste sein
muß in körperlicher und geistiger Geschicklichkeit." [187] Der Kaiser ist „der
Mittelpunkt ..., um den sich alles dreht und zu dem alles zurückkehrt" [188].
Fraglich wird es jedoch, wenn Hegel, seinem Grundsatz entsprechend, alle
Subjektivität auf den Kaiser zu konzentrieren, ausführt, „nur der Kaiser" soll die
„rege, immer wache und selbsttätige Seele sein", während die „ganze Hierarchie
der Verwaltung ... mehr oder weniger nach einer Routine tätig" sei, die „im
ruhigen Zustande eine bequeme Gewohnheit" [189] werde. Die Mandarinen sind
nämlich nicht nur Funktionäre, die das ausführen, was vom Hof in Peking aus
angeordnet wird; sie sind Repräsentanten des Herrschers in dem Teil des Reiches,
der ihnen anvertraut ist [190]. Ein Mandarin „reçoit des peuples les mêmes
hommages que le Souverain" [191], ja der „Reichsvezier" wird „beinahe als zweyter
Kaiser angesehen" [192]. Natürlich werden die Mandarinen überwacht

„La Cour de Pekin les tient sans cesse en haleine pas des Visitateurs, des Censeurs, des
Inspecteurs ..." [193]

Nichts ist geeigneter, „de les contenir dans l'ordre", als die Hofzeitung [194]:

„On y trouve les noms des Mandarins qui ont eté privés de leurs emplois, & les raisons qui leur
ont attiré cette disgrace" [195].

Schließlich müssen alle Mandarinen, „... d'armes & de lettres", alle drei Jahre
„une confession par ecrit des fautes qu'ils ont faites dans leur emploi"
vorlegen [196]. Diese Überwachung schließt nicht aus, sondern ein, daß sie zur
Rechenschaft gezogen werden, auch für Ereignisse, die gar nicht in ihrer Macht
stehen [197]. Deshalb ist nicht einzusehen, wieso die „wache und selbsttätige
Seele" [198] nur beim Kaiser notwendig sein soll.

---

[185] Macartney (=Mac) II, S. 299. Offensichtlich malte und dichtete Ch'ien-lung nur
„mittelmäßig, und die Gelehrten, Künstler und Literaten, die er förderte, waren schöpferisch
ebenfalls mittelmäßig" (FiWG S. 289). Das spricht freilich nicht gegen die Vielseitigkeit dieses
chinesischen Kaisers!
[186] M IV S. 146: „... les examens des premiers lettrés que l' Empereur fait par lui-
même ..."
[187] PhdWG S. 292 — Über die Erziehung der Prinzen vgl. M IV S. 129; M IX S. 86; M IX S.
108.
[188] PhdWG S. 298.
[189] Ebd. S. 298.
[190] M XV S. 215: „... aux Mandarins, comme représentant l'Empereur dans la partie du
Gouvernement qui leur est confiée."
[191] MV S. 38.
[192] Mac II S. 270.
[193] M V S. 38.
[194] Vgl. Hegels Erwähnung dieser Hofzeitung PhdWG S. 290.
[195] M V S. 39.
[196] M IV S. 132; vgl. Hegel PhdWG S. 296, der meint, die „schriftliche Beichte" müsse nur
„alle fünf Jahre" vorgelegt werden.
[197] Vgl. Mac II S. 336.   [198] S. Anm. 189.

Daß es schwierig ist, Subjektivität nur vom Kaiser auszusagen, zeigt schließlich besonders deutlich das Amt der Zensoren, das von Hegel eingehend gewürdigt wird. Sie haben die Pflicht, „à corriger l'Empereur de ses défauts, en lui faisant connoître ses fautes . . ." [199], und nichts, weder „la perte de leurs dignités" noch „la confiscation de leurs biens", ja nicht einmal „les supplices même à la mort" konnte ihren Eifer einschüchtern [200].

„On a vu faire porter leur biere à la porte du Palais, bien persuadés que leurs représentations leur coûteroient la vie; d'autres déchirés de plaies, ecrivoient avec leur sang, sur la terre, ce qu'ils n'avoient plus la force de dire" [201].

Kann man den Zensoren „Adel der Gesinnung" und Mut [202] bescheinigen, wenn man ihnen gleichwohl Subjektivität nicht zukommen läßt? Selbst wenn wir Gesinnung nur das sein lassen, was das Gesetz ‚ausmacht', können wir schlecht behaupten, die Zensoren seien nichts weiter als Sprecher der Substanz, da die ihnen zuerkannte moralische Qualifikation nur sinnvoll ist, wenn Subjektivität bei ihnen vorausgesetzt wird.

4. Die Religion

Wenn Hegel davon ausgeht, daß der Kaiser in China „Chef der Religion" sei, und daraus den Schluß zieht, die Religion sei hier „wesentlich Staatsreligion und nicht das, was wir Religion nennen" [203], so ist diese Folgerung keineswegs so selbstverständlich, wie sie zunächst scheinen mag. Es ist auffallend, wie andersartig die Aussagen sind, die Macartney über die chinesische Religion macht:

„In China gibt es keine Religion des Staates und keine wird von ihm bezahlt, vorgezogen oder unterstützt. Der Kaiser ist einem Glauben zugethan, viele Mandarinen einem anderen und der große Haufen einem dritten . . ." [204]

Wir würden es uns nun allerdings zu einfach machen, wollten wir jetzt schon feststellen, Hegel habe sich bei der Darstellung der chinesischen Religion nicht an seine Quellen gehalten. Es kommt vielmehr darauf an zu prüfen, ob Macartney und Hegel dasselbe meinen, wenn sie von ‚Staatsreligion' bzw. ‚Religion des Staates'

---

[199] M IV S. 95.
[200] M VII S. 242 f.
[201] Ebd. S. 242 f.; vgl. die wörtliche Bezugnahme Hegels auf diese Stelle PhdWG S. 297; vgl. über die Zensoren noch M IV S. 165.: „Les Yu—tchê (ou Censeurs) sont d'une vigilance inexprimable por en consacrer tous les devoirs, & en maintenir l'observation dans tous les ordres de l'Etat" und M IV S. 166. — M V S. 35 ist von den Ko—lao die Rede, „qui sont les Ministres d'Etat, les premiers Présidens des Tribunaux suprêmes, & les Officiers généraux de l'armée." Hegel dachte wahrscheinlich wegen der ihnen zugeschriebenen Machtfülle, sie seien mit den Zensoren identisch; Ko—lao ist aber der Titel der Staatssekretäre unter der Ming-Dynastie (vgl. PhdWG S. 297).
[202] PhdWG S. 297.
[203] Ebd. S. 320.
[204] A. a. O. II S. 113; vgl. ebd. S. 390 f.

reden. In den Mémoires werden die Bereiche, in denen die ‚Religion de L'Empire‘
sich geltend macht, genau bestimmt. Sie „ne tient le sceptre que dans les
sacrifices [205], dans les prieres publiques [206] qu'on fait pendant les calamités, &
dans les livres" [207]. Davon zu unterscheiden ist „la Religion des Empereurs", die
oft „fort différente de celle de l'Empire" gewesen ist, „quoiqu'ils en fissent les
cérémonies" [208]. Obwohl die Kaiser also ihren Funktionen als Priester der
Staatsreligion nachkommen, hält sie dies keineswegs davon ab, in ihrem ‚privaten
Bereich‘ einer anderen Religion zuzugehören [209], d. h. Taoisten [210] oder Buddhisten [211] zu sein. Diese beiden Bereiche sind so streng voneinander zu scheiden, daß
der Kaiser, der

„se prosterne davant la représentation de Fo ... n'est qu'un Prince Tartare qui suit les
pratiques de sa Religion. Comme Empereur de la Chine, il ne reconnaît au-dessus de lui que le
Tien & ses Ancêtres; & c'est au Tien & aux Ancêtres qu'il adresse ses voeux & ses
hommages" [212].

Daß man beim Kaiser von zwei Religionen reden muß, hat auch Hegel nicht
übersehen: Er spricht vom „Verhältnis des chinesischen Kaisers zum Dalai Lama",
das „nicht zur Staatsreligion ausgebildet" sei; „man kann es die höhere,
uninteressierte Religion nennen, als eine innerliche, mehr geistige" [213]. Daß der
Kaiser, dem Subjektivität zugebilligt wird, fähig ist, dieser innerlichen Religion
zuzugehören, kann man ohne weiteres zugeben. Schwierig wird es aber, wenn sich
herausstellen sollte, daß auch andere Chinesen eine derartige ‚Privatreligion‘ haben.
Die Quellen zeigen, daß dies in der Tat der Fall ist. Die „Lettrés du premier rang"
sind beinahe die einzigen, „qui soient attachés à l'ancienne doctrine consignée
dans les King [214]", selbst die Mandarinen, die Mitglieder des Tribunals sind, das
dafür zu sorgen hat, daß die alten Riten beobachtet werden, „pratiquent
quelquefois avec le Peuple certaines superstitions en particulier", was sie nicht
hindert, diese in der Öffentlichkeit zu verdammen, „quand ils sont au Tribu-
nal" [215], ja es ist auch schon vorgekommen, daß Gelehrte sich einer Sekte

---

[205] Zum Opfern, das dem Kaiser allein zusteht, vgl. M I S. 259; M I S. 263; M II S. 37; M II S.
107; M IV S. 150; M V S. 40; M VI S. 335; M XV S. 259 und Mac II S. 144.
[206] Vgl. Mac II S. 144 und Mac II S. 167.
[207] Vgl. M I S. 126 — Mit den ‚livres‘ sind die fünf kanonischen Schriften des Konfuzianismus
gemeint: Shih-ching, Shu-ching, I-ching, Ch'un-ch'iu und Li-chi (vgl. FiWG S. 53 f.).
[208] M I S. 126.
[209] Vgl. M I S. 75 f.; M I S. 253 und M IX S. 420.
[210] Vgl. M IV S. 441; M V S. 57 und M XV S. 225.
[211] Vgl. M IX S. 72 und M XV S. 259.
[212] M XV S. 259.
[213] PhdWG S. 320.
[214] M XV S. 259.
[215] M V S. 54. Diese Stelle zeigt, welche Folgen die Vereinigung von Staats- und Privatreligion
in einer Person haben kann. Eine Kritik der chinesischen Religion müßte m. E. hier einsetzen.
Die Unfähigkeit der Staatsreligion, der religiösen Veranlagung gerecht zu werden, macht eine
Ergänzung durch Privatreligionen notwendig (s. u.). Die Tendenz der Staatsreligion richtet sich
aber gegen diese Privatreligionen. So kann es in der Person, die sich beiden Religionen
zugehörig weiß, nicht zu einem Ausgleich kommen. Die Religion als solche spaltet die Person,
indem sie ihr zwei verschiedene Rollen aufzwingt; sie leistet damit genau das Gegenteil von
dem, was sie als Religion eigentlich leisten müßte.

angeschlossen haben [216]. Was schließlich das Volk anbelangt, so stimmen Macartney [217] und die Mémoires [218] darin überein, daß bei ihm die ‚Religion des Fo‘, also der Buddhismus, vorherrschend ist. Hegel ist sich selbst darüber im klaren, daß nicht nur beim Kaiser, sondern auch bei den übrigen Chinesen, die Staatsreligion „von der Privatreligion unterschieden werden muß" [219]. Aber er stellt sich nicht die Frage, ob daraus nicht zu entnehmen sei, daß jeder Chinese eine „innerliche, mehr geistige" [220] Religion habe, was ihn dazu hätte führen müssen, die Berechtigung, alle Subjektivität auf den Kaiser zu konzentrieren, in Zweifel zu ziehen. Wenn er meint, die Staatsreligion sei „nichts Innerliches, dem Subjekt Angemessenes" [221], so kann man ihm nur zustimmen; auch die neuere Forschung bestätigt diese Behauptung. Der Konfuzianismus war nämlich nie eine „neue oder eigene Religion"; erst Jahrhunderte später werden seine Lehren „zur Staatsreligion und zum Staatsgesetz" [222] gemacht. Sein „aristokratischer Charakter" hinderte ihn jedoch von Anfang an daran, „eine Volksreligion zu werden. Außer im Ahnenkult gab er dem Volk keine Möglichkeit, selber mit der Welt der Götter in Verbindung zu treten. Die Kultakte wurden von den Regierenden für die Regierten ausgeübt, während dem Volke nur Morallehren erteilt wurden" [223]. Die Unfähigkeit der Staatsreligion, die religiösen Bedürfnisse zu befriedigen, führte gerade dazu, daß die Chinesen im Buddhismus oder Taoismus die notwendige Ergänzung fanden, ja daß eigentlich erst hier das zur Erscheinung kommt, was Religion der Chinesen ist. Deshalb war es vorschnell, wenn Hegel aus der Tatsache, daß der Kaiser „wie das Staatsoberhaupt so auch Chef der Religion" sei, folgerte, die Religion in China sei „wesentlich (!) Staatsreligion" [224]. So zeigt sich eine Grenze der Darstellung, die Hegel von der Religion Chinas gibt: Er hat seine Kritik zu sehr an der Staatsreligion orientiert, in der Meinung, damit schon das

---

[216] M V S. 60 f.
[217] A.a.O. II S. 113.
[218] M V S. 60.
[219] PhdWG S. 320.
[220] Ebd. S. 320.
[221] Ebd. S. 320.
[222] Eder a. a. O. S. 325. Das vollzog sich unter den Kaisern der Han-Dynastie, besonders unter Wu Ti (156–187), und zwar aus politischen Gründen: Die „Macht des Lehensadels sollte gebrochen werden" (ebd. S. 339). Die Han-Kaiser suchten das „durch die Schaffung eines vom Kaiser leicht kontrollierbaren Beamtenapparates zu erreichen. Die Auswahl fähiger Anwärter für Beamtenstellungen wurde von jetzt ab durch ein strenges Prüfungssystem getroffen, für das die Kenntnis des konfuzianischen Schrifttums zum Wertmesser gemacht wurde" (ebd. S. 339). – Vgl. die Ausführungen in FiWG S. 96: Die Erfordernisse, „denen eine umspannende Staatsideologie genügen mußte", lassen sich, „etwa wie folgt umreißen: Sie mußte imperial, d. h. nicht national in einem ethnischen Sinne sein, hatte den sozialen Kompromiß zu entsprechen, was soviel bedeutet, wie den Interessen der zentralistischen Bürokratie und gleichzeitig auch des fortlebenden Feudalismus zu dienen – mit einem Wort, sie mußte in hohem Maße fähig sein zu integrieren. Dies aber vermochte nur der Konfuzianismus zu leisten." Hegel konnte noch die Staatsreligion Chinas als eine aus dem statarischen Charakter dieses Landes folgende Gegebenheit voraussetzen. Eine heutige Darstellung müßte die geschichtlichen Differenzen in der Entwicklung Chinas selbst berücksichtigen.
[223] Eder a. a. O. S. 356.
[224] PhdWG S. 320.

Wesentliche der chinesischen Religion als ganzer erfaßt zu haben. Nun wird uns auch deutlich, wieso Macartney davon reden konnte, in China gebe es keine Staatsreligion. Abgesehen davon, daß es fraglich ist, ob man dem Konfuzianismus den Titel ,Religion' überhaupt zuerkennen kann, ist eine Religion, die allen ihren Anhängern, selbst ihrem ,Chef' die Möglichkeit eröffnet, im privaten Bereich noch einer anderen Religion zuzugehören, nicht das, was wir uns unter einer Staatsreligion vorstellen. Schließlich verstehen wir nun, warum die Berichterstatter der Mémoires den Staatskonfuzianismus immer im besten Licht erscheinen lassen, während sie sowohl dem Buddhismus wie dem Taoismus [225] recht ablehnend gegen- überstehen: Der Staatskonfuzianismus ließ sich durch andere Religionen, also auch durch das Christentum, ergänzen, während Buddhismus und Taoismus die ,Kon- kurrenz' waren, der man entgegenwirken mußte. Nur wenn man sich alles das klar macht, kann man den Konfuzianismus als Staatsreligion bezeichnen, ohne damit falsche Vorstellungen zu verbinden. Dieser Ausdruck ist aber dann völlig berechtigt und somit die Beurteilung Macartneys zu wenig differenziert, berechtigt vor allem deshalb, weil der Kaiser in Personalunion Staatsoberhaupt und einziger Priester war und weil die „Kenntnis der kanonischen Schriften . . . der alleinige Maßstab für die Befähigung zum Staatsdienst" wurde, was „die völlige Verschmel- zung des konfuzianischen Gelehrtentums mit dem Beamtentum" [226] zur Folge hatte. Ja, die prinzipielle Zurückhaltung gegenüber anderen Religionen hinderte die Staatsreligion nicht daran, mit Gewalt gegen Sekten vorzugehen, bei denen man den Eindruck hatte, sie stellten die Grundlagen des Staates in Frage [227].

Wir haben bisher Staats- und Privatreligion streng geschieden, um die notwendige begriffliche Klarheit zu erlangen. Es kommt nun darauf an zu sehen, wie sie bei jedem Chinesen zu einer Einheit verbunden werden. Es scheint mir sinnvoll, bei der Erzählung von der Konstitution des Wu-wang einzusetzen, die von Hegel

---

[225] Zum Taoismus vgl. M IV S. 441: „La majesté du trône n'a pu sauver plusieurs Empereurs de la stupidité d'y croire"; M XV S. 225: „. . . ces mauvais Empereurs (Anhänger des Tao, d. V.) & leurs courtisans, ces hommes isolés & leurs disciples ne pervertirent pas le corps entier de la nation . . . la saine doctrine (d. h. die Staatsreligion, d. V.) eut toujours le grand nombre pour elle"; zum Buddhismus vgl. M I S. 123: „La secte de Foë qui entra en Chine sous cette Dynastie, ne lui apporta que des délires, des scandales & des troubles"; M IV S. 495: „Quoique la doctrine & l'idolâtrie de Foë . . .; M V S. 58 f.: „. . . des Prêtres qui répandirent dans tout l'Empire les fables, les superstitions . . . les Peuples de l'Inde etoient inféctes . . . les Bonzes. Ils racontent mille folies de leur prétendu divinité."

[226] Mensching a. a. O. S. 42 ; vgl. Anm. 222. — Im übrigen scheint mir Menschings Darstellung des chinesischen ,Kirchenstaates' zu einseitig zu sein. Zwar wurden „Buddhismus und Taoismus von der herrschenden Schicht als heterodox abgelehnt . . . " Diese Ablehnung ist aber „staatlicherseits nie auf die Spitze getrieben worden, und Buddhismus sowohl wie Taoisten haben sich ihrerseits von den konfuzianischen Stützpfeilern des Reiches immer in respektvoller Entfernung zu halten gewußt" (Eder a. a. O. S. 325).

[227] Vgl. den Verweis der Mémoires auf einen Bericht in der Hofzeitung, wo man Auskunft bekommt „sur la manière dont a eté eteinte une secte qui avoit fait quelque progrès dans le Kiang-nan" (I S. 264). Zum ersten Mal ging der Staat 207 n. Chr. „gegen eine religiöse Bewegung ihrer politischen Tätigkeit wegen" vor, und zwar gegen eine auf dem Boden des Taoismus entstandene Sekte, die zum Untergang der Han-Dynastie wesentlich beigetragen hat (Eder a. a. O. S. 353).

ausführlich wiedergegeben wird [228]. Hegel will mit dieser Erzählung zeigen, daß
der Kaiser nicht nur als Herr über die sichtbare Welt, die Mandarinen, sondern
auch über die unsichtbare, die Genien, gedacht wird [229]. Er verwendet diesen
Bericht, um seine Charakterisierung der Staatsreligion zu vervollständigen, obwohl
er ihn in einem Abschnitt der Mémoires gefunden hat, wo von den Taoisten die
Rede ist [230].Daß diese Einordnung zutreffend ist, bestätigt sich, wenn man weiß,
daß es sich bei unserer Erzählung um ein „taoistisches Elaborat aus späterer
Zeit" [231] handelt und daß das Genienwesen überhaupt ein „wichtiger Bestandteil
des Volkstaoismus" [232] gewesen ist. Um so interessanter ist es aber nun zu sehen,

---

[228] Es handelt sich hier um einen Bericht von der Einsetzung der Chou-Dynastie, die die
Shan-Dynastie ablöste. Die traditionelle Angabe, daß dieses Ereignis 1122 v. Chr. stattge-
funden habe, die auch Hegel übernimmt (PhdR II S. 111), ist „aus kosmologischen
Spekulationen der Han-Zeit um Christi Geburt erwachsen und deshalb wohl unzutreffend."
Immerhin kommt die jüngste Untersuchung zu diesem Thema zu einem angenäherten Datum,
das nicht allzu sehr von diesem Zeitpunkt differiert: etwa 1100 v. Chr. (FiWG a. a. O. S. 38).
Die Berichte über diesen Dynastiewechsel sind alle aus „Chou-Quellen entnommen und
deshalb tendenziös. Den Chou kam es darauf an, ihre Machtübernahme als eine Welt- und
Zeitenwende darzustellen und ihr eigenes Regime leuchtend gegen die ‚Verworfenheit' und
‚Unfähigkeit' der Shang abzuheben, deren letzter Herrscher als ein Ausbund an Grausamkeit
und Perversität geschildert wird" (ebd. S. 37). Wenn man die schlechte Beurteilung Dscheu-sins
in den Mémoires liest, die Hegel kurz zusammengefaßt hat (PhdR II S. 111), muß man sich
klarmachen, daß wir es hier mit der „Vorstellung vom ‚verworfenen letzten Herrscher' eines
Geschlechts" (FiWG a. a. O. S. 37) zu tun haben: „Cheou-sin, durant le cours de son regne,
avoit tout bouleversé; tout y etoit dans le plus affreux désordre . . . les vexations dans tous les
genres dont ils accabloient le peuple, avoient tellement aliéné les esprits, qu'on ne se croyait
plus gouverné par des hommes, mais par des Kouei ennemis naturels des hommes." Hegel
meint, die Chinesen hätten sich vorgestellt, „der böse Genius", der sich dem Kaiser
„einverleibt habe, sei der eigentliche Regent gewesen" (PhdR II S. 111). Es ist hier aber nicht
von einem einzelnen Wesen die Rede, das sich mit einer besonderen Person verbunden hat,
sondern von den ‚Kouei', die ebenso selbständig sind wie die ‚Schen'. Nach den Mémoires
unterscheiden nämlich die Taoisten zwischen drei verschiedenen Arten von Wesen: War der
Mensch zu seinen Lebzeiten „juste & bon . . . il est elevé au rang des Hien . . . n'est plus sujet
au changement, il demeure toujours le même, il est immortel . . . S'il a fait des fautes qui
n'aient pas eté expiées . . . il est mis au nombre des Chen . . . S'il a eté injuste . . . il est reliqué
parmi les Kouei" (M XV S. 213). Die Vorstellung war also die, daß diese ‚Kouei' unter
Dscheu-sin die eigentliche Herrschaft ausgeübt haben. Hegel unterschlägt auch im weiteren
Fortgang der Erzählung diese ‚Kouei'. Wu muß nämlich, um sich dem Volke angenehm zu
machen, gegen die ‚Kouei' Krieg führen (vgl. M XV S. 229). Er kann das nur, wenn er die
Schen für diesen Kampf interessiert (M XV S. 230). Auf diese Weise wird der General Tsée-ya
eingeführt, der dann die Aufgabe bekommt, die beiden auf dem Berge befindlichen Bücher
abzuholen (Die ganze von Hegel wiedergegebene Erzählung [PhdR II S. 111—114] findet sich
Mémoires XV 228—242.).
[229] Vgl. PhdR II S. 114.
[230] Vgl. die Überschrift M XV: Sur la Secte des Tao-see.
[231] PhdR II S. 235.
[232] Eder a. a. O. S. 349. Auch in PhdWG S. 325 f. ordnet Hegel das Genienwesen der
Staatsreligion zu. Hier findet sich auch eine begriffliche Bestimmung der Genien: „Indem nun
bei den Chinesen in dem Allgemeinen die Bestimmtheit noch nicht gegeben ist, so fällt sie
zwar außerhalb des Allgemeinen, aber so, daß sie zu dem Allgemeinen zu erheben versucht
wird. Die höchste Erhebung der Besonderheit in das Allgemeine ist dann dies, daß sich die
Vorstellungen der Besonderheiten zu besonderen Gestalten formt. Solche Gestalten sind die

welche Bedeutung dem Kaiser zukommt: In der taoistischen Konzeption der
Genien hat er die entscheidende Stellung. Die religiöse Bedeutung des Kaisers ist
folglich noch nicht angemessen erfaßt, wenn man die Staatsreligion beschreibt; sie
macht sich auch in der Privatreligion geltend [233]. Wenn Hegel also meint, in China
könne der Mensch sich nicht dem Staatsverhältnis entziehen und „in die
Innerlichkeit hineinflüchtend sich der Gewalt weltlichen Regiments ... entwin-

---

Genien aller Dinge ...“ (S. 326). Wenn auch die Zuordnung Hegels nicht richtig ist, so ist die
Bestimmung als solche doch recht glücklich, wenn man sich den chinesischen Synkretismus
vergegenwärtigt, der bei Hegel freilich nicht klar erfaßt ist (s. u.). Zu dem, was Hegel im
einzelnen über die Genien mitteilt (PhdWG S. 326, PhdR II S. 114) vgl. folgende Stellen in den
Mémoires: „Ainsi le soleil, la lune, les etoiles, les vents, la pluie, la grêle, tous les météors, le
tems, les raisons, les jours, les nuits, les heures mêmes, tout cela est présidé par des Chen, &
doit être dirigé par eux en faveur de l'homme“ (XV S. 214). „Tels sont les Chen. Les uns & les
autres lui (sc. dem Kaiser, d. V.) sont egalement soumis; & comme il nomme aux emplois
extérieurs, ceux de ses sujets visibles qu'il croit être en etat de les remplir dignement, il nomme
de même aux emplois fantastiques, ceux d'entre les êtres invisibles dont il a bien de croire qu'il
sera mieux servi“ (M XV S. 215 f.). „S'il arrive à ces Chen de ne pas remplir leur tâche, s'ils
manquent à ce qu'on est en droit d'exiger d'eux, ou s'ils le font négligemment, on les punit de
la même maniere à-peu-près qu'on punit les Mandarins prévicateurs, ou les serviteurs infidels“
(M XV S. 218). Freilich erfolgt die Bestrafung der Genien nur „apres quelque grande
calamité“ (M XV S. 218). „Les Chen ne sont pas regardés comme les Dieux, ni même comme
des Saints“ (M XV S. 219; neben Band XV S. 213 ff. vgl. auch noch X V S. 241 f. und II S.
12 ff.).

Wenn Hegel im Zusammenhang mit der Vorstellung von den Genien meint, die Chinesen seien
„im höchsten Grade abergläubisch“ (PhdWG S. 326, vgl. auch PhdR II S. 118), so
geben ihm neuere Beurteilungen darin recht (vgl. Merkel, Herder und Hegel S. 20; Eder führt
das „Vorherrschen der Magie“ darauf zurück, daß das Volk am Kult der Staatsreligion „keinen
Anteil“ hatte, a. a. O. S. 353). Besonders abergläubisch seien die Chinesen, berichtet Hegel,
„in bezug auf das Räumliche ... Über die Lage ihres Hauses und Begräbnisplatzes“ haben sie
„die größte Not“ (PhdWG S. 326 f.). Hegel räumt ein, daß man nicht sicher wisse, „welcher
Religion diese Einrichtungen angehören“ (ebd. S. 326 f.). Heute können wir sagen, daß es sich
hier um den Glauben an das „Fung-shui“ handelt, „ein halbwissenschaftliches System, das den
Menschen lehrt, wo die Gräber anzulegen, Tempel und Häuser zu bauen sind, so daß die
Harmonie zwischen den Menschen, Toten und Geistern und der gesamten Natur herrscht“
(Eder a. a. O. S. 372; vgl. zum Aberglauben noch M I S. 253, wo die Staatsreligion als ein
„Déisme mêlé de quelques superstitions“ bezeichnet wird).

[233] Dennoch gilt das vor Anm. 212 Gesagte: Der Kaiser als Angehöriger einer Privatreligion
hat keine Bedeutung, die über die private Sphäre hinausgeht; vgl. die Feststellung Eders
(a. a. O. S. 353): Der „Kaiser ist der Herr der Götter, nicht nur der der Staatsreligion, sondern
auch der taoistischen und buddhistischen.“ Man kann sich nun fragen, ob Hegel nicht alle die
Religionen, für die der Kaiser eine Bedeutung hat, zur Staatsreligion rechnet. Dann wäre
natürlich seine Behauptung, in China sei die „Religion wesentlich Staatsreligion“ (PhdWG
S. 320 s. o.), berechtigt. Dennoch läßt sich diese Interpretation nicht halten. Man verstünde
nämlich nicht mehr recht, was der Satz, die Staatsreligion müsse „von der Privatreligion
unterschieden werden“ (ebd. S. 320), besagen sollte, denn man könnte kaum ermitteln, was
unter diesen Voraussetzungen mit ‚Privatreligion‘ gemeint wäre. Wenn Hegel von der
„Verschiedenheit der Sekten“ spricht, „die teils für sich bestehen, teils der Staatsreligion
verbunden sind“ und im nächsten Satz die „Religion des Fo und des Dalai Lama“ zu diesen
rechnet (ebd. S. 328), so ist klar, daß er beide nicht der Staatsreligion unterordnet. Ebenso
klar wird das beim Taoismus, wenn er meint, es gebe „eine besondere Sekte, die sich Tao-tse
nennt oder Verehrer der Vernunft“ (ebd. S. 329).

den" [234], so ist darin ein berechtigtes Moment seiner Kritik an der chinesischen Religion zu sehen, berechtigt freilich nur insofern, als der Kaiser auch in der Privatreligion des einzelnen Chinesen nicht als schlechthin weltliche Person irrelevant wird, sondern seine religiöse Bedeutung behält, nicht aber berechtigt, sofern gemeint ist, auch in der Privatreligion könne man sich der im Sinne des Staatskonfuzianismus verstandenen Staatsreligion nicht entziehen.

Die religiöse Bedeutung des Kaisers ist nun aber nicht das Einzige, was Staatsreligion und Taoismus miteinander verbindet. Im Anschluß an die von Hegel wiedergegebene Erzählung wird in diesem Abschnitt der Mémoires ausgeführt, daß sowohl Konfuzianer wie Taoisten „reconnoissoient le Tien pour maître absolu de tout" [235] und daß die Taoisten es als eine altbekannte Wahrheit ansehen, „que les trois Religions du Jou (des Lettrés), du Tao (des Tao-sée) & de Fo, n'etoient substantiellement qu'une seule & même Religion" [236]. Der Vefasser dieses Abschnittes selbst meint dazu:

„que l'axiome qui dit que les trois Religions n'en font qu'une, ne se vérifie malheureusement que trop dans la Chine moderne. La Religion de la plupart des Chinois d'aujourd'hui n'est, à le bien définir, qu'un monstre à trois têtes, dont le corps & les membres, formés de l'assemblage bisarre de bien & de mal, de raisonnable & d'extravagant, de ce qui est du bon ordre & de ce qui s'en écarte, se meuvent par l'impulsion de l'une ou l'autre de ces trois têtes" [237].

Damit hat er auf ein Phänomen hingewiesen, das die neuere Forschung nur bestätigen kann, den in China vorherrschenden Synkretismus. Das Volk hat seine uralte Religion, die als „kunterbunter Animismus und Schamanismus" [238] bezeichnet werden muß, mit „taoistischen und buddhistischen Elementen" [239] bereichert und so eine Synthese geschaffen, die erst eigentlich ‚Religion der Chinesen‘ genannt zu werden verdient [240].

Hegel hat die Staatsreligion zutreffend charakterisiert; er war sich des Unterschiedes von Staats- und Privatreligion bewußt, ohne diesen allerdings systematisch zu verarbeiten; er hat den chinesischen Synkretismus überhaupt nicht erwähnt [241], geschweige denn, daß er ihm die Bedeutung eingeräumt hätte, die ihm zukommt, obwohl das, was die Mémoires über ihn zu berichten wissen, in einem Abschnitt

---

[234] PhdWG S. 320.
[235] M XV S. 258.
[236] Ebd.
[237] Ebd. S. 259.
[238] Eder a. a. O. S. 332.
[239] Ebd. S. 356 f.
[240] Von daher wird das in Anm. 215 Gesagte fragwürdig; denn Synkretismus zeichnet sich ja gerade dadurch aus, daß Elemente verschiedener Religionen vereinigt werden, ohne daß man sich noch eines Gegensatzes bewußt ist. Die Beamten aber, für welche die Verbreitung der Staatsreligion ‚Berufspflicht‘ ist, können den Synkretismus nicht in der ungebrochenen Weise vollziehen, die dem Volke vielleicht möglich ist.
[241] Wenn Hegel betont, daß sich für „ die Kenntnis der chinesischen Religion" eine „historische Schwierigkeit" ergebe „wegen der Sekten, die teils für sich bestehen, teils der Staatsreligion verbunden sind" (PhdWG S. 328), so könnte man hier einen indirekten Hinweis auf den chinesischen Synkretismus sehen.

steht, aus dem er ausführlich zitiert [242]. Seine Besprechung der chinesischen
Religion stellt uns vor die Frage, ob er zwar vermag, den Fortschritt von einer
Religion zur anderen auf den Begriff zu bringen, ob ihm aber das Vokabular fehlt,
das es ermöglichte, eine Mischform aus verschiedenen Religionen philosophisch zu
erfassen.

5. *Die chinesische Gesittung*

Das für China Charakteristische ist nach Hegel dies, daß hier „die Sittlichkeit, das
Familienwesen ... zu dem ungeheuern Ganzen eines Staates ausgebildet worden
ist" [243]. Die neuere Forschung stimmt diesem Urteil zu, wobei allerdings O.
Frankes Meinung, Hegel habe damit „in tieferem Sinne Recht" gehabt, „ als er
selbst wissen konnte" [244], nicht einleuchtet, wenn man sieht, wie viele Belegstel-
len sich gerade für diese Behauptung in den Quellen Hegels finden lassen [245]. Der
„F a m i l i e n g e i s t, welcher hier auf das volkreichste Land ausgedehnt ist",
wird bestimmt als die „unmittelbare Einheit des substanziellen Geistes und des
Individuellen" [246]. Das „Moment der Subjektivität, das will sagen, das sich in sich
Reflektieren des einzelnen Willens gegen die Substanz als die ihn verzehrende
Macht, oder das Gesetztsein dieser Macht als seiner eigenen Wesenheit, in der er
sich frei weiß, ist hier noch nicht vorhanden" [247]. Wir haben schon gesehen, daß
der Kaiser eine, die einzige Ausnahme macht. Gerade daran zeigt sich aber, daß
Hegel die Ausdehnung des Familiengeistes auf den ganzen Staat nicht mit der
Konsequenz nachvollzogen hat, die man sich gewünscht hätte; denn so wenig der
Vater der einzelnen Familie als Vater dem Familiengeist in der Weise entnommen
ist, daß er als einziger in der Familie sich als Subjektivität geltend machte, so
wenig kann der Kaiser als Vater des Volkes diesem als der gegenübergestellt
werden, auf den die ganze Subjektivität konzentriert ist.

Wir entsinnen uns, daß es für Hegel deshalb so wichtig ist, dem Kaiser diese
Ausnahmestellung zuzuschreiben, weil „nichts von dem fehlen darf, was zum
Begriff des Geistes gehört", und deshalb sich auch in China „die Substanz zum
Subject bestimmen" [248] muß. Wenn nun hier beim Kaiser die Bestimmung von der
Substanz zum Subjekt erfolgt, so ist klar, daß Hegel bei allen anderen Bereichen
des chinesischen Lebens jedes Moment von Subjektivität oder selbständiger
Individualität bestreiten muß. Wir werden untersuchen müssen, ob er trotzdem
oder gerade deshalb diese Bereiche zutreffend analysiert.

---

[242] Es ist nämlich der Abschnitt, in dem die Erzählung von der Konstitution des Wu-wang
steht (s. o.).
[243] PhdWG S. 278.
[244] Geschichte des chinesischen Reiches I, Berlin 1930, S. VIII.
[245] Vgl. Mac II S. 9 und M II S. 182; II S. 410; IV S. 2; IV S. 23; IV S. 26f.; IV S. 83; IV
S. 86; IV S. 150; IV S. 166; V S. 32; VI S. 331 f.; X S. 331 f.; X S. 134 und XV S. 215.
[246] PhdWG S. 288.
[247] Ebd. S. 288.
[248] XV S. 325.

a) Die Gleichheit

Da das „patriarchalische Verhältnis" das Ganze zusammenhält, kann man in China „nicht von einer Verfassung sprechen" [249] : Es gibt „keine selbständigen Individuen, weder einen Adel, noch überhaupt Stände oder Kasten wie in Indien" [250] . Von unserer heutigen Kenntnis der Geschichte Chinas aus können wir diese Behauptung nicht billigen [251] ; es fragt sich aber, ob sie sich von den Quellen Hegels her rechtfertigen läßt. Auch hier ergibt sich nun ein differenzierteres Bild als man nach der pauschalen Aussage Hegels vermuten könnte. Wir können nämlich aus Macartney entnehmen, daß man in China drei Stände unterscheiden muß [252] . Hegel hat sich bei seiner Feststellung an den Mémoires orientiert, die

---

[249] PhdWG S. 298.   [250] Ebd. S. 299.

[251] Man muß zunächst innerhalb dieser Geschichte mehr differenzieren als Hegel das möglich war. Selbstverständlich gab es im feudalistischen China (8.–3. Jahrhundert v. Chr.) einen Adel, der in einer späteren Systematisierung in 5 Klassen eingeteilt wurde: Herzöge (kung), Lehensfürsten (hou), Markgrafen (po), Grafen (tzu) und Freiherren (nan). Daneben gab es die Bauern (nung), die den „Status von Hörigen" (FiWG S. 42) hatten, sowie die Handwerker (kung) und die unter sämtlichen Kaiser-Dynastien wenig geachteten Kaufleute (shang), wobei nicht genau gesagt werden kann, von wann an wir bei diesen beiden Gruppen „von einer sozialen Schicht sprechen können." (ebd. S. 43) Die Reichseinigung unter Ch'in-Huang-ti brachte das Ende des Feudalismus in China. Während aber in Europa „aus dem Feudalstaat schließlich der bürgerliche Staat entstand", entwickelte sich in China eine „in ihrer Grundstruktur bis zum Ende des 19. Jahrhunderts" sich erhaltende Gesellschaftsform, „die wesentliche Elemente des Feudalismus perpetuierte" (ebd. S. 92). Man kann drei Theorien unterscheiden, die sich um eine wissenschaftliche Interpretation dieser Form bemühen: 1.) Die Theorie der ‚orientalischen Gesellschaft', die zuerst von Karl Marx formuliert, dann von Max Weber aufgegriffen und schließlich besonders von K. A. Wittfogel (Wirtschaft und Gesellschaft Chinas, Leipzig 1931) weiterentwickelt wurde (FiWG S. 345). Sie macht „zum Angelpunkt die sogenannte ‚asiatische Produktionsweise', deren wichtigstes Merkmal die Abhängigkeit des Ackerbaus von planvoller Bewässerung sei ... Der Anbau mit Hilfe von künstlicher Bewässerung erforderte große Gemeinschaftsarbeiten zur Errichtung von Deichen, Kanälen, Staureservoiren und ... Schöpfanlagen. Diese Gemeinschaftsarbeiten ... seien ... von einer zentralistischen Bürokratie abhängig." Diese Theorie hat mithin das Verdienst, das „Phänomen der Bürokratie wissenschaftlich in den Griff bekommen zu haben" (ebd. S. 92). 2.) Die Theorie der Gentry-Gesellschaft (vgl. W. Eberhard in: Conquerors and Rulers: Social Forces in Medieval China, Leiden 1952, Kap. I). Sie „geht von der Umstrukturierung des Großgrundbesitzes aus. Mit der Veräußerlichkeit des Bodens sei an die Stelle des alten Adels eine neue Oberschicht getreten, eben die ‚Gentry', die den erworbenen Grundbesitz in der Regel an die ehemaligen Kleinbesitzer verpachtet und selbst von den Zinsen gelebt habe. Neben den Stammgütern habe die Gentry sich zweite Wohnsitze in den Städten eingerichtet, wo man die befähigten Sippenmitglieder die Beamtenlaufbahn habe einschlagen lassen..." (FiWG S. 93). Sieht man sich die Darstellung der chinesischen Geschichte in der Brockhaus-Enzyklopädie an, so wird man finden, daß sie ganz von dieser Theorie bestimmt ist (vgl. Band 3, Wiesbaden 1967, S. 775 f.). 3.) Die Theorie, für die der „ ‚Sieg' des Konfuzianismus, d. h. dessen Durchsetzung in der Beamtenschaft bis zur vollkommenen Identifizierung jener mit diesem, der Faktor" ist, „der die neue Gesellschaft geformt hat" (FiWG S. 93). Von dieser Theorie ließ sich O. Franke bei seiner „Geschichte des chinesischen Reiches" leiten (vgl. ebd. S. 345). Ob man nun eine dieser Theorien zur Grundlage macht oder der Ansicht beipflichtet, es sei unmöglich, „die Gesellschaft des Han-Reiches auf ein sozial-ökonomisches Modell hin zu definieren" (ebd. S. 95, die Begründung dafür S. 93 ff.), klar ist, daß die Behauptung Hegels sich auf keinen Fall halten läßt.

[252] A. a. O. II S. 171.

allerdings ihrerseits in dem, was sie berichten, nicht ganz einheitlich sind. Wird in Band I kurz und bündig mitgeteilt:

„. . . on ne connoît ici ni noblesse, ni bourgeoisie, ni charges vénales, ni dignités héréditaires" [253],

so beschränkt sich Band II darauf zu betonen, daß es in China keine Vererbung von Würden gibt:

„. . . qu'aucun office, aucune charge, aucun emploi, aucune dignité, aucun rang, les Princes du sang exceptés, n'y est héréditaire, & qu'on obtient rien en ce genre que par la supériorité du mérite ou des services, & que la plus haute elévation des peres n'est pas un degré pour celle des enfants" [254].

In Band V schließlich wird folgendes ausgeführt:

„Quoiqu'il y ait un petit nombre de dignités attachées a quelques familles, la noblesse n'est point héréditaire à la Chine" [255].

Nun wird also zugegeben, daß es eine, wenn auch nur kleine Zahl von Würden gibt, die mit bestimmten Familien verbunden, also erblich sind; der Adel freilich ist nicht erblich in China; aber doch wird selbstverständlich vorausgesetzt, daß es ihn gibt! Man kann also nicht behaupten, Hegel sei dem in den Quellen aufgezeigten Tatbestand völlig gerecht geworden; ebenso unrichtig wäre aber die Feststellung, seine Ausführungen hätten in den Quellen überhaupt keinen Anhaltspunkt. Die Notwendigkeit, selbständige Individualität und Subjektivität als in der chinesischen Gesellschaft wirksame Faktoren zu bestreiten, sowie das Bestreben, China als das Land, in dem die „Einheit des Staatsorganismus" verwirklicht ist, Indien entgegenzusetzen, wo die „besonderen Mächte", d. h. die Stände „losgebunden" [256] sind, haben Hegel dazu geführt, bei der Behandlung Chinas das Prinzip der Gleichheit zu stark zu betonen [257].

b) Die Freiheit

Wenn die Gleichheit nicht so absolut gesetzt werden darf, wie das bei Hegel geschieht, heißt dies dann, daß die Freiheit nicht so radikal negiert werden darf, wie Hegel das tut, tun muß, wenn er seiner Behauptung, es gebe hier keine

---

[253] M I S. 14.
[254] M II S. 446.
[255] M V S. 27.
[256] PhdWG S. 271.
[257] Auch die Auswahl der Beamten erfolgte nicht immer nach den Fähigkeiten des einzelnen, wie Hegel es nach M II, 446 darstellt (vgl. PhdWG S. 299). Persönliche Loyalitäten spielten hier eine große Rolle. „Vom Präfekten an aufwärts und nach mindestens drei Dienstjahren konnten die Beamten einen Sohn oder Bruder vorschlagen, welches Privileg weit genutzt wurde" (FiWG S. 95; vgl. die beiden Erlasse aus den Jahren 58 und 93 n. Chr. „die sich gegen den Einfluß der reichen Familien und ‚ungeeignete Personen' bei der Beamtenauswahl wenden", ebd.).

selbständige Individualität, nicht widersprechen will? Macartney spricht von der beständigen „Furcht, worin der lastende Arm der Gewalt das chinesische Volk hält" [258]; aber es ist fraglich, ob er damit Hegel recht gibt oder nicht; denn Hegel meint ja nicht, daß die Freiheit in China unterdrückt werde, so daß sie immerhin als das Ersehnte dem einzelnen bewußt wäre, er meint vielmehr, daß der Gedanke der Freiheit hier überhaupt noch nicht gefaßt worden ist, während Furcht als solche ein Moment der Subjektivität impliziert und Furcht vor der Gewalt sich wenigstens generell nicht ohne eine Ahnung von einem gewaltfreien Zustand denken läßt, wobei dann zu fragen wäre, ob damit nicht schon eine Ahnung von Freiheit mitgesetzt sei. Eine andere Stelle bei Macartney kann Hegel eher für sich beanspruchen: Es wird dort darauf aufmerksam gemacht, daß „in den politischen, moralischen und historischen Werken der Chinesen" keine „Begriffe von Freyheit enthalten" seien, „welche sie verleiten könnten auf ihre Unabhängigkeit zu dringen" [259]. Sofern das Schrifttum das Denken eines Volkes widerspiegelt, kann man hier Hegels Meinung bestätigt finden, die Chinesen seien überhaupt noch nicht zum Gedanken der Freiheit vorgedrungen, geschweige denn, daß sie sie verwirklicht hätten. Die Mémoires sind anderer Ansicht: Dort wird sogar behauptet, „qu'il n'y a pas de nation sur la terre qui jouisse d'une liberté plus raisonnable que les Chinois" [260]. Es fragt sich indessen, was dieses ‚raisonnable' bedeuten soll. Wenn an anderer Stelle gesagt wird:

„Tout homme jeune ou vieux, sans distinction, doit en ce monde être à tout moment sur ses gardes & dans la crainte" [261],

so legt sich die Vermutung nahe, daß das, was die Jesuiten damals ‚Freiheit' nannten, durchaus nicht mit dem identisch ist, was Hegel oder wir unter ‚Freiheit' verstehen. Es besagt hier nicht viel, wenn die Quellen, was ja ohnehin nur zum Teil der Fall ist, Hegel widersprechen; wichtig für uns ist es, ob Hegel zeigen kann, daß die einzelnen Momente des chinesischen Volksgeistes seinem Freiheitsverständnis nicht entsprechen.

c) Das Verhältnis von Moralischem und Rechtlichem

Hegel sieht den „Mangel des ganzen Prinzips der Chinesen" darin, daß bei ihnen „das Moralische nicht vom Rechtlichen geschieden ist"[262]. Noch O. Franke meint, daß er damit das „Wesen des konfuzianischen Staates . . . durchaus zutreffend . . . zum Ausdruck" [263] gebracht habe. Die Moralität ist „das Feld meiner Einsicht, Absicht und Bestimmung meiner selbst nach meinen Zwecken, Bestrebungen usf." [264]. Freilich ist auch das Recht „Dasein des freien Willens, aber nicht innerhalb seiner selbst" [265]. Es ist das „äußere Dasein der Freiheit, wodurch sich die Freiheit zu einer Sache macht" [266]. Allerdings hat auch

---

[258] A. a. O. II S. 15.
[259] Ebd. S. 335.
[260] M V S. 33.

[261] M IX S. 119.
[262] PhdWG S. 300.
[263] A. a. O. S. VIII.

[264] PhdWG S. 301.
[265] Ebd. S. 301.
[266] Ebd. S. 301.

das Moralische „seine Äußerung", in der zweierlei enthalten ist, „einerseits selbst
das Rechtliche, andererseits das ganz allein Moralische" [267]. Nachdem also das
Moralische vom Rechtlichen abgetrennt wurde, wird nun innerhalb des Moralischen eine Dimension des Rechtlichen aufgezeigt, von der dann das ‚ganz allein
Moralische' unterschieden wird. Das heißt, daß einem Rechtlichen ein Moralisches
gegenübergestellt wird, das selbst wieder in Rechtliches und Moralisches zerfällt,
wobei Hegel ausdrücklich bemerkt, daß zwischen diesen beiden Bereichen „die
Grenze schwer zu ziehen" [268] sei. Was also Hegel von den Chinesen verlangt, die
Scheidung von Moralischem und Rechtlichem, fällt ihm selbst sehr schwer, und
zwar deshalb, weil es für ihn einerseits Beziehungen von Personen gibt, die nur
rechtlicher Natur sind, andrerseits aber diejenigen, die moralischer Natur sind, als
solche immer auch eine rechtliche Seite haben. Gerade weil die Scheidung, auf die
es Hegel ankommt, so schwer zu vollziehen ist, bringt er seine Kritik an den
Chinesen noch einmal prägnant zum Ausdruck, wenn er meint, das Rechtliche
dürfe sich „nicht in einen Punkt eindrängen, der dem Individuum nach seinem
Selbstgefühl angehört" [269]; das heißt: Rechtliche Regelungen dürfen nicht in das
eingreifen, was wir die persönliche Sphäre des Individuums nennen würden. Daß
das in China der Fall ist, vermag Hegel etwa in seinen Ausführungen über die
Familienpflichten sehr gut zu zeigen, wie wir noch sehen werden. Man sollte sich
aber von solchen Beispielen nicht zu der Annahme verleiten lassen, in Hegels Staat
oder in unserem sei die Trennung von Moralischem und Rechtlichem schon
vollkommen realisiert [270]. Ein prinzipieller Unterschied zu China kann nur darin
bestehen, daß bei uns mehr oder weniger deutlich die Notwendigkeit dieser
Scheidung gesehen wird; was die Verwirklichung anbelangt, wird man über die
Feststellung eines graduellen Unterschiedes nicht hinauskommen können.

Bevor wir nun aber zu den Beispielen Hegels übergehen, müssen wir sehen, ob seine
Quellen etwas darüber aussagen, wie sich Moralisches und Rechtliches zueinander
verhalten. Daß in China das, was bei uns in den Bereich der Konvention gehört,
den Charakter eines jeden verpflichtenden Gesetzes hat, zeigt eine Stelle im
fünften Band der Mémoires:

„Ainsi les salutations ordinaires, les visites, les fêtes, les présens, & en général toutes les
bienséances publiques & particulieres ne sont point de simples formalités établis par l'usage; ce
sont des Loix dont on ne peut s'ecarter" [271].

Wenn Macartney schreibt, die Sitten seien „weit stärker . . . als die Gesetze" [272],
so meint er mit ‚Sitten' genau das, was die Mémoires als Gesetze bezeichnen, so
daß schon die Zusammenstellung dieser beiden Zitate zeigt, wie gut sich Hegels

---

[267] Ebd. S. 301.
[268] Ebd. S. 301.
[269] Ebd. S. 301.
[270] Das hat bei uns, wie ich meine, die Diskussion über die Strafrechtsreform sehr deutlich
gezeigt, was hier natürlich nicht ausführlich erörtert werden kann.
[271] M V S. 26.
[272] A. a. O. II S. 123.

These von der fehlenden Unterscheidung von Moralischem und Rechtlichem aus den Quellen rechtfertigen läßt. Freilich ist es für uns nun interessant zu erfahren, was Macartney mit dem meint, was er ‚Gesetze‘ nennt, und dazu müssen wir eine weitere Stelle aus den Mémoires heranziehen: Im Band IV wird darauf hingewiesen, daß der Sohn minderjährig ist, solange der Vater lebt, daß er keine Rechte gegenüber dem Vater hat, so daß sich dieser alles erlauben kann, ohne daß es ihm möglich wäre, sich zur Wehr zu setzen.

„Les loix ne prennent point connoissance de toutes ces choses-là, & qui en appelleroit à elles, succomberoit, & seroit puni plus grièvement" [273].

Sowohl diese Stelle wie Macartney verstehen unter ‚Gesetzen‘ das schriftlich fixierte Recht, das im konfuzianischen Staat gegenüber dem ungeschriebenen, aber allgemein anerkannten Herkommen (li) nur eine geringe Bedeutung besaß [274]. Mit dem Begriff ‚li‘ läßt sich die unmittelbare Vereinigung von Moralischem und Rechtlichem am besten kennzeichnen, wobei zweifelhaft ist, ob Hegel sich darüber im klaren war, daß es sich hier um ungeschriebenes, aber dennoch gesetzlich fest verankertes Brauchtum handelt. An der Richtigkeit seiner grundsätzlichen Analyse ändert das freilich nichts.

6. Die Sittlichkeit

a) Die Familie

Was über das Fehlen von selbständiger Individualität und die mangelnde Unterscheidung von Moralischem und Rechtlichem gesagt wurde, kann am besten an der chinesischen Familie verdeutlicht werden. Ist diese ihrer Natur nach „auf einen Zusammenhalt freier Liebe gegründet" [275], so ist in China „förmlich durch Gesetze bestimmt" [276], wie „die Familienglieder in ihren Empfindungen zueinander zu stehen haben" [277]. Dabei gilt grundsätzlich, daß in allem die Kinder gegenüber den Eltern untergeordnet sind.

„Un fils est toujours mineur tandisque son pere est vivant, soit pour sa personne, soit pour ses biens" [278].

---

[273] M IV S. 161.
[274] Gegen die starke Betonung des Herkommens (li) durch die Konfuzianer wandten sich die Legalisten, für die ‚fa‘ das Gesetz, das Entscheidende war. Dabei ging es auch ihnen nicht um das Recht als solches, sondern darum, den „Staat wirtschaftlich umd militärisch" zu „stärken" (FiWG S. 68). Ist es dem Monarchen gelungen, „durch den unpersönlich funktionierenden Mechanismus der Gesetze den sozialen Frieden und die stabilisierte Harmonie herzustellen" (FiWG S. 68), so kann er das Nicht-Handeln (wu-wei) praktizieren, wodurch sich die Nähe von Legalismus und Taoismus erklärt (vgl. FiWG S. 66 ff.).
[275] PhdWG S. 302.
[276] Ebd. S. 303.
[277] Ebd. S. 302 f.
[278] M IV S. 160; vgl. PhdWG S. 303.

Es gibt „Pflichten von unten nach oben, aber keine eigentlich von oben nach unten" [279].

„Un fils bien né ne se loge point dans l'appartement du milieu, ne s'assied point au milieu de la natte, ne passe pas par le milieu de la porte" [280].

Läßt die Ehrerbietung der Kinder gegenüber den Eltern, aber auch etwa des jüngeren Bruders gegenüber dem älteren, zu wünschen übrig, so sind harte Strafen die Folge.

„Qui accuse, même avec raison, son pere ou sa mere, son grand-pere ou sa grandmere, son oncle ou son frere aîné, est condamné à cent coups de Pan-tsée, & à trois ans d'exil, si c'est à faux, il est etranglé" [281]. Les fils & les petits-fils, ainsi que leurs epouses, qui se négligent dans le soin de servir le pere & la mere, le grand-pere & la grand-mere, sont condamnés à cent coups de Pantsée . . ." [282].

Bei Verfehlungen, die über bloße Nachlässigkeiten hinausgehen, ist die Todesstrafe unausweichlich:

„. . . s'ils leur (den Eltern d. V.) disent des injures, à être etranglés; s'ils levent la main sur eux & les maltraitent, à avoir la tête coupée, s'ils les blessent & attentent à leur vie, à être tenaillés & coupés en morceaux" [283].

Die Ehrerbietung, die man in China dem Alter schuldet, gilt allgemein, d. h.: Die Frauen sind davon nicht ausgenommen. Selbst der Kaiser hat die „obligation de lui (seiner Mutter d. V.) rendre visite de cinq en cinq jours" [284]. Manche Beschwernisse sind mit dieser Verpflichtung verbunden, so daß die Mutter des Kaisers Ch'ien-lung [285] ihrem 63jährigen Sohn von der Etikette abweichende Erleichterungen gestattete: Der Vorschrift zu genügen

„devenoit fort pénible en hiver pour l'Empereur, qui a soixante-trois [286] ans, parce qu'il falloit descendre de sa chaise dans le vestibule, & traverser la cour à pied, malgré le vent du nord & le froid qui est ici très rigoureux. Le seul moyen qu'on ait trouvé de le dispenser de cette etiquette, à laquelle il s'est soumis tant d'années & qui pouvoit devenir funeste à sa santé, a eté de l'en faire dispenser par une déclaration de l'impératrice mere, qui a eté enrégistrée & promulguée, dans laquelle Elle lui ordonne pour ménager sa chere santé, de venir chez elle par la porte latérale de la cour, & de ne descendre de sa chaise que sous la galerie qui est devant son appartement" [287].

Wichtig in diesem Zusammenhang ist auch die Ehrung der Mutter des Kaisers beim Neujahrstag, wobei hier zu beachten ist, daß „ce n'est qu'après lui (der Mutter des Kaisers d. V.) avoir rendu ses hommages qu'il (der Kaiser d. V.) reçoit ceux des

---

[279] PhdWG S. 304.
[280] M IV S. 8; vgl. PhdWG S. 303.
[281] M IV S. 161; vgl. PhdWG S. 306.
[282] M IV S. 161; vgl. PhdWG S. 306.
[283] M IV S. 161 f.; vgl. PhdWG S. 306 sowie M IV S. 14; M IV S. 19 f.; M IV S. 25 f.
[284] M IV S. 142; vgl. PhdWG S. 303; vgl. auch M II S. 389.
[285] S. o. die Anmerkungen 184 und 185.
[286] Hegel erhöht das Alter des Kaisers noch um 4 Jahre (PhdWG S. 303).
[287] M IV S. 142 f.; vgl. PhdWG S. 303.

Princes & de toute sa Cour" [288]. Vielleicht haben Hegel diese Beispiele allzusehr beeindruckt, vielleicht war es auch die doch wohl zu rosige Schilderung im Band II der Mémoires:

„... un pere, une epoux, un fils leur (den Frauen d. V.) confient ce qu'ils ont de plus précieux, se reposent entiérement sur elles de toutes les affaires domestiques, n'entreprennent rien au dehors qu'après le leur avoir fait agréer, se mettent a l'etroit pour leur procurer des douceurs, & ne leur cachent de leurs affaires que ce qui pourroit les contrister" [289];

jedenfalls läßt sich seine Behauptung, die Frau werde „von dem Manne sehr geachtet" und genieße „große Ehre im Hause" [290], in dieser Allgemeinheit nicht halten. Nicht nur Witte meint, Hegel sage damit den Chinesen „zuviel Gutes nach" [291]; auch die Quellen machen das wenigstens zum Teil deutlich. Im 4. Band der Mémoires heißt es zwar:

„On obéit à sa mere comme à son pere, on a le même amour pour l'un & pour l'autre";

aber „la mere ne tient que le second rang" [292]. Noch entschiedener drückt sich Macartney aus, der von der „Gewalt der Gatten über ihre Frauen" [293] spricht. Will man sich über die Form der chinesischen Ehe, auf die Hegel in diesem Zusammenhang eingeht, informieren, so ergibt sich ein widersprüchliches Bild: Hegel selbst scheint sich hier an Macartney gehalten zu haben, der generell „Ehefrau" und „Beyschläferinnen" [294] unterscheidet. Band II der Mémoires führt hingegen aus:

„La décision de la Loi ne permet des concubines qu'à l'Empereur" [295],

während Band IX offensichtlich andere Gesetzesbestimmungen vor Augen hat. Dort lesen wir nämlich, nachdem wir zuvor darauf aufmerksam gemacht worden sind, daß die „polygamie de Chine est fort différente de ce qu'on l'imagine en Europe ...":

„Selon la loi, un particulier ne peut prendre de concubine que lorsque son epouse est stérile, & d'un âge ne pouvoir plus avoir d'enfans" [296].

Band IV schließlich meint, „que les Legislateurs chinois aient permis la polygamie" [297], ohne weitere Einschränkungen für notwendig zu halten. Die Ursache dieser Differenzen besteht neben einer unterschiedlichen Terminologie wohl vor allem darin, daß Macartney sich auf die Praxis bezieht, während die Mémoires sich ausschließlich an den ihrerseits nicht harmonierenden Gesetzestexten orientieren.

---

[288] M IV S. 143 f.;vgl. PhdWG S. 304.
[289] M II S. 389.
[290] PhdWG S. 304.
[291] A. a. O. S. 149.
[292] M IV S. 28.
[293] A. a. O. II S. 121.
[294] Ebd. S. 170.
[295] M II S. 392.
[296] M IX S. 377.
[297] M VI S. 311.

Daß einheitliche Aussagen über die Formen der chinesischen Ehe nicht möglich sind, ergibt sich auch dann, wenn man sich darüber im klaren ist, daß zwischen Oberschicht und Volk unterschieden werden muß: War dort „das Konkubinat ... ebenso häufig wie die Großfamilie", so war hier „die Kleinfamilie die Regel" [298]. Diese Erkenntnisse haben die Quellen Hegel nicht vermittelt, und er hätte sie auch gar nicht übernehmen können, ohne wesentliche Teile seines Chinabildes zu ändern [299].

Die Familienpflichten wären unvollständig behandelt, wenn man nicht auf die Vorschriften eingänge, die die Kinder beim Tode der Eltern zu beachten haben und wenn man die für China so wichtige Ahnenverehrung nicht berücksichtigte.

„La durée ordinaire du deuil pour un pere ou une mere doit être de trois ans" — [300]

das berichten die Mémoires an mehreren Stellen. Während dieser Zeit

„on ne peut exercer aucun Office public. Alors un Mandarin est obligé de quitter son gouvernement, un Ministre d'Etat de renoncer à l'administration des affaires ..." [301].

Aus den Erleichterungen, die gewährt werden, wenn eine gewisse Altersgrenze überschritten wird, kann man entnehmen, was alles in diesen drei Jahren befolgt werden mußte:

„Quand on atteint cinquante ans, on n'est pas obligé de pousser l'abstinence du deuil jusqu'à maigrir, à soixante ans, il faut l'eviter & ne se retrancher que peu de choses sur son vivre; à soixante-dix ans, il suffit de porter des habits de deuil, on peut manger de la viande & boire du vin, on couche dans son appartement ordinaire." [302]

Was die chinesische Ahnenverehrung anbelangt, die ja wegen des Ritenstreites auch in Europa Beachtung fand, so zeichnen die Mémoires folgendes Bild: Die Gewohnheit

„assujettit les familles Chinoises à avoir une Salle où toutes les personnes qui se touchent par le sang, s'assemblent au Printemps, & quelquefois en Automne ... C'est à l'âge seul que la préséance est accordée ... On voit dans la Salle une longue table près du mur, sur une élévation ou l'on monte par quelques degrés. Les noms des hommes, des femmes & des enfans de la même famille sont exposés sur des tablettes ou de petites planches placées des deux côtés, avec leur âge, leur qualité, leur emploi & le jour de leur mort" [303].

Schließlich sei noch auf ein Phänomen hingewiesen, das vielleicht am besten geeignet ist, Hegels Behauptung, in China fehle die selbständige Individualität, zu illustrieren. Gemeint ist dies, daß die „Verdienste des Sohnes ... nicht diesem, sondern dem Vater zugerechnet" werden [304]. Alle Mandarinen, „qui se distinguent

---

[298] Brockhaus Enzyklopädie, 3, Wiesbaden 1967 S. 784.
[299] Er hätte ja dann die Bedeutung der Standesunterschiede in China erkennen müssen.
[300] M V S. 30; vgl. M IV S. 11 und M IV S. 75; vgl. PhdWG S. 303.
[301] M V S. 30; vgl. PhdWG S. 303.
[302] M IV S. 10; vgl. PhdWG S. 303; vgl. auch Mac II S. 117 f.
[303] M V S. 31; vgl. PhdWG S. 305; vgl. auch M IV S. 90.
[304] PhdWG S. 304.

dans leurs emplois, obtiennent de l'Empereur, sur leur demande, de pouvoir faire refluer leur gloire sur leurs ancêtres" [305]. Hegel gibt eine Erzählung aus den Mémoires wieder, die das verdeutlicht [306]:

„Le Fils de Chou-ouen-tsée ayant demandé un titre d'honneur pour son pere avant qu'on l'enterrât, le Prince de Ouei, dont il avoit eté premier Ministre, lui répondit: La famine désoloit le Royaume de Ouei, votre pere donna du riz à ceux qui en souffraient davantage. Quelle bienfaisance! Le Royaume de Ouei toucha presque au moment de sa ruine, votre pere en défendit les intérêts au peril de sa vie. Quelle fidelité! Le gouvernement du Royaume de Ouei ayant eté confié aux soins de votre pere, il fit beaucoup d'excellentes loix, entretint la paix & l'union avec tous les Princes voisins, & conserva les droits & les prééminences de ma couronne. Quelle sagesse! Ainsi, le titre d'honneur que le lui decerne est celui de Tchin-oueiouen, bienfaisant, sage & fidele" [307].

Das Bewußtsein, daß diese Verdienste dem Vater eigentlich nicht zukommen, fehlte den Chinesen völlig, da ihnen das Individuum gegenüber der Einheit der Familie nichts galt. Bei ihnen ist es „umgekehrt wie bei uns": Die Voreltern gelangen „durch ihre Nachkommen zu Ehrentiteln" [308].

b) Die Sklaverei

Die „Äußerlichkeit des Familienverhältnisses" ist „mit S k l a v e r e i nahe verwandt, so daß Hegel diese „als zweites Moment der chinesischen Unfreiheit" [309] einführen kann. Dabei ergibt sich für ihn hier die Notwendigkeit historischer Differenzierung, da die Mémoires Wert auf die Feststellung legen:

„Tous le Chinois etant originairement une même famille, c'est de la fatale révolution de Tsching-chi-hoang, c'est-à-dire de l'an 221 avant Jesus-Christ, qu'il faut dater en Chine l'esclavage proprement dit" [310].

Denn „jusqu'aux derniers tems du Tscheou, les patrimoines et toutes les terres appartenant à l'Etat, et l'Etat donnant des terres & des patrimoines a tous les citoyens selon le nombre des personnes de chaque famille" [311]. Die ersten Sklaven „furent les fugitifs d'un Royaume, qui cherchoient un asyle dans un autre, & les prisonniers qu'on faisoit en tems de guerre" [312]. Aber als „les terres devinrent l'héritage & le domaine de ceux qui purent s'en procurer, un nombre prodigieux de familles se trouvent sans patrimoine dans leur patrie, furent réduites à se louer,

---

[305] M IV S. 134.
[306] PhdWG S. 304.
[307] M IV S. 13.
[308] PhdWG S. 304. Das soll natürlich nicht heißen, daß es bei uns ebenso wie in China keine Individualität gebe, nur unter umgekehrten Vorzeichen. Immerhin läßt sich daran zeigen, daß auch bei uns das Individuum nicht so zum Maßstab der Beurteilung gemacht wird, wie man das eigentlich erwarten sollte.
[309] Ebd. S. 306.
[310] M XV S. 142 f.; vgl. PhdWG S. 307.
[311] M XV S. 142; vgl. PhdWG S. 306 f.
[312] M XV S. 142; vgl. PhdWG S. 307.

puis s'engager & se vendre, pour se procurer leur substance" [313]. Man muß sich
freilich darüber im klaren sein, daß alle Quellen über die Ch'in-Zeit „unter der
Nachfolgedynastie Han abgefaßt, zum Teil schon unter konfuzianischem Einfluß,
und deshalb tendenziös" sind [314]. So kann Ch'in Shih Huang-ti nicht nur als der
„Bösewicht" [315] dargestellt werden, als den ihn auch die Mémoires schildern [316].
Was bei diesen Einführung der Sklaverei ist, war in Wirklichkeit die Abschaffung
der feudalen Einzelstaaten. So war es kein Wunder, daß der „ehemals regierende
oder über Pfründenterritorien herrschende Adel ... den Ch'in feindlich gesonnen
war", allerdings nicht nur er, sondern auch die Konfuzianer, denen das „legalis-
tisch orientierte, Riten und Herkommen mißachtende, in gewisser Weise egalitäre
System der Ch'in ein Greuel" [317] sein müßte. Wenn nun auch die Sklaverei nicht
in der Weise entstanden ist, wie es Hegel den Mémoires folgend darstellt [318], ist
doch nicht zu bezweifeln, daß sie ein Bestandteil der chinesischen Gesellschaft
war. „... un fils peut s'engager & vendre lui-même" [319] und natürlich kann auch
der Vater „engager & vendre son fils"; allerdings ist das Verkaufen von Kindern
„plutôt tolérée que permise aux pauvres" und „défendue aux honnêtes gens, punie
dans tous, quand elle se fait à des Comédiens & à des gens vils & corrompus" [320].
Freilich ist es nach Hegel in China nicht so schlimm, Sklave zu sein, wie anderswo,

---

[313] M XV S. 142; vgl. PhdWG S. 307.
[314] FiWG S. 76.
[315] Ebd. S. 76.
[316] Hegel hat seine Angaben über Ch'in Shih Huang-ti alle den Mémoires entnommen, nicht
etwa der von J. A. M. de Moyriac de Mailla übersetzten ‚Histoire générale de la Chine' (s. o.).
Er weiß, daß er die Einheit im Reiche hergestellt hat und daß er es „partagea ... en trente-six
Provinces" (M III S. 235; vgl. PhdWG S. 284). Er stellte eine Armee gegen die Tartaren auf und
ließ eine große Mauer bauen (vgl. M III S. 260 f. und 264 sowie PhdWG S. 284), die allerdings
nicht identisch ist mit dem „teilweise heute noch bestehenden ... Bauwerk, das in seiner
jetzigen Form ... erst aus dem frühen 15. Jahrhundert stammt" (FiWG S. 75). Das, was ihm
die Konfuzianer nie verzeihen konnten, war die von ihm befohlene Bücherverbrennung (vgl.
M III S. 277 f. und PhdWG S. 284). Er tat dies, um den „Traditionalismus zu unterbinden"
(FiWG S. 76). Betroffen waren das ‚Buch der Lieder' (Shih-ching) und das ‚Buch der Schriften'
(Shu-ching), beides konfuzianische Klassiker sowie „alle Aufzeichnungen der Philosophen-
schulen und jegliches historische Schrifttum — ausgenommen die Chronik von Ch'in" (ebd. S.
76). Verschont blieben politisch neutrale Schriften über Medizin, Ackerbau usw. (vgl. ebd. S.
76). Man muß aber der Gerechtigkeit wegen hinzufügen, daß es auch unter konfuzianischen
Regierungen, nämlich unter den Dynastien Ming und Ch'ing (1368—1911) öfters zu
Bücherverboten und Bücherverbrennungen kam (vgl. ebd. S. 76). Die Persönlichkeit von Ch'in
Shih Huang-ti ist „merkwürdig widersprüchlich und schillernd. Zwar gab er dem extremen
Legalismus und Rationalimus in seiner Regierung Raum, war persönlich dabei aber von
Aberglauben erfüllt. So ließ er durch eigens ausgeschickte Expeditionen nach dem Elixier der
Unsterblichkeit suchen" (ebd. S. 77; vgl. zu Ch'in Shih Huang-ti auch noch M V S. 50).
[317] FiWG S. 76.
[318] Allerdings ist die Behauptung der Mémoires richtig, „que l'antiquité en Chine n'a point
connu d'autre esclavage, que l'esclavage de châtiment & l'esclavage de guerre" (M IV S. 159;
vgl. die Ausführungen in FiWG über die sozialen Strukturen des feudalistischen China: „Die
Sklaven rekrutierten sich vornehmlich aus Kriegsgefangenen und Verbrechern"[S. 44];vgl.
auch M II S. 410 f.).
[319] M IV S. 159; vgl. PhdWG S. 306 f.; vgl. auch Mac II S. 545.
[320] M IV S. 159; vgl. PhdWG S. 306.

da der „Unterschied zwischen der Sklaverei und Freiheit nicht groß" ist, „da vor dem Kaiser alle gleich, das heißt, alle gleich degradiert sind" [321]. Von daher ließe sich die Meinung der Mémoires interpretieren, „que les esclaves de l'un & de l'autre sexe sont traités dans les familes comme des domestiques, & que même, à la liberté près, leur sort est plus heureux, parce que les maîtres sont chargés d'eux pour tout, & pour toute la vie" [322], wobei man sie allerdings in einem anderen Sinn verstünde, als sie sich selbst verstanden wissen wollten.

c) Die Prügelstrafe

Bei der Kritik des Abendlandes an China kommt eine besondere Bedeutung der chinesischen Prügelstrafe zu [323]. Schon Herder sieht sich durch diese veranlaßt, den Chinesen „Mangel an männlicher Kraft und Ehre" [324] vorzuwerfen. Auch bei Hegel ist sie der Beweis dafür, daß hier „das Gefühl der Ehre noch nicht ist" [325]. Lasson bemerkt hierzu, „gerade das „Men", das Ansehen" spiele „nirgend eine solche Rolle ... wie in China. Wer sein Men verloren hat, der hat alles verloren" [326]. Er fordert deshalb, man müsse untersuchen, inwieweit „dieses Verhältnis sich von dem selbstbewußten Ehrenstandpunkt der europäischen Kultur unterscheidet" [327]. Es ist aber wesentlich, daß ‚Ansehen', ‚Ruhm' nur Nebenbedeutungen der Vokabel ‚ming' [328] sind, die eine Einheit von Name und Schriftzeichen aussagt, so daß O. Franke den Terminus ‚Bezeichnung' empfiehlt [329]. In dieser Bedeutung war der Begriff ‚ming' wichtig für die Philosophie „gerade der confucianischen und der unmittelbar nachconfucianischen, höchstwahrscheinlich auch der vorconfucianischen Zeit" [330]. Von den „ concreten Dingen, wie von den abstracten Begriffen" hat nämlich jedes im Universum „seine bestimmte Wertgeltung und seinen bestimmten Geltungsbereich. Diese Wertgeltung und dieser Geltungsbereich finden ihre sinnlich wahrnehmbare, und zwar hörbare wie sichtbare Form in der Bezeichnung (ming), die jedes Ding und jeder Begriff an sich trägt" [331]. Die richtige Bezeichnung, „d. h. Bewertung der sittlichen und politischen Faktoren bildet

---

[321] PhdWG S. 307.
[322] M II S. 409.
[323] Vgl. die Äußerung Montesquieus im ‚Esprit des lois': „Ich weiß nicht, was das für eine Tugend sei bei Völkern, die nur mit Stockschlägen zu regieren sind" (entnommen aus Aurich a. a. O. S. 33).
[324] Ideen zur Philosophie der Geschichte der Menschheit a. a. O. S. 284: „Geizige Mandarine lassen Tausende verhungern und werden, wenn ihr Verbrechen vor den höhern Vater kommt, mit elenden Stockschlägen wie Knaben unwirksam gezüchtigt. Daher der Mangel an männlicher Kraft und Ehre ... " (ebd. S. 283 f.).
[325] PhdWG S. 307.
[326] Ebd. S. 517.
[327] Ebd. S. 517.
[328] Die von Lasson gebrauchte Umschreibung ist ungewöhnlich.
[329] Vgl. hierzu seinen Aufsatz, ‚Über die chinesische Lehre von den Bezeichnungen', in: T'oung Pao, Serie II Vol. VII, 1906, S. 315—350.
[330] Ebd. S. 342.   [331] Ebd. S. 340.

die Grundlage der staatlichen Ordnung" [332]. Man sieht, daß es sich hier um etwas
völlig anderes handelt als das, was wir mit dem Ausdruck ‚Ehre' bezeichnen, für
den es im Chinesischen keine spezifische Vokabel gibt. Daß unsere Vorstellung von
‚Ehre' eine Prügelstrafe, wie sie bei den Chinesen praktiziert wurde, verbietet,
macht das mit diesem Wort bezeichnete ethische Gut wieder deutlich, nachdem
die jüngste Vergangenheit eben dieses Wort zur Verschleierung dieses Gutes miß-
braucht hat [333].

7. Die Wissenschaft

Den Vorwurf innerer Unfreiheit erhebt Hegel auch gegen die chinesische Wissenschaft. Wenn es seiner Meinung nach hier das freie wissenschaftliche Interesse
nicht gibt, sondern alles „im Dienste des Nützlichen, des Vorteilhaften für den
Staat" [334] steht, so kann das nicht ausschließlich damit erklärt werden, daß die
„Sammlungen literarischer Werke von Staats wegen durchgeführt wurden", wie
Merkel meint [335]; vielmehr bestätigen grundsätzliche Ausführungen der Mémoires
die Richtigkeit der Auffassung Hegels. Das Ministerium

---

[332] Ebd. S. 342.
[333] Wir würden heute jedoch eher mit dem Begriff der Menschenwürde argumentieren.
Weitere Momente der chinesischen Unfreiheit sind für Hegel der „Mangel der Imputation"
(PhdWG S. 308), d. h. daß kein „Unterschied von Vorsatz bei der Tat und kulposem oder
zufälligem Geschehen" (ebd. S. 309) gemacht wird (vgl. Mac II S. 542: „. . . auch wird
zwischen Mord und blossem Todschlage kein Unterschied gemacht") und der Selbstmord (vgl.
PhdWG S. 309 f. und M IV S. 75; M IV S. 437: „Le suicide est très-commun en Chine, & les
femmes, à cet egard, sont d'un courage & d'une intrépidité qui font frémir d'horreur"; M IV S.
438; M IV S. 439: „Le préjugé public, en Chine, a attaché une espece de magnanimité &
d'héroisme à attenter sur soi-même, pour se venger d'un ennemi dont on ne peut se défaire";
M IV S. 440; M VII S. 37 und M X S. 412).
Anschließend geht Hegel noch auf den Charakter der Chinesen ein. Er meint, sie seien im
ganzen „gutmütig und kindlich" (PhdWG S. 310), es sei ein „sanftes geschmeidiges,
umständliches Volk" (ebd. S. 311). Nichtsdestoweniger wird aber gleich darauf behauptet, sie
seien „höchst diebisch und verschmitzt" und „dafür bekannt, zu betrügen, wo sie nur irgend
können" (ebd. S. 311). Dieses zweispältige Urteil findet seine Erklärung in den Quellen, wo
einerseits Macartney feststellt, „Bestechung und Erpressung" seien bei ihnen „etwas
Gewöhnliches" (a. a. O. II S. 605), andererseits die Mémoires ausführen: „. . . ils (die
Europäer, die China bereist haben, d. V.) y trouverent un peuple doux & tranquille, dont
l'extérieur etoit modeste, & les manieres pleines d'affabilité"(M V S. 25), wobei allerdings
auch sie zugeben, daß „les relations des Voyageurs . . . sont remplis de traits de subtilité, de
friponnerie & de mauvaise foi, des gens du peuple dont ils ont eté les dupes" (M V S. 38).
[334] PhdWG S. 311.
[335] Merkel, Herder und Hegel S. 17 f. Es ist nicht klar, welches Werk Hegel bei der Sammlung
von 368.000 Bänden vor Augen hat (vgl. PhdWG S. 312). Da er vom Kaiser Ch'ien-lung redet,
könnte man die von ihm herausgegebenen Dynastieannalen (Nien si schi) in 219 Bänden
denken. Vielleicht ist auch an die unter Kaiser K'ang-hsi 1686 begonnene Enzyklopädie
(Tu-schu-dsi-tsching — 1628 Bände) oder sogenannte ‚Palastausgabe der Klassiker' gedacht —
„doch ist die angegebene Zahl der Bände in beiden Fällen unzutreffend" (Merkel, Herder und
Hegel S. 17).

„n'a d'autre cri que le bien public, il ne veut que les Gens de lettres dont il a besoin pour la chose publique . . . Le savoir & le talent ne sont que des mots pour lui, quand l'etat n'en retire aucune utilité" [336].

Freilich gibt es kein Reich „au monde où les Sciences soient plus estimées qu'en Chine . . ." [337]. Aber

„les Chinois ne font cas des sciences, qu'autant qu'elles influent au bien de la chose publique. Tout ce qui lui est etranger ou inutile, ils le négligent . . ." [338]

Bei der Behandlung der Wissenschaft geht Hegel auch auf die chinesische Schriftsprache ein. Wenn er in dieser „ein großes Hindernis für die Ausbildung der Wissenschaften" [339] sieht, so nimmt er damit einen beliebten Vorwurf der abendländischen Chinakritik auf. Schon für Louis le Comte und den von ihm beeinflußten Herder war die „unermeßliche Zahl von Schriftzeichen Quelle des geringen wissenschaftlichen Fortschritts" [340] und Meiners, der ja alles Schlechte, was man über China sagen kann, gierig aufgreift, stellt ebenfalls fest: „Die ungeheure Menge der Charaktere, und deren Veränderungen setzt den Fortgängen der Sinesen in den Wissenschaften unübersteigliche Hindernisse entgegen" [341]. Interessant ist nun nicht so sehr, daß Hegel diesen Vorwurf übernimmt, sondern daß er ihn gleich anschließend korrigiert: Nicht die Sprache ist die Ursache für den geringen Fortschritt der Wissenschaften, sondern umgekehrt: Weil „das wahre wissenschaftliche Interesse nicht vorhanden ist, so haben die Chinesen kein besseres Instrument für die Darstellung und Mitteilung des Gedankens" [342]. Es ist völlig konsequent, daß Hegel diese Umkehrung vornimmt; denn die innere Unfreiheit, deren Kennzeichen das Fehlen des wissenschaftlichen Interesses ist, kann nicht mit der Sprache als etwas in seinem Sinne Äußeren erklärt werden, sondern muß auf das Vorherrschen der Substanz, das dieser Stufe des Geistes entspricht, zurückgeführt werden. Ob freilich bei der verhältnismäßig geringen Bedeutung, die Hegel der Sprache zuerkennt [343], für ihn eine angemessene Behandlung des chinesischen Denkens, das aus

---

[336] M I S. 11.
[337] M I S. 297.
[338] M I S. 297.
[339] PhdWG S. 313.
[340] Grundmann a. a. O. S. 51; vgl. das Werk Le Comtes' Nouveaux Mémoires sur l'etat présent de la Chine' Paris 1697, das die Hauptquelle für Herder war (Grundmann a. a. O. S. 51). Auch Diderot stellte die Unvollkommenheit der Chinesen besonders in ihrer Sprache und Schrift fest (vgl. Aurich a. a. O. S. 30).
[341] A. a. O. S. 105. Die von Hegel angegebene Zahl von 80—90.000 Charakteren, die nach Lasson „beträchtlich zu hoch gegriffen" ist (PhdWG S. 314), läßt sich aus den Quellen bestens belegen. Macartney meint, es gebe „nicht weniger als achtzigtausend chinesische Charaktere" (a. a. O. II S. 152) und die Mémoires unterscheiden zwei Arten von „Caracteres Chinois . . . : les elementaires, qui ne vont guere qu'à 200; les composés, qu'on dit monter jusqu'à 80.000" (M I S. 290). Zur chinesischen Sprache vgl. Mac I S. 520 und II S. 627 ff. und M VIII S. 142ff., besonders VIII S. 145 zur Unterscheidung der Bedeutungen nach der Tonhöhe (vgl. PhdWG S. 313 f.).
[342] PhdWG S. 313.
[343] Das läßt sich bei der Darstellung Indiens zeigen, wenn Hegel die „natürliche Verbreitung durch die Sprache" als etwas „Geistloses, Inhaltloses" (PhdWG S. 348) charakterisiert.

der Schriftsprache sich entwickelt, möglich ist — diese Frage werden wir noch
erörtern müssen, wenn wir uns mit Hegels Besprechung der chinesischen
Philosophie befassen. Was die Einzelwissenschaften anbelangt, so verdient besonders die damals sehr geschätzte Astronomie Beachtung. Da Hegel seine Behauptung, mit dem Ruhm der chinesischen Wissenschaft sei es nicht so weit her [344],
auch hier verifizieren muß, geht er gern auf die These ein, die Chinesen hätten ihre
astronomischen Instrumente von den Baktrern [345] und somit sei letztlich das, was
sie auf diesem Gebiet vorzuweisen hätten, auf die Griechen zurückzuführen. Diese
These findet sich allerdings nicht in der Reisebeschreibung Macartneys, wie Hegel
angibt [346]; sie geht offensichtlich auf Pauws ,Recherches philosophiques sur les
Egyptiens et les Chinois' [347] zurück. Natürlich wird sie von Meiners gutgeheißen,
der an sie die Feststellung knüpft, ,,daß die wahren Erdaufklärer, die Griechen, das
östliche Asien noch eher, als das westliche und nördliche Europa erleuchtet
haben" [348]. Von so überschwenglichen Folgerungen sind die Mémoires weit
entfernt, denen lediglich der Hinweis wichtig ist, daß die Mongolen diese
Instrumente von Baktrien nach China gebracht haben [349].

Hegel gibt zu, daß die Chinesen in ,,m e c h a n i s c h e n V o r r i c h t u n -
g e n" [350] oft geschickter sind als die Europäer. Er folgt damit der Aussage der
Mémoires:

,,Pour les arts utiles, c'est-à-dire, qui augmentent la quantité des choses nécessaires, en
perfectionnent la qualité, en multiplient, en généralisent, en simplifient l'usage, il est difficile
de les porter plus loin que les Chinois ne l'ont fait" [351].

Ein Anlaß, die These von der nicht ausgebildeten Wissenschaftlichkeit der Chinesen von hier aus zu korrigieren, ergibt sich jedoch nicht; denn diese Fertigkeiten
kann man nicht zur Wissenschaft zählen [352]. Ja, gerade die Tatsache, daß die
Europäer ,,noch nicht vermocht" haben, ,,die äußerliche und vollkommen natürliche Geschicklichkeit der Chinesen nachzuahmen", zeigt, daß ,,sie Geist haben" [353].
Das muß man sich klar machen, wenn man erfährt, daß die ,,Chinesen die
Verfertigung des Schießpulvers und die Buchdruckerkunst schon lange erfunden
hatten, ehe noch die Europäer etwas davon wußten" [354]. Was die letztere anbelangt, so bemerkt Lasson mit Recht, daß die Behauptung Hegels, die Chinesen

[344] Vgl. PhdWG S. 314.
[345] Vgl. ebd. S. 316.
[346] Ebd. S. 316.
[347] Berlin 1773, Bd. II, S. 23.
[348] A. a. O. S. 77.
[349] Vgl. M II S. 553 f. und M VI S. 312 f.; zur Astronomie im allgemeinen vgl. noch Mac II S.
102 ff.; zur Physik (PhdWG S. 317) vgl. Mac II S. 588 und S. 593; zur Geometrie (PhdWG S.
317) Mac II S. 105 ff.; zur Medizin (PhdWG S. 317 f.) Mac II S. 352, S. 589 und S. 593 sowie
M VIII S. 259—263.
[350] PhdWG S. 318.
[351] M II S. 451.
[352] Vgl. PhdWG S. 318.
[353] Ebd. S. 318.
[354] Mac II S. 327.

wüßten nichts „von den beweglichen Lettern" [355], irrig sei, da der Typendruck in China schon im 11. Jahrhundert erfunden und vielfach ausgeübt worden sei [356]. Hegel kann sich allerdings auf eine Stelle bei Macartney berufen, wo der Typendruck als europäisches Spezifikum dargestellt wird [357]. Interessant ist aber, daß er die Entschuldigung Macartneys, der meint, die „beweglichen Lettern" seien „selten zu Büchern in einer Sprache anwendbar, die, wie die ihrige, aus unsäglich verschiedenen Schriftzeichen besteht" [358], nicht übernimmt, sondern das angebliche Fehlen des Typendruckes als chinesische Rückständigkeit charakterisiert. Besser wäre es gewesen, er hätte sich hier an den Mémoires orientiert, wo an einer Stelle, die er offensichtlich übersehen hat, ausgesprochen wird, was heute von niemandem mehr bezweifelt werden kann, „que l'art d'imprimer avec des caracteres mobiles, n'est point ignoré en Chine" [359].

8. Die Kunst

Wir haben schon erwähnt, daß die Kenntnisse der chinesischen Kunst zur Zeit Hegels noch äußerst dürftig waren. [360] Dennoch wird man die Darstellung Hegels für differenziert und ausgewogen halten, wenn man sich die Beschimpfungen Meiners', der sich auch hier wieder an Pauw hält, vergegenwärtigt: Die Maler dieses Volkes, so lesen wir hier, seien die „elendesten Schmierer selbst in Asien . . ., das niemals wahre Philosophen und Künstler hervorgebracht hat, eben deswegen, weil es von jeher so fruchtbar an Sklaven und Despoten war" [361]. Hegel stützt sich bei seiner Kritik auf Macartney, der freilich auch meint, die chinesischen Gemälde hielten den „Probierstein Europäischer Kunstkritik nicht aus" [362], da ihnen „Perspektive und Abstufungen von Licht und Schatten" [363] völlig fehlten. Immerhin räumt Macartney ein, die Chinesen seien „glückliche Mahler für Naturgeschichte" [364]. Die grundsätzliche Kritik Hegels, ein „Ideal" gehe nicht „in einen chinesischen Kopf", „Ästhetik" [365] liege den Chinesen fern, vermag das beigebrachte spärliche Material schwerlich zu rechtfertigen. Wo die Kenntnisse fehlen, muß die Ableitung aus dem Prinzip des Volksgeistes genügen.

---

[355] PhdWG S. 318.
[356] Ebd. S. 318.
[357] A. a. O. II S. 331.
[358] Ebd. S. 331.
[359] M XI S. VIII; zu den chinesischen Feuerwerken (PhdWG S. 319) vgl. Mac II S. 295 f.; zum Tanz (PhdWG S. 319) Mac II S. 294; zur Gartenkunst (PhdWG S. 319) Mac II S. 343 ff. und M II S. 436.
[360] S. o. S. 19.
[361] A. a. O. S. 14; vgl. Pauw a. a. O. I S. 246.
[362] A. a. O. II S. 272.
[363] Ebd. S. 345.
[364] Ebd. S. 347.
[365] PhdWG S. 319. — Es seien hier noch kurz die chinesischen Tempel erwähnt, denen nach Hegel „nicht viel Ehre erwiesen" (PhdWG S. 328) wird. Bei dieser Behauptung stützt sich Hegel auf eine Erzählung Macartneys, nach der Tempel für Gäste geräumt werden (PhdWG S. 328; vgl. Mac II S. 93 f.; zu den Tempeln vgl. weiter Mac I S. 513 und II S. 412 f. sowie M I S.

Folgerungen

Überdenken wir noch einmal die Momente der chinesischen Unfreiheit, die Hegel
dargestellt hat, so werden wir sagen müssen, daß es ihm hier gelungen ist, seine
Behauptung nachzuweisen, in China sei „das Allgemeine, das hier als Substanziel-
les, Sittliches erscheint ... so herrisch, daß die subjektive Freiheit" [366] nicht habe
eintreten können. So sehr diese Momente freilich geeignet sind, den Mangel an
subjektiver Freiheit deutlich zu machen, so wenig kann man in ihnen etwas spezifisch Chinesisches sehen; vielmehr handelt es sich im großen und ganzen [367] um
Phänomene, die vielen, wenn nicht gar allen alten Kulturen eigen sind. Deshalb
stellt sich die Frage, ob es sinnvoll ist, das Werden des Geistes als Bewegung von
der Substanz zum Subjekt über einzelne Völker erfolgen zu lassen, die jeweils einer
Stufe in dieser Entwicklung entsprechen. Die Ausführungen über die chinesische
Unfreiheit erhalten ihre angemessene Bedeutung erst dann, wenn sie als Beispiel
verstanden werden für etwas, was sich auch bei anderen Ländern zeigen ließe [368].

Wenn wir Hegel darin zustimmen, daß es in China keine subjektive Freiheit gebe,
andererseits aber die Sonderstellung, die er dem Kaiser zuweist, bestreiten, so folgt
daraus, daß wir hier nichts von dem finden, was für ihn zum Begriff des Geistes
gehört. Es fragt sich aber, ob wir zu dieser für ihn natürlich undenkbaren Konsequenz [369] gelangen müssen oder ob es nicht doch einen Bereich des chinesischen
Lebens gibt, wo sich wenigstens eine Tendenz auf subjektive Freiheit hin aufzeigen
läßt. Das scheint mir in der Tat bei der chinesischen Religion der Fall zu sein.
Weder die Staatsreligion noch der religiöse Synkretismus ändern etwas daran, daß
wir uns in China einer Pluralität von Privatreligionen gegenübersehen, zwischen
denen mindestens eine begrenzte Wahlmöglichkeit bestanden haben muß, ganz
abgesehen davon, daß die Trennung in eine öffentliche und eine private Sphäre,
die darin zum Ausdruck kommt, daß ein Chinese neben der Staatsreligion noch
einer anderen Privatreligion angehören kann, schon Subjektivität des einzelnen
voraussetzt. Wenn die Religion in China der Bereich sein sollte, wo begrenzte
Freiheit möglich ist, so wird es natürlich fraglich, ob die Bestimmungen des Geistes
hier auf äußerliche Weise hinzutreten, wie Hegel es sieht [370]. Man könnte das

---

261; II S. 39 und II S. 185). — Hegel hält irrigerweise die ‚scheußlichen Götzenbilder‘ (vgl.
PhdWG S. 327 und Mac II S. 342) für Darstellungen der Genien (vgl. Merkel, Herder und Hegel
S. 21).
[366] PhdWG S. 275.
[367] Am ehesten wird man noch in dem, was unter ‚Familienpflichten‘ ausgeführt wird (PhdWG
S. 302 ff.), etwas spezifisch Chinesisches sehen können.
[368] Das damit aufgezeigte Problem kommt auch bei Hegel einmal in den Blick, wenn er in
seinen Ausführungen über den Mangel der Imputation bei den Chinesen (PhdWG S. 308)
darauf hinweist, daß auch die mosaischen Gesetzte „dolus, culpa und casus noch nicht genau"
unterscheiden (ebd. S. 309). Der Hinweis, dort sei „für den kulposen Todschläger eine
Freistatt eröffnet, in welche er sich begeben könne" (ebd. S. 309), hindert Hegel daran, sich
die Fragen zu stellen, die von der grundsätzlichen Parallelität aus hätten gestellt werden
müssen.
[369] Vgl. seinen Gedankengang XV S. 325.
[370] Ebd. S. 325.

allenfalls dahingehend interpretieren, daß die Freiheit alles das, was unter Sittlichkeit und unter Wissenschaft zusammengefaßt wird [371], unberührt gelassen hat, muß sich aber darüber im klaren sein, daß man damit trotz der Übernahme Hegelscher Begrifflichkeit ein Chinabild konzipiert, das sich von seinem grundsätzlich unterscheidet.

Anhang: Die chinesische Philosophie

Eine Darstellung der chinesischen Philosophie tut gut daran, mit dem I-ching, dem Buch der Wandlungen zu beginnen; denn in diesem Werk, das dem Kaiser Fu-hsi [372] zugeschrieben wurde, haben Konfuzianismus wie Taoismus „ihre gemeinsamen Wurzeln" [373]. I-ching war zunächst eine „Sammlung von Zeichen für Orakelzwecke" [374]. Die einfachsten Antworten „Ja" und „Nein" wurden durch einen ganzen Strich _____ bzw. durch einen gebrochenen Strich ___ ___

---

[371] PhdWG S. 288–319.

[372] Zu diesem Kaiser vgl. PhdWG S. 279 f. und S. 282. Hier stützt sich Hegel auch auf das von Mailla übersetzte Tung-Kien-Kang-Mu (s. o.). Nach diesem übernahm Fu-hsi die Herrschaft unter der Bedingung, „qu'ils ne le regarderoient pas simplement comme leur conducteur, mais comme leur maître & leur empereur . . . " (Mailla a. a. O. [= Ma] I, S. 5; vgl. PhdWG S. 282). Seine erste Sorge war es, „de regler les marriages" (Ma I, S. 5 f.; vgl. PndWG S. 282; M III S. 9 und M XIII S. 216). „Il leur apprit aussi la manière de nourrir les animaux & d'entretenir des troupeaux . . ." (Ma I S. 7; vgl. PhdWG S. 282). Daß Fu-hsi die dem I-ching zugrunde liegenden Linien zum ersten Mal gesehen haben soll, wird mehrmals berichtet: vgl. Ma. I S. 7; M II S. 17; M III S. 8 („Il parut aussi un cheval ailé, qui etoit marqué sur son corps de certaines figures dont l'arrangement fournit à Fou-hi l'occasion de tracer les huit Koa") und besonders M XIII S. 216 („Ayant vu un Dragon-cheval sur le dos duquel etoient certaines marques, sortir en sa présence de la riviere Meng-ho; ayant vu de même une mysterieuse tortue portant sur son ecaille des caracters merveilleusement disposés, sortir de la riviere Lo-ho, il en prit occasion de former les huit Koa") mit PhdWG S. 280. In Wirklichkeit ist Fu-hsi eine „mythische Figur" (Richard Wilhelm in der Einleitung zu I-ching, Düsseldorf – Köln, 1967, S. 17). Er steht an der Spitze der ‚Drei Erhabenen' (san-huang), die von der Pseudohistorie noch vor die fünf Urkaiser (s. o. Anm. 139) gesetzt wurden (vgl. FiWG S. 20). „Wenn er als Erfinder der Zeichen des Buchs der Wandlungen bezeichnet wird, so bedeutet das, daß man diesen Zeichen ein so hohes Alter beilegte, daß es über die historische Erinnerung hinausgeht" (R. Wilhelm a. a. O. S. 17 f.). Es sei hier noch der erste der fünf Urkaiser, Huang-ti, erwähnt (vgl. PhdWG S. 279 und 282), der „den Taoisten als Leitfigur galt" (FiWG S.22). Die Datierung dieses Kaisers ist, wie es bei einer so mythischen Figur nicht anders sein kann, uneinheitlich: FiWG läßt ihn von 2674–2575 v. Chr. regieren (S. 19), während Hegel, den Mémoires folgend (vgl. M II S. 9; M II S. 50; M II S. 147; M II S. 195 u. v. a.) seine Dynastie in seinem 61. Jahr, also 2637 v. Chr.,beginnen läßt (PhdWG S. 279). Ebenso wie Fu-hsi zeichnet er sich durch gründende ‚Ur-Erfindungen' aus. Er „imagina de faire des briques . . . " (Ma I S. 21; vgl. PhdWG S. 282). Er „trouva le moyen de faire transporter de grands fardeaux, par l'invention des charrettes qu'il fit atteler de boeufs, & même il fit faire des voitures assez propres, en formes de chaises roulantes, dans lesquelles il se faisoit conduire lorsqu'il ne vouloit pas monter à cheval" (Ma I S. 24; vgl. PhdWG S. 282). Er erfand „des ponts pour traverser les rivieres . . . l'arc, la flèche, le salere, les piques . . ." (Ma I S. 24; vgl. PhdWG S. 282). Schließlich geht auch die Seidenzucht auf ihn zurück (vgl. Ma I S. 24; M III S. 11; M XIII S. 240 und PhdWG S. 282).

[373] R. Wilhelm a. a. O. S. 9.   [374] Ebd. S. 11.

angedeutet. Bezeichnend für chinesisches Denken scheint es mir nun zu sein, daß man sich damit nicht begnügte, sondern weiter differenzierte, indem man zunächst durch Verdopplung zu folgenden Kombinationen kam ——— —— —— ——— ——   —— ——, um dann ein drittes Strichelement hinzuzufügen, wodurch die acht Zeilen, die ‚Kua‘ entstanden, die „als Bilder dessen, was im Himmel und auf Erden vorging, aufgefaßt" [375] wurden. Das Zeichen ist nicht dazu da, einfach auf eine Sache zu verweisen, von der aus sich die Gedanken frei entfalten können, die sich dann wieder mit anderen Zeichen fixieren lassen, sondern, wie wir vielleicht besser sagen, das Bild hat seine eigene Logik in sich, und die Welt erschließt sich dem, der den Gang dieser Logik verfolgt. Man kann natürlich behaupten, dieses an Bildern sich orientierende Denken sei sinnlicher als das europäische und deshalb diesem nicht ebenbürtig. Es fragt sich aber, ob nicht das chinesische Denken, das mit dem bildhaften Charakter der chinesischen Schrift zusammen gesehen werden muß [376], Aspekte der Wirklichkeit erfaßt hat, die unserer von der Lautschrift geprägten Denkweise verschlossen sind. Jedenfalls wird Hegels ironische Äußerung, alle Symbole hätten den Vorteil, „Gedanken anzudeuten, und die Meinung zu erwecken, sie seyen also auch da gewesen" [377], dem I-ching nicht gerecht. Er geht zwar verhältnismäßig ausführlich auf dieses Werk ein; das geschieht aber, wie er selbst sagt, der „Kuriosität wegen" [378]. Seine Auseinandersetzung hätte hier ernsthafter sein müssen [379].

---

[375] Ebd. S. 11. Diese acht Bilder wurden schon früh kombiniert, wodurch man 64 Zeichen bekam, die aus sechs positiven oder negativen Strichen bestehen (vgl. ebd. S. 12).
[376] Das gilt, auch wenn man die Vermutung, es handle sich bei den acht Urzeichen um alte Schriftzeichen, nicht für stichhaltig hält (vgl. ebd. S. 18).
[377] XVII S. 158.
[378] Ebd. S. 157.
[379] Von den heiligen Schriften der Chinesen, die sonst noch bei Hegel erwähnt werden, ist an erster Stelle das Schu-ching zu nennen, dessen französische Übersetzung (Le Chou-king, traduit par le feu le P. Gaubil Revu et corrigé sur le texte Chinois par de Guignes, Paris 1770), Hegel selbst eingesehen hat. Vgl. die von ihm PhdWG S. 281 f. wiedergegebene Erzählung, die dem sogenannten ‚Kanon des Yao‘ (über diesen s. o. Anm. 139) entstammt (vgl. FiWG S. 23): „Qu'on cherche un homme, dit Yao, propre à gouverner selon les circonstances du temps. Si on le trouve, je lui remettrai le Gouvernement. Fang-tsi lui indiqua Yn-tse-tchou, qui avoit une très grande pénétration. Vous vous trompez, dit Yao, Yn-tse-tchou manque de droiture à disputer: un tel homme convient il? Qu'on cherche donc un homme, ajoûta-t-il, qui soit propre à traiter les affaires. Houan-teou, dit Kong-Kong . . . vous êtes dans l'erreur, reprit Yao; Kong-kong dit beaucoup de choses inutiles; & quand il fait traiter une affaire, il s'en acquitte mal; il affecte d'être modeste, attentif & réservé, mais son orgueil est sans bornes" (S. 8). Bei seinem Urteil, wir hätten hier „Romanzen ohne Zusammenhang und ohne bestimmte Folge" (PhdWG), verläßt er sich auf die Mémoires, die meinen: „Un Chapitre ne tient point à un autre, & tous ensemble ne présentent qu'une suite d'extraits plus décousés encore & plus détachés les uns des autres, que les Selecta que M. Champré a fait pour les Colleges" (M I S. 68 f.). Ursprünglich bestand das Shu-ching aus 100 Kapiteln (PhdWG S. 281; M VIII S. 193), von denen nur noch 58, von 59, wie Hegel angibt (PhdWG S. 281), erhalten sind (M II S. 65 und M VIII S. 193). — Das dritte der ‚Grundbücher‘, die „besonders verehrt und studiert werden" (PhdWG S. 282), ist das Shih-ching (vgl. ebd. S. 280 f. und M VIII S. 193). — Weitere weniger bedeutende Werke sind das Li-Chi (PhdWG S. 282, vgl. M I S. 45; M II S. 71 und M VIII S. 193 f.; zum Yo-shing s. M I S. 45 f.) und das Tschun-tsiu (PhdWG S. 282; vgl. M. II S. 85 ff.).

Das Urteil Hegels über Konfuzius, dessen Lebensbeschreibung er aus den Mémoires entnahm [380], spiegelt die Tatsache wider, daß wir in ihm nicht eigentlich einen Philosophen, sondern vielmehr einen Politiker und Ethiker vor uns haben. Er hat „keine neue Religion und auch keine neuen philosophischen Lehren gebracht, sondern sich nur bestrebt, Religion, Weltanschauung und Sitten der früheren Zeiten, die im Verfall begriffen waren, neu zu beleben" [381].

Daß es sinnvoll ist, den Taoismus als eine weitere Stufe innerhalb der ersten Gestaltung der natürlichen Religion einzuführen, verdeutlicht Hegel an einer Erzählung der Mémoires, die den Bericht von der Konstitution des Wu-Wang [382] abschließt [383]. Der Kaiser zeichnet sieben Offiziere aus, die „maîtres, ou simplement initiés dans les mysteres de la doctrine secrete" [384] sind, und er glaubt, dies am besten tun zu können, indem er ihnen Gelegenheit gibt, sich in die Einsamkeit der Berge zurückzuziehen, „en ... consacrant à l'étude du Tao" [385]. Es gab also schon damals „eine Klasse von Menschen, die sich innerlich beschäftigten" [386], „s'occupant uniquement de l'étude & de la contemplation" [387]. Es versteht sich, daß diese Feststellung gleich wieder eingeschränkt werden muß, wenn es berechtigt sein soll, den Taoismus innerhalb der ersten Gestaltung der natürlichen Religion zu belassen, zunächst durch den in den Quellen vielfach belegten Hinweis, die Taoisten hätten „zugleich die Absicht ... unsterblich für sich im Wesen zu werden" [388], dann vor allem durch die Behauptung, die Bestimmungen des Tao blieben „vollkommene Abstraktionen, und die Lebendigkeit, das Bewußtsein, das Geistige" falle „sozusagen nicht in das Tao selbst, sondern durchaus noch in den unmittelbaren Menschen" [389]. Man kann von den Quellen her verstehen, wie Hegel zu dieser Behauptung kommen konnte [390], wenn auch heute gesagt werden muß, daß damit das mit Tao

---

[380] Vgl. PhdWG S. 315 und XVII S. 155 f. mit M III S. 42 und M XII S. 466 ff.

[381] Eder a. a. O. S. 334.

[382] S. o. S. 34 ff.

[383] Vgl. PhdR II S. 115 f.

[384] M XV S. 249.

[385] M XV S. 252.

[386] PhdR II S. 116.

[387] M XV S. 209.

[388] PhdR II S. 116; vgl. Mac II S. 592; Abel-Rémusat a. a. O. S. 20; M V S. 57 und M XV S. 251 f.

[389] PhdR II, S. 117.

[390] Wenn Hegel als Begründung für diese These meint, Lao-tzu sei „ein Schen oder ... als Buddha erschienen" (PhdR II S. 117), so dürfte er vor allem folgende Stelle der Mémoires vor Augen gehabt haben: „que Lao-tsée etoit un homme extraordinaire, qui ayant déjà parcouru plusieurs fois le cercle de la vie humaine, & s'etant rendu digne par sa bonne conduite sur la terre, d'être admis après sa mort au rang des Chen du premier ordre ..." (M XV S. 255 f.). Die Vergottung historischer Persönlichkeiten, wie z. B. Lao-tzus, sowie die Ausbildung der schon in alten taoistischen Schriften wie Chuang-tzu und Tao-te-ching angedeuteten Lehre von der Unsterblichkeit, die hier nicht als „die einer immateriell gedachten Seele, sondern als körperliche Bewahrung" (FiWG S. 135) verstanden wird, sind Kennzeichen der Entwicklung, die der Taoismus im chinesischen Mittelalter (200-600 n. Chr.) genommen hat (vgl. ebd. S. 135 ff.).

Gemeinte keineswegs erfaßt worden ist. Wenn man bedenkt, wie konkret die ethischen Folgerungen sind, die aus dem Begriff des Tao abgeleitet werden, wird man diesem Abstraktheit kaum nachsagen können [391]. Freilich bemühen sich auch die Quellen, die Bedeutsamkeit des Tao zu unterstreichen: Die Mémoires stellen fest:

„Le mot Tao a chez les Chinois un sens des plus etendus. Il signifie en général ce que nous exprimerions en François par les mots vertu, science, raison, doctrine, perfection, voie, chemin . . ." [392]

und Abel-Rémusat meint:

„Ce mot Tao ne semble pas pouvoir être bien traduit, si ce n'est par le mot λογος et par ses dérivés, dans le triple sens de souverain être, de raison et de parole, et aussi pour exprimer l'action de parler, de raisonner, de rendre raison" [393].

Aber das für Tao Spezifische wird nirgends aufgezeigt, so daß Hegel an dieser Stelle mit Recht die Frage anschließt: „. . . was finden wir in diesem allen Belehrendes" [394]? Auch die weiteren Stellen, die er dem Werke Abel-Rémusats entnimmt [395], können ihn nur in der Überzeugung bestärken, das Philosophieren stehe hier „auf der ersten Stufe" [396].

---

[391] Die ganze taoistische Ethik gründet sich ja auf die Nachahmung des Tao. Das Tao wirkt „ohne Unrast in vollendeter Ruhe" (M. Eder: ‚Taoismus‘, in: RGG VI, Tübingen 1962, Sp. 617). Deshalb soll auch der Mensch „nicht im Lebenskampf aufgehen, sondern sich an das stille Walten der Natur angleichen" (ebd. Sp. 617; vgl. den ganzen Artikel Sp. 616-619).

[392] M XV S. 209.

[393] A. a. O. S. 24.

[394] XVII S. 159.

[395] Auch die Bestimmung des Tao, die sich bei Abel-Rémusat auf S. 23 findet, konnte Hegel keine genaue Kenntnis dieses Begriffes vermitteln: „ . . . Sans nom, c'est le principe du ciel et de la terre; avec un nom, c'est la mère de l'univers. Il faut être sans passions pour contempler son excellence; avec les passions on ne contemple que son état le moins parfait" (vgl. XVII, 159). Interessanter sind für ihn schon die Sätze, die zeigen, daß sich die „Bestimmung drei" ergibt, sobald „der Mensch ins Element des Denkens kommt" (PhdR II, S. 117): „La raison a produit un; un a produit deux; deux a produit trois; trois a produit toutes choses . . ." (Abel-Rémusat a. a. O. [= Ab-Ré] S. 31 — vgl. XVII S. 160; PhdR II S. 116 und PhdWG S. 330) und: „Celui que vous regardez et que vous ne voyez pas, se nomme I; celui que vous écoutez et que vous n'entendez pas, se nomme Hi; celui que votre main cherche et qu'elle ne peut saisir, se nomme Wei . . . En allant au — devant, on ne lui voit pas de principe; en le suivant, on ne voit rien au — delà. Celui qui saisit l'état ancien de la raison . . . pour apprécier ce qui existe a présent, ou l'univers, on peut dire qu'il tient la chaîne de la raison" (Ab-Ré S. 40 f.; vgl. XVII S. 160 und PhdR II S. 117). Daß wir hier noch am Anfang des Denkens sind, zeigt sich daran, daß das Dritte weit davon entfernt ist, „Totalität, Vollendung der Bestimmtheit" (PhdR II S. 117) zu sein. Vielmehr bedeuten die Initialen I, H, V, die man auch mit dem Jahwenamen in Verbindung gebracht hat, nach dem von Abel-Rémusat angeführten Kommentator „le vide, ou le rien; ce qui doit s'entendre, non par l'opposition à l'être, mais par exclusion de la matière: car les Chinois désignent souvent l'esprit par ces mots hiu-wou, qui signifient proprement vacuum et nihil" (Ab—Ré S. 42 f.). Von seiner begrifflich gefaßten Dreiheit aus wertet Hegel andere in drei Teile gegliederte Bestimmungen — wir werden das noch öfters beobachten können (s. u. S. 85 ff.).

[396] XVII S. 160.

Man muß nun allerdings hinzufügen, daß die neue vom Begriff des Maßes ausgehende Konzeption der chinesischen Religion, wie wir sie in der Glockner-schen Ausgabe finden [397], auch eine neue Sicht der chinesischen Philosophie einschließt. Die Bestimmungen des I-ching erscheinen hier als Bestimmungen des Maßes [398] und werden so der Kuriosität beraubt, die sie in der Vorlesung über Geschichte der Philosophie auszeichnete. Auch das nun als Vernunft verstandene Tao selbst wird eng mit dem Begriff des Maßes zusammengebracht [399] und demgemäß nicht mehr als bloßes Abstraktum aufgefaßt, das jede Konkretion außerhalb seiner selbst hat. Da wir die Meinung Lassons, der diese neue Konzeption auf einen redaktionellen Eingriff Bruno Bauers zurückführt, nicht teilen konnten [400], müssen wir die neue Einordnung der chinesischen Religion Hegel selbst zuschreiben. Dabei ist es sehr wohl möglich, daß eine eingehen-dere Beschäftigung mit dem Taoismus Hegel zu dieser Änderung veranlaßt hat [401]. Schon in der religionsphilosophischen Vorlesung des Sommersemesters 1827 [402] war es schwierig, den Taoismus, bei dem sich die Richtung zum reinen Denken zeigt, innerhalb der ersten Gestaltung der natürlichen Religion zu belassen. Wurde das hier noch durch die Parallelisierung von Tao und Lao-tzu bzw. t'ien und Kaiser erreicht [403], so ist es durchaus denkbar, daß von einer Neufassung des Taobegriffs aus, die dessen Kennzeichnung als Logos, die allerdings in den Quellen nicht expliziert wird, ernst nimmt, die ganze chinesische Religion neu gedeutet wurde. Da uns jedoch von der letzten religionsphilosophischen Vorlesung Hegels (Wintersemester 1830/31) keine Nachschriften erhalten sind [404], können wir hier nichts mit Sicherheit sagen. Was Hegel am Ende seines Lebens über die chinesische Religion gedacht hat, wissen wir nicht [405].

---

[397] XV S. 342 - 354.

[398] Ebd. S. 344 f.

[399] Ebd. S. 344.

[400] S. o. Anm. 48.

[401] Man kann allerdings nicht mit der Sicherheit, mit der es E. Schulin tut (Die weltgeschichtliche Erfassung des Orients bei Hegel und Ranke, Göttingen 1958) behaupten, Hegel habe die „Staatsreligion in der letzten ... religionsphilosophischen Vorlesung vom Taoismus aus" begriffen (ebd. S. 72), ganz einfach deshalb, weil wir den Inhalt dieser Vorlesung nicht kennen (s. u.).

[402] In der religionsphilosophischen Vorlesung des Sommersemesters 1824 hatte Hegel den Taoismus noch nicht behandelt, wie ein Blick auf die Tabelle PhdR II S. 244 zeigt.

[403] S. o. S. 12.

[404] Vgl. PhdR II S. 237 ff.

[405] Man kann natürlich nicht sagen, daß Hegels Darstellung der chinesischen Philosophie heutigen Ansprüchen auf Vollständigkeit genügt. Wir erfahren, um nur einiges herauszugreifen, nichts über die wichtigen Gegenbewegungen des Konfuzianismus, den Mohismus (vgl. FiWG S. 58 ff.) und den Legalismus (vgl. ebd. S. 66 ff. und Anm. 274). Die bedeutenden Konfuzianer Meng-tzu und Hsün-tzu (vgl. ebd. S. 63 f.) werden ebenso wenig erwähnt wie die chinesischen Logiker (vgl. ebd. S. 69). Die beiden Prinzipien Yin und Yang werden zwar bei der Besprechung des I-ching genannt (XVII S. 157); doch finden wir keine Erörterung der Yin-Yang-Theorie (vgl. FiWG S. 60 f.). Zwar ist in einer Abhandlung der Mémoires über den Taoismus (M XV S. 209 ff.) von diesen beiden Prinzipien die Rede, die dort auch in Verbindung mit den fünf Elementen gebracht werden („Quelques parcelles de matiere yang & yn, echapées du centre du Tay-ki, se combinerent entre elles, & les cinq élemens ... le métal, le feu, l'eau, le

bois & la terre furent le premier résultat de ses combinaisons", M XV S. 210), aber dies genügte
nicht, um Hegel die Erkenntnis zu vermitteln, daß die Yin-Yang-Theorie im Taoismus ausgebildet
und dann mit der Elementenlehre verknüpft wurde (vgl. FiWG S. 60. Zu den fünf Elementen
vgl. PhdWG S. 289 und M II S. 167 sowie M V S. 44). – Hegel war sich der Bedeutung der
Fünfzahl für das chinesische Denken bewußt (vgl. PhdWG S. 289). Er erwähnt auch die fünf
Grundpflichten der Chinesen, die er allerdings speziell dem Shu-ching zuschreibt (ebd. S. 289),
während die Mémoires sie auf die chinesischen Philosophen im allgemeinen zurückführen:
„1. Ceux des peres & des enfans
  2. Ceux des princes & des sujets
  3. Ceux du mari & de la femme
  4. Ceux de l'aîné des enfans & de ses freres
  5. Ceux de l'amitié" (M V S. 28)
und die fünf heiligen Berge (PhdWG S. 289; vgl. M II S. 35 f.).

II. Die Religionen Indiens

A. Der Buddhismus

1. Die begriffliche Bestimmung als solche

a) Die Lassonsche Ausgabe

Mit dem Buddhismus erreichen wir die zweite Stufe der Naturreligion, wo der Mensch nicht mehr in „seinem unmittelbaren Selbstbewußtsein", sondern „als in sich seiend"[1] verstanden wird. Es muß nun freilich gezeigt werden, wieso man erst hier und nicht schon im Taoismus, wo doch auch „Rückkehr des Bewußtseins in sich selbst"[2] festgestellt werden konnte, zu dieser Stufe gelangt. Der Hinweis, im Taoismus falle das Geistige noch in den unmittelbaren Menschen, genügt nicht; denn auch hier wird Gott als unmittelbarer Mensch gewußt[3]. Die Differenz wird deutlich, wenn man sich klarmacht, daß das Tao „noch ganz abstrakt ist und sich von der unmittelbaren Persönlichkeit nicht trennt", während hier das Absolute „nicht in dieser Unmittelbarkeit des Selbstbewußtseins, sondern als Substanz, als ein Wesen, das aber zugleich noch diese Unmittelbarkeit behält"[4], gefaßt wird. Dennoch ist es auch hier notwendig, von Abstraktheit zu reden; aber abstrakt ist hier etwas, was im Taoismus noch gar nicht vorhanden war, das Göttliche; denn erst „in diesem Insichsein geht der Ort auf, worin Göttlichkeit vorhanden ist"[5]. Freilich muß auch dieses Unendliche bestimmt sein; dieses geschieht, da wir noch im Bereich der Naturreligion sind, in der Form des einzelnen Selbstbewußtseins. Das Unendliche bezieht sich zwar auf sich, ist nicht mehr „bewegende Unruhe, die nach außen wirkt"[6]. Aber das „zweite Moment, die Realität", ist noch nicht „zur unendlichen Form erhoben"[7] worden. Gerade darin, daß Bestimmung des Unendlichen und die Realität unterschieden sind, ist die Notwendigkeit begründet, „daß auch diese Form eine eigentliche Religion ausmache und der Geist sich auf dieser Stufe feststelle"[8].

b) Die Jubiläumsausgabe

Eine ganz andere Stellung nimmt der Buddhismus in der Ausgabe der ‚Werke‘ ein. Er erscheint hier erst hinter der ‚Religion der Fantasie‘, d. h. dem Brahmanismus

---

[1] PhdR II S. 69.
[2] Ebd. S. 116.
[3] S. u. S. 69 ff.

[4] PhdR II S. 120.
[5] Ebd. S. 120.
[6] Ebd. S. 121.

[7] Ebd. S. 121.
[8] Ebd. S. 122.

bzw. dem Hinduismus[9]. Eine Abgrenzung vom Taoismus ist nun natürlich nicht mehr notwendig; hingegen muß gezeigt werden, warum er als Fortschritt gegenüber der ‚Religion der Fantasie' aufzufassen ist. Die dieser eigene „haltungslose Entfaltung der Einheit" sei, wird behauptet, „insofern wenigstens aufgehoben, als sie v e r n i c h t e t und verflüchtigt ist"[10]. Es handelt sich also nur um Aufhebung in einem bestimmten Sinne, der dem, was Hegel im allgemeinen unter diesem Begriff versteht, keineswegs entspricht, da das Moment der Präsenz des Überwundenen hier völlig fehlt. Die auf diese Weise vorgenommene Einschränkung der Aufhebung, die eigentlich diesen Namen gar nicht mehr verdient, ist freilich gut begründet, da eine im Buddhismus geleistete eigentliche Aufhebung implizierte, daß mit dieser Religion eine neue Stufe erreicht wird. Das ist hier — im Gegensatz zur Lassonschen Ausgabe — nicht der Fall. Die „allgemeine Grundlage ist noch dieselbe mit derjenigen, die der indischen Religion eigen ist; der Fortschritt ist nur derjenige, welcher in der Nothwendigkeit liegt, daß die Bestimmungen der indischen Religion aus ihrem wilden, ungebändigten Auseinanderfallen ... z u s a m m e n g e b r a c h t, in ihr i n n e r e s V e r h ä l t n i s versetzt werden und ihr haltungsloser Taumel b e r u h i g t wird"[11]. Entscheidend für den Fortschritt des Bewußtseins ist hier der Übergang von der chinesischen zur indischen Religion; der Buddhismus könnte, obwohl er als dritte Stufe eingeführt wird, auch als Modifikation der indischen Religion betrachtet werden. Man muß fragen, ob man diese Einordnung des Buddhismus auf Hegel zurückführen darf oder ob sie nicht wiederum, wie Lasson mehr oder weniger entschieden meint[12], Bruno Bauer zuzuschreiben ist. Da man sich zur Zeit Hegels nicht darüber im klaren war, welche der beiden Religionen, ‚Religion der Fantasie' oder Buddhismus, die ältere[13] sei, ist es durchaus denkbar, daß Hegel einmal versucht hat, den Buddhismus der ‚Religion der Fantasie' folgen zu lassen[14]. Mit Bestimmtheit können wir hier nichts sagen, solange uns nicht Nachschriften der religionsphilosophischen Vorlesung bekannt sind, die Hegel im Jahre 1831 gehalten hat.

---

[9] Vgl. XV S. 327. Es ist Hegel noch nicht möglich, Brahmanismus und Hinduismus zu unterscheiden.

[10] Ebd. S. 327.

[11] Ebd. S. 400. Mit ‚indischer Religion' sind hier und im folgenden im Gegensatz zur Überschrift natürlich nur Brahmanismus und Hinduismus gemeint.

[12] Sehr deutlich ist die Formulierung Lassons in PhdR II S. 241: „Eben sowenig Grund liegt zu der Vermutung vor, daß Hegel selbst noch dazu gekommen ist, die H i n d u r e l i g i o n ... vor dem B u d d h i s m u s abzuhandeln ... Historisch mag diese Ordnung richtiger sein; aber das gibt niemandem das Recht, die von Hegel gegebene Anordnung zu ändern." Zurückhaltender und m. E. richtiger äußert er sich in seiner ‚Einführung', wo er darauf hinweist, daß wir nichts ausmachen können, solange wir nicht die Vorlesung des Jahres 1831 kennen. Er meint hier nur, es habe Hegel „auch hier vermutlich näher gelegen, die Religion des Insichseins begrifflich vor die der ausschweifenden phantastischen Vielheit zu setzen" (a. a. O. S. 104).

[13] Vgl. Lasson, Einführung S. 104 und Schulin a. a. O. S. 83.

[14] Das gilt um so mehr, als Hegel in seinen geschichts- und religionsphilosophischen Vorlesungen öfters die Stellung des Buddhismus verändert hat: In der geschichtsphilosophischen Vorlesung 1822/23 wurde dieser als Anhang zu Indien behandelt. In der religionsphilosophischen Vorlesung von 1824 kam er zwischen die chinesische und indische Religion. In der geschichtsphilosophischen Vorlesung 1824/25 fiel der buddhistische Anhang nach Indien fort.

2. Die begriffliche Bestimmung in ihrem Verhältnis
zu den Quellen

Schaut man sich das an, was Hegel in der Lassonschen Ausgabe der Religionsphilosophie über den Buddhismus gesagt hat, so fällt zunächst einmal die Ausführlichkeit seiner Darlegungen auf [15], die deshalb überrascht, weil damals die Erforschung
des Buddhismus erst begonnen hat [16] und folglich das, was Hegel über diese
Religion wissen konnte, recht dürftig war. Sieht man genauer zu, merkt man aber,
daß die Breite der Ausführungen damit zu erklären ist, daß die Besprechung des
Buddhismus für Hegel der Anlaß ist, sich mit zeitgenössischen Meinungen
auseinanderzusetzen. Dabei muß sorgfältig zwischen den Vorlesungen der Jahre
1824 und 1827 unterschieden werden: Richtet sich „Hegel 1824 noch unter dem
Eindruck der Schleiermacherschen Richtung hauptsächlich gegen den theologischen Subjektivismus", so befaßt er sich „1827 besonders ausführlich mit dem
Pantheismus . . .: denn jetzt mußte er sich gegen die wider ihn erhobene Anklage
auf Pantheismus verteidigen" [17]. Wir werden zunächst die Verbindung der Analyse
des Buddhismus mit der Polemik gegen den theologischen Subjektivismus zu
untersuchen haben, um dann darauf einzugehen, wie Hegel von der Besprechung
dieser Religion aus dazu kommt, sich gegen den Vorwurf des Pantheismus zu
verteidigen.

a) Die Auseinandersetzung mit dem theologischen Subjektivismus

Entscheidend ist hier die Aussage Hegels, daß in der ‚Religion des Fo' „das Letzte,
Höchste das Nichts" [18] sei. Für das, was bei Hegel als buddhistische Lehre vom
Nichts erscheint, wurden zwei Quellen herangezogen: Wichtig ist vor allem die
vom Englischen ins Deutsche übersetzte, auch von Kant [19] benützte ‚Allgemeine
Historie der Reisen zu Wasser und zu Lande oder Sammlung aller Reisebe-
schreibungen', die in ihrem sechsten 1750 in Leipzig erschienenen Band eine
Beschreibung von China bringt, in der wir über die ‚Innere oder geheime Lehre des
Fo' folgendes lesen können:

Dafür wurde nach der Besprechung Chinas ein Anhang über das ‚mongolische Prinzip'
eingefügt. In der letzten der Vorlesungen Hegels über Geschichtsphilosophie 1830/31 findet
sich dieser Anhang nicht mehr (vgl. in PhdWG das Vorwort Lassons S. XI und Schulin a. a. O.
S. 83, der sich allerdings über die religionsphilosophische Vorlesung von 1831 zu sicher
äußert).

[15] Es ist - quantitativ gesehen - mehr als das, was über die persische Religion gesagt wird.

[16] Vgl. dazu den Artikel ‚Buddhologie' von H. v. Glasenapp in RGG[3] I, Tübingen 1957, Sp.
1492 ff.

[17] Lasson in PhdR II S. 243; vgl. dazu die Abhandlung von W. Pannenberg, Die Bedeutung des
Christentums in der Philosophie Hegels, in:Gottesgedanke und menschliche Freiheit, Göttingen 1972, S. 78—113, besonders S. 95 ff.

[18] PhdR II S. 124.

[19] Vgl. dazu H. v. Glasenapp, Kant und die Religionen des Ostens, Kitzingen 1954, S. 105 f.

„Sie sagen, daß das Leere oder Nichts, der Anfang aller Dinge sey; daß aus diesem Nichts und aus der Vermischung der Elemente, alle Dinge hervorgebracht sind, und dahin wieder zurück kehren müssen; daß alle Wesen, sowohl belebte als unbelebte, nur in der Gestalt und in den Eigenschaften von einander unterschieden sind: in Betrachtung des Abwesens oder Grundstoffs aber, einerley bleiben. Dieser Grundstoff, sprechen sie, ist ein recht wunderbares Ding. Er ist über die maßen rein, gänzlich frey von Veränderung, sehr zart, einfach und wegen seines einfachen Wesens, die Vollkommenheit aller Dinge. Kurz, er ist sehr vollkommen, beständig in Ruhe, ohne Wirkung, Kraft oder Verstand. Und was noch mehr ist, so besteht sein Wesen darinnen, daß er weder Verstand noch Thätlichkeit, noch Begierden hat. Wollen wir glücklich leben, so müssen wir uns gänzlich bemühen, durch Betrachtungen und öftere Siege über uns selbst, diesem Grundstoff gleich zu werden. Daher müssen wir uns gewöhnen, daß wir nichts thun, nichts wünschen, gegen nichts empfindlich seyn und an nichts denken. Laster oder Tugenden, Belohnungen oder Strafen, die Vorsehung und die Unsterblichkeit der Seele; alles dieses gehöre gar nicht hieher. Die ganze Heiligkeit besteht darinnen, daß man aufhöre zu seyn, und in dem Nichts verschlungen werde. Je näher man der Natur eines Steins oder eines Stockes kommt, um so viel vollkommener ist man. Kurz, Tugend und Glückseligkeit bestehen in einer gänzlichen Unempfindlichkeit, in einer Unbeweglichkeit, in einer Aufhörung aller Begierden, in einer Beraubung aller Bewegungen des Körpers, in einer Vernichtung aller Kräfte der Seele, und in einer gänzlichen Ruhe der Gedanken. Wenn ein Mensch einmal diesen glückseligen Zustand erlangt hat; so haben alle Abwechslungen und Wanderungen ein Ende, und er hat nachgehends nicht weiter zu fürchten; denn er ist, eigentlich zu sagen, nichts, oder, wenn er ja etwas ist, so ist er doch glücklich; und um alles mit einem Worte zu sagen, so vollkommen, als der Gott Fo" [20].

Zunächst ist für uns von Interesse, welche Anschauungen des Buddhismus hier zugrundeliegen. Es handelt sich um die jüngere Form des Buddhismus, den auch in China verbreiteten sogenannten Mahāyāna-Buddhismus, und zwar genauer gesagt, um die Lehre vom Shūnya, dem Leeren, wie sie von Nāgārjuna, einem bedeutenden Philosophen dieser Richtung, dargelegt worden ist [21]. Für Nāgārjuna gibt es „keine Außenwelt und kein Denken, keine Bindung und keine Erlösung — alles ist relativ, alles ist leer" [22]. Töricht wäre aber der, der sich diese Leerheit nur als letztlich gültige Grundlage, als Realität vorstellen könnte. Die höchste Wahrheit ist vielmehr die, „daß alles, was ist, nur in Beziehung auf etwas anderes da ist und daß keine positive nicht-relative An-sich-Realität existiert" [23]. Hat man die „universale Gültigkeit des Relativitätsgesetzes" erfaßt, so vermag man sich in der Meditation zu versenken „in die substratlose Leerheit, die als unbeschreibbare und unbegreifliche Einheit in stiller Ruhe verharrt wie ein Abgrund, über dem sich die unwirklichen Prozesse relativen Daseins zu vollziehen scheinen" [24].

Bei einem Vergleich der Philosophie Nāgārjunas mit der in unserer Reisebeschreibung gegebenen Charakteristik zeigt sich, daß wir in dieser eine von abendländischem Denken bestimmte Umdeutung vor uns haben. Das kann man nicht schon deshalb behaupten, weil der Shūnya nicht als ‚Nichts' übersetzt werden sollte, da mit ihm „etwas unbestimmbares Leeres, das jenseits von Sein und Nichtsein

[20] S. 368 f.
[21] Vgl. Glasenapp, Kant, S. 106.
[22] Glasenapp, Die Philosophie der Inder, Stuttgart ²1958, S. 344.
[23] Ebd. S. 345.
[24] Ebd. S. 345.

steht" [25], gemeint ist. Entscheidend ist vielmehr, daß unser Bericht von einer Ursubstanz redet, aus der alles hervorgeht [26], während es sich doch bei Nāgārjuna um den substanzlosen Abgrund handelt, über dem sich der scheinbare Weltprozeß abspielt. Die „Frage nach dem Ursprung der Dinge wird in diesen Spekulationen gar nicht berührt, da nach buddhistischer Vorstellung ein Anfang des Sansāra nicht ausdenkbar ist" [27].

In dieser ‚Mittleren Lehre' wird auch das Nirvāna anders bestimmt als in der früheren Form des Buddhismus, dem sogenannten Hīnayāna-Buddhismus. „War es für die Anhänger des Hīnayāna etwas, das von den Frommen erreicht werden muß, ein Dharma, der erst auftritt, wenn die Leidenschaften zur Ruhe gekommen sind, so ist es jetzt etwas, das von jeher vorhanden ist und bisher nur nicht wahrgenommen wurde" [28]. Bemerkenswert ist nun, daß der zweiten von Hegel benützten Quelle die im Hīnayāna ausgebildete Vorstellung vom Nirvāna zugrundeliegt, so daß das, was bei ihm als buddhistische Lehre vom Nichts erscheint, auf einer Kombination der Shūnya-Konzeption des Mahāyāna mit der Nirvāna-Konzeption des Hīnayāna beruht. Bei dieser zweiten Quelle handelt es sich nämlich um eine im sechsten Band der ‚Asiatick Researches' [29] erschienene Abhandlung von Francis Buchanan ‚On the Religion and Literature of the Burmas' [30], d. h. also um einen Bericht über ein vom Hīnayāna-Buddhismus geprägtes Land [31]. In diesem Bericht findet sich ‚A short view of the religion of Godama' [32], wo folgende Frage gestellt wird:

„In saying that Godama obtained Nieban, what is understood by that word" [33]?

Die Antwortet lautet so:

„When a person is no longer subject to any of the following miseries, to weight, old age, disease, and death, then he is said to have obtained Nieban. No thing, no place can give an adequate idea of Nieban: we can only say, that to be free from the four abovementioned miseries, and to obtain salvation, is Nieban" [34].

Es ist bezeichnend, daß dieses Nirvāna des Hīnayāna, das das Ziel ist, das der Fromme zu erreichen sucht, von Hegel in dem Abschnitt eingeführt wird, wo er den Kultus des Buddhismus behandelt [35], während des Shūnya das Mahāyāna dort

---

[25] Glasenapp, Kant, S. 106.
[26] Das soll natürlich nicht heißen, daß es nicht auch in der indischen Philosophie Systeme gibt, die von einer Ursubstanz ausgehen (s. u.). Wenn aber unsere Quelle von einer solchen Substanz redet, so ist das wohl eher mit einer Beeinflußung durch abendländische Vorstellungen zu erklären, als damit, daß neben Nāgārjuna noch andere Philosophen wiedergegeben werden.
[27] Glasenapp, Kant, S. 106.
[28] Glasenapp, Die Philosophie, S. 345.
[29] Calcutta 1788—1832.
[30] S. 163—308; ich zitiere nach dem Londoner Nachdruck der Kalkuttaer Ausgabe.
[31] Vgl. den Abschnitt der Brockhaus-Enzyklopädie, Band 2, Wiesbaden 1967, über die birmanische Religion (S. 761).
[32] S. 265 ff.
[33] Ebd. S. 266.
[34] Ebd. S. 266; vgl. PhdR II S. 134; XV, 414; PhdWG S. 335 und XI S. 229.
[35] PhdR II S. 133 ff.

erläutert wird, wo die einzelnen Gestaltungen der buddhistischen Vorstellung expliziert werden[36].

Dieses Shūnya ist für Hegel der geeignete Ausgangspunkt für die Polemik gegen den von Schleiermacher inaugurierten theologischen Subjektivismus[37]. Dabei verfährt Hegel in einer für uns zunächst überraschenden Weise. Wird nämlich da, wo er seine Quelle wiedergibt, das Nichts als das Höchste bezeichnet, so heißt es im nächsten Abschnitt, auffallend sei, „daß der Mensch Gott als Nichts denke"[38]. Der Gottesbegriff ist also ein von Hegel eingeführtes Interpretament. Natürlich könnte man die Einführung dieses Begriffes damit rechtfertigen, daß man in der Aussage, das Höchste sei das Nichts, schon die Behauptung impliziert sähe, das Nichts sei Gott. Dennoch bleibt festzuhalten, daß damit die Vorstellung eines absoluten Prinzips in eine Philosophie eingetragen wird, der diese Vorstellung völlig fremd ist. Freilich setzt Hegel, wenn er Nāgārjuna im abendländischen Sinne uminterpretiert, die Tendenz fort, die schon der von ihm herangezogenen Quelle, wie wir oben gesehen haben, eigen war. Trotzdem läßt sich die Einführung des Gottesbegriffes nicht einfach mit einer Fortsetzung dieser Tendenz erklären. Man muß sich klar machen, daß Hegel das, was er hier ausführt, als Charakteristikum des Buddhismus im ganzen betrachtet. Zu dem Wenigen aber, was man damals schon vom Buddhismus wußte, gehört, daß wir hier eine atheistische Religion vor uns haben[39]. Das zeigen unter anderem[40] die von Hegel auch hier benützten Mémoires, wo von den buddhistischen Priestern die Rede ist, „qui répandirent dans tout l'empire les fables, les superstitions, la métempsychose & l'athéisme, dont les peuples de l'Inde etoient infectés . . ."[41]. Hegel führt den Gottesbegriff ein, weil ihm dieser die Polemik gegen den theologischen Subjektivismus ermöglicht. Das, was aus der Analyse des Buddhismus gewonnen wird, nämlich die These, Gott werde als Nichts gedacht, wird den zeitgenössischen Gegnern als Konsequenz ihrer eigenen Anschauung entgegengehalten[42]. Das Ergebnis ist, daß Hegel den für die Polemik dienstbar gemachten Buddhismus noch mehr in das westliche Denken integriert hat als die Quellen, die er benutzte.

[36] Ebd. S. 124 f.
[37] Die Auseinandersetzung Hegels mit seinen Zeitgenossen kann hier nicht genauer behandelt werden. Deshalb muß ich mich mit dieser an sich mißlichen schlagwortartigen Charakterisierung Schleiermachers begnügen.
[38] PhdR II S. 125.
[39] Daß der Atheismus der Buddhisten in Europa bekannt war, kann man über Kant zurück bis zu dem Werk von La Loubère: Du Royaume de Siam, Amsterdam 1691, verfolgen (vgl. Glasenapp, Kant S. 60).
[40] Vgl. die von Glasenapp, Kant S. 60 f. beigebrachten Belege.
[41] M V S. 58 f.
[42] Vgl. die Argumentation PhdR II S. 125 und 403. In anderer Weise, aber ebenfalls gegen den theologischen Subjektivismus, argumentiert Hegel, wenn er im Anschluß an seine Behauptung, beim Buddhismus zeige sich zum ersten Mal eine „wahrhafte Bestimmung Gottes" (PhdR II S. 120), nachzuweisen sucht, daß diese Religion damit der „Ansicht, daß von Gott nichts gewußt werden könne" (ebd. S. 120), überlegen sei (ebd. S. 120 f. und XV S. 401).

b) Die Verteidigung gegen den Vorwurf des Pantheismus

Hatten wir bisher den Eindruck, Hegel sei an der in der ‚Allgemeinen Historie'
dargestellten Lehre des Buddhismus vor allem deshalb interessiert, weil hier das
Nichts als das Höchste behauptet wurde, so werden wir nun sehen, daß für ihn die
Interpretation dieses Nichts, die ja dadurch erfolgt, daß von einem Grundstoff die
Rede ist, auf den alles zurückgeführt werden muß, von gleicher Bedeutung ist.
Dabei trifft diese These eines Grundstoffs, wie wir gesehen haben, nicht die
Philosophie Nāgārjunas; ja sie ist darüber hinaus für den Buddhismus im ganzen
nicht charakteristisch; denn dieser „unterscheidet sich von zahlreichen indischen
metaphysischen Systemen darin, daß er keine ewige geistige oder stoffliche
Ursubstanz annimmt, aus welcher die vielheitliche Welt sich entfaltet hat"[43].
Hegel hat sich also bei seiner Darstellung des Buddhismus durch seine Quelle dazu
bewegen lassen, einem Moment große Bedeutung zu geben, das diesem gerade
fehlt.

Wie groß diese Bedeutung ist, läßt sich schon daraus ersehen, daß mit diesem
Moment die Abgrenzung des Buddhismus vom Taoismus begründet wird. Was
nämlich die Meditation als solche anbelangt, so besteht zwischen beiden nur ein
gradueller Unterschied, wobei man selbst bei diesem zweifeln kann, ob er sich aus
den Quellen rechtfertigen läßt[44]. Wenn Hegel von der Meditation, dem Insichsein
des Buddhismus spricht, so wird er bei den von uns schon zitierten Ausführungen
über die ‚geheime Lehre des Fo' vor allem die Stelle vor Augen haben, wo
Auskunft darüber gegeben wird, was man tun muß, um glücklich leben zu können.
Die Angleichung an das Nichts wird dort mit solcher Radikalität gefordert, daß
man von da aus vielleicht verstehen kann, daß Hegel im Buddhismus gegenüber
dem Taoismus das „intensivere Insichsein"[45] verwirklicht sieht, begnügt sich doch
bei letzterem der Kaiser damit, die Anhänger der ‚doctrine secrete' zur Meditation
in die Berge zu schicken[46]. Darüber hinaus dürfte für Hegels Betonung des
Insichseins ein Buddhabild bestimmend gewesen sein, das folgendermaßen
beschrieben wird: „Füße und Arme übereinandergelegt, so daß eine Zehe in den
Mund geht . . ."[47]. Wenn Schoeps hier von einem „bekannten Buddhabild"[48]
spricht, so überrascht das. Bekannt ist der im Meditationssitz dargestellte
Buddha[49]. Daß aber die Zehe in den Mund geht — und gerade darauf kommt es ja
Hegel an, weil dies das „Zurückgehen in sich", das „an sich selbst Saugen"[50] zeigt

---

[43] Glasenapp, Die Religionen Indiens, Stuttgart 1943, S. 222.
[44] Zunächst wird man die Forderung nach dem ‚Zurückgehen in sich' ebenso in M XV S. 251
f., wo von den Taoisten die Rede ist, wie in Band VI der ‚Allgemeinen Historie', wo es um die
Buddhisten geht (s. u.), ausgesprochen finden.
[45] PhdR II S. 120.   [47] PhdR II S. 122.
[46] M XV S. 251 f.   [48] A. a. O. S. 264.
[47] Dieser Idealtyp der Buddhadarstellung ist aus der Verschmelzung zwei verschiedener
Buddhatypen im 4. und 5. Jh. n. Chr. entstanden (vgl. den Artikel: Religiöse Kunst in Indien
von E. Waldschmidt, in: RGG³ IV, Tübingen 1960, Sp. 140 ff; s. auch den Artikel: ‚Buddha'
in der Brockhausenzyklopädie, 3, Wiesbaden 1967, S. 410).
[50] PhdR II S. 122.

— ist recht ungewöhnlich, so daß Glasenapp vermuten konnte, für Hegel habe sich „ein Bild des Knaben Krischna mit dem des meditierenden Vollendeten vermischt" [51].

Wir halten fest: Nicht die Meditation als solche macht den prinzipiellen Unterschied von Taoismus und Buddhismus aus; es ist vielmehr dies, daß bei diesem das Absolute als Substanz gefaßt wird, wobei diese Bestimmung des Absoluten auf die Lehre von einem Grundstoff, wie sie in der ‚Allgemeinen Historie' entfaltet wird, zurückgeführt werden muß. Daß das Absolute hier zum ersten Mal als Substanz bestimmt wird, bedeutet, daß dem Buddhismus in der Entwicklung der Religionen eine große Bedeutung zukommt. Hier fängt die „wahre objektive, die dem Inhalte nach objektive Allgemeinheit" an; hier „geht der Ort auf, worin Göttlichkeit vorhanden ist" [52]. Da die Gemeinde das „Wesen erkannt" hat, „substanzielle Identität mit sich zu sein", beginnt hier die „f r e i e V e r e h r u n g" [53]; schließlich nimmt auch das Theoretische hier seinen Anfang; denn nicht mehr „Negativität gegen anderes" [54] ist hier das erste Moment, sondern „ruhendes Insichsein" [55].

Wie wichtig der aus der ‚Allgemeinen Historie' gewonnene Substanzbegriff für Hegel ist, zeigen auch die Ausführungen des Sommersemesters 1827, in denen er sich gegen den Vorwurf des Pantheismus verteidigte. Er faßt hier die Bedeutung des Buddhismus dahingehend zusammen, daß in ihm „von der unmittelbaren, empirischen Einzelheit fortgegangen" werde „zum Bewußtsein von der Substanz, einer substanziellen Macht, die die Welt regiert, alles nach vernünftigem Zusammenhange werden und entstehen läßt" [56]. Insofern diese Macht substanziell sei, müsse sie als „ein bewußtlos Wirkendes" [57] bestimmt werden. Vergleichen wir damit die von Hegel zugrundegelegte Darstellung der ‚Lehre des Fo' [58], so zeigen sich Differenzen. Ein Grundstoff nämlich, aus dem alles entsteht und in den alles zurückkehrt, ist noch keine Macht, welche die Welt regiert, ganz abgesehen davon, daß von dem vernünftigen Zusammenhang in dieser Quelle keine Rede ist. Auch die Behauptung eines bewußtlos Wirkenden gibt nur zum Teil die Aussage der Quelle wieder: Lesen wir dort, der Grundstoff sei ohne Verstand, so kann man damit das Moment der Bewußtlosigkeit zusammenbringen. Wird aber dort gesagt, der Grundstoff sei ohne Wirkung, so steht das in direktem Gegensatz zur Meinung Hegels, der sich einen Grundstoff, aus dem — ohne daß dazu ein anderes Prinzip notwendig wäre — alles entsteht, der aber dennoch nicht wirkt, offensichtlich nicht vorstellen konnte. In welcher Richtung Hegel seine Quelle uminterpretiert, zeigen die Beispiele, die er im weiteren Verlauf seiner Ausführungen bringt: Er

---

[51] Das Indienbild deutscher Denker, Stuttgart 1960, S. 56.
[52] PhdR II S. 120.
[53] Ebd. S. 123.
[54] Ebd. S. 123.
[55] Ebd. S. 124.
[56] Ebd. S. 126.
[57] Ebd. S. 127.
[58] S. o. S. 63 f.

erinnert zunächst an Ausdrücke wie „Naturwirksamkeit, Naturgeist, Natur-
seele"[59], um dann auf den Nus-Begriff des Anaxagoras und die anschauende
Intelligenz Schellings einzugehen[60]. Um wiederum von der Behandlung des
Buddhismus aus in die Diskussion mit seinen Zeitgenossen eintreten zu können,
versteht er das, was in seiner Quelle als Grundstoff beschrieben worden war, als
geistiges, wenn auch unbewußt wirkendes Prinzip. Indem er nun die Vorstellung
eines solchen Prinzips als Pantheismus bezeichnet[61], hat er den Ausgangspunkt
gewonnen, um einerseits die vulgäre Fassung dieses Begriffes, die besonders die
Theologen seiner Zeit bevorzugten, zurückzuweisen[62] und andererseits die
Schranken der Konzeption aufzuweisen, zu deren Kennzeichnung der richtig
gefaßte Begriff verwendet werden kann[63]. Damit hat er indirekt den gegen ihn
gerichteten Vorwurf des Pantheismus in doppelter Weise abgewehrt und darüber
hinaus die Überlegenheit seines Systems gegenüber den dem orientalischen Prinzip
verhafteten Anschauungen Spinozas und Schellings zu zeigen versucht.

c) Die Gestaltungen der Subjektivität

Wenn die „abstrakte Substanz"[64] das Letzte für die Philosophie Spinozas ist und
diese deshalb dem orientalischen Prinzip zugerechnet werden muß, so heißt das
nicht, daß die Vorstellung des Buddhismus hier vollständig auf den Begriff
gebracht worden sei; denn eine „gedachte Substanz, die nur für das Denken ist,
kann nicht Inhalt einer Volksreligion, nicht der Glaube eines konkreten Geistes
sein"[65]. Es fehlt die Subjektivität, d. h. die Geistigkeit, wobei zu beachten ist,
daß, da wir noch im Bereich der Naturreligion sind, diese Geistigkeit nicht
„gedachte, allgemeine" sein kann, sondern „sinnliche, unmittelbare"[66] sein muß,
also auf dieser Stufe in der Gestalt eines Menschen erscheint. Da erst in der
„Durchdringung der Geistigkeit der Subjektivität und der Substanz ... Gott
wesentlich Einer" ist, haben wir hier, obwohl die Substanz eine ist, mehrere
Gestaltungen der Subjektivität, die „im Verhältnisse zur Substanzialität zwar als
ein Wesentliches, doch auch zugleich als ein Akzidentelles vorgestellt"[67] werden.

Diese von Hegel bestimmte Pluralität ist insofern eine zutreffende Charakteristik
des Buddhismus, als dessen Anhänger entsprechend der indischen Geschichts-
theorie, die kein einmaliges historisches Geschehen kennt, „sondern annimmt, daß
sich seit Ewigkeit alles zyklisch wiederholt", glauben, daß auch vor Buddha „in
gewissen Abständen schon Welterleuchter erschienen sind" und daß in Zukunft

---

[59] PhdR II S. 127.
[60] Vgl. ebd. S. 127.
[61] Vgl. ebd. S. 127 f.
[62] Vgl. ebd. S. 128 f.
[63] Vgl. ebd. S. 129 f.
[64] Ebd. S. 130.
[65] Ebd. S. 130.
[66] Ebd. S. 130.
[67] Ebd. S. 131.

wieder ein neuer Buddha auftreten wird, „um die Lehre neu zu verkünden"[68].
Spuren dieses buddhistischen Glaubens finden wir auch in den Quellen Hegels: Der
kurze Überblick der ‚Religion of Godama' im Band VI der Asiatic Researches
nennt vier Götter, „who have appeared in this present world, and who have
obtained the perfect state Nieban ... Chauchasam, Gonagom, Gaspa and
Godama"[69]. Die verhältnismäßig geringe Zahl der in dieser Quelle aufgezählten
Buddhas zeigt wiederum, daß wir hier eine Beschreibung des Hīnayāna-Buddhismus vor uns haben[70], denn zu dessen Eigenheiten gehört es gerade, daß die Zahl
der Buddhas überschaubar bleibt.

Anders verhält es sich beim Mahāyāna, der der Ansicht ist, daß es unendlich viele
Buddhas gibt und geben wird[71]. Obwohl das Hegel noch nicht bekannt war,
benützte er auch diejenigen seiner Quellen, die den Mahāyāna-Buddhismus vor
Augen haben, um seine These von der Pluralität zu untermauern. Dabei ging es
ihm um eine in der ‚Allgemeinen Historie' bestätigte[72] Stelle der Mémoires, wo
den Bonzen die Behauptung nachgesagt wird, daß ihr Meister „est né huit mille
fois"[73]. Um diese Aussage zu verstehen, müssen wir einen weiteren prinzipiellen
Unterschied von Hīnayāna und Mahāyāna erläutern. Während nach dem Hīnayāna
der in das Nirvāna eingegangene Buddha „allem Irdischen dauernd entrückt" ist
und demgemäß in das weltliche Geschehen in keiner Weise mehr eingreifen kann,
ist es im Mahāyāna möglich, daß ein Buddha, auch nachdem er das Nirvāna erlangt
hat, „zum Wohle der Menschheit"[74] wirkt. Das kann so vor sich gehen, daß er
„mit einem Teil seines Wesens einen irdischen Scheinleib[75] ... annimmt, um die

---

[68] Brockhaus-Enzyklopädie 3, Wiesbaden 1967, S. 410. Der zukünftige Buddha ist der
sogenannte Maitreya.
[69] S. 265.
[70] Man kann allerdings nicht aus der Aufzählung der Namen als solcher schon schließen, daß
es sich um den Hīnayāna-Buddhismus handelt. Der Mahāyāna war nämlich gezwungen, „aus
der unbegrenzten Zahl der Buddhas eine Auswahl zu treffen" (C. Regamey in: Christus und
die Religionen der Erde 3 S. 288), und dabei spielten gerade die in unserer Quelle genannten
Buddhas „Krakucchanda, Kanakamuni, Kāśyapa und Gautama" (ebd. S. 288) zusammen mit
dem Maitreya eine große Rolle.
[71] Vgl. Brockhaus-Enzyklopädie a. a. O. S. 410.
[72] A. a. O. S. 360.
[73] M V S. 59; vgl. die Ausführungen Hegels XV S. 409f.: zunächst wird die Pluralität an den
verschiedenen Lamas (s. u.) demonstriert. Dann kommt Hegel auf den Unterschied von
Lamaismus und Buddhismus zu sprechen, um schließlich beim Buddhismus die Pluralität mit
den 8.000 Inkarnationen des Fo nachzuweisen.
[74] Glasenapp, Kant S. 78.
[75] Dieser Leib ist der sogenannte ‚Nirmāna-kāya'. Buddha trägt ihn, „wenn er auf Erden weilt
und dort (scheinbar) als Mensch sich betätigt." (Glasenapp, Religionen S. 260) Die
buddhistische Theorie kennt daneben noch zwei weitere Körper des Buddha: Sambhoga-kāya,
den „Körper des Genusses, die glänzende, übermenschliche Gestalt, in der ein Buddha in
überirdischen Welten erscheint und von Bodhisattvas verehrt wird" (ebd. S. 260), und
Dharma-kāya, den „Körper des Dharma, d. h. der über alle Personifikationen erhabene Aspekt,
in welchem der Buddha als absolutes Wesen mit allen Buddhas eins und über alle Vielheit
erhaben die letzte geistige Essenz von allem ist" (ebd. S. 260); vgl. auch Christus S. 291 ff. und
Die Religionen der Menschheit 13, Stuttgart 1964, S. 150.

Gläubigen zu erbauen"[76]. Solche Inkarnationen dürften mit der von den Mémoires zitierten Behauptung der Bonzen gemeint sein, wobei hinzuzufügen ist, daß im Mahāyāna nicht nur die Buddhas, sondern auch die Bodhisattvas, d. h. diejenigen, die noch auf dem Wege zur Buddhaschaft sich befinden, fähig sind, auf diese Weise den Menschen zu helfen[77]. Die von Hegel bestimmte Pluralität wird also von den Quellen her in zweifacher Weise begründet — je nachdem, ob diese Quellen vom Hīnayāna oder ob sie vom Mahāyāna ausgehen. Beim Hīnayāna als Ausgangspunkt handelt es sich um die Pluralität verschiedener Buddhas, beim Mahāyāna um die Pluralität der verschiedenen Inkarnationen eines einzigen. Man muß sich klarmachen, daß diese Pluralität eine Verengung bedeutet, die das Moment der Subjektivität gegenüber der Substanz nicht mehr umfassend zum Audruck bringt. Ist demgemäß nach dem Kenntnisstand Hegels der Hīnayāna ein besserer Beleg für die Pluralität als der Mahāyāna, so verhält es sich nach dem, was wir heute wissen, umgekehrt: Besonders wenn man das gegenüber der Philosophie Spinozas beim Buddhismus herausgestellte Moment der Konkretion berücksichtigt, sind die unzähligen Buddhas und Bodhisattvas des Mahāyāna ein besserer Nachweis als die wenigen Buddhas des Hīnayāna, nicht schon wegen der größeren Zahl, sondern deshalb, weil bei diesem die Buddhas der früheren Zeit gegenüber dem historischen Buddha zurücktreten, sozusagen „Vorgänger eines großen Menschen" sind, die „aus historischem Interesse aufgezählt werden, mit denen man sich aber wenig beschäftigt"[78], und wie wir gesehen haben, vom Nirvāna aus — im Gegensatz zu den Buddhas des Mahāyāna — keine Wirksamkeit mehr entfalten.

Mußten wir bei den vom Mahāyāna ausgehenden Quellen eine Verengung feststellen, da es sich hier um die Inkarnationen eines einzelnen Buddha handelte, so ist die Verschiedenheit der Lamen ein besserer Beleg für die behauptete Pluralität, da mit ihnen Inkarnationen mehrerer Buddhas bzw. Bodhisattvas vorgestellt werden. Auffallend ist zunächst, daß Hegel — ebenso wie zuvor schon Kant[79] — von drei obersten Lamen redet, während wir nach unserer Kenntnis des tibetanischen ,Doppelpapsttums'[80] nur zwei Lamen, den Dalailama, eine Inkaration des Bodhisattva Avalokiteshwara, und den Pančhenlama, eine Inkarnation des Buddha Amitābha[81], nennen könnten. Mit dem dritten Lama ist der bekannteste der Khutuktus gemeint, der sogenannte ,lebende Buddha' von Urga,

---

[76] Glasenapp, Kant S. 78.
[77] Man muß sogar sagen, daß die Bodhisattvas kultisch mehr verehrt werden als die in unerreichbare Höhe entrückten Buddhas (vgl. Christus S. 288 und Glasenapp, Religionen S. 256, der den kultischen Vorrang der Buddhas aber noch gewahrt wissen will).
[78] Glasenapp, Religionen S. 258.
[79] in den im Jahre 1792 gehaltenen Vorlesungen über ,Physische Geographie' (vgl. Glasenapp, Kant S. 76 und zu dem zugrundeliegenden Manuskript ebd. S. XIX f.) Leider gibt Glasenapp hier die Quelle Kants nicht an.
[80] Vgl. Christus S. 315 f.
[81] Vgl. den Artikel: Lamaismus von T. Schmid, in: RGG[3] IV, Tübingen 1960, besonders Sp. 212.

eine Inkarnation des Maitreya [82]. Obwohl dieser unter den Mongolen großen Einfluß besaß, kann er mit den beiden anderen Lamen nicht gleichgestellt werden [83], eine Erkenntnis, die auch schon Hegel hätte bekannt sein können, wenn er das Werk von P. S. Pallas ‚Sammlungen historischer Nachrichten über die mongolischen Völkerschaften' herangezogen hätte [84].

Noch aus einem anderen Grunde ist der Lamaismus für Hegel bedeutsam. Vor allem der Dalailama ist die „Erscheinung des vollendeten und befriedigten Insichseyns. Sein Hauptcharakter ist Ruhe und Sanftmuth, womit er Einsicht und ein durchaus edles Wesen verbindet" [85]. Diese wohlwollende Beurteilung gründet sich auf einen Bericht, den S. Turner im ersten Band der Asiatic Researches von seinem Besuch beim Pančhenlama gibt [86]. Dieser war „not three years of age" [87] und erst kurz zuvor nach dem System der ‚khubilganischen Erbfolge' [88] zum Lama bestimmt worden. Dennoch betrug er sich

„with astonishing dignity and decorum ... His feature-good, small black eyes, an animated expression of countenance; and altogether I thought him one of the handsomest children I had ever seen" [89].

Ja, er kannte sogar seine Pflichten als Gastgeber; denn

„when our cups were empty of tea, he appeared uneasy, and throwing back his head, and contracting the skin of his brow, he kept making a noise, for he could not speak, until they were filled again" [90].

Die Bewunderung Turners für den Taschi-Lama [91] hat Hegel dazu gebracht, den Lamaismus und damit den Buddhismus im ganzen — denn zwischen diesen beiden

---

[82] Vgl. Glasenapp, Kant S. 76 und Religionen S. 297.
[83] Vgl. Glasenapp, Kant S. 76 und Religionen S. 297, wo er die Khutuktus als „zweite Rangklasse der lamaistischen Hierarchie" einstuft.
[84] Band 2, Petersburg 1801. Dort werden nämlich die „beiden Patriarchen der Lamaiten, Dalai-Lama und Bogdo-Lama" (S. 109) getrennt und vor den „Kutuchten, und übrigen höhern Classen der Lamaischen Geistlichkeit" (S. 117) abgehandelt (vgl. S. 109 ff. und S. 117 ff.). Am detailliertesten äußert sich Hegel in PhdWG S. 337 über den Lamaismus. Seine Kenntnisse dieser Religion, besonders des Zwiespaltes der gelben und roten Lamas, dürfte er dem 7. Band der ‚Allgemeinen Historie' (Leipzig 1750, vgl. besonders S. 219 ff.), deren 6. Band ihm, wie wir gesehen haben, wichtige Informationen über den Buddhismus lieferte, entnommen haben. Dagegen halte ich es für unwahrscheinlich, daß er das 1762 in Rom erschienene, von Herder erwähnte (Ideen S. 289) ‚Alphabetum Tibetanum' benutzt hat (hier vgl. zum Lamaismus besonders S. 241).
[85] XV, 411.
[86] S. 199 ff. — Hegel hat das hier Erzählte offensichtlich als kennzeichnend für die Lamas im ganzen angesehen und ist so zu der freundlichen Beurteilung des Dalai-Lama gelangt.
[87] S. 214.
[88] Vgl. dazu Glasenapp, Religionen S. 296 f.
[89] A. a. O. S. 202.
[90] Ebd. S. 200; vgl. PhdR II S. 131 f.; PhdWG S. 337; XV S. 412 und XI S. 231.
[91] So wird der Pančhenlama auch genannt wegen der Klosterstadt Tashilumpo, in der er residiert (vgl. RGG³ IV Sp. 212).

sah er, seinen Quellen folgend [92], keine wesentlichen Unterschiede [93] — recht
verständnisvoll zu beurteilen, so daß selbst das, was uns als das „Widerwärtigste"
erscheinen mag, „daß ein Mensch mit allen seinen Bedürfnissen von den Menschen
als Gott angesehen werden könne" [94], die notwendige Stufe ist, bei der „in einem
Individuum die Substanz . . . sich konzentriert hat" [95].

d) Die Unsterblichkeit der Seele

Wir müssen schließlich noch auf ein weiteres Moment eingehen, das den
Buddhismus nach der Meinung Hegels auszeichnet, die Lehre von der Seelenwanderung. Die Mémoires bescheinigen den buddhistischen Priestern, sie hätten
neben dem Atheismus und abergläubischen Bräuchen auch „la métempsychose" [96]
in China verbreitet, und auch die ‚Allgemeine Historie' kommt bei der Darstellung
des Buddhismus auf die „Lehre von der Seelenwanderung" [97] zu sprechen. Ja,
auch die Behauptung Hegels, die „U n s t e r b l i c h k e i t der Seele in wahrer
Bestimmung" [98] beginne hier, die sich für ihn daraus ergibt, daß der Mensch nun
von einem „ruhenden Insichseienden, einem wahrhaft Wesentlichen als
solchem" [99] wisse, findet ihre Rechtfertigung in dieser Darstellung, wenn gesagt
wird, die „große Lehre des Fo" verschlinge alles in Nichts, „nur die Seele
ausgenommen, welche ewig da seyn und leben werde" [100]. . Diese Seele sei ein
„unsterblicher Geist", welcher im Körper seinen Aufenthalt habe „und wie ein
Reisender von einem Wirtshause in das andere geht" [101].

So sehr diese Stellen die Ausführungen Hegels bestätigen, so wenig kann man diese
von unserem heutigen Kenntnisstand aus für eine angemessene Wiedergabe der
buddhistischen Anschauung halten. Das hängt damit zusammen, daß die für diese
Anschauung grundlegende Theorie von den Dharmas erst in unserem Jahrhundert
wirklich erfaßt worden ist [102]. Dharmas sind letzte, nicht mehr reduzierbare
Elemente, „die aufeinander reagieren und durch ihr Zusammenwirken die Fülle
der Erscheinungen zustandebringen" [103]. Wichtig ist, daß sie entstehen, nur kurze

---

[92] Vgl. Allgemeine Historie VI S. 381: „. . . in der Religion aber kommen sie mit einander
überein (die Buddhisten und die Lamaisten d. V.) und gehen nur in einigen wenigen
abergläubischen Gebräuchen voneinander ab."
[93] Vgl. PhdR II S. 123. Heute können wir das natürlich nicht mehr sagen.
[94] Ebd. S. 126.
[95] Ebd. S. 132.
[96] M V S. 58.
[97] VI S. 370.
[98] PhdR II S. 134.
[99] Ebd. S. 134.
[100] Allg. Hist. S. 370.
[101] Ebd. S. 371.
[102] Vgl. dazu den Artikel: Buddhologie von H. von Glasenapp, in: RGG[3] I Sp, 1492 ff. und
Glasenapp, Philosophie S. 303 ff.
[103] Glasenapp, Religionen S. 223.

Zeit Bestand haben, um dann anderen Platz zu machen, also vergänglich sind. Jedes Lebewesen ist eine vorübergehende Verbindung solcher Daseinsfaktoren. Auch das Geistige einer Persönlichkeit ist ein Bündel verschiedener Dharmas. Man kann also nicht den Leib, der beim Tode zerfällt, von der unsterblichen Seele trennen. Neues Leben entsteht nicht dadurch, daß eine solche Seele „den Leichnam verläßt und in einen neuen Mutterleib eingeht, um dort zum Kern eines neuen Individuums zu werden" [104], sondern so, „daß die in diesem Leben erzeugten karmischen Kräfte das Bewußtsein eines neuen Wesens hervorbringen, das zur Grundlage einer neuen, individuellen Existenz werden kann" [105].

Blickt man, nachdem man sich das klar gemacht hat, noch einmal auf die Quellen Hegels, so zeigt sich, daß sich hier durchaus Aussagen finden, die der Lehre von den Dharmas nahekommen. Selbst in der ‚Allgemeinen Historie', wo noch ganz unbekümmert von Seelenwanderung und Unsterblichkeit der Seele geredet wird, deuten vom Autor wiedergegebene Gleichnisse der Bonzen das dem Buddhismus Eigentümliche an:

„Sie sagen: wenn ein Ast von einem Hollunderbaum in die Erde gepflanzt wird, so bleibt endlich eine Quintessenz von der Natur des Hollunderbaums zurück ... Wenn ein Fuchs in seinem Loche verreckt, so läßt er lebendigmachende Geister hinter sich zurück, womit er belebet war. Also, sagen sie, ist nach dem Tode unsers Lehrers etwas von seiner Person zurück geblieben, welches in dieser untern Welt von neuem gebohren worden ist" [106].

Deutlicher spricht es der sechste Band der Asiatic Researches aus, an einer Stelle, die — von Hegel offensichtlich übersehen — dessen Ausführungen grundsätzlich in Frage stellt:

„It is well known that the Burma writings admit of transmigration; but the notions contained in them on this subject differ from those commonly received; for it is the usual opinion, that the souls, which animate bodies, after the death of these bodies pass into others: on the

---

[104] Ebd. S. 225.

[105] Ebd. S. 225 f. — Damit ist schon gesagt, daß, obwohl der Buddhismus „mit aller Entschiedenheit das Dasein einer im Leibe hausenden Seelenmonade bestreitet", er „dennoch eine karmische Vergeltung" lehrt (Glasenapp, Philosophie S. 311). In diesem Sinne ist auch eine dem 6. Band der ‚Allgemeinen Historie' entnommene Erzählung zu verstehen, die Hegel als Beispiel für den buddhistischen Aberglauben dient (vgl. PhdR II S. 137 und XV S. 416 f.): "Als er (le Comte, der die Geschichte erzählt d. V.) in der Provinz Schen-si war: so wurde er eines Tages zu einer kranken Person gerufen, welches ein alter Mann von siebenzig Jahren war, den er taufen sollte. Es scheint, als ob ihm der Kaiser zu seinem Unterhalte eine kleine Besoldung angewiesen habe. Die Bonzen hatten ihn versichert, daß er, wenn er aus Dankbarkeit genötigt sein sollte, ihm in der anderen Welt zu dienen, unfehlbar in eines von den Postpferden fahren würde, welche Briefschaften vom Hofe in die Provinzen tragen. Daher vermahnten sie ihn ernstlich, daß er ja nicht stolpern, ausschlagen, beißen, oder sonst jemanden Schaden thun sollte. Sie redeten ihm auch zu, daß er geschwind laufen, wenig fressen und geduldig seyn sollte ... Da er nun gehört hatte, daß die Leute von der Religion der Missionarien solchem Elende nicht unterworfen wären, sondern daß die Menschen beständig Menschen bleiben, und in der künftigen Welt noch eben so seyn würden, als in der gegenwärtigen: so verlangte er eben in der Gemeinschaft zu stehen, und starb, wenn man den Jesuiten glauben darf, als ein guter Römisch-katholischer" (S. 302).

[106] A. a. O. S. 371.

contrary , the Burma writings alledge, that in death, whether of man, beast, or of any living being ... the soul perishes with body, and they alledge, that after this dissolution out of the same materials another being arises, which according to the good or bad actions of the former life, becomes either a man or an animal ...“ [107].

Man kann natürlich nicht verlangen, daß Hegel von diesem Befund aus schon das hätte entdecken sollen, was erst im 20. Jahrhundert bekannt wurde; immerhin hätte eine ausgiebigere Quellenlektüre ihn sicher zu einem vorsichtigeren Urteil geführt.

B. Die ‚Religion der Fantasie'

1. Die begriffliche Bestimmung als solche

a) Die Lassonsche Ausgabe

Das, was wir beim Buddhismus feststellen konnten, die „Substanzialität, an der alles andere ... das Subjekt nur ein Akzidentelles ist“ [108], finden wir auch in der ‚Religion der Fantasie'. Was bei dieser hinzukommt, ist die „Besonderung jener allgemeinen Substanz“: Die Unterschiede werden „auch als zu dem Absoluten gehörig gewußt“; die Mächte erscheinen „einerseits als besondere, selbständige“, zugleich aber stehen sie „unter jener ersten Einheit, dem allgemeinen Insichsein der ersten Substanzialität“ [109]. Das heißt, daß die drei Momente der Idee hier schon aufgewiesen werden können: Zunächst haben wir das, was Buddhismus und ‚Religion der Fantasie' verbindet, die Grundbestimmung des Beisichselbstseins, „diese ewige Ruhe in sich, diese absolute Reflexion in sich“ [110]. Als Zweites tritt nun die Bestimmung ein, und zwar nicht mehr in der Weise, wie wir es in der chinesischen Religion sahen, daß die „göttliche Form sich ... als Macht, als unmittelbares Selbstbewußtsein bestimmt“, sondern „entsprechend dem theoretischen Boden“, den wir im Buddhismus erreicht haben, „dem Boden des Insichseins, der Entwicklung des Wesens“ [111]. Freilich: Dieses Wesen ist noch nicht „wahrhaft Gott“ [112]. Wir haben es hier mit der ersten unmittelbaren Weise der „Entwicklung des Göttlichen als Konkreten“ zu tun, die sich so vollzieht, daß „der Begriff das Moment innerlich negiert“, daß die Momente „auseinanderfallen ... als selbständig gegeneinander existieren“ [113]. Dem entspricht die Unvollkommenheit des dritten Moments: Man kann zwar sagen, „daß sich das Konkrete

---

[107] A. a. O. S. 179.
[108] PhdR II S. 138.
[109] Ebd. S. 138.
[110] Ebd. S. 140.
[111] Ebd. S. 140.
[112] Ebd. S. 140.
[113] Ebd. S. 140.

in sich resumiert"; das geschieht aber hier so, das es „in der Bestimmung der
Notwendigkeit" [114] auseinanderfällt. Das heißt: Die Vielheit wird zwar gewußt
„als identisch bleibend mit dem Ersten, aber nicht zur concreten Einheit des
Geistigen erweitert" [115]. So finden wir auf dieser Stufe überall Andeutungen „des
Begriffes des Wahrhaften" [116], die aber greuliche Verzerrungen sind, weil die
Befangenheit in der Bestimmung der Natürlichkeit" [117] nirgends durchbrochen
wird. Die außerordentlich negative Beurteilung der ‚Religion der Fantasie‘, wie sie
uns bei Hegel auffällt, hat darin ihre theoretische Begründung.

b) Die Jubiläumsausgabe

Daß die begriffliche Bestimmung der ‚Religion der Fantasie‘ in den ‚Werken‘ nicht
dieselbe sein kann wie die von uns bis jetzt besprochene der Lassonschen Ausgabe,
ergibt sich daraus, daß diese Religion dort direkt auf die chinesische folgt,
während die buddhistische erst im Anschluß an sie behandelt wird. Gerade wenn
die Grundbestimmungen der ‚Religion der Fantasie‘ in den Werken dieselben
bleiben sollen — daß das der Fall ist, läßt sich leicht zeigen [118] — muß das, was bei
Lasson der Buddhismus für den begrifflichen Fortschritt geleistet hat, nun die
‚Religion der Fantasie‘ übernehmen, woraus eben der Unterschied der begrifflichen
Bestimmung in beiden Ausgaben resultiert. Freilich darf man nicht vergessen, daß
der Anschluß an die chinesische Religion ein Anschluß an die ‚Religion des Maßes‘
ist, die den Bereich der Zauberei — wenigstens im Prinzip — verlassen hat. Das, was
die chinesische Religion und die ‚Religion der Fantasie‘ miteinander verbindet, ist
der Pantheismus, d. h. dies, daß die substanzielle Macht als absolut gewußt wird,
während das Besondere ein „nur A c c i d e n t e l l e s, ein bloß Negatives,
Nichtiges" [119] ist. Die Entwicklung läßt sich dahingehend zusammenfassen, daß
die ‚Religion der Fantasie‘ die Substanz als „a b s t r a c t e E i n h e i t" [120]
versteht, während die chinesische sie nur als „e i n f a c h e G r u n d l a g e" [121]
wußte. Hier wurde die substanzielle Macht als die „Menge der wesentlichen
Bestimmungen" — d. h. der Bestimmungen des Maßes — „und nicht an ihr selber
als geistig" [122] aufgefaßt. Die Leistung der ‚Religion der Fantasie‘ besteht
demgegenüber darin, das ‚viele Bestimmtsein‘ in „d i e E i n h e i t d e s S i c h-

---

[114] Ebd. S. 141.
[115] XV S. 356 f. — Ich habe hier die Bestimmung der ‚Werke‘ hinzugenommen, da die
Ausführungen in PhdR — für sich genommen — undeutlich bleiben und bei der Behandlung des
dritten Moments in beiden Ausgaben der Gedankengang derselbe ist (s. u.).
[116] PhdR II S. 140.
[117] Ebd. S. 140f.
[118] Die drei Momente der Idee werden in beiden Ausgaben parallel bestimmt (vgl. PhdR II S.
140 f. und XV S. 355 ff.).
[119] XV S. 324.
[120] Ebd. S. 326.
[121] Ebd. S. 325.
[122] Ebd. S. 355.

s e l b s t b e s t i m m e n s" [123] zurückgenommen zu haben. Diese Leistung kann
sie sich in der Lassonschen Ausgabe nicht zuschreiben, da dort der „Anfang der
Geistigkeit" [124] bereits beim zuvor behandelten Buddhismus festgestellt werden
konnte [125]. In den Werken ist es also die ‚Religion der Fantasie', die auch das erste
Moment der Idee zum ersten Mal expliziert, während daran, daß die beiden
anderen Momente in dieser Religion zum ersten Mal ausgeführt werden — freilich
in der von der Naturreligion vorgegebenen Beschränktheit — in beiden Ausgaben
kein Zweifel möglich ist. Die begriffliche Bestimmung dieser Momente vollzieht
sich demgemäß in beiden Ausgaben in derselben Weise.

2. Hegels Indienkenntnisse

a) Das europäische Indienbild

Hatten wir gesehen, daß Hegel bei der Beurteilung Chinas eine Fülle von Material
verarbeiten konnte, das eine im 18. Jahrhundert intensiv betriebene Chinaforschung in Europa bekannt gemacht hatte, so müssen wir sagen, daß eine
systematische Erforschung Indiens erst in der Zeit begann, in der Hegel sich in
Vorlesungen und einer Abhandlung [126] mit diesem Land befaßte. Das heißt nicht,
daß nicht auch in Indien eine längere Forschungsgeschichte aufgewiesen werden
könnte. Besonders zu nennen sind hier der Missionar der dänisch-hallischen
Mission B. Ziegenbalg mit seinen 1713 verfaßten ‚Genealogie der malabarischen
Götter' und die eben von dieser Mission in vielen Bänden herausgegebenen
‚Ausführlichen Berichte aus Ostindien' [127]. Dennoch wird man dem Urteil W.
Wüsts zustimmen müssen, daß „im Bannkreis keiner der beiden Kirchengemein-
schaften . . . die Indologie entscheidend gefördert" [128] worden sei. Die „Anstöße
zu einer vorwärtsführenden Entwicklung" kamen aus einer anderen Richtung: „Es
waren Engländer, welche die erste wirkliche Einsicht in das Schrifttum sowie die
Sanskrit-Philologie vermittelten . . . nicht . . . Wissenschaftler, sondern . . . in erster
Linie Männer des tätigen Lebens, die im Civil Service der East Company standen
und während ihrer Mußestunden diesen Studien oblagen: Offiziere, Ärzte, Richter,
Verwaltungsbeamte" [129]. Daß die Ostindische Kompanie sich für die alte,

---

[123] Ebd. S. 355.
[124] Ebd. S. 355.
[125] Vgl. PhdR II S. 120. Der Ausdruck findet sich zwar hier nicht; doch wird die mit ihm
gemeinte Sache dargelegt.
[126] Rezension von: ‚Über die unter dem Namen Bhagavad-Gita bekannte Episode des
Mahabharata von W. von Humboldt, Berlin 1826 (in XX S. 57—131).
[127] Vgl. dazu R. F. Merkel, Anfänge der Erforschung indischer Religionen, in: Aus der Welt
der Religion 1: Quellenstudien zur Religionsgeschichte, Berlin 1940, S. 39—68, besonders S.
41 ff.
[128] Grundriß der indogermanischen Sprach- und Altertumskunde, Teil II, Band 4, 1. Hälfte,
Indisch, Berlin u. Leipzig 1929, S. 11. Wüst stellt die Geschichte der Erforschung Indiens m. E.
am besten dar. Ich halte mich im folgenden an seine Abhandlung.
[129] Ebd. S. 12 — Zu nennen sind hier vor allem Ch. Wilkins (1750—1833): Er, der „erste
Engländer, der des Sanskrits wirklich kundig war" (ebd. S. 13), übersetzte die damals beliebten

einheimische Sprache interessierte, hatte einen recht praktischen Grund: Die
Richter sollten die der Rechtsprechung zugrunde gelegten Sanskrittexte selber
verstehen lernen und sich dadurch von den eingeborenen Kennern der Dharma-
sátras, den Pandits, unabhängig machen. Die so erworbene Kenntnis des Sanskrit
eröffnete nun auch den Zugang zu anderen Bereichen der indischen Literatur.
Freilich waren die Texte, mit denen man sich zunächst beschäftigte, diejenigen,
die die einheimischen Gelehrten Nordindiens bevorzugten. Bei diesen standen nun
aber „Themen wie das Epos oder die Kunstdichtung im Vordergrund ihrer
Neigungen, und diese graziöseren Werke des altind. Schrifttums fanden, übersetzt
oder beschrieben, in Europa Eingang" [130]. Es ist für uns wichtig zu wissen, daß
sich das bis 1830 nicht geändert hat, daß also Hegel über diesen unvollkommenen
Kenntnisstand nicht hinausgekommen ist. Die Texte, die zur Zeit Peter von
Bohlens (zwischen 1825 und 1830) leicht zugänglich waren, sind „dem Rechts,
Spruch- und Fabelschrifttum, dem Epos und Drama größtenteils der nachchrist-
lichen Jahrhunderte entnommen" [131]. Der Veda hingegen lag fast völlig [132] im
Dunkeln, und bei den Upanishaden stand es nicht viel besser [133].

Haben demgemäß die Engländer Entscheidendes beim Beginn der eigentlichen
Indologie geleistet, so heißt das nicht, daß man auf dem Kontinent, etwa in
Deutschland, zu dieser Zeit überhaupt kein Interesse für Indien gehabt hätte.
Allerdings läßt sich die Beschäftigung mit diesem Land hier nicht auf ein
kolonial-praktisches Motiv zurückführen. Es war vielmehr die Begeisterung der
Romantik für ein Land, in dem man den Ursprung allen geistigen Lebens zu finden
glaubte, die Grund genug war, sich mit den Schriften dieses Landes ernsthaft zu
befassen. Bestes Beispiel dafür ist Friedrich Schlegel, der in den Jahren 1803/04 in
Paris Sanskrit lernte [134] und den Ertrag seiner indologischen Studien in dem 1808
erschienen Werk ‚Über Sprache und Weisheit der Inder' zusammenfaßte [135], mit

---

Werke Bhagavadgītā (1785), Hitopadusa (1787) und die Sakuntala-Episode im Mahābhārata.
W. Jones (1746—94), dem wir neben anderem eine Übersetzung des Gesetzbuches des Manu
verdanken (1794) und H. Tj. Colebrooke (1765—1837): Neben seinen ‚Essays on the Philosophy of the Hindus' (s. u.), die er nach seiner Rückkehr aus Indien verfaßte, ist besonders
wichtig die Abhandlung ‚On the Vedas, or sacred writings of the Hindus' (1805).
[130] Ebd. S. 12.
[131] Ebd. S. 20 f. — Ich nenne diejenigen, die auch von Hegel erwähnt werden: Bhagavadgītā (s.
Anm. 126), einige Mahābhārata-Episoden (vgl. XII S. 462, PhdWG S. 389 und 394),
Rāmāyana (vgl. XII S. 450 f., 459 f. und 462; XX S. 97 und 113 f. und PhdWG S. 392, 394,
398 und 400) und Sakuntala (XII S. 453 und PhdWG S. 392).
[132] Die von uns Anm. 129 erwähnte Abhandlung Colebrookes lag immerhin vor.
[133] Anquetil-Duperron (über ihn s. u. S. 116 f.) erhielt 1775 die persische Übersetzung von
50 Upanishaden. Er übersetzte dieses Werk ins Lateinische und veröffentlichte es unter dem
Titel ‚Oupnek' hat, i. e. secretum tegendum' (Straßburg 1801/02; vgl. Glasenapp, Indienbild S.
25 f.). Dieses Werk hatte für Hegel — im Gegensatz etwa zu Schopenhauer! — nur eine geringe
Bedeutung (erwähnt wird es XX S. 119).
[134] Vgl. Glasenapp, Indienbild S. 28 f. Die Grammatiken Colebrookes konnten wegen der
Kontinentalsperre nicht gekauft werden. Deshalb gingen die preußischen und bayrischen
Gelehrten nach Paris, wo schon seit den Zeiten des Königtums in der Bibliothèque Nationale
ein Stapel indischer Handschriften lag (Wüst a. a. O. S. 16).
[135] Sämtliche Werke, Wien 1846, VII S. 272—382.

dem er „der kaum gegründeten Wissenschaft ein glänzendes Programm aufgezeigt" [136] hat. Man muß sich indessen darüber im klaren sein, daß die Begeisterung
für Indien in der Zeit, in der Hegel seine Berliner Vorlesungen hielt, ihren Höhepunkt schon überschritten hatte [137]. Sie ging über in eine wissenschaftliche Behandlung, wie wir sie etwa bei Franz Bopp, dem Berliner Kollegen Hegels [138], sehen, und erreichte so die Form, in der sie von Hegel ernst genommen werden
konnte.

b) Hegels Quellen

Wenn man die Quellen, die Hegel als Grundlage für seine Beurteilung Indiens
dienen, überblickt, so zeigt sich, daß er fast ausschließlich Berichte von Engländern
heranzieht, während er das, was die deutsche Romantik über Indien zu sagen
wußte, mit Mißtrauen betrachtet [139]. Den Grund hierfür gibt er an einer Stelle
seiner Vorlesung über Weltgeschichte selbst an, wenn er darauf zu sprechen
kommt, daß die Inder als „ein unschuldiges Blumenvolk voll weicher und sanfter
Empfindung" erschienen und dann fortfährt: „Aber es sind die Zeugen zu hören,
die lange Zeit unter ihnen gelebt haben" [140]. Was die Engländer also vor Männern
wie F. Schlegel, aber etwa auch J. F. Kleuker [141], auszeichnet, ist dies, daß sie sich
selbst einen Eindruck von dem Land verschafften, über das sie reden.

Für uns stellt sich natürlich sogleich die Frage, ob nicht Hegel gerade dadurch, daß
er den Engländern so sehr vertraute, die Objektivität verfehlte, die er so zu
erreichen meinte. Führte dieses Vertrauen nicht dazu, daß er der „Greuelpropa-
ganda der Ostindischen Kompanie" [142] erlag? Sicher ist, daß diese Kompanie ein
Interesse daran hatte, die Inder als möglichst korrupt hinzustellen, um so ihre

---

[136] Wüst a. a. O. S. 17.
[137] Bestes Beispiel dafür ist wiederum Friedrich Schlegel, der nach seiner Hinwendung zum
positiven Christentum Indien kritischer gegenüberstand. Sein von uns erwähntes Werk ist
schon ein „Dokument der Loslösung . . . von der Zauberwelt" (Glasenapp, Indienbild S. 29)
dieses Landes.
[138] Bopp (1791–1867), der Begründer der vergleichenden Grammatik der indogermanischen
Sprachen, war seit 1821 Professor in Berlin. Hegel bezieht sich öfters auf ihn (vgl. XX S. 91
und 97; PhdWG S. 345).
[139] Vgl. etwa sein gehässiges Urteil über Friedrich Schlegels ‚Weisheit der Inder' in XVII S.
163: „Was Friedrich Schlegel von seiner Weisheit der Indier spricht, ist nur aus den religiösen
Vorstellungen genommen. Er ist einer der ersten Deutschen, der sich mit indischer Philosophie
beschäftigt hat; indessen hat dieß nicht viel gefruchtet, denn er hat eigentlich nichts weiter
gelesen, als das Inhaltsverzeichnis zum Ramayana."
[140] S. 391.
[141] Schoeps macht mit Recht darauf aufmerksam, daß J. F. Kleukers Werk ‚Über die Religion
und Philosophie der Inder', Leipzig 1778, von Hegel nicht benutzt worden ist (a. a. O. S. 260).
[142] Glasenapp in einem Brief an Schoeps (Schoeps a. a. O. S. 263).

Handlungsweise vor dem Parlament zu rechtfertigen [143]. Sicher ist ebenso, daß
Hegel keine Andeutung macht, aus der man entnehmen könnte, er habe den
politischen Hintergrund dieser Parlamentsberichte durchschaut [144]. Andererseits
darf man nicht übersehen, daß die für Hegel viel wichtigeren Asiatic Researches
eine ausgewogenere Beurteilung erkennen lassen und die Herausgeber dieser
Zeitschrift, W. Jones seit 1788 und H. Th. Colebrooke seit 1794, sich bemühen,
„der Verachtung Indiens entgegenzutreten, die im puritanischen wie im aufkläre-
risch-klassizistischen Geist Englands herrschend war" [145].

Auf Colebrooke müssen wir ohnehin näher eingehen, da dieser mit seiner
Abhandlung ‚On the Philosophy of Hindus‘ [146] Hegel das Material für die
Darstellung der indischen Philosophie lieferte. Diese Darlegungen zeigen, wie
sehr sich Colebrooke um eine verständnisvolle Wiedergabe der Systeme der
indischen Philosophie bemüht, so daß es abwegig ist, hier mit Schoeps von einem
‚einseitig-tendenziösen‘ Werk zu sprechen [147]. Damit soll nicht gesagt sein, daß
nicht auch in den Quellen Hegels die Stimmen zu Worte kommen, die für die
englische Indienverachtung repräsentativ sind. Vor allem ist hier die von James
Mill verfaßte ‚History of British India‘ [148] zu nennen. Wenn Hegel von den Quellen
her zu seiner so abwertenden Charakteristik Indiens kam, so liegt das an diesem
Werk, das er, wie noch zu zeigen wird, mehr als alle anderen bei seiner
Besprechung dieses Landes verwendet hat. Dagegen darf man den Einfluß, den

---

[143] Vgl. Schulin a. a. O. S. 78 und Glasenapp, Indienbild S. 57.
[144] Vgl. PhdWG S. 391.
[145] Schulin a. a. O. S. 78.
[146] In: Transactions of the Royal Asiatic Society I, London 1827, S. 19 ff. und 92 ff. (s. u. S.
110 ff.).
[147] Vgl. a. a. O. S. 259. — Schoeps bezieht sich auf das 1842 in Königsberg erschienene Werk
‚Prabodha-Chandrodaya oder die Geburt des Begriffs‘, wo Karl Rosenkranz im Vorwort
schreibt: „Hegel ist insofern für manche Verkennung des Indischen Wesens vollkommen zu
entschuldigen, als er sich getreulich an Colebrooke’s Bericht über die Indische Philosophie
gehalten hat, Colebrooke aber von seinem Englischen Lockeanismus aus sich in die eigentlich
speculativen Punkte derselben nicht genugsam hat versetzen können" (XIII); und der anonyme
Übersetzer (Theodor Goldstücker) folgendes ausführt: „Hätte Hegel dieselbe Gerechtigkeit
ihnen (den indischen Philosophieen) angedeihen lassen, wie er es Griechenland that, so hätte
ihn Colebrooke nicht irre geleitet, der nur dogmatisch erzählte, der als Philologe, so
unsterblich als solcher er immer bleibt, nicht an dem Gegenstand das Interesse nahm, welches
Hegel dafür hatte" (S. 18). Woher diese in sich uneinheitlichen Vorwürfe auch kommen
mögen, sie sind völlig unbegründet. Colebrooke beschränkt sich viel zu sehr auf ein bloßes
Referieren der indischen Philosophie, als daß man bei ihm Lockeanismus erkennen könnte.
Natürlich ging er, dem Wüst ‚streng philologische Methode und tiefdringende, scharfsinnige
Gründlichkeit‘ bescheinigt (vgl. a. a. O. S. 14), nicht als ein Philosoph wie Hegel an die
entsprechenden Texte heran. Das mindert aber doch nicht den Wert seines Berichts! Daran,
daß Colebrooke zu den Freunden Indiens zu zählen ist, besteht ohnehin kein Zweifel. Schon
sein Zeitgenosse James Mill (über diesen s. u.) nennt ihn „one of the most illustrious advocates
of the sublimity of the Hindu religion" (The History of British India I, London[3] 1826, S.
335).
[148] S. die vorhergehende Anmerkung. Ich zitiere immer nach der mir zugänglichen dritten
Auflage.

J. A. Dubois' Abhandlung ‚Moeurs, Institutions et cérémonies des peuples de l'Inde' [149] auf Hegel gehabt hat, nicht überschätzen. Nirgends findet sich bei diesem ein spezifischer Bezug auf eine Stelle dieses Berichtes [150]. Wenn Schoeps meint, Hegel habe aus diesem Buch die „kräftigsten Vorurteile" über die „Amoral der Inder . . . bezogen" [151], so ist das nicht nur deshalb falsch, weil damit die Bedeutsamkeit Dubois' für Hegel zu hoch veranschlagt wird, sondern auch deshalb, weil man nach dieser Behauptung nur einen unzutreffenden Eindruck von diesem Werk Dubois' haben kann. Es handelt sich ja hier nicht um eine Hetzschrift gegen Indien, sondern um den Ausdruck der Resignation eines Hindu-Missionars, der nach 36-jähriger Wirksamkeit in Indien eingesehen hat, daß es unmöglich ist, am indischen Gesellschaftssystem etwas Grundlegendes zu ändern, ohne damit das ganze Land ins Chaos zu stürzen [152]. Natürlich finden sich bei Dubois Stellen, wo amoralisches Betragen der Inder, besonders der Brahmanen, getadelt wird, wobei die Aussagen mit den Berichten der Engländer zum Teil übereinstimmen [153]. Es besteht indessen kein Anlaß zu bezweifeln, daß das hier Erzählte auch wirklich beobachtet worden ist, zumal wenn man sich klar macht, daß die „Verhältnisse zur Zeit des Beginns der Herrschaft der Ostindischen Kompagnie" in der Tat ‚wenig erquicklich' waren, wie ein so unverdächtiger Zeuge wie Glasenapp feststellt [154]. Nicht, daß Hegel manche der zum Teil recht wenig schmeichelhaften Beobachtungen, die die Autoren seiner Quellen aufgezeichnet haben, in seine Darstellung übernommen hat, kann man ihm zum Vorwurf machen. Eine Schwäche seiner Konzeption besteht vielmehr darin, daß er das, was seine Quellen über das Indien etwa des Jahres 1800 aussagen, ohne weiteres als Charakteristik dieses Landes als solchen aufnimmt, ohne daß er die Reflexion auf die geschichtliche Bedingtheit dieser Aussagen in seine Urteilsbildung einbezogen hätte. Wir werden darauf im weiteren Verlauf unserer Ausführungen zurückkommen müssen.

---

[149] Paris 1825, 2 Bände.
[150] Natürlich werden bei Dubois Fakten mitgeteilt, die Hegel bekannt sind. Es läßt sich jedoch bei keiner Stelle mit Bestimmtheit sagen, daß Kenntnisse Hegels durch dieses Werk Dubois' vermittelt worden sind.
[151] a. a. O. S. 259 f.
[152] Das ergibt sich besonders deutlich aus folgender Stelle: „Laissons — leur ces lois et ces préjugés qu'ils affectionnent, puisque aucun effort humain ne pourrait leur persuader d'en faire le sacrifice à leur bien-être. Ne nous exposons pas . . . à faire du peuple le plus doux et plus soumis qui existe sur la terre, le peuple le plus furieux et le plus indomptable; gardons — nous d'amener . . . des catastrophes qui feraient, de tout le pays, un théâtre d'anarchie et de désolation, et qui finiraient par causer sa ruine totale: car selon moi, le jour où le gouvernement du pays voudra intervenir dans les principaux usages religieux ou civils des Indiens, sera le dernier jour de son existence politique." (a. a. O. I S. 122 f.).
[153] Beispiele s. u. Anm. 273 u. a.
[154] Indienbild S. 57.

3. Die begriffliche Bestimmung in ihrem Verhältnis
zu den Quellen

a) Brahma und Trimurti

Fragen wir nun, was in der ‚Religion der Fantasie‘ die Substanzialität sei, die sie mit dem Buddhismus verbindet, so ist die Antwort klar: Es ist das, „was die Inder Brahm, Brahma, Brahman nennen" [155]. Was die Inder über dieses Brahma zu sagen wissen, hat Hegel Ausführungen entnommen, die Mill in seiner ‚Geschichte Indiens‘ gemacht hat. Mill setzt sich dabei mit der Meinung auseinander, das als Neutrum gefaßte Brahma sei die „peculiar appellation of the one god", während es sich bei den ‚Göttern‘ der Trimurti, Brahmā, Vishnu und Shiwa, nur um „names of the particular modes of divine action" [156] handle. Darin erblickt er

„the most enormous inconsistency: as if the Hindus possessed refined notions of the unity of God, and could yet conceive his modes of action to be truly set forth in the characters of Brahma, Vishnu, and Siva: as if the same people could at once be so enlightened as to form a sublime conception of the Divine nature, and yet so stupid as to make a distinction between the character of God and his modes of action" [157].

Nach dieser etwas hausbackenen ‚Widerlegung‘, die nicht gerade Bemühung um Verständnis fremder Religionen verrät [158], kommt Mill zu seiner eigenen Erklärung: Er meint,

„that Brahme is a mere unmeaning epithet of praise, applied to various gods, and no more indicative of refined notions of the unity, or any perfection of the Divine Nature, than other parts of theur panegyrical devotions" [159].

Interessant ist nun, wie Hegel diese Ausführungen Mills aufnimmt: Er beurteilt sie wohlwollend, weil er mit Mill eine „Inkonsistenz" zwischen dem einen neutralen Brahma und den ‚Personen‘ der Trimurti sieht [160]; mit der Begründung für diese Inkonsistenz aber, die für ihn die Folge davon ist, „daß jene Einheit noch nicht in ihrer wahrhaften Bestimmung, nicht als in sich konkret, als Geist aufgefaßt, daß

---

[155] PhdR II S. 152.
[156] A. a. O. I S. 320.
[157] Ebd. S. 320.
[158] Der Utilitarismus des von Bentham beeinflußten James Mill, des Vaters des bekannten John Stuart Mill (vgl. Encyclopaedia Britannica 15, London 1966, S. 459 f.) stellte keine günstige Ausgangsposition für eine angemessene Beurteilung der indischen Religion dar. Auch die Ausführungen über die indische Sprache verraten die philosophischen Anschauungen Mills: Er setzt sich mit der Meinung auseinander, der indischen Sprache komme deshalb ein besonderer Wert zu, weil sie mehrere Ausdrücke für dieselbe Sache habe. „That which is a defect and a deformity of language is thus celebrated as a perfection. The highest merit of language would consist in having one name for every thing which required a name, and no more than one. Redundancy is a defect in language, not less than deficiency" (a. a. O. II S. 80 f.). Daß verschiedene Bezeichnungen verschiedene Aspekte einer Sache zum Ausdruck bringen können, kommt Mill nicht in den Blick. Auch Hegel meint, daß der „Überfluß von Wörtern, wenn er bloß sinnlich ist, ... von Barbarei" zeugt (PhdWG S. 348).
[159] A. a. O. I S. 321.
[160] XX S. 120; vgl. XV S. 379 f.; PhdR II S. 155 und PhdWG S. 404.

sie nur Kategorie des Substantialitäts-Verhältnisses ist" [161] ‚geht er über Mill hinaus und macht verständlich, wieso Mills These vom Brahma als ‚Epitheton des Preises‘ bei ihm keine systematische Relevanz bekommen konnte. Hegels Bestimmung des Brahma als Substanz hat auf jeden Fall dessen Bedeutung besser erfaßt als Mills Erklärung, die hier nur eine rhetorische Floskel zu erkennen meint — gerade seine philosophische Begrifflichkeit hat Hegel hier näher an das Phänomen herangeführt, als es dem scheinbar phänomenal argumentierenden Mill möglich war.

Um das deutlich zu machen, müssen wir nun freilich klären, was Brahma wirklich ist. Daß das nicht ganz einfach ist, zeigen die Darlegungen namhafter Kenner des Hinduismus. Brahma war bei den vedischen Opfertheologen das, was dem über den Göttern stehenden Opfer seine Kraft gab, und wurde so zur aus sich selbst seienden Urkraft, die allem zugrunde liegt [162]. Stimmen alle Systeme, die von den Upanishaden abhängig sind, darin überein, daß Brahma das ‚ens realissimum’ sei, „welches alles aus sich hervorgebracht hat, erhält und wieder in sich zurücknimmt" [163], so gehen die Meinungen auseinander, wenn es sich darum handelt, die Natur des Brahma zu bestimmen. Zwar ist es für alle Sat (wahres Sein), Cit (Bewußtsein, Geist) und Ānanda (Wonne): aber während die einen meinen, nur in Negationen etwas über es aussagen zu können, „schreiben ihm andere positive Qualitäten zu" [164]. Auch die Frage, ob wir in ihm ein persönliches oder unpersönliches Wesen zu sehen haben, wird verschieden beantwortet. Erscheint es an vielen Stellen als das Absolute, „das einen durchaus unpersönlichen Charakter trägt" [165], so nimmt es an anderen eine „ausgesprochen theistische Färbung" [166] an, etwa wenn es heißt: „Er (Brahma d. V.) ist der Hüter der Welt, der Herr des Alls: Er wird nicht größer durch gute, nicht geringer durch böse Werke. Er ist es, der den einen, den er aus diesen Welten erheben will, gutes Werk (Karma), den andern, den er herabstürzen will, böses Werk tun macht" [167] — oder: „Nur dem, den er erwählt, offenbart er sein Wesen" [168].

Damit haben wir nun aber den Kenntnisstand erreicht, von dem aus die Schranken der Hegelschen Brahmadeutung deutlich werden. Der persönliche Aspekt des Brahma zeigt sich nämlich für Hegel nur in der Personifikation, die dieses Absolute nachträglich erfahren hat, weil man dem religiösen „Bedürfnis weiter Volkskreise" [169] entgegenkommen wollte, d. h. im Gott Brahmā, einer der

---

[161] XX S. 120.
[162] Vgl. Glasenapp, Religionen S. 111.
[163] Ebd. S. 117.
[164] Ebd. S. 117.
[165] Ebd. S. 117.
[166] Ebd. S. 118.
[167] Kaushitaki 3,9 — entnommen ebd. S. 118.
[168] Katha-Up. 2,23 — entnommen ebd. S. 118. Insofern ist die Humboldtsche Übersetzung von Brahma mit ‚Gott‘ doch eher zu rechtfertigen, als es nach der von Hegel geäußerten Kritik (XX S. 115 ff.) erscheinen mag.
[169] Glasenapp, Religionen S. 142.

‚Personen' [170] der Trimurti. „Der indische höchste Gott ist ... viel mehr nur das Eine, als der Eine, er ist nur an sich, nicht für sich seyend; — er ist Brahm, das Neutrum, oder die allgemeine Bestimmung; B r a h m a a l s S u b j e c t ist dagegen sogleich einer unter den drei Personen..."[171]. Insofern erfaßt die Hegelsche Charakterisierung des Brahma als „abstrakte Allgemeinheit", „bestimmungslose Substanz"[172] nur eine Seite dieses Absoluten. Zwar sind das Brahma als unpersönliches Weltprinzip und die Person des Gottes Brahmā auf den Begriff gebracht, nicht aber Brahma als handelndes Subjekt. Immerhin werden Brahmā als Gott und Brahma als Gottheit nahe aneinandergerückt, weil Brahma, das Eine, „zur Besonderung fortgehen muß"[173] und diese Besonderheit, Brahmā, wiederum Erscheinung des Brahma ist, so daß man sagen kann, daß Hegel über diese Erscheinung dem Brahma das personale Moment zukommen läßt, das er diesem als solchem — zu Unrecht — abspricht[174].

Ist — so gesehen — die Verbindung von Brahma als Neutrum und Brahmā als ‚Person' der Trimurti vorteilhaft, weil sie Hegel näher an den Sachverhalt heranführt, so ist sie an sich problematisch, weil damit Größen einander zugeordnet werden, die, sowohl, was ihre Entstehung, wie was ihre Bedeutung für das indische Denken anbelangt, verschieden sind. Vorweg sei jedoch bemerkt, daß Hegel, wenn er diese Zuordnung vornimmt, ganz mit den Aussagen Mills übereinstimmt, von denen er abhängig ist[175]. Man muß sich fragen, ob es sinnvoll ist, den für die indische Religion zentralen Begriff Brahmā mit der, wie wir wissen, nachträglichen Personifikation, dem Gott Brahma, zu verbinden, dessen „Verehrung immer nur auf einen kleinen Kreis beschränkt" blieb, der „für die Mehrzahl ... nicht der höchste Gott, sondern nur ein hohes Wesen" ist, „das zwar an der Weltschöpfung hervorragenden Anteil hat, das der Phantasie aber wenig Stoff bot und deshalb in der Legende wie im Kult keine allzu bedeutsame Rolle spielt"[176]. Dabei mag man den Unterschied der Entstehungszeit, über den Hegel sich ja im klaren war[177], für weniger schwerwiegend halten: der Unterschied der Bedeutung scheint mir aber eine dialektische Zuordnung, bei der ein wenigstens annähernd gleiches Gewicht der aufeinander bezogenen Größen vorausgesetzt werden müßte, auszuschließen.

---

[170] Wenn Hegel von den ‚Personen' der Trimurti redet, so ist das bei ihm uneigentliche Sprechweise. Man kann an sich die Götter der indischen Dreieinigkeit nicht ‚Personen' nennen; „denn es fehlt ihnen die geistige Subjektivität als Grundbestimmung" (XV S. 367 f.).

[171] XV S. 372.

[172] XX S. 112.

[173] PhdR II S. 155.

[174] Daß der Unterschied von Brahma und Brahmā nicht allzu groß ist, zeigt sich für Hegel daran, daß er ohnehin nicht „konstant angewendet wird" (PhdR II S. 153). Ursache dafür ist auch, daß „Brahma nur oberflächlich personifiziert wird, der Inhalt des Brahman das Gesagte, diese einfache Substanz bleibt" (ebd. S. 153). Das zeigt freilich, daß Brahmā sehr viel mehr im Sinn von Brahma verstanden wird als umgekehrt, so daß die Personalität, die Brahmā zukommt, nicht allzu sehr betont werden darf.

[175] Vgl. Mill a. a. O. I S. 320.

[176] Glasenapp, Religionen S. 143.

[177] Vgl. PhdR II S. 160.

Ähnliches läßt sich sagen, wenn wir das Verhältnis vom Absoluten „nach seiner abstrakten Form" zum Absoluten „nach seiner Bestimmtheit" [178] uns als das Verhältnis von Brahma zu Trimurti vergegenwärtigen. Man würde heute nicht mehr ohne weiteres diese ‚indische Dreieinigkeit' als Explikation des Brahma verstehen, nicht nur, weil man in ihr eine jüngere Begriffsbildung zu sehen hat, auch wenn sie auf die Maitri Upanishad zurückgeführt werden kann [179], sondern vor allem deshalb, weil sie „im praktischen religiösen Leben wenig Bedeutung besessen" hat, „meistens nur ein Gegenstand der Spekulation geblieben" [180] ist und somit dem Brahma nicht gleichkommt. Indessen verstehen wir sehr wohl das Interesse Hegels an der Trimurti, handelt es sich doch bei ihr um das „Auffallendste und Größte in der indischen Mythologie" [181]. Hier zeigt sich nämlich schon die Dreiheit, die erst durch den christlichen Geistbegriff zur wahrhaften wird. Daß dieser Begriff hier noch fehlt, ist Ursache für die Schwächen der Trimurti: Wenn die Hindus „have distributed the creation and government of the universe" unter die drei Götter Brahmā, Vishnu und Shiva, „denominating Brahma the creator, Vishnu the preserver, and Siva the destroyer" [182], so zeigt sich der Mangel gerade bei Shiva, dem dritten, der, „statt das Versöhnende zu sein . . . nur diese Wildheit des Erzeugens und Zerstörens" [183] ist. Geistlosigkeit ist auch das Charakteristikum der Besonderung des Einen, wie sie sich hier vollzieht. Das zeigt sich daran, daß „alle Unterschiedenen wieder Brahm" sind; sie „sind dies Eine in sich und nehmen also auch die Epitheta des Einen in sich: die besondern Götter sind so alle auch Brahma" [184].

Die Belege hierfür entnimmt Hegel dem Werk Mills. Der mit Vishnu identische Krishna sagt von sich:

„The Great Brahm . . . is my womb. In it I place my foetus; and from it is the production of all nature. The great Brahm is the womb of all those various forms, which are conceived in every natural womb, and I am the father who soweth the seed" [185].

Shiva erklärt:

„I have always been, and I always am, and I always will be. There is no second of whom I can say that I am he, and that he is I. I am the within of all the withins. I am in all surfaces. Whatever is I am: and whatever is not I am. I am Brahma: and I am also Brahme: and I am the causing cause. Whatever is in the east I am: and whatever is in the west I am: and whatever is in the south I am, and whatever is in the north I am. Whatever is below I am: and whatever is

---

[178] Ebd. S. 154.
[179] Vgl. Radhakrishnan, Indische Philosophie, Darmstadt—Baden-Baden—Genf 1955, I, S. 406, Anm. 6. Nach der Upanishadenausgabe Paul Deussens (Darmstadt 1963) ist es möglich, daß sich der älteste Beleg in der Mahā-Nārāyana-Upanishad (11,12) findet (vgl. S. 252, Anm. 2).
[180] Glasenapp, Religionen S. 150.
[181] XV S. 367.
[182] Mill a. a. O. I S. 298.
[183] PhdR II S. 160; vgl. XV S. 377.
[184] PhdR II S. 155.
[185] Mill a. a. O. I, S. 322; vgl. PhdR II S. 155 f.

above I am. I am man, and not man, and woman. I am the truth: I am the ox; I am all other animated beings. I am more ancient than all. I am the king of kings. And I am in all the great qualities. I am the perfect being. Whatever has been, Rudra is; and whatever is he is; and whatever shall be he is. Rudra is life, and is death; and is the past, present, and future; and is all worlds" [186].

Aber nicht nur die Götter, auch

„water is denominated Brahme ... The sun ... is Brahme ... Air,too, receives the appellation of Brahme ... That which moves in the atmosphere is air, Brahme ... Food too is denominated Brahme; so is breath, and intellect, and felicity. Nay, it is affirmed, as part of the Hindu belief, that man himself may become Brahme ... " [187].

Die Folgerungen allerdings, die Hegel aus diesen Zitaten zieht, Brahm sei „das Eine und auch jedes, was als Gott vorgestellt wird, selbständig", alles „was selbständig, was mit sich identisch" sei, sage: „ich bin Brahm" [188], sind fragwürdig; denn indem irgend jemand von sich behauptet, Brahma zu sein, weiß er sich als zu dem gehörig, was für die Inder letzte Wirklichkeit ist, beharrt also gerade nicht auf seiner Identität. Es ist nicht möglich, Brahma in das Eine und das, was die in ihrer Selbständigkeit sich konstituierenden Individuen von sich prädizieren, zu spalten. Wenn ich sage: ‚Ich bin Brahma', so heißt das nicht, daß Brahma ein Prädikat ist, das ich von mir aussage: vielmehr spricht das Ich sich als in der letzten Wirklichkeit, Brahma, aufgehobenes aus. Bedauerlicherweise war Hegel die Meinung, die ‚Götter' der Trimurti seien nur „names of the particular modes of divine action" [189], die den Tatbestand zutreffend wiedergibt, durch die Polemik Mills zu sehr verstellt. Sie hätte ihn zur Erkenntnis bringen müssen, daß ein ‚Gott', wenn er sagt: ‚Ich bin Brahma', nicht seine Selbständigkeit betont, sondern seine Identität mit dem, dessen Aspekt er ist [190].

Von unserem Kenntnisstand ist dieser Kritik noch einiges hinzuzufügen. Man kann es dahingehend zusammenfassen, daß wir uns heute um ein historisch sehr viel differenzierteres Urteil bemühen müssen. Der historische Ort der Zitate muß genauer bestimmt werden, was natürlich zur Folge hat, daß es nicht mehr möglich ist, sie ohne weiteres nebeneinander zu stellen, wie wir es hier noch sehen. Problematisch ist schon, daß in einem Abschnitt, der sich mit der Lehre von der Trimurti befaßt, eine Aussage Krishnas wiedergegeben wird, die — wegen der Gleichsetzung von Krishna und Vishnu und des damit verbundenen Krishna-Kults — schon die dritte Entwicklungsstufe des Mahābhārata voraussetzt, wo doch die Trimurti-Vorstellung kennzeichnend für die zweite ist [191]. Wichtig ist auch zu wissen, daß es sich bei der Rede Shivas um einen Auszug aus einer der fünf

---

[186] Mill a. a. O. I, S. 316; vgl. PhdR II S. 156 und XV S. 380.
[187] Mill a. a. O. I, S. 323; vgl. PhdR II S. 156 und XV S. 380.
[188] PhdR II S. 156.
[189] Mill a. a. O. I S. 320.
[190] Auch wenn man die Behauptung eines Gottes, er sei Brahma, in dem Sinne versteht, daß er sich damit selbst als Grund alles Wirklichen vorstellen will, ist die Spaltung des Brahma, die Hegel vornimmt, nicht zu rechtfertigen.
[191] Vgl. Radhakrishnan a. a. O. I S. 410.

Upanishaden handelt, die diesen Gott als „symbolische Personifikation" [192] des mit dem Brahma identischen Ātman auffassen [193]. Ein Bezug zur Trimurti besteht nicht.

Dennoch zeigt sich von da aus ein Wahrheitsmoment in der Deutung Hegels, der richtig erkannt hat, daß der Shiva, der so von sich spricht, nicht nur ein partieller Aspekt eines Höheren ist, sondern dieses Höhere als Ganzes, der aber nicht gewußt hat, daß er dieses Höhere nicht in einer Besonderung ist, die dem Höheren als schlechthin Einem gleichsam gegenübertritt, sondern daß er gerade dieses schlechthin Eine ist — freilich in personaler Weise. Hegels Kritik an der indischen Trimurti trifft deshalb nicht, weil er zuviel von der christlichen Trinität, wie er sie versteht, in die indische hineininterpretiert, um so jene als Kriterium verwenden zu können, mit dem er diese beurteilt [194].

b) Das kultische Verhältnis zu Brahma

Wir haben gesehen, daß Hegel das Brahma einseitig bestimmte, weil er dessen personale Momente nicht erfaßte. Es wird nun zu untersuchen sein, ob die Erläuterung dessen, was Brahma ist, die Hegel gibt, indem er das „Verhältnis des Subjekts zum Absoluten" [195] thematisiert, als eine angemessene Interpretation angesehen werden kann.

Am deutlichsten formuliert Hegel seine Meinung m. E. in der Bhagavadgītā-Abhandlung: Er geht auf Wendungen ein, die besagen, die von Krishna geforderte Vertiefung sei Weg, Richtung auf, Vereinigung mit Brahma, woraus man eigentlich entnehmen müsse, sie habe einen „Gegenstand ..., den sie zu gewinnen strebe" [196]. Nach Hegels Ansicht ist sie aber in ihrer eigenen Bestimmung objektlos: „Streben, Richtung und dergl. gehört nur dem Bewußtseyn an, in dem das Vertiefen selbst nicht erreicht ist" [197]. Wenn nun aber dieses objektlose Denken zugleich als Beziehung auf Brahma vorgestellt sei, „so ist ... d i e s e s r e i n a b s t r a k t e D e n k e n a l s B r a h m a s e l b s t bestimmt, ein sub-jektives, das mit dem als objektiv Gesagten identisch ist ..." [198].

Wir fragen, ob Hegel von seinen Quellen her diese Objektlosigkeit behaupten konnte. Als Nachweis dienen ihm hier, wenn wir einmal von der in der

---

[192] Upanishaden ed. Deussen S. 716, Anm. 1.
[193] Es handelt sich um die Atharvacira’-Upanishad, die erste der Civa-Upanishad’s (vgl. ebd. S. 717).
[194] Die Problematik zeigt sich daran, daß bei Hegel die Trinität als Prozeß zu verstehen ist — das Eine geht zur Besonderung fort und nimmt sich wieder in sich zurück — während die Glieder der Trimurti Aspekte bezeichnen, also durchaus statischen Charakter haben.
[195] PhdR II S. 163. — Es ist das, was bei Hegel als ‚Kultus‘ bezeichnet wird (vgl. ebd. S. 162 f.).
[196] XX S. 111.
[197] Ebd.
[198] Ebd.

Bhagadvadgītā wiederholt ausgesprochenen Forderung, nichts zu denken [199],
absehen, vor allem Auskünfte über die Meditationspraktiken des Yogin, d. h. die
Zusammenstellung Humboldts [200] und die Inhaltsangabe, die Colebrooke vom
dritten Kapitel des Yoga-Sūtra Patanjalis im ersten Band der 'Transactions of the
Royal Asiatic Society' gegeben hat.

„It (das Kapitel d. V.) is full of directions for bodily and mental exercises, consisting of
intensely profound meditation on special topics, accompanied by suppression of breath and
restraint of the senses, while steadily maintaining prescribed postures . . . The promptest mode
of attaining beatitude, through absorbed contemplation, is direction to God, consisting in
repeated muttering of his mystical name, the syllable om, at the same time meditating its
signification" [201].

Diese Konzentration auf die Silbe Om bleibt für Hegel eine zu allgemeine
Vorstellung, als daß er hier ein wirkliches Objekt sehen könnte [202], während
andererseits die Übungen, die die Meditation begleiten, wie das Zurückhalten des
Atems oder das Fernhalten von Sinneseindrücken, für ihn ein Beleg für die
Negativität des indischen Kultus sind. Dieselbe Negativität zeigt sich in den
'austerities', die der König Ansuman, sein Sohn Dwilipas und sein Enkel
Bhagirathas auf sich nehmen, um die Gangā auf die Erde herabzubekommen [203].
Ja, diese Negativität kann sich auch mit „ganz abstraktem Entäußern, ohne jenen
Zustand der Innerlichkeit" [204], begnügen.

„There are solemn festivals, in which the images of certain deities are carried in procession in
vast ponderous machines denominated raths, or chariots, drawn of devotees and priests; when
it is customary for numbers of the congregated people to throw themselves under the wheels,
and even fathers and mothers with their children in their arms. The chariot passes on, as if no
impediment existed, and crushing them to death, is supposed to convey them immediately to
heaven" [205].

---

[199] Das bedeutet die Abkehr von allen äußerlichen Vorstellungen, die Konzentration auf einen
Punkt. Leopold von Schroeder übersetzt die von Hegel als Beleg angegebene Stelle (XX S. 86):
„Versenke man sich in das Selbst und denke an nichts anderes mehr" (Bhagavadgita,
Düsseldorf — Köln 1965, S. 50).
[200] Gesammelte Schriften V, Berlin 1906, S. 192; vgl. XX S. 86.
[201] London 1827, S. 37; vgl. XVII S. 173.
[202] Vgl. XVII S. 173. — Zum Sprechen der Silbe Om vgl. XX S. 87 und 107; Asiatic
Researches (=AR) V S. 352; Dubois a. a. O. S. 190.
[203] Die Geschichte von der Herabkunft der Gangā, die ich hier wegen ihrer Ausführlichkeit
nicht wiedergebe, findet sich auf den Seiten 343 bis 405 der von Hegel benutzten Ausgabe des
Rāmāyana (I, Serampore 1806). Von Bedeutung ist diese Erzählung auch für Hegels Ästhetik,
wo sie als Beispiel dafür dient, daß sich im indischen Schrifttum „statt der Vorstellung eines
geistigen S c h a f f e n s die ... Veranschaulichung des n a t ü r l i c h e n Z e u g e n s"
(Ästhetik Frankfurt, 2. Auflage, o. J., 1, S. 336; vgl. ebd. S. 336 ff.) findet.
[204] XX, 90.
[205] Mill a. a. O. I, S. 357. — Mill bezieht sich hier auf das Werk P. Sonnerats 'Voyage aux Indes
orientales et à la Chine fait par ordre du roi depuis 1774 jusqu'en 1781' Paris 1782, I, S. 121,
der selbst das Fest Jagernaut (vgl. PhdWG S. 409) erlebt hat. Glasenapp ist m. E. allzu
leichtfertig, wenn er meint, Hegel gebe hier kritiklos Geschichten weiter, die „den Stempel
der Unglaubwürdigkeit an sich tragen" (Indienbild S. 58). — Überhaupt ist zu sagen, daß
Glasenapp — wohl aus Verärgerung über das zum Teil scharfe Urteil Hegels über Indien — nicht

Daß die „Koncentration der reinen bestimmungs- und schrankenlosen Abstraktion" [206] die Grundbestimmung des Indischen ist, zeigt sich auch daran, daß die Natur der Negativität des Denkens gegenüber zu „einem Unmächtigen, Unselbständigen und Verschwindenden herabgesetzt" [207] wird. Das Yoga-Sūtra spricht dem meditierenden Yogin die Fähigkeit zu, „the knowledge of every thing past and future, remote or hidden" zu erreichen;

„he divines the thoughts of others, gains the strength of an elephant, the courage of a lion, and the swiftness of the wind, flies in the air, floats in natur, dives into the earth, contemplates all worlds at one glance, and performs other strange feats" [208].

Doch braucht man nicht bis zur Yoga-Philosophie zu gehen; schon in den Veden findet sich diese Anschauung. Es handelt sich um die Schöpfungstheorie der Nāsadīya-Hymne des Rig-Veda, die Hegel durch die Übersetzung Colebrookes, die dieser in seinem Aufsatz ‚On the Védas, or Sacred Writings of the Hindus‘ gegeben hat [209], bekannt war.

„Then was there no entity, nor nonentity; no world, nor sky, nor ought above it: nothing, any where, in the happiness of anyone, involving or involved: nor water, deep and dangerous. Death was not, nor then was immortality; nor distinction of day or night. But THAT breathed without afflation, single with ... he who is sustained within him. Other than him, nothing existed, /which/ since /has been/. Darkness there was; /for/ this universe was enveloped with darkness, and was undistinguishalbe /like fluids mixed in/ waters: but that mass, which was covered by the husk, was /at length/ produced by the power of contemplation. First desire was formed in his mind: and that became the original productive seed; which the wise, recognising it by the intellect in their hearts, distinguish in nonenty, as the bond of entity" [210].

Das, was Colebrooke mit ‚power of contemplation‘ übersetzt, ist ‚Tapas‘, die innerliche Erhitzung, das schweigende Vorsichhinbrüten, die den uranfänglichen Gegensatz aus dem Absoluten entwickelt und so den Prozeß der Weltschöpfung in

---

in der Lage war, die Beschäftigung Hegels mit diesem Land angemessen zu würdigen. Wenn wir erfahren, daß Hegel „nicht ein weltoffener Mensch" war, der sich „in alle fremden Gedankengänge mit liebevollem Verständnis einzufühlen vermochte, sondern ein auf das Abstrakte gerichteter Stubengelehrter, der die Welt außer sich nach einem von ihm erdachten begrifflichen Schema konstruierte" (ebd. S. 39), so besticht eine derartige Charakterisierung allenfalls durch ihre Naivität. Daß Glasenapp es nicht für notwendig hielt, sich mit Hegel sehr viel Mühe zu machen, zeigt folgende Äußerung: „Bei der Behandlung von Hegels Ansichten über die beiden Religionen Indiens kann auf eine Wiedergabe seiner abstrakten Spekulationen verzichtet werden, da diese schwer verständlichen und auf völlig willkürlichen Begriffskombinationen beruhenden Ausführungen heute schon dadurch völlig überholt sind, daß wir jetzt Wesen und Werden der indischen Religion ganz anders ansehen als vor einem Jahrhundert ..." (ebd. S. 51). Die „schulmeisterliche Anmaßung" (ebd. S. 60), die Glasenapp in den Ausführungen Hegels über Indien zu erkennen meint, kann man besser in dem finden, was er selbst über diese Ausführungen zu sagen hat.

[206] XX S. 98.
[207] Ebd.
[208] Transactions a.a. O. S. 36; vgl. XVII S. 173.
[209] In: AR VIII S. 377.
[210] Ebd. S. 404 f.; vgl. XV S. 370 f.

Gang setzt [211]. Daß wir im Gesetzbuch des Manu auf ähnliche Gedanken stoßen, verwundert uns nicht, wenn wir wissen, daß dieses Werk bei seiner Darstellung der Schöpfung von der Schöpfungshymne des Rig-Veda abhängig ist [212]: Brahma, „the first cause, not the object of sense, existing every where in substance, not existing to our perception, without beginning or end" [213], schuf zuerst das Wasser und legte Samen darein. Dieser Same entwickelte sich zu einem Ei, in welchem es selbst als Brahmā geboren wurde.

„In that egg the great power sat inactive a whole year of the Creator, at the close of which b y h i s t h o u g h t a l o n e he caused the egg to divide itself" [214].

So entstanden Himmel und Erde.

Beurteilt Hegel diese Kosmogonien [215] wohlwollend, insofern er in ihnen allen den unendlich tiefen und wahren Zug erblickt, daß das „bei sich selbst seyende Denken E r z e u g e n s e i n e r s e l b s t" [216] ist, so ist er zurückhaltender, wenn es sich darum handelt, daß Menschen durch diese intensive Meditation Macht über die Natur erlangen [217]. Zwar hält er es für erhaben, „daß die Indier sich zu dieser Absonderung des Unsinnlichen vom Sinnlichen, der Allgemeinheit von der empirischen Mannigfaltigkeit, des Denkens vom Empfinden ... und zu dem Bewußtseyn der Hoheit des Denkens erhoben haben. Aber das Eigentümliche ist, daß sie von der ungeheuren Abstraktion dieses Extrems nicht zur Versöhnung mit dem Besondern, nicht zum Konkreten durchgedrungen sind ..." [218]. Diese durch Mangel an Konkretion gekennzeichnete Vertiefung und die durch diese gewonnene Macht über die Natur zeigt nach Meinung Hegels am besten die in das Rāmāyana-Epos eingeschobene Erzählung von Vishvāmitra [219]. Der Mangel an

---

[211] Zu ‚Tapas‘ vgl. Glasenapp, Philosophie S. 218 und Radhakrishnan a. a. O. 1, S. 85; zum ganzen Hymnus vgl. bei diesem 1, S. 83 ff.
[212] Vgl. Radhakrishnan ebd. 1, S. 437.
[213] Institutes of Hindu Law S. 2.
[214] Ebd.; vgl. XV S. 370.
[215] Einen weiteren Schöpfungsbericht, in dem „alle Momente ausgedrückt" (PhdR II S. 159) sind, entnimmt Hegel der von Alexander Dow (sic!) verfaßten ‚Dissertation Concerning the Religion and Philosophy of the Brahmins' (in: The History of Hindostan 1, London 1768, S. XLVI bis XLIX).
[216] XV S. 370.
[217] Man muß sich klarmachen, daß die „Vorstellung, daß der Mensch durch Ausführung bestimmter Übungen und Befolgung bestimmter Observanzen einen übernormalen Zustand der Verzückung oder Entrückung erreichen könne, in welchem ihm übersinnliche Erkenntnisse und Kräfte zuteil werden", sich bei den „verschiedensten Völkern auf primitiver Kulturstufe", etwa bei den Indianern und Polynesiern, findet, es sich also hier keineswegs um ein nur für Indien charakteristisches Phänomen handelt (Glasenapp, Philosophie S. 218).
[218] XX S. 110.
[219] Sie findet sich in der von Hegel benutzten Rāmāyana-Ausgabe auf den Seiten 454 bis 542 und kann hier, obwohl sie für Hegels Indienbild sehr bedeutsam ist, wegen ihrer Ausführlichkeit nicht wiedergegeben werden. Es sei nur auf eine Unstimmigkeit hingewiesen, die bei der Wiedergabe Hegels (XX S. 94—97; vgl. XV S. 387—389) durch Kürzungen entstanden ist. Es ist nämlich nicht Wasischtha, der Trisanku zum Chandala (s. u. Anm. 220) macht (XX S. 96), es sind vielmehr seine Söhne, die Trisanku durch seine Hartnäckigkeit verärgert (vgl. Rāmāyana a. a. O. 1, S. 488—492).

Konkretion wird dadurch deutlich, daß die ‚austerities‘, denen Vishvāmitra sich
unterzieht, nicht das Bewußtsein einer Sünde zur Voraussetzung haben, womit ein
Verhältnis zwischen dem konkreten Sein eines Menschen und dem einen Gott
gegeben wäre, sondern nur dazu dienen, das völlig abstrakte Brahma zu
erreichen [220]. Seine Macht über die Natur demonstriert Vishvāmitra, indem er den
zum Chandala [221] gewordenen Trisanku zum Himmel emporsteigen läßt, weitere
Himmelskörper, ja sogar andere Götter erschafft, so daß schließlich die Götter aus
Furcht, er könne das ganze Universum zerstören, ihm seinen Wunsch erfüllen und
ihn zum Brahma-Weisen erklären. Wenn es sich nun auch beim Rāmāyana um ein
Epos handelt, das für Philosophie und Religion weniger bedeutend ist als das
Mahābhārata, so gibt es doch die Glaubensvorstellungen der Zeiten, in denen es
entstanden ist, zuverlässig wieder [222] und rechtfertigt so die hohe Bedeutung, die
Hegel seinen Erzählungen beigemessen hat.

Wir kommen nun auf unsere Frage zurück, ob die Behauptung der Objektlosigkeit
von den Quellen her gerechtfertigt werden kann, untersuchen aber zunächst, wie
sich die Anschauungen Hegels zu unserem heutigen Wissensstand verhalten. Dabei
ist ohne Zweifel da, wo Hegel von der Negativität des indischen Kultus spricht, ein
für Indien charakteristisches Moment erfaßt worden. Man kann, um nur weniges
herauszugreifen, schon den Monismus der älteren Upanishaden anführen, wo der
Mensch erst in der Versenkung, turīya, einem Zustand, der noch jenseits des
Tiefschlafs liegt, dann, wenn er sich von der Körperwelt und der Welt seiner
Träume gelöst hat [223], „in seinem letzten, höchsten und unvergänglichen
Zustand“ [224] mit dem Ātman [225] eins wird. Das Ziel des Yoga besteht darin, das
Citta, das Denkorgan des Menschen, stillzulegen und so die Absolutheit des
Purusha, des wahren Ich, zu erlangen [226].

Wie steht es aber mit der Behauptung der Objektlosigkeit, die ja in der Negativität,
sofern diese nicht als absolute verstanden wird, nicht impliziert ist? Man kann
sagen, daß diese Behauptung, was die Upanishaden anbelangt, durch einen Begriff
nachträglich bestätigt worden ist, der in Hegels eigener Darstellung der indischen
Religion keine Rolle spielt, den des Ātman. Ātman, das Selbst des einzelnen wie
das mit ihm identische universale Selbst, kann als das objektlose Subjekt
bezeichnet werden, in dem diese monistischen Upanishaden den Wesenskern von
allem sehen [227]. Von Objektlosigkeit kann man deshalb sprechen, weil der Grund
alles Wirklichen sich nicht dem erschließt, der sich nach außen wendet, nach einem

---

[220] Vgl. XV S. 389 f. Immerhin zeigt die Erzählung, daß die austerities es möglich machen, die
Kastenunterschiede zu relativieren.
[221] Darüber s. u. S. 103.
[222] Vgl. Radhakrishnan a. a. O. 1 S. 408.
[223] Das ist zwar auch im Tiefschlaf erreicht; doch wird hier „die Einheit nicht erkannt,
weil die Seele vom Nichtwissen umfangen ist“ (Glasenapp, Philosophie S. 394).
[224] Ebd. S. 152.
[225] S. u.
[226] Vgl. Glasenapp, Philosophie S. 227.
[227] Vgl. ebd. S. 153.

Gegenüber sucht, sondern nur dem, der sich in sich selbst vertieft. Auch zur letzten Wirklichkeit, sofern sie als Brahma gefaßt wird, gibt es keinen anderen Zugang, so daß die in unserem Sinn verstandene Objektlosigkeit auch hier behauptet werden kann, obwohl Brahma im Gegensatz zu Ātman mehr den objektiven Aspekt betont [228].

Doch nicht nur hier, auch für die Yogaphilosophie ist diese Charakterisierung Hegels zutreffend, denn beim letzten der acht Glieder, in die die Übungen des Yoga unterteilt werden, genauer gesagt, bei der zweiten Stufe dieses letzten Gliedes, der unbewußten (asampranāta) Versenkung (samādhi), ist die „Vorstellung eines Objektes ausgeschaltet" [229].

Wenn wir dennoch heute mit der Sicht Hegels nicht übereinstimmen, so liegt das daran, daß die Folgerungen, die Hegel mit der Objektlosigkeit selbstverständlich gegeben zu sein schienen, von uns als problematisch angesehen werden. So sicher es ist, daß das objektlose Denken als Beziehung auf Brahma verstanden wird, so fragwürdig bleibt es, ob dieses Denken Brahma selbst ist [230]. Freilich sind da, wo das Brahma in seiner höchsten Form, als Ānanda (Wonne) wahrgenommen wird, im Turīya-Zustand, — ohnehin wird hier ja das Ungenügende des von Hegel zur Charakterisierung verwendeten Ausdrucks ‚abstraktes Denken' deutlich [231] — Objekt [232] und Subjekt, der Schauende und das Geschaute „zu einem Ganzen vereinigt" [233]. Aber diese Einheit ist nicht Identität in dem Sinne, daß eine uneingeschränkte Gleichsetzung zu rechtfertigen wäre; man kann sehr wohl von einer ‚unterschiedslosen Beziehung' [234] reden, aber nicht so, daß das Adjektiv das Substantiv unsinnig machte. Doch selbst wenn man die Einheit als Identität im Sinne Hegels verstünde, ließe sich die Wendung, die Vertiefung sei der Weg zu Brahma, die seiner Meinung nach den Sachverhalt unangemessen ausdrückt, aufrecht erhalten, da auch nach dem eigenen Sprachgebrauch Hegels ‚Vertiefung' nicht nur die letzte Stufe der Vollendung, sondern auch die vorhergehenden, die zu dieser führen, meint [235]. Hat auch Hegel mit dem, was bei ihm als Objektlosigkeit erscheint, etwas Richtiges gesehen, so ist doch festzuhalten, daß mit dem Ātman bzw. Brahma der Upanishaden ein Ziel vorgestellt wird und daß dieses Ziel nicht der Weg als solcher ist, der zu ihm führt.

---

[228] Geht man bei Ātman vom Selbst des einzelnen aus, so bei Brahma vom letzten Grund alles Wirklichen. Die Identität von Ātman und Brahma ist eine der Grundlehren der Upanishaden (vgl. Radhakrishnan a. a. O. 1 S. 144 ff.).

[229] Glasenapp, Philosophie S. 229; vgl. auch ebd. S. 228.

[230] Vgl. die Argumentation XX S. 111.

[231] Hegel war sich der Problematik dieses Ausdruckes bewußt (vgl. XX S. 110). Doch hat ihn diese Problematik nicht dazu geführt, nach der Angemessenheit seiner Kritik zu fragen; sie hat ihn vielmehr in dieser Kritik bestätigt.

[232] Damit wird natürlich die Rede von Objektlosigkeit in dem von uns definierten Sinn (s. o. S. 91 f.) nicht widerlegt.

[233] Radhakrishnan a. a. O. 1 S. 145.

[234] XX S. 111.

[235] Hegels Sprachgebrauch ist uneinheitlich. Aus XX S. 111, wo von dem Bewußtsein die Rede ist, „in dem das Vertiefen selbst nicht erreicht ist", ist zu entnehmen, daß von Vertiefung erst im Augenblick der Vereinigung mit Brahma gesprochen werden kann, es sei

Diese Sicht Hegels hängt natürlich damit zusammen, daß er im Brahma nur etwas völlig Abstraktes zu sehen vermochte. Die Auskünfte, die wir heute erhalten, lauten anders: Radhakrishnan meint, die Frage, ob das als Ānanda verstandene Brahman abstrakt oder konkret sei, sei unlogisch, fährt aber dann fort: „Es scheint besser, sie (die Wirklichkeit Ānandas d. V.) als konkret denn als abstrakt anzusehen" [236]. An anderer Stelle wird die Silbe ‚A.U.M.‘ als Symbol für die Konkretheit und Vollkommenheit Brahmas aufgefaßt [237]. Dennoch hätte sich Hegel durch Radhakrishnan wohl nicht von seiner Meinung abbringen lassen. Dieser expliziert nämlich die Konkretheit nicht, kann es auch gar nicht, wenn er sich an seine Aussage halten will, die höchste Wirklichkeit könne „nur negativ ausgedrückt werden", wobei er allerdings mit der folgenden Bemerkung, dennoch sei sie „kein negatives und verschwommenes Prinzip" [238], der Gefahr, eine bloße Versicherung abzugeben, die auf den Glauben der Leser angewiesen ist, nicht entgeht [239].

Bei der Yogaphilosophie, zu der wir nun übergehen, kommen wir zu ähnlichen Ergebnissen. Gerade hier läßt sich das Ziel, das durch die 8 Glieder des Yoga erreicht werden soll, deutlich bestimmen: Das wahre Ich, Purusha, soll von der Denksubstanz, die ein „Edukt der Urnatur" [240] ist, gelöst werden — und das geschieht, wie wir gesehen haben, erst im unbewußten Samādhi, während fast alle der von Hegel erwähnten Momente der Vertiefung andere Glieder ausmachen [241]. Darüber hinaus ist zu sagen, daß der von Hegel auch bei der Yoga-Lehre stark betonte Brahmabegriff [242] in diesem System keine allzu große Rolle spielt. Wenn er im Sānkhya, der philosophischen Grundlage des Yoga, vorkommt, so hängt das zum Teil damit zusammen, daß die Vertreter des Sānkhya gegenüber den Angriffen der Brahma-Sūtren und ihrer Kommentare ihre Orthodoxie beweisen mußten und so zu gewagten Identifikationen, wie der von Prakriti, der Urnatur, und Brahma, ihre Zuflucht nahmen [243].

---

denn, man fasse ‚erreicht‘ im Sinne von ‚ans Ziel gekommen‘ auf, was aber nach dem Zusammenhang unmöglich ist. Hingegen wird XX S. 93 die „Kraft der Vertiefung" erläutert, die sich in den Kosmo- und Theogonien zeigt und damit der Ausdruck ‚Vertiefung‘ auch für eine Stufe verwendet, die der letzten der Vollendung vorangeht (vgl. besonders XX S. 103 und 108).

[236] A. a. O. 1 S. 141.
[237] Ebd. S. 147; s. Anm. 201.
[238] Ebd. S. 147.
[239] Daß es Radhakrishnan nicht immer gelingt, so klar darzustellen, daß die Sache für sich selbst spricht, zeigt z. B. das, was er zum berühmten ‚tat tvam asi‘ schreibt: „Es mag sein, daß wir dies nicht völlig zu verstehen vermögen, doch das berechtigt uns nicht, es zu bestreiten" (ebd. S. 145).
[240] Glasenapp, Philosophie S. 227.
[241] Nehmen wir die in XVII S. 173 und XX S. 86 f. aufgeführten Momente zusammen, so handelt es sich um das Einnehmen von bestimmten Sitzarten (āsana), die Regulierung des Atmens (prānāyāma), die Zurückziehung der Sinnesorgane von den Objekten (pratyāhāra) und die Festlegung (dharānā) des Denkens auf einen bestimmten Gegenstand (Nabel, Nasenspitze usw.; vgl. Glasenapp ebd. S. 228).
[242] Vgl. z.B. PhdR II S. 164 ff.
[243] Vgl. Glasenapp, Philosophie S. 215 f.

Wir kommmen nun noch einmal auf die Quellen Hegels zurück und fragen, ob auch aus ihnen zwar die Objektlosigkeit, nicht aber die von ihr abgeleitete Identität von abstraktem Denken und Brahma entnommen werden kann. Daß Hegel zur Erkenntnis der Objektlosigkeit kommen konnte, eine Erkenntnis, die, wenn man den Wissensstand seiner Zeit bedenkt [244], erstaunlich ist, hängt vor allem mit den Ausführungen zusammen, die Wilford im 11. Band der Asiatic Researches gemacht hat:

„... but ask a Hindu, whether he worships idols, he will immediately, and without the least hesitation, answer, „Yes, I do worship idols." Ask, on the other hand, a Hindu, wether learned or unlearned. „Do you worship the Supreme Being, Parame's' wara? Do you pray to him? " he will answer immediately. „No, never" ... „Do you praise him? " „No" „Do you meditate on his attributes and perfections? " „No" „What is then that silent meditation mentioned by some learned authors? " His answer will be „When I perform the pújá in honor of some of the gods, I seat myself on the ground, with my legs crossed in such a manner, that each foot rests upon the opposite thigh, (not under it like a taylor, but) like those who perform tapasya. Then, with my eyes closed, and looking up to heaven, my hands moderately open, and close to each other, and a little elevated, I compose my mind thoughts, and without moving the tongue, or using any of the organs of speech, I say inwardly, I am Brahme, or the Supreme Being. We are not conscious of our being Brahme through máyá, or worldly illusion, and the original taint or sin, but we know it through revelation. It is forbidden to adore the Supreme Being, to offer prayers and sacrifices to him, for it would be worshipping ourselves; but we may adore and worship collateral emanations from him" [245].

Der Hindu, der hier zu Worte kommt, scheint sehr von der Philosophie Shankaras beeinflußt zu sein; denn für diesen ist es die Màyā, die „dem Einzelwesen die Erkenntnis seiner Identität mit dem Brahma" [246] verhüllt. Es gilt, auf die Offenbarung (shruti), das heilige Veda-Wort, zu achten, das „alle notwendigen Anweisungen dafür gibt, wie der Mensch mit den Mitteln der unwirklichen Erscheinungswelt diese überwinden und dadurch zur Wahrheit des höchsten Seins vordringen kann" [247]. Wird nun aber die Welt nicht mehr als reale Entfaltung des

---

[244] Die Veden, besonders die Upanishaden, waren ja nur in recht unvollständiger Weise bekannt (s. o. S. 78).

[245] ‚An Essay on the Sacred Isles in the West, with other Essays ...' Chapter III, ‚Sweta' Devi; or the White Goddess, a. a. O. S. 125 f. (vgl. Hegel XV S. 385; XX S. 121 f.; PhdR II S. 165 und PhdWG S. 403 f.). Aus dieser Abhandlung entnimmt Hegel auch das, was er über die indische Vorstellung vom Himmel mitteilt: „According to divines in India, there are two places for good people after death, and we may choose which of them we like best. These are the Swerga-bhúmiś, or terrestrial paradises, and Móesha, which includes the Saha-lócas, or heaven, according to our ideas. To obtain these, there are two modes of worship, very different from each other: for the first comprises exterior observances, and in fact is down-right idolatry; in the second you are directed to reject entirely the former mode, and to worship only the Supreme Being in spirit and truth: sacrifices, pilgrimages, ablutions are then no longer required. Though they talk much of the latter, yet I could never find a single Hindu that would follow it, alledging, that it requires a renunciation of the world and its pleasures, an absolute self-denial, and that besides, they do not conceive in what the pleasures of the Saha-lócas may consist, as there is no eating, or drinking, nor marrying & ..." (a. a. O. S. 124; vgl. PhdWG S. 403; XX S. 102).

[246] Glasenapp, Philosophie S. 195.

[247] Ebd. S. 189.

Brahma gesehen wie im gesamten älteren Vedānta, wird darüber hinaus das Wesen von Brahma bei Shankara als „reines Erkennen" [248] bestimmt, so kann man fragen, ob es nicht der von Hegel nicht besonders betonte Māyā-Begriff ist, der seine These der Identität von Brahma und abstraktem Denken bestätigt. Wenn wir der Charakterisierung Hegels auch von hier aus nicht zustimmen können, so liegt das daran, daß die Aufhebung der Partikularität des einzelnen, der denkt, in das eine Bewußtsein, dem allein Wirklichkeit zukommt, nicht zureichend ausgedrückt wird, da die durch das Denken als solches gegebene Allgemeinheit noch nicht das erfaßt, was Brahma meint.

Wir müssen nun noch auf eine weitere Erzählung aus dem Rāmāyana eingehen, in der Hegel seine Ausführungen bestätigt findet:

„At length, he (Vālmīki, der Verfasser des Rāmāyana d. V.) saw on the bank of the river, a pair of paddy-birds [249], lovely to behold, walking about without fear. A fowler, coming unobserved, and taking an exact aim, killed one of them near the sage ... Seeing the egg-produced animal thus killed in the wood by the fowler, the compassion of the sage and of his disciple was excited. The holy and excellent twice-born, filled with compassion for the afflicted moaning female krouncha, addressed the fowler

„O wretch thou shalt never obtain fame; for of this pain of krounchas thou hast killed one, while it was inebriated with love"

After he had thus said he reflected. „Through sorrow for the bird what sentence have I spoken!" ... He ... sat down, and fell into a profound meditation. The glorious Bruhma, the four faced, the governor of the three worlds, the lord himself, at length came to visit the most holy sage. Valmike, who was softly repeating his muntras, seeing him, hastily rose, and, full of surprize, bowed and stood with joined hands. Having made the customary enquiries, the humble sage, adored him who is imperishable and separated from all sorrow, and presented him with a seat, with urghyu, and water to wash his feet. Afterwards the god, seating himself on the highly honoured seat, ordered one for Valmike. Commanded by Bruhma, he seated himself. Being seated, Valmike, with his mind steadily fixed on Bruhma, fell into a deep meditation, and his spirit absorbed in grief at the recollection of the krouncha, and repeated the verse (to Bruhma)

By the ignorant and wicked fowler has affliction been caused
For he has wantonly slain the melodious krouncha

Then Bruhma, smiling, said to the excellent sage, O great sage, let this spoken by thee through the death of the krouncha ... spontaneously produced. O Brahman, be verse. Write the whole story of the most excellent Rama ... as it was described by the sage Naruda ... This said, the god Bruhma vanished from their sight. On this, Valmike, with his disciples, was filled with surprize. They, astonished, went near him, and through affection, again and again repeated this stanza. By the repeated recital of this couplet ... was verse produced from this melancholy event. Then this thought occurred to the wise Valmike. In such verse let me compose the whole Ramayuna ..." [250].

---

[248] Ebd. S. 188.
[249] Es handelt sich also nicht um Menschen, wie man nach der Wiedergabe Hegels (XX S. 113) annehmen muß.
[250] A. a. O. 1 S. 31 bis 38.

Hegel sieht hier ein Beispiel dafür, wie Brahma „bis zu einer trivialen Aeußerlich-
keit personificirt erscheint, zugleich aber seine Unterscheidung gegen das Subjekt,
dem er gegenübersteht, aufgehoben, und er nur als dessen subjektives Sinnen, als
Neutrum kundgegeben ist" [251]. Es ist zu fragen, ob diese Deutung zutrifft. Wir
haben es mit einer ätiologischen Sage zu tun [252], die erklären will, wie es dazu
kam, daß das Rāmāyana im Shloka, dem epischen Versmaß des Sanskrit, abgefaßt
worden ist. Ein Gott, Brahmā, war es, der die Anregung dazu gab. Es ist klar, daß
die Person, die dem Versmaß des Rāmāyana göttliche Autorität verleiht, von
großer Wichtigkeit für die Erzählung ist. Der Gedanke, es handle sich bei ihr um
eine Personifikation, liegt, so richtig er als solcher ist [253], unserem Bericht völlig
fern, ebenso wie der, daß sie ihre Unterscheidung vom Subjekt (Vālmīki) aufheben
könnte. Zwar zeigt sich daran, daß Brahmā erscheint, als Vālmīki in Meditation
versunken ist, daß man auf diese Weise den Göttern nahe kommt. Aber dies, daß
Vālmīki, nachdem er sich nach Brahmā niedergelassen hat, nun nicht, wie man
eigentlich nach Hegel erwarten müßte [254], eine Strophe des Lobes auf Brahmā
singt, sondern wieder in Meditation verfällt und seine Klage über den toten
Brachvogel wiederholt, bedeutet nicht, daß er die Personifikation, die er sozusagen
aus sich herausgesetzt hat, nun in sich zurücknimmt und als Meditierender selbst
Brahma ist — vielmehr lernt so Brahmā das Versmaß kennen, in dem er dann das
ganze Rāmāyana geschrieben wissen will, wobei die Pointe eben die ist, daß das
Leid (shoka) zum Lied (shloka) wird. Die Meinung Hegels, Brahma sei das Denken
selbst, wird also von dieser Erzählung nicht bestätigt.

Hatten wir bisher gesehen, wie Hegel, wenn er die Identität von Brahma und
Denken behauptet, über seine Quellen hinaus geht, so wollen wir nun noch auf
eine Stelle eingehen, die besonders die dieser Behauptung entgegengesetzten
Momente hervorhebt, die er zu wenig berücksichtigt hat. Es handelt sich um
Ausführungen, die Colebrooke in den ‚Transactions' über die Sānkhya-Philosophie
gemacht hat. Hier wird erstens deutlich, wie der Weg der Abstraktion zu
unterscheiden ist von dem Ziel, zu dem er führt, nämlich der Befreiung von der
Materie (prakriti). Ist die Natur auch der prakriti zugehörig, so vermag sie doch
dem purusha bei der Befreiung zu helfen:

„Though inanimate, nature performs the office of preparing the soul for its deliverance, in like
manner as it is a function of milk, an unintelligent substance, to nourish the calf" [255].

Grundlegend auf dem Weg zur Befreiung ist die Erkenntnis, „that n e i t h e r I
A M, nor is ought M I N E, nor I exist" [256]. Haben wir hier einerseits das zweite

---

[251] XX S. 113.
[252] Den von Glasenapp (Die Literaturen Indiens S. 102) gebrauchten Ausdruck ‚Legende'
halte ich nicht für zutreffend, da sich das Interesse nicht eigentlich auf die Person des Vālmīki
konzentriert.
[253] S. o. S. 83.
[254] Vgl. XX S. 114.
[255] A. a. O. S. 42; vgl. XVII S. 176.
[256] Transactions a. a. O. S. 42; vgl. XVII S. 177.

von Hegel nicht genügend berücksichtigte Moment, insofern seine These von der Identität die Mißdeutung nicht ausschließt, das Zurückgehen in sich selbst sei das Höchste für die indische Philosophie, so könnten wir hier andrerseits eine Bestätigung für die von ihm kritisierte Verdumpfung des Bewußtseins [257] sehen, wenn wir nicht, abgesehen davon, daß die Aufhebung der Ichheit beim Sānkya deshalb für uns problematisch ist, weil hier eine Vielzahl von purushas gelehrt wird [258] — das Ziel im Auge behalten:

„Yet soul remains awhile invested with body, as the potter's wheel continues whirling, after the pot has been fashioned, by force of the impulse previously given to it. When separation of the informed soul from its corporeal frame at length takes place and nature in respect of it ceases, then is absolute and final deliverance accomplished" [259].

c) Das Kastensystem

Die Episode des Visvamitra aus dem Rāmāyana ist für Hegel nicht nur deshalb bedeutsam, weil sie exemplarisch die durch Abstraktion gewonnene Macht über die Natur zeigt, sie illustriert für ihn auch das Verhältnis, das ein Kshatriya zu einem Brahmanen hat [260]. In der Tat ist es so, daß der Kshatriya erst durch unendliche Entsagungen das erreicht, was der Brahmane, Wasischtha, schon von Geburt an besitzt: die Brahmanenwürde. Freilich muß man sich fragen, ob diese Erzählung nicht überfordert ist, wenn im wesentlichen auf sie eine für Hegels Indienbild grundlegende Dreiteilung zurückgeführt werden muß, nämlich die drei Formen, in denen das Verhältnis des Selbstbewußtseins zum Brahma erscheint: zunächst als momentanes, in der Konzentration der Andacht, so daß jeder Inder, wenn auch nur kurze Zeit Brahma ist; dann so, daß die Abstraktion zum Charakter der ganzen Existenz wird, was beim Yogin der Fall ist; schließlich so, daß „jeder Brahmine, jedes Mitglied dieser Kaste für Brahma gilt" [261]. Ist für Visvamitra auch das Ziel die Brahmanenwürde und versucht er, dieses Ziel durch Mittel zu erreichen, die denen des Yogin ähnlich oder gleich sind [262], so ist doch der Yogin im allgemeinen keineswegs bestrebt, Brahmane zu werden. Vielmehr ist das, was er zu erreichen sucht, auch dem Brahmanen nicht schon durch Geburt zu eigen. Folglich ergibt Hegels Systematisierung, die Yogin und Brahmanen so miteinander verbindet, daß beim einen ein „abstraktes, abgeschiedenes Verhältnis" ist, was beim anderen „auf affirmative Weise gesetzt" [263] wird, ein falsches Bild.

Hegel stimmt zwar ganz mit seinen Quellen überein, wenn er das unvergleichlich hohe Ansehen betont, das der Brahmane genießt. Das Gesetzbuch des Manu gibt die auch im Purusha-Lied des Rigveda (10,90) sich findende Lehre wieder, die

---

[257] Vgl. z.B. PhdWG S. 408 und XV S. 386.
[258] Vgl. Glasenapp, Philosophie S. 206.
[259] Transactions a. a. O. S. 43.
[260] Vgl. XX S. 98.
[261] PhdR II S. 173; vgl. zu den drei Formen im ganzen ebd. S. 164 f. und XV S. 385ff.
[262] Vgl. besonders Rāmāyana a. a. O. I S. 475 mit Glasenapp, Philosophie S. 228.
[263] PhdR II S. 173.

besagt, die Brahmanen seien aus dem Munde, die Kshatriyas aus den Armen, die Vaishyas aus den Schenkeln, die Shūdras aus den Füßen des Urmenschen entstanden [264]. Das Weitere folgt daraus:

„Since the Bráhmen sprang from the most excellent part, since he was the first born, and since he possesses the Véda, He is by right the chief of this whole creation." /93/ „Him the Being, who exists of himself, produced in the beginning from his own mouth; that, having performed holy rites, he might present clarified butter to the Gods, and cakes of rice to the progenitors of mankind, for the preservation of this world." /94/ [265] „What created being then can surpass Him, with whose mouth the Gods of the Firmament continually feast on clarified butter, and the names of ancestors, on hallowed cakes? " /95/ „. . . The very birth of Bráhmens is a constant incarnation of Dherma. God of Justice, for the Bráhmen is born to promote justice, and to procure ultimate happiness." /98/ „When a Bráhmen springs to light, he is born above the world, the chief of all creatures, assigned to guard the treasury of duties religious and civil." /99/ „Whatever exists in the universe, is all in effect, though not in form, the wealth of the Bráhmen; since the Bráhmen is entitled to it all by his primogeniture and eminence of birth" [266]. /100/

Selbst der König ist gut beraten, wenn er die Hoheit des Brahmanen nicht antastet.

„Let him not, although in the greatest distress for money, provoke Bráhmens to anger by taking their property; for they, once enraged, could immediately by sacrifices and imprecations destroy him with his troops, elephants, horses and cars." /313/ „Who, without perishing, could provoke those holy men, by whom, that is, by whose ancestors, under Brahmá, the fire was created, the sea with waters not drinkable, and the moon with its wane and increase? " /314/ „What prince could gain wealth by oppressing those, who, if angry, could frame other worlds and regents of worlds, could give being to new gods and mortals? " /315/ „What man, desirous of life, would injure those, by the aid of whom, that is, by whose oblations, worlds and gods perpetually subsist; those, who are rich in the learning of the Véda? " /316/ „A Bráhmen, whether learned or ignorant, is a powerful divinity, whether consecrated or popular" [267]. /317/

Die Strafen, die Angehörige niederer Kasten zu erwarten haben, wenn sie einem Brahmanen etwas antun, sind fürchterlich:

„A once born man, who insults the twiceborn with gross invectives, ought to have his tongue slit; for he sprang from the lowest part of Brahma." /270/ „If he mention their names and classes with contumely, as if he say" Oh! DE'VADATTA, thou refuse of Bráhmens", an iron style, ten fingers long, shall be thrust redhot into his mouth" /271/. „Should he, through pride, give instruction to priests concerning their duty, let the king order hot oil to be dropped into his mouth and his ear." /272/ „. . . A man of the lowest class, who shall insolently place himself on the same seat with one of the highest, shall either be banished with a mark on his hinder parts, or the king shall cause a gash to be made on his buttock" /281/ [268].

---

[264] Institutes of Hindu Law a.a.O. S. 12; vgl. Glasenapp, Religionen S. 87.

[265] Diese Stelle hat Hegel mißverstanden, wenn er sagt: „Dem Brahminen werden Opfergaben dargebracht, Butter und Reiskuchen, als dem Schöpfer der Menschen zur Erhaltung der Welt" (PhdWG S. 398). Der Brahmine selbst ist es, der das Opfer darbringt.

[266] Institutes of Hindu Law S. 12 f.; vgl. PhdWG S. 398.

[267] Institutes of Hindu Law S. 285 f.; vgl. PhdWG S. 397; XX S. 101; PhdR II S. 174 und XV S. 393. Hierher gehört auch das, was Mill berichtet: Die Brahminen seien „so much superior to the king, that the meanest Brahmen would account himself polluted by eating with him, and death itself would appear to him less dreadful than the degradation of permitting his daughters to unite herself in marriage with his sovereign (a. a. O. I S. 163; vgl. PhdWG S. 379).

[268] Institutes of Hindu Law S. 224-226 (vgl. PhdWG S. 379; PhdR II S. 175 und XV S. 392).

Hat sich ein Brahmane etwas zu schulden kommen lassen, so sind die Strafen weit weniger hart. Gibt es für die niedereren Kasten „ten places of punishment", nämlich „the part of generation, the belly, the tongue, the two hands, and fifthly, the two feet, the eye, the nose, both ears, the property, and in a capital case, the whole body", so heißt es:

„. . . but a Bráhmen must depart from the realm unhurt in any one of them" [269]. /124/

Doch nicht nur bei Bestrafungen, auch bei Geschäften des Alltages wie beim Zinsnehmen, kommen die Brahmanen am besten weg:

„He may . . . take . . . in the direct order of the classes, two in the hundred from a priest, three from a soldier, four from a merchant, and five from a mechanick or servile man, but never more, as interest by the month" [270]. /142/

Die einzige, auch von Hegel erwähnte Ausnahme, ist der Diebstahl:

„. . . the fine of a Súdra for thest shall be eight fold, that of a Vaisya, sixteen fold; that of a Cshatriya, two and thirty fold." /337/ That of a Bráhmen, four and sixty fold, or a hundred fold vomplete, or even twice four and sixty fold; each of them knowing the nature of his offence" [271]. /338/

Freilich muß man sich fragen, ob der Brahmane sehr oft in die Verlegenheit kommt, einen Diebstahl begehen zu müssen, kann er doch,

„if he be distressed for a subsistence . . . seize without hesitation . . . the goods of his Súdra slave; for, as that slave can have no property, his master may take his goods" [272]. /417/

Andererseits ist es nicht sehr ratsam, Schulden bei einem Brahmanen zu haben. Will dieser sie nämlich eintreiben, bedient er sich folgender Methode: Er

„proceeds to the door or house of the person against whom it is directed . . .: he there sets down in Dherma, with poison or a poignard, or some other instrument of suicide in his hand, and threatening to use it if his adversary should attempt to molest or pass him, he thus completely arrests him. In this situation the Bráhmin fasts, and by the rigor of the etiquette, which is rarely infringed, the unfortunate object of his arrest ought also to fast; and thus they both remain until the institutor of the Dherma obtains satisfaction" [273].

Schließlich darf man auch, wenn es gilt, einen Brahmanen vor der Verurteilung zu bewahren, einen Meineid in Kauf nehmen. Zwar wird eingeschärft:

„Let no man of sense take an oath in vain, that is, not in a court of justice, on a trifling occasion; for the man, who takes an oath in vain, shall be punished in this life and in the next" [274]. /111/

---

[269] Institutes of Hindu Law S. 12 f.; vgl. PhdWG S. 398.
[270] Institutes of Hindu Law S. 207 f.; vgl. PhdWG S. 380.
[271] Institutes of Hindu Law S. 232; vgl. PhdWG S. 380.
[272] Institutes of Hindu Law S. 243.
[273] AR IV S. 330 f. (vgl. PhdWG S. 386; vgl. zu dem von Hegel hier erwähnten Fall, daß ein Brahmine, „dem das Gericht seine Forderung abgesprochen hatte, eigenmächtig die Appellation ergriffen und seine Forderung durchgesetzt" habe AR IV S. 331 f.)
[274] Institutes of Hindu Law S. 204.

Dann folgen aber die Einschränkungen:

„to women, however, at a time of dalliance, or on a proposal of marriage, in the case of grass or fruit eaten by a cow, of wood taken for a sacrifice, or of a promise made for the preservation of a Bráhmen, it is no deadly sin to take a light oath" [275]. /112/

Zusammenfassend können wir nur wiederholen, daß Hegel, wenn er die hervorragende Stellung der Brahmanen betont, sich auf unendlich viele Stellen seiner Quellen beziehen kann. Der Brahmane ist eine mächtige Gottheit, die Bráhmana-Texte bezeichnen die Brahmanen wiederholt als ‚Götter der Menschenwelt'; „die ihnen zu erweisende Verehrung wird der der Himmlischen gleichgestellt" [276]. Dennoch findet sich eine Aussage Hegels in den Quellen nicht, eine Aussage, die wir auch von unserem heutigen Wissensstand aus nicht billigen können, nämlich die, daß „jeder Brahmine, jedes Mitglied dieser Kaste für Brahma gilt" [277]. Nur wenn diese Aussage zutreffend wäre, könnte man die Systematisierung Hegels gutheißen.

Wenn die Kaste auch durch die Geburt, also natürlich bestimmt ist, so heißt das nicht, daß etwa das Ansehen eines Brahmanen gleich hoch ist, unabhängig davon, was er tut oder läßt. Zwar gibt es manche Stellen, aus denen man das schließen könnte [278]; doch zeigen andere eindeutig, daß das Gegenteil der Fall ist. Das Gesetz Manus kennt auch unter den Brahmanen eine Stufenfolge:

„Of created things the most excellent are those which are animated; of the animated, those which subsist by intelligence; of the intelligent, mankind; and of men, the sacerdotal class;"/96/ „Of priests, those eminent in learning; of the learned, those who know their duty; of those who know it, such as perform it virtuously; and of the virtuous, those who seek beatitude from a perfect acquaintance with scriptural doctrine" [279].

Damit aber, daß Pflichterfüllung und Tugend als Kriterium für die Stellung der Brahmanen genannt werden, ist nun doch ein Raum freier Subjektivität eröffnet, der eigentlich nach dem orientalischen Prinzip hier noch gar nicht vorhanden sein dürfte. Hegel sieht diese Gefahr sehr wohl; er meint deshalb: „Wenn der Engländer ... die europäischen Ausdrücke von Pflicht und Tugendübung anwendet, so haben sie nur den formellen Sinn der genauen Beobachtung der Kastengebote des Brahminen" [280].

---

[275] Ebd. S. 204; vgl. PhdWG S. 385. − Auf dieser Seite führt Hegel auch die Bestimmungen an, wer Zeuge sein darf: „Married housekeepers, men with male issue, inhabitants of the same district, either of the military, the commercial, or the servile class, are competent, when called by the party, to give there evidence; not any persons indiscriminately ..." (62) „The king cannot be made a withness; nor cooks, and the like mean artificers; nor publick dancers and singers; nor a priest of deep learning in scripture; nor a student in theology, nor an anachoret secluded from all worldly connexions" (65). „Women should regularly be witnesses for women ..." (68); (Institutes of Hindu Law S. 196 f.).

[276] Glasenapp, Religionen S. 88.

[277] PhdR II S. 173.

[278] Vgl. etwa Institutes of Hindu Law S. 286: „A Bráhmen, whether learned or ignorant, is a powerful divinity; even as fire is a powerful divinity, whether consecrated or popular" (317).

[279] Ebd. S. 13; vgl. PhdWG S. 398.   [280] XX S. 99.

Die Vorschriften, die diese nach dem Gesetzbuch des Manu zu beachten haben, scheinen ihm recht zu geben. Ihre Hauptbeschäftigung ist das Lesen der Vedas; doch geschieht dies, wie Colebrooke schreibt,

„in various superstitious modes: word by word, either simply disjoining them or else repeating the words alternately, backwards and forwards, once or oftener. Copies of the Rigvéda and Yajush . . . are prepared for these and other modes of recital, and are called . . .“ [281].

Die äußere und innere Verfassung sind hierbei sehr wichtig:

„His hair, nails, and beard, being clipped; his passions subdued, his mantle, white; his body, pure; let him diligently occupy himself in reading the Véda, and be constantly intent on such acts, as may be salutary to him.“/35/“Let him carry a staff of Vénu, an ewer with water in it, a handful of cusa grass, or a copy of the Véda; with a pair of bright golden rings in his ears“ [282]./36/

Zahlreiche, völlig verschiedenartige Verbote wollen beachtet sein:

„He must not gaze on the sun, whether rising or fetting, or eclipsed, or reflected in water, or advanced to the middle of the sky.“/37/“Over a string, to which a calf is tied, let him not step; nor let him run, while it rains; nor let him look on his own image in water: this is a settled rule.“/38/ „nor let him bathe quite naked. . .“ [283]./45/

Auch für das Essen werden genaue Vorschriften gegeben:

„Let him neither eat with his wife, nor look at her eating, or sneezing, or yawning, or sitting careless at her ease.“ /43/ „Let him not eat his food, wearing only a single cloth . . .“ /45/ [284].

Am detailliertesten aber wird die Erledigung der Notdurft geregelt:

„. . . nor let him eject urine or feces in the highway, nor on ashes, nor where kine are grazing.“ /45/ „Nor on tilled ground, nor in water nor on wood raised for burning, nor, unless he be in great need, on a mountain, nor on the ruins of a temple, nor at any time on a nest of white ants.“ /46/ „Nor in ditches with living creatures in them, nor walking, nor standing, nor on the bank of a river, nor on the summit of a mountain;“/47/. „Nor let him ever eject them, looking at things moved by the wind, or at fire, or at a priest, or at the sun, or at water, or at cattle;“/48/ „. . . By day let him void them with his face to the north; by night, with his face to the south; at sunrise and sunset, in same manner as by day;“/50/ „In the shade or in darkness, wheter by day or by night, let a Bráhmen ease nature with his face turned as he pleases; and in place where he fears injury to life from wild beasts or from reptiles“ [285]./51/

Schließlich wird noch der, der ein langes Leben will, darauf hingewiesen, er solle nicht

„stand upon hair, nor upon ashes, bones, or potsherds, nor upon seeds of cotton, nor upon husks of grain“ [286]. /78/

---

[281] AR VIII S. 390 in dem von uns schon in anderem Zusammenhang erwähnten (s. o. S. 89) Aufsatz ‚On the Védas, or Sacred Writings of the Hindus‘ (S. 377 ff.; vgl. PhdWG S. 388 und XX S. 100).
[282] Institutes of Hindu Law S. 93; vgl. PhdWG S. 388.
[283] Institutes of Hindu Law S. 93 f.; vgl. PhdWG S. 388.
[284] Institutes of Hindu Law S. 94; vgl. PhdWG S. 388.
[285] Institutes of Hindu Law S. 94 f.; vgl. PhdWG S. 388 f.
[286] Institutes of Hindu Law S. 98; vgl. PhdWG S. 389.

Natürlich kommt einem das heute ziemlich lächerlich vor — daß auch auf die minutiösesten Vorschriften so großer Wert gelegt wird, wird eher verständlich, wenn man weiß, daß das Gesetz des Manu Sitte und Brauchtum zu einer Zeit verherrlicht, „da diese untergraben wurden" [287]. Dabei hat sich Manu an Gebräuchen orientiert, die in den Hindu-Siedlungen am Ganges noch lebendig waren [288] — diese Vorschriften haben also niemals in ganz Indien Gültigkeit besessen. Allerdings lassen sie sich, was hier nicht im einzelnen gezeigt werden kann, auf alte Vorstellungen zurückführen, die wir in ähnlicher Weise auch bei anderen Völkern feststellen können [289]. Hegels Kritik, die Geistigkeit der Brahmanen sei noch nicht „in sich gegen die Natürlichkeit reflektiert", deshalb habe „das Gleichgültige absolute Wichtigkeit" [290], trifft also nicht speziell die indische Religion, sie bezieht sich auf antikes Denken überhaupt [291].

Die Hauptbeschäftigung der Brahmanen ist, wie wir schon gesehen haben, das Lesen der Veden; daneben haben sie aber noch andere Aufgaben: „assisting to sacrifice . . . and receiving gifts" [292]. Ebenso genau bestimmt ist das, was die Angehörigen der anderen Kasten tun müssen:

„for a Cshatriya, bearing arms, for a Vaisya, merchandize, attending on cattle, and agriculture; for a Súdra, servile attendance on the higher classes" [293].

Daneben gibt es aber noch zahlreiche Mischkasten — Colebrooke nennt 36 [294]. Hegel übernimmt als einen „der wenigen geschichtlich überlieferten Umstände" [295] eine Erzählung aus dem Werk Mills, die Näheres über die Entstehung dieser Kasten berichten will:

„But the kingdom did not prosper, by reason of the Burren Sunker, so were this impure brood (die Kinder von Angehörigen verschiedener Kasten d. V.) denominated and it required the wisdom of this virtuous king to devise a remedy. He resolved upon a classification of the mixed race, and to assign them occupations. This, accordingly, was the commencement of arts and

---

[287] Radhakrishnan a. a. O. 1 S. 438.

[288] Vgl. ebd. S. 438.

[289] Wenn Radhakrishnan meint, neben „viel Unwesentlichem" fänden sich im Gesetzbuch des Manu auch „Lichtblicke des Geistes und der Erkenntnis" (ebd. S. 438) und als Beispiel folgendes anführt: ‚Um Mütter zu werden, wurden die Frauen erschaffen; um Väter zu werden, wurden die Männer erschaffen' (X S. 96) und: ‚Der allein ist ein vollkommener Mensch, der da besteht aus (den drei vereinten Personen): seiner Frau, sich selbst und seinem Kind' (IX S. 45; ebd. S. 438), so stellt er recht geringe Ansprüche.

[290] PhdWG S. 387.

[291] Wir sehen hier wieder, was wir schon bei der chinesischen Religion beobachten konnten (s. o. S. 54), daß Hegel an einer bestimmten Religion etwas kritisiert, was für antikes Denken im ganzen typisch ist.

[292] AR V S. 63 (aus einem Aufsatz Colebrookes ‚Enumeration of Indian Classes'; vgl. ebd. S. 53 ff.).

[293] Ebd. S. 63; vgl. PhdWG S. 371 f.; s. auch Dubois a. a. O. I, S. 22 ff. und S. 47.

[294] AR V S. 54; vgl. PhdWG S. 372.

[295] PhdWG S. 373. — Hegel kritisiert, daß die Inder keinen Sinn für Geschichte haben (vgl. ebd. S. 358 f., 361 u. a.), eine Kritik, die selbst Glasenapps Billigung findet (vgl. Indienbild S. 45).

manufactures. The Burren Sunker became all manner of artisans and handicrafts; one tribe of them weavers in cloth, another artificers in iron . . ." [296].

Auch unter diesen unreinen Klassen gibt es eine strenge Hierarchie:

„The highest is that sprung from the conjunction of a Brahmen with a woman of the Cshatriya class . . . The lowest of all is the offspring of a Sudra with a woman of the sacred class. This tribe are denominated Chandalas, and are regarded with great abhorrence. Their profession is to carry out corpses, to execute criminals, and perform other, reckoned to the last degree unclean and degrading. If, by the the laws of Hindustan, the Sudras are placed in a low and vile situation, the impure and mixed classes are placed in one still more odious and degrading. Nothing can equal the contempt and insolence to which it is the lot of the lowest among them to see themselves exposed. They are condemned to live in a sequestered spot by themselves, that they may not pollute the very town in which they reside. If they meet a man of the higher casts, they must turn out of the way, but he should be contaminated by their presence" [297].

Hegel hält es nun nicht für möglich, Kritik am indischen Kastensystem in der Weise zu üben, daß man gegen den Unterschied der Stände als solchen argumentiert. „ . . . Gleichheit im Staatsleben ist etwas völlig Unmögliches; denn es tritt zu jeder Zeit der individuelle Unterschied des Geschlechts und Alters ein" [298]. Schlecht in Indien ist vielmehr dies, daß „das Individuum wesentlich durch Geburt einem Stande angehört und daran gebunden bleibt" [299]. Damit sind die Unterschiede „der Natur anheimgefallen"; es fehlt die „Freiheit der Subjektivität" [300]. So richtig diese Kritik als solche ist [301] und so mißlich Versuche sind, dem Kastensystem einen zeitlosen Sinn abzugewinnen [302], so hätte man sich doch fragen müssen, ob nicht dieses System in einem bestimmten Zeitraum die einzige Möglichkeit für die indische Gesellschaft war, ehe diese aus sich heraus

---

[296] A. a. O. I, S. 172; vgl. PhdWG S. 373. — Es handelt sich hier natürlich nicht um einen historischen Bericht. Überhaupt läßt sich nicht sagen, wie die Kasten entstanden sind. Man kann nur feststellen, daß sie sich in der spätvedischen Zeit herausgebildet haben (vgl. Glasenapp, Religionen S. 87 und FiWG 17, Indien, Frankfurt 1967, S. 38).

[297] Mill a. a. O. I, S. 172 f.; vgl. PhdWG S. 373 f.; s. auch AR V S. 60 f.

[298] PhdWG S. 372.

[299] Ebd. S. 372.

[300] Ebd. S. 376.

[301] Daran können auch die Äußerungen Glasenapps nichts ändern, der es sich zu einfach macht, wenn er schreibt, Hegel gehe „von der willkürlichen Anschauung aus, daß jede Gesellschaftsordnung, die nicht seinen vorgefaßten Meinungen entspricht, notwendig schlecht sein müsse" (Indienbild S. 43). Auch der Versuch Glasenapps, Hegel mit seinen eigenen Waffen zu schlagen, indem er unter Anspielung auf den bekannten Satz, was wirklich sei, sei vernünftig (vgl. VII S. 24) darauf hinweist, daß das Kastensystem schon dreitausend Jahre bestehe, also auch positive Seiten haben müsse (Indienbild S. 43), kann nur erfolgreich sein, wenn man sich die platteste Auslegung dieses Satzes zu eigen macht.

[302] Als Beispiel dafür seien hier Ausführungen Glasenapps zitiert: „So bedenklich der Vorrang der Brahmanen aber auch in sozialer und in ethischer Hinsicht oft gewirkt hat, der Idee, die in ihm zum Ausdruck kommt, wird man die Anerkennung nicht versagen können: der Idee, daß das heilige Wissen und seine irdischen Vertreter höher zu stellen seien als die kriegerische Macht des Ritters, als die Schätze der Vaishyas und die im Getriebe des Alltages sich verlierende Arbeit der misera plebs" (!) (Religionen S. 89).

Alternativen entwickeln konnte. Es ist bedauerlich, daß Hegel sich mit dem Werk Dubois' nicht eingehender befaßt hat; hier finden sich nämlich Sätze, die die Problematik eines allgemein gehaltenen, also von der geschichtlichen Situation absehenden Urteils über die indischen Kasten deutlich machen:

„Je considère la division des castes comme le chef-d'oeuvre de la legislation indienne, sous plusieurs rapports; et je suis persuadé que si les peuples de l'Inde ne sont jamais tombées dans un état de barbarie, si, dans le temps que la plupart des autres nations qui peuplent la terre y étaient plongées, l'Inde conserva et perfectionna les arts, les sciences et la civilisation, c'est uniquement à la distribution de ses habitans en castes, qu'elle est redevable de ces précieux avantages" [303].

Freilich: Daran, daß die Kasten von grundlegender Bedeutung für die indische Gesellschaft sind, konnte auch für Hegel kein Zweifel bestehen — die von ihm erwähnte, aus der Abhandlung Mills entnommene Erzählung, welche Wirkungen ein Befehl des Gouverneurs Lally-Tollendal in Pondichery gehabt hat, die wir hier abschließend wiedergeben wollen, illustriert das bestens:

„He began by what he conceived a very justifiable act of authority, but which was in reality a cruel violation of the customs, the religion, and, in truth, the legal rights of the natives. As there was not at Pondicherry of the persons of the lower casts, who are employed in the servile occupations of the camp, a sufficient number to answer the impatience of M. Lally, in forwarding the troops to Fort St. David, he ordered the native inhabitants of the town to be pressed, and employed, without distinction of caste, in carrying burdens, and performing whatever labour might be required. The terror and consternation created by such an act was greater than if he had set fire to the town and butchered everyman whom it contained. The consequence was, that the natives were afraid to trust themselves in his power, and he thus insured a deficiency of attendants" [304].

Exkurs: Hegels Rezension der Abhandlung W. v. Humboldts über die Bhagavadgītā

Die Bhagavadgītā, eines der angesehensten Werke der indischen Literatur, wurde in Europa durch die 1785 erfolgte Übersetzung von Ch. Wilkins bekannt; 1823 ließ A. W. von Schlegel eine kritische Ausgabe mit lateinischer Übersetzung folgen [305]. Vergegenwärtigen wir uns kurz die Situation: Bekanntlich ist die Bhagavadgītā ein Teil des Mahābhārata-Epos, in welchem „der Kampf zwischen den beiden nahverwandten Fürstenfamilien der Kauravas und ... Pāndavas geschildert wird" [306]. Die Heere der beiden Parteien stehen auf dem Kurufelde einander gegenüber. Als der Pānduprinz Arjuna auf gegnerischer Seite seine Verwandten und Lehrer erblickt, zögert er, den Kampf zu beginnen. Aber Krishna, eine Erscheinungsform des Gottes Vishnu, belehrt ihn, es sei notwendig zu kämpfen.

---

[303] A. a. O. I S. 22.
[304] A. a. O. III S. 193; vgl. PhdWG S. 381 f.
[305] Bhagavadgita, Bonn 1823.
[306] Glasenapp, Philosophie S. 168.

Schon die Erörterung des Motivs für Arjunas Zögern zeigt,wie Hegel bei seiner recht kritisch gehaltenen Beurteilung der Bhagavadgītā [307] auf den Kontext achtet. Es sei nicht der sittliche Wert des Familienbandes, der Arjuna davon abhalte, seine Verwandten zu töten; seine Argumentation gehe in eine andere Richtung: Wird der Stamm getötet, so werden die Stammespflichten nicht mehr erfüllt (I,40), die Frauen werden verderbt [308]. Vermischung der Kasten (varnasam-karah) tritt ein (I,41); die Ahnen stürzen aus dem Reich der Seligen, da sie die benötigten Opfer nicht mehr bekommen. (I,42)[309] Der Wert wird auf die Verwandlung des Familienbandes „in einen abergläubischen Zusammenhang gesetzt, in einen zugleich unmoralischen Glauben an die Abhängigkeit des Schicksals der Seele nach dem Tode, von den Kuchen und Wassersprengungen der Verwandten, und zwar solcher, welcher dem Kastenunterschiede treu geblieben sind" [310]. Es fragt sich indessen, ob man das Schwergewicht der Argumentation so auf die Verse 40 ff. legen darf, wie Hegel das tut. Arjuna beginnt ja mit seiner Rede gegen den Kampf mit den Verwandten bereits in V. 29. Einen ersten Abschluß erreicht er in V. 37, der das vorher Gesagte in den Worten zusammenfaßt: „Darum nicht dürfen töten wir der blutsverwandten Kuru Schar; Wenn wir den eignen Stamm gefällt, wie können je wir glücklich sein? " [311] In den

---

[307] XX S. 57—131.

[308] Es soll hier noch auf die Stellung der Frau in Indien eingegangen werden. Die Meinung Hegels, die Frauen lebten „in einem durchaus subordinierten Zustande der Verachtung" (PhdWG S. 386), wird von den Quellen bestätigt. Das Gesetzbuch Manus schreibt vor: „Day and night must women be held by their protectors in a state of dependence . . . " (Institutes of Hindu Law S. 245); denn es geht von der Voraussetzung aus: „. . . a women is never fit for independence" (ebd. S. 245; vgl. auch S. 141 f.). Mill berichtet: „A state of dependance more strict and humiliating than that which is ordained for the weaker sex among the Hindus cannot easily be conceived (a. a. O. I S. 385). Das zeigt sich schon an Folgendem: „That remarkable proof of barbarity, the wife held unworthy to eat with her husband is prevalent in Hindustan" (ebd. S. 388; vgl. PhdWG S. 386). Auch die Heirat ist dafür ein Beispiel: „It is to be observed, besides, that the women have no choise in their own destiny; but are absolutely at the disposal of their fathers, till three years after the nuptial age. If, until that period, the father have neglected what is reckoned one of his sacred duties, to place his daughter in a situation to become a parent, he forfeits, through his sin, the dominion over her, and she may choose a husband for herself" (Mill a. a. O. I S. 393; vgl. PhdWG S. 386). Bemerkenswert findet Hegel auch, daß es an der Küste von Malabar überhaupt kein „eheliches Verhältnis" (PhdWG S. 387) gibt: „On the coast of Malabar . . . it would appear that the institution of marriage has never been regularly introduced. . . in its general character it is pretty evidently a relict of the period in which there is no law for the association of the sexes; when the intercourse is casual; when the father of the offspring is by consequence uncertain; and when the children of necessity belong to the mother. The nearest male relations of the female, her father being in this case unknown, are her brothers; who, never having children whom they can recognize as their own, naturally contract an affection for those of their sister whom they support and with whom they live; by consequence regard them as in some measure their own; and rest them with the property which they leave at their death" (Mill a. a. O. I S. 395; vgl. AR V S. 1 ff. und PhdWG S. 387).

[309] XX S. 63 ff.

[310] Ebd. S. 65.

[311] In der von mir zugrundegelegten Bhagavadgītā-Übersetzung von Leopold von Schroeder (Bhagavadgita, Düsseldorf—Köln 1965) auf S. 27. Ich habe darauf verzichtet, wie es an sich

Versen 38 f. wird nun der Blick auf die Gegner gelenkt: Auch wenn sie sich der
Sünde des Verwandtenmordes nicht bewußt sind, gibt das uns kein Recht, sie zu
töten, meint Arjuna. Erst dann, also deutlich getrennt vom Zusammenhang der
Verse 29 — 37, setzt die Argumentation mit den Stammespflichten ein! Es ist also
schwer, den Sinn der Verse 29 — 37 erst in V. 40 ff. zu sehen, zumal diese mit den
Worten ‚Bei Stammesmord zu Grunde gehn die alten Stammespflichten auch‘ [312]
deutlich als *zusätzliches* Argument eingeführt werden, wenn auch erst hier konkret
expliziert wird, warum Arjuna die Verwandten nicht töten will. Vielmehr wird
man den Versen 29 — 37 einen eigenen Sinn zubilligen müssen, der eben darin
besteht, daß Arjuna wegen des sittlichen Wertes, den das Familienband bedeutet,
zögert, den Kampf zu beginnen [313].

Wir wollen nun zusehen, wie Krishna diesen Worten Arjunas entgegnet[314]. Er weist
zunächst daraufhin, daß Arjuna ja nur die Leiber töten könne, nicht aber den
ewigen Geist. Da die Leiber aber ohnehin vergänglich seien, dürfe Arjuna keine
Bedenken haben, mit dem Kampf zu beginnen. Gerade hier sieht Humboldt einen
der beiden Hauptsätze, ,,um welche sich das in dieser Dichtung enthaltene System
dreht‘‘, nämlich den, ,,daß der Geist, als einfach und unvergänglich, seiner ganzen
Natur nach, von dem zusammengesetzten und vergänglichen Körper geschieden
ist‘‘ [315]. Die ,,bestimmte Scheidung des Geistigen und Körperlichen‘‘ sei einer der
Gründe dafür, daß ,,reine Intellektualität die Grundlage des ganzen Systems‘‘[316]
sei. Der Unterschied der Betrachtungsweise Hegels und Humboldts läßt sich hier
wohl am besten veranschaulichen. Geht es Humboldt darum, der Bhagavadgītā
‚allgemeine Wahrheiten‘ [317] zu entnehmen, die den eigenen Erkenntnissen
entsprechen, so achtet Hegel auf die Stellung der Aussagen im Zusammenhang des
Textes [318]. So gelangt dieser hier zu der ebenso nüchternen wie richtigen
Feststellung: ,,Wir finden ohne Zweifel, daß, was zuviel beweist (— aus dem
Tödten überhaupt wird in socher Vorstellung nicht viel gemacht —), gar nichts
beweist‘‘ [319]. Sicher hat Hegel hier schärfer gesehen als Humboldt, können wir

---

korrekt gewesen wäre, den Bhagavadgītā-Text in einer Synopse der von Hegel benutzten
englischen und lateinischen Übersetzung zu bringen.
[312] Ebd. S. 27.
[313] Auch daran, daß es auch die Lehrer auf der gegnerischen Seite sind, die Arjuna zögern
lassen, den Kampf zu beginnen (vgl. I S. 34), zeigt sich, daß Arjunas Verhalten auch auf sittliche
Motive zurückgeführt werden muß; denn die Argumentation I S. 40 ff. hat ja bei Lehrern
keinen Sinn.
[314] Vgl. Bhagavadgita a. a. O. II 11 ff.
[315] Gesammelte Schriften S. 192.
[316] Ebd. S. 192.
[317] Das soll hier gesagt sein, ohne daß die eine bestimmte Phase der Theologie kennzeichnende
Polemik gegen die ‚allgemeinen Wahrheiten‘ nachvollzogen werden müßte.
[318] Über Humboldts und Hegels Verhältnis zur Bhagavadgītā vgl. die Ausführungen von F.
Kreis: Hegels Interpretation der indischen Geisteswelt, in: Zeitschrift für deutsche Kulturphilosophie 1941, S. 133—145; zu demselben Thema vgl. Schulin a.a.O. S. 126 ff. . Das, was S.
Sommerfeld in ihrem Werk ‚Indienschau und Indiendeutung romantischer Philosophen‘,
Zürich 1943, S. 69 ff. über Hegel geschrieben hat, ist völlig unergiebig.
[319] XX S. 67.

doch schon von der modernen Anthropologie her eine Trennung von Geist und Leib, wie sie hier ausgeführt ist, nicht mehr nachvollziehen[320], selbst wenn wir einmal den makabren Eindruck, den es auf uns macht, wenn die Tötung anderer Menschen mit der Hinfälligkeit des Körpers begründet wird, unberücksichtigt lassen.

Aber Krishna ist mit seinen Ausführungen noch längst nicht am Ende. In II, 31 ff. führt er ein neues Argument ein, indem er Arjuna an seine Pflicht erinnert, die er als Kshatriya hat: ‚Auch wenn du deine Pflicht bedenkst, geziemt sich's dir zu zittern nicht. Denn für den Krieger gibt es ja nichts Bessres als gerechten Kampf' [321]. Hegel meint, es handle sich hier nicht um die — uns freilich auch problematisch gewordene — „Pflicht des Soldaten als eines solchen" [322]; vielmehr müsse man bedenken, „daß in Indien Stand und Pflicht eines Soldaten nicht eine Sache für sich, sondern an die Kaste gebunden und beschränkt" seien [323]. Auch der Bhagavadgītā lägen die „bekannten Kastenunterschiede ohne die Spur einer Erhebung zur moralischen Freiheit zu Grunde" [324]. Radhakrishnan hingegen betont mehrmals, daß die Bhagavadgītā das Kastensystem nicht ohne Vorbehalte übernehme [325]. Überzeugende Belege für diese These finden sich aber bei ihm nirgends. Er schreibt zwar im Kommentar zu der hier wichtigen Stelle XVIII,4O ff., die vier Klassen seien „nicht immer durch Erbanlage bestimmt" und — auf der nächsten Seite — sie seien „nicht durch Geburt oder Farbe bestimmt, sondern durch psychologische Merkmale, die uns für bestimmte Aufgaben innerhalb der Gesellschaft geeignet machen" [326]. Man muß sich aber fragen, ob wir es hier nicht viel mehr mit einer freien Paraphrase zu tun haben als mit einer Auslegung des Textes. Jedenfalls weist Leopold von Schroeders Erläuterung zu XVIII, 48 a: ‚Tat, die mit dir geboren ist, wenn sie auch sündig, gib nicht auf!' [327], in der von den Taten die Rede ist, „zu welchen ein jeder durch seine Geburt in dieser oder jener Kaste verbunden und verpflichtet ist" [328], in eine andere Richtung. Von hier aus besteht Hegels Kritik zurecht, wenn er auch in seinem Bestreben, in der Bhagavadgītā das Kastensystem befürwortet zu finden, manchmal zu weit geht, etwa da, wo er irrigerweise vermutet, auch in III, 24 stehe der für Kastenmischung spezifische Ausdruck ‚varnasamkara' und so zum falschen Schluß gelangt, das Werk, welches Krishna immer vollbringe, sei die Erhaltung der Kastenunterschiede [329].

[320] Vgl. W. Pannenberg, Was ist der Mensch? , Göttingen⁴ 1972, S. 36 und S. 107.
[321] Bhagavadgita a. a. O. S. 32.
[322] XX S. 67.
[323] Ebd. S. 68.
[324] Ebd. S. 80.
[325] Vgl. Indische Philosophie 1, S. 447 und ‚Die Bhagavadgītā', Baden—Baden 1958, S. 105. — An anderer Stelle heißt es aber: „Die Kasten . . . werden von der Gītā anerkannt" (Indische Philosophie 1 S. 486).
[326] Die Bhagavadgītā a. a. O. S. 418 f. — Die beiden Behauptungen sind ohnehin schwer miteinander zu vereinbaren.
[327] Bhagavadgita a. a. O. S. 93.
[328] Ebd. S. 95.
[329] Vgl. XX S. 82.

In II, 39 führt Krishna ein neues Argument ein, dem schon dadurch besondere Bedeutung zukommt, daß er es als ‚Weisheit des Yoga‘ von dem Bisherigen abgrenzt, das für ihn ‚Weisheit des Sankhya‘ ist [330]. Was die ‚Weisheit des Yoga‘ ist, wird in II, 47 zusammengefaßt: ‚Bemühe dich um die Tat, doch niemals um Erfolg der Tat! Nie sei Erfolg dir Grund des Tuns, — doch meid’ auch Tatenlosigkeit!‘ [331] Nach Humboldt haben wir hier den anderen der beiden Hauptsätze, durch die „die Erkenntniss an die Spitze aller menschlichen Bestrebungen gestellt" [332] wird. Hegel beurteilt die Lehre von der „Uneigennützigkeit der Handlungen" [333] sehr viel zurückhaltender. Zwar stimmt er Humboldt darin zu, daß der Gleichmut gegenüber dem Erfolg der Handlungen „philosophisch eine an das Erhabene gränzende Seelenstimmung"[334] bezeichne. Dieser Gleichmut zeige „ein Element sittlicher Gesinnung", er sei aber „in dieser Allgemeinheit zugleich unbestimmt und darum formeller und selbst zweideutiger Natur. Denn Handeln heißt nichts Anderes, als irgend einen Zweck zu Stande zu bringen; damit Etwas heraus, damit es zu einem Erfolge komme, wird gehandelt. Die Verwirklichung des Zweckes ist ein Gelingen, daß die Handlung Erfolg hat, ist eine Befriedigung, eine von der vollführten Handlung untrennbare Frucht" [335]. Man kann in der Tat fragen, ob die Bhagavadgītā nicht Unmögliches verlangt, wenn sie einerseits zum Handeln auffordert, andrerseits aber verlangt, vom Erfolg der Handlungen abzusehen. Die buddhistische Lehre vom Nichttun hat die größere Konsequenz für sich und ist darin der Bhagavadgita überlegen — trotz der gegenteiligen Meinung Radhakrishnans [336]. Dennoch scheint mir Hegel die von Krishna ausgeführte Meinung nicht genügend zu würdigen, weil er nur deren moralische, nicht aber deren religiöse Komponente betont. Insofern nämlich alles Handeln auf Gott bezogen wird [337], gewinnt der Handelnde eine Distanz zum Erfolg seiner Taten, die es ihm ermöglicht, auch bei einem Mißlingen in ihnen noch einen Sinn zu sehen. So gesehen kann man sich vorstellen, daß beim Zurückschauen auf eine schon erfolgte Handlung diese von der Frucht, die sie hätte bringen sollen, getrennt werden kann. Eine derartige Trennung ist aber — darin hat Hegel recht — unvollziehbar, wenn die Handlung erst ausgeführt werden soll, weil diese dann notwendigerweise mit dem Streben nach Erfolg verbunden ist.

Vergegenwärtigt man sich das bisher Gesagte, so könnte man annehmen, Hegel müsse sich durch die Bhagavadgītā veranlaßt sehen, seine Behauptung der

---

[330] Hegel war sich natürlich noch nicht darüber im klaren, daß, „wo die Begriffe Samkhya und Yoga in der Bhagavadgītā vorkommen", sie nicht „die klassischen Systeme gleichen Namens, sondern nur die reflektive und die meditative Methode der Gewinnung der Erlösung" (Radhakrishnan, Indische Philosophie 1, S. 448) bezeichnen.
[331] Bhagavadgita a. a. O. S. 33.
[332] A. a. O. S. 192.
[333] Ebd. S. 192.
[334] Ebd. S. 195; XX S. 62.
[335] XX S. 79.
[336] Vgl. Indische Philosophie 1, S. 483.
[337] Vgl. dazu besonders Bhagavadgita a. a. O. IX S. 27. — Es handelt sich um die für die Bhagavadgītā charakteristische Lehre von der Bhakti.
[338] Glasenapp, Philosophie, S. 176.

Negativität indischen Denkens zu korrigieren. Denn wenn wir vom Erfolg der Handlungen absehen, Tatsache ist, daß dieses Werk eine breit ausgeführte Darlegung dessen ist, daß auf das Handeln als solches nicht verzichtet werden kann. Gerade darin besteht ja, wie wir heute wissen, die Eigenart der Bhagavadgītā, daß bei ihr nicht nur der alt-überkommene „Weg der quietistischen Weltentsagung" vorgezeichnet wird, sondern auch „der Weg des von egoistischen Wünschen freien, pflichtgemäßen Handelns, welches alles Gott anheimstellt" [338]. Es ist ein Verdienst Hegels, diese Zweiheit gesehen zu haben, wenn er davon spricht, daß „das r e i n n e g a t i v e Verhalten des Geistes ... im Widerspruch mit dem H a n d e l n steht, zu welchem Krischnas ... den Ardschunas aufgefordert hat" [339]. Wenn er die Behauptung von der für die indische Religiosität typischen Negativität nicht in Frage stellt, so deshalb, weil ihm der altüberkommene Weg der Weg zu sein scheint, dem die Bhagavadgītā den Vorzug gibt [340]. Indessen ist eher das Gegenteil der Fall, wenn auch zugegeben werden muß, daß sich in diesem Werk Stellen finden lassen, die die asketische Weltentsagung preisen [341]. Die von Hegel in diesem Zusammenhang herangezogene Stelle XII, 9—12 [342] scheint seine Meinung zunächst zu bestätigen: ‚9) Doch kannst dein Denken du in mich noch nicht versenken ganz und gar, Dann suche zu erreichen mich durch Andacht, die du eifrig übst. 10) Bist du auch dazu noch zu schwach, dann weihe dich dem Tun für mich; Wenn meinethalb du Werke tust, wird auch Vollendung dir zuteil. 11) Wenn du auch das nicht leisten kannst, auf die Andacht zu mir gestützt, Verzicht' auf aller Taten Frucht, als einer, der sich selbst bezähmt' [343]. Hiernach ist es völlig korrekt, das in 9a) umschriebene „der Werke und des Strebens entledigte Einsseyn und Wohnen mit Gott" [344] mit Hegel als höchste Stufe anzusehen und von da aus eine absteigende Folge zu erkennen. V. 12, den Hegel offensichtlich nicht mehr in seine Überlegungen einbezogen hat, kommt einem dann recht überraschend vor: ‚Mehr ist Erkenntnis als Bemühn, Versenkung noch viel höher steht; Noch höh'r Verzicht auf Tatenfrucht, — dann ist der Seelenfrieden da' [345]. Hier wird eben das als das Höchste erklärt, was nach den Versen 9—11 das Niedrigste hätte sein müssen! Sicher haben wir hier eine jener Stellen vor uns, die zu den vielen literarkritischen Arbeiten an der Bhagavadgītā [346] Anlaß gaben. Doch wollen wir uns mit der Erkenntnis Glasenapps zufrieden geben, daß „die Hindus stets dazu neigen, Anschaungen, die uns als gegensätzlich erscheinen, miteinander zu verbinden" [347].

---

[339] XX S. 84.
[340] Vgl. ebd. S. 84.
[341] Vgl. den Artikel: Bhagavadgītā von Glasenapp, in: RGG³ 1, Tübingen 1957, Sp. 118.
[342] Vgl. XX S. 78, 79 und 83.
[343] Bhagavadgita a. a. O. S. 74 f.
[344] XX S. 84.
[345] Bhagavadgita a. a. O. S. 75.
[346] Vgl. dazu ebd. S. 11—20.
[347] RGG³ 1 Sp. 118.

Anhang: Die indische Philosophie

Über die indische Philosophie hat sich Hegel, wie wir gesehen haben, anhand der Abhandlungen Colebrookes orientiert. Dabei hat er allerdings bei weitem nicht alles verarbeitet, was Colebrooke mitgeteilt hat: Von den sechs ‚Darshanas‘ [348] referiert er nur die Sānkhya-Philosophie und das Nyāya-Vaisheshika [349], nicht aber die in demselben Band behandelte Mimānsā [350], geschweige denn das in dem zwei Jahre später erschienenen zweiten Band wiedergegebene Vedānta [351]. Wenn wir uns darüber hinaus klarmachen, daß Colebrooke kein umfassendes Bild der indischen Philosophie bietet [352], so wird deutlich, daß wir bei Hegels Ausführungen nur einen Bruchteil dessen vor uns haben, was eigentlich unter dem gestellten Thema erörtert werden müßte. Wichtig für Hegel ist vor allem die Sānkhya-Philosophie, wobei zwei Momente hervorzuheben sind. Das erste ist die schon in der Shvetāshvatara-Upanishad [353] sich findende Lehre von den drei Gunas. Dieses Wort bedeutet ursprünglich ‚Faden‘ „im Sinne von Bestandteil (eines Gewebes), weiterhin „Eigenschaft, Qualität“ einer Sache, weil die Eigenschaften nach der substantialistischen Vorstellung der alten Zeit als feinstoffliche Dinge, die an etwas haften, angesehen wurden“ [354]. Colebrooke berichtet darüber folgendes:

„The Sánc‘hya ... is much engaged with the consideration of what is termed the three qualities (guńa): if indeed quality be here the proper import of the term, for the scholiast of Capila understands it as meaning, not quality or accident, but substance, a modification of nature, fettering the soul; conformably with an other acception of guńa, signifying a cord [355]. The first, and highest, is goodness ... It is alleviating, enlightening, attended with pleasure and happiness: and virtue predominates in it. In fire it is prevalent; wherefore flame ascends, and sparks fly upwards. In man, when it abounds, as it does in beings of a superior order, it is the cause of virtue. The second and middlemost is foulness or passion ... It is active, urgent and variable; attended with evil and misery. In air it predominates: wherefore wind moves transversely. In living beings it is the cause of vice. The third and lowest is darkness ... It is heavy and obstructive: attended with sorrow, deelness and illusion. In earth and water it predominates, wherefore they fall or tend downwards. In living beings it is the cause of stolidity“ [356].

Die Dreiheit der Gunas veranlaßt Hegel, seine von seiner Sicht der christlichen Trinität bestimmte Kritik auch hier vorzubringen [357]. Dabei hat er insofern gute Gründe für sich, als schon bei Colebrooke eine Beziehung von den drei Gunas zur Trimurti hergestellt wird:

---

[348] Vgl. darüber Glasenapp, Philosophie S. 136 ff.
[349] XVII S. 161–184.
[350] Transactions a.a.O. I S. 439–467.
[351] Transactions of the Royal Asiatic Society II, London 1829, S. 1–40.
[352] So wird etwa im 1. Band, S. 558–567, die Philosophie des Buddhismus nur unzureichend behandelt.
[353] 1,3; 4,5; 5,5; 5,7; vgl. Glasenapp, Philosophie S. 158.
[354] Ebd. S. 158.
[355] Hegel geht auf das hier gestellte Problem nicht ein (vgl. XVII S. 170).
[356] Transactions a. a. O. I S. 35.
[357] S. o. S. 85 ff.

„. . . that the great one becomes distinctly known, as three Gods, through the influence of the three qualities of goodness, foulness, and darkness; ,being one person, and three Gods' . . . namely, Brahma, Vishnu, and Mahéswara" [358].

Dennoch halte ich die Kritik, das dritte Prinzip, also das, was Colebrooke ,darkness' nennt, der Tamas, sei nicht „die Rückkehr in das erste, wie der Geist, die Idee" [359] dies fordere, es bleibe vielmehr Veränderung, Vernichtung, nicht für angemessen, auch wenn wir von den Bedenken, die wir gegen die parallele Kritik an der Trimurti hatten, [360] einmal absehen. Man kann natürlich nicht, wie W. Ruben das tut, Hegel vorwerfen, er habe die drei Gunas mit seinen drei Momenten der absoluten Idee identifiziert [361]. Vielmehr sind diese Kriterium jener. Ob sie es aber sein können, muß bezweifelt werden; denn sowohl bei der Trimurti wie bei der Trinität ist die Gleichrangigkeit der ,Personen' vorauszusetzen, während wir es hier mit einer Hierarchie zu tun haben, bei der das Höchste, das Mittlere und das Niederste unterschieden werden, wobei es sich von selbst versteht, daß man von diesem nicht erwarten kann, es solle in das erste Prinzip zurückkehren. Daß Hegel sich diese Abstufung nicht klar gemacht hat, ergibt sich auch aus der Weise, wie er einen Satz Colebrookes, in dem dieser von den Gunas als „successive modifications" spricht, erläutert.

„All was darkness: commanded to change, darkness took the taint of foulness: and this, again commanded, assumed the form of goodness" [362].

Wenn er zu der mit „Weise des Triebes, der Wirksamkeit" umschriebenen Vokabel ,foulness' hinzufügt: „die aber noch schlimmer ist" [363], trifft er nicht den Sinn des Gemeinten, da schon die Entwicklung von der ,darkness' zur ,foulness' ein Aufstieg ist, der sich beim Übergang von der ,foulness' zur ,goodness' fortsetzt [364]. Das nur formale Analogon der Dreizahl hat ihn hier zu einer unangemessenen Beurteilung geführt.

Das zweite Moment ist das, was man die Vorstellung des Sānkhya von der Ursache des Weltprozesses nennen könnte. Den ,großen Gedanken' [365], den Hegel hier sieht, entnimmt er folgenden Sätzen Colebrookes:

„It is for contemplation of nature, and for abstraction from it, that union of soul with nature takes place . . . By that union of soul and nature, creation, consisting in the development of intellect, and the rest of the principles, is effected" [366].

---

[358] Transactions a. a. O. I S. 31.
[359] XVII S. 172.
[360] S. o. S. 86f.
[361] Hegel über die Philosophie der Inder, in: Asiatica, Festschrift Friedrich Weller, Leipzig 1954, S. 566.
[362] Transactions a. a. O.. I S. 35.
[363] XVII S. 172.
[364] Auch die Weise, wie in der Bhagavadgītā XVIII die Lehre von den Gunas mit der Lehre von den Kasten verbunden wird, hätte Hegel die hierarchische Abstufung der Gunas zeigen können.
[365] XVII S. 168.
[366] Transactions a. a. O. I, S. 32.

Um diese ja nicht ohne weiteres verständlichen Ausführungen zu interpretieren, ist es vielleicht am besten, vom heutigen Wissensstand auszugehen. Wir haben es hier mit dem verworrensten Punkt des Sānkhya-Systems zu tun, der Relation zwischen Purusha (soul) und Prakriti (nature) [367]. Die Aktivität der Prakriti setzt einen unbewegten Beweger voraus. Dennoch üben die Purusha keinen direkten Einfluß auf die Prakriti aus. Vielmehr beginnt der Prozeß der Evolution dadurch, daß durch die bloße Anwesenheit der Purusha das Gleichgewicht der Guna gestört wird. In diesem Sinn kann man von einem Zusammenwirken von Purusha und Prakriti sprechen [368],

„as the halt and the blind join for conveyance and for guidance: (one bearing and directed, the other borne and directing)" [369].

Kehrt die Prakriti in ihren Ruhestand zurück, wird sie wieder von den Purusha beeinflußt — und der Prozeß beginnt von neuem. Das wiederholt sich solange, bis alle Seelen erlöst sind. Folglich muß der Purusha als „die erste und die letzte Ursache des Weltprozesses" [370] angesehen werden. Wenn wir nun auf die Ausführungen Colebrookes zurückkommen, so finden wir hier schon diese beiden Ursachen bezeichnet. Wenn es nämlich heißt, die „union of soul with nature", d. h. das Zusammenwirken von Purusha und Prakriti, geschehe „for contemplation of nature", so wird damit ausgedrückt, daß der Purusha dem Spiel der Prakriti unbeteiligt zuschaut und eben so diese dazu bringt, sich zu entfalten, wenn es aber heißt, es geschehe „for abstraction from it" [371], so wird damit das Ziel ausgesprochen: die Loslösung von der Materie oder, um es genauer zu sagen, die Loslösung von der Einbildung, an die Materie gebunden zu sein. Wenn Hegel diesen Gedanken für groß hält, so deshalb, weil ihm darin das für das Denken notwendige Moment der Negation enthalten zu sein scheint. „Das Geistige ist nur so eins mit der Natur, als in sich seyend, und zugleich das Natürliche als negativ setzend" [372]. Nur wenn man dieses Moment der Negation übersieht, kann man Hegel mit Ruben „monistische Entstellung des Sāmkhya" [373] vorwerfen.

---

[367] Vgl. hierzu und zum Folgenden Radhakrishnan, Indische Philosophie II, S. 224 f.
[368] Die Darstellung Glasenapps scheint mir insofern einseitig zu sein, als sie die Purusha nur als „ruhiges Bewußtseinslicht" (Philosophie S. 209) sieht, ohne die freilich indirekte Einwirkung der Purusha auf die Prakriti zu erwähnen. Daß die Gunas aus ihrem Gleichgewicht geraten, wird von Glasenapp darauf zurückgeführt, daß „die Weltordnung nicht eine rein natürliche, sondern eine moralische" (ebd. S. 207) ist. Auch Ruben meint, daß der Geist „in gewissem Sinne schaffend" (a. a. O. S. 567) sei.
[369] Vgl. XVII S. 167. — Dieser Vergleich erscheint uns nicht gerade passend, da bei ihm eine willentliche Handlung beider Partner vorausgesetzt wird, während dies bei den Purusha und der Prakriti ja offensichtlich nicht der Fall ist. Es ist aber möglich, daß für das indische Denken bei Vergleichen andere Regeln gelten als bei uns; dann würde auch Hegels Kritik am Vergleich der Gunas mit den Bäumen eines Waldes, die uns völlig einleuchtet (XVII S. 172; vgl. Colebrooke, Transactions I, S. 35), letztlich nicht treffen.
[370] Radhakrishnan, Indische Philosophie II S. 225 f.
[371] Colebrooke, Transactions I, S. 32.
[372] XVII S. 168.
[373] A. a. O. S. 567. — Ruben verfolgt ja mit seiner Abhandlung die Absicht nachzuweisen, daß

Ist Hegels Interpretation von den ihm vorliegenden Texten aus durchaus möglich, so müssen wir heute doch einige Korrekturen anbringen. Wenn nämlich gesagt wird, daß das Geistige das Natürliche negativ ‚setze', so wird damit ein Bezug von beidem hergestellt, der an sich nicht besteht. Nur die Einbildung, es gebe einen solchen, führt zur Entstehung des Weltprozesses, nicht aber dies, daß der Purusha

---

Hegel seinen Idealismus in das Sānkhya gelegt habe (vgl. ebd. S. 567). Die von ihm beigebrachten Gründe sind aber meistens nicht haltbar.

Am überzeugendsten ist noch, wenn er nachweist, daß das, was Hegel zunächst in Entsprechung zu Colebrookes „universal, material cause" (Transactions a. a. O. I, S. 30) als „die allgemeine (universelle) materielle Ursache" (Geschichte der Philosophie, Leipzig 1944, S. 302) bezeichnet, später als das „immaterielle Eine" (ebd. S. 304) erscheint. Aber diese Stellen finden sich nur in der von Ruben benutzten Leipziger Ausgabe, jedoch nicht im Band 17 der ‚Werke Hegels', wo Hegel auch in den 25 Prinzipien des Sānkhya (vgl. dazu XVII S. 166 f.; Colebrooke, Transactions I S. 30 f. und Glasenapp, Philosophie S. 208) keine „sinnige Folge" zu erkennen vermag wie in der Leipziger Ausgabe (a. a. O. S. 304), sondern ausführt: „Diese Zusammenstellung ist ... geschweige systematisch zu seyn, nicht einmal sinnig" (XVII S. 167). Es wäre also zu prüfen, ob die von Ruben herangezogenen Äußerungen wirklich auf Hegel zurückzuführen sind.

Rubens Behauptung, Hegel unterschiebe „dem Sāmkhya, daß es in der buddhi, der ersten Umwandlung der „Urmaterie" als Intellekt, den Gott (Iśvara) und Schöpfer anerkennt" (a. a. O. S. 566), wird von ihm selbst ad absurdum geführt. Er weist nämlich in einer Anmerkung (ebd. S. 566, Anm. 43) darauf hin, daß Hegel Colebrooke folge. In der Tat lesen wir bei Colebrooke, Transactions I S. 37: „He (Kapila, d. V.) acknowledges indeed a being issuing from nature, who is intelligence absolute; source of all individual intelligences, and origin of other existences successively evolved and developed. He expressly affirms, that the truth of such an Iśware is demonstrated: the creator of worlds, in such sense of creation ..." (vgl. XVII, 174). Wenn das aber sich so verhält, kann man nicht so tun, als hätte Hegel selbst Veränderungen vorgenommen. Ob Colebrooke Kapila richtig interpretiert oder, wie Ruben meint (a. a. O. S. 566, Anm. 43), ihn mißverstanden hat, ist eine andere Frage, die wir hier nicht erörtern müssen.

Auch das nächste Argument Rubens ist dadurch zu erklären, daß er sich nicht eingehend genug mit der Quelle Hegels, mit Colebrooke, auseinandergesetzt hat. Colebrooke referiert die indische Anschauung von der „Indifferenz von Ursache und Wirkung" (XVII, 175) und fährt dann fort: „There is a general cause which is undistinguishable. This position is supported by divers arguments. Specific objects are finite; they are multitudinous and not universal: there must then be a single all − pervading cause" (Transactions a. a. O. I, S. 39). Hegel fragt sich nun, was die ‚all-pervading cause' sei, erinnert daran, daß es die Intelligenz (buddhi) nicht sein könne, da diese das zweite und somit geschaffene Prinzip der Sānkhya-Philosophie sei und kommt so auf die für ihn wichtige Stelle von der „union of soul and nature" (Colebrooke, Transactions I, S. 32), durch die die Schöpfung entstanden sei: „... und so ist die Natur (oder vielleicht noch besser) die Seele in ihrer Identität mit der Natur die Ursache aller Dinge" (Geschichte der Philosophie S. 320). Ruben mißdeutet die Argumentation Hegels. Er meint nämlich, daß Hegel aus der Indifferenz von Ursache und Wirkung sowie aus der Geistigkeit der Buddhi geschlossen habe, daß auch das Urprinzip geistiger Natur sein müsse. Nur so ist verständlich, daß er so viel Wert auf die Feststellung legt, die Buddhi sei „materiell und von der Seele oder dem Geist (purusha) wesensmäßig verschieden" (a. a. O. S. 566). Hegel geht es bei weitem nicht so sehr darum, die Geistigkeit des Urprinzips in der Sānkhya-Philosophie nachzuweisen, wie es Ruben darauf ankommt, Hegel als Idealisten zu entlarven.

sich von sich aus in irgendeine Relation zur Prakriti setzt. Die Aktivität, die dem
Purusha als einem Geistigen nach Hegel notwendigerweise zuzukommen scheint,
fehlt ihm. Kann aber das Wirken, das nur in der Nähe als solcher begründet ist, als
Negation verstanden werden? Wenn dieses Moment der Negation, dieser große
Gedanke fehlt, dann fehlt auch die dieses Moment voraussetzende wahrhafte
Einigkeit des Geistes mit der Natur, eine Einigkeit, die hier allerdings nur als Idee
gefaßt ist, wenn das Urteil Hegels, in der indischen Philosophie sei „nicht Einheit
des Geistes und der Natur, sondern gerade das Gegenteil vorhanden" [374], noch
einen Sinn haben soll. Damit wäre das indische Denken hier nicht zu dem gelangt,
was es sonst nach Hegel auszeichnet, nämlich das Wahre zu ahnen, ohne es
gedanklich verwirklichen zu können [375].

Auch das letzte Argument, das dazu dienen soll, vermag nicht zu überzeugen. Um die
„re-union of the universe" zu veranschaulichen, bringt Colebrooke das Beispiel von der
Schildkröte: „A type of this is the tortoise, which puts forth its limbs, and again retracts
them within its shell. So at the general destruction, or consummation of all things, taking
place at an appointed period, the five elements, earth, water, fire, air and ether, constituting
the three worlds, are withdrawn in the inverse order of that in which they proceed from the
primary principles, returning step by step to their first cause, the chief and undistinguishable
one, which is nature" (Transactions a. a. O., I S. 39). Wenn Hegel in der Leipziger Ausgabe
folgendermaßen anknüpft: „so aber, daß der Rückgang der vielgestalteten Welt zugleich (!) die
Vollendung der Seele ist" (a. a. O. S. 322), so heißt das, daß Ruben ihn ungenau wiedergibt,
wenn er behauptet, Hegel habe das „alte Beispiel von der Schildkröte ... nicht (!) auf die
Materie ... sondern auf den Geist oder die Seele" (a. a. O. S. 567) bezogen. Wenn Hegel den
Begriff ‚Seele' hier einführte, so deshalb, weil er nach dem schon Gesagten die ‚chief and
undistinguishable cause' nur als die Seele in ihrer Identität mit der Natur verstehen kann.
Wenn er schließlich folgerte, die Seele verhalte sich nicht mehr zur Natur, sondern sie verhalte
sich zur Allgemeinheit, sei „rein für sich" (Geschichte der Philosophie S. 322), so ergibt sich
das für ihn aus der bei Colebrooke, Transactions I S. 42 f. dargelegten Abstraktion der Seele
von der Natur. Eine von den Quellen unabhängige idealistische Interpretation Hegels vermag
man also auch hier nicht zu sehen.

[374] XVII S. 181.
[375] S. o. S. 76.

III. Die persische Religion

A. Die begriffliche Bestimmung als solche

Der Fortschritt beim Übergang zur persischen Religion besteht darin, daß wir nun zu einer Einheit gelangen, die an ihr selbst bestimmt ist. Zwar werden schon in der ‚Religion der Fantasie' die Unterschiede als zum „Absoluten gehörig gewußt", aber doch nur in der Weise, daß sie in der Einheit „verschweben, aufgezehrt werden"[1]. Hier aber ist der „Zusammenhang mit dem konkreten Leben" ein „affirmativer Zusammenhang, nicht eine Flucht"[2]. Die in ihr selbst bestimmte Totalität ermöglicht die „Trennung des empirischen Selbstbewußtseyns vom Absoluten"; erst hier gewinnt Gott „eigentliche Objectivität"[3]; denn sowohl im Buddhismus wie in der ‚Religion der Fantasie' waren Gott und das Selbstbewußtsein des einzelnen noch in der Weise miteinander verbunden, daß der eine als der schlechthin unbestimmte seine Konkretion im anderen fand, weil er sie in sich selbst nicht haben konnte. Dennoch ist die an ihr selbst, mithin als Subjekt bestimmte Substanz keine vollkommene Realisierung des Begriffs; denn ihr Inhalt, das Gute, ist zwar „konkret in sich", aber „diese Bestimmtheit des Konkretseins selbst"[4] ist noch abstrakt. Aus dieser Abstraktheit des Guten, das nicht genug entwickelt ist, folgt, daß wir es „noch als einseitig, mit einem Gegensatz behaftet" haben, „als absoluten Gegensatz zu einem Andern, und das Andere, Entgegengesetzte ist das B ö s e"[5]. Dasselbe gilt für die „natürliche Weise und Gestalt des Daseins"[6], die das Gute hat: das Licht. Dieses, die „abstrakte Subjektivität im Sinnlichen"[7], hat seinen Gegensatz in der Finsternis, es und seine Negation sind nebeneinander, „ob zwar das Licht die Macht ist, die Finsternis zu vertreiben"[8]. Entscheidendes Merkmal der persischen Religion ist der Dualismus: Gegenüber den vorhergehenden Religionen bezeichnet er den Fortschritt in der Realisierung des Begriffs, gegenüber den nachfolgenden weist er die Schranken auf, die auf dieser Stufe nicht überwunden werden.

---

[1] PhdR II S. 138.
[2] Ebd. S. 190.
[3] XV S. 419. — Da die begriffliche Bestimmung der Lassonschen Ausgabe mit der in den ‚Werken' gegebenen grundsätzlich übereinstimmt, wird darauf verzichtet, beide Ausgaben getrennt zu behandeln.
[4] PhdR II S. 190.
[5] Ebd. S. 191.
[6] Ebd. S. 193.
[7] Ebd. S. 193.
[8] Ebd. S. 195.

B. Hegels Kenntnisse der persischen Religion

Die Begründung der Iranistik erfolgte einige Jahrzehnte, bevor Hegel sich mit der persischen Religion beschäftigt hat. Anquetil du Perron holte während eines mehrjährigen Aufenthaltes in Surat aus der bei den Parsen in Persien und Indien noch lebendigen Tradition das heraus, „was sie über den Inhalt des Avesta und der damit zusammenhängenden Pahlaviliteratur und über die alten Sprachen Persiens erhalten hat"[9], und veröffentlichte es 1769—71 in Paris. Da dieser Veröffentlichung, die auf einmal die Übersetzung des Avesta und des Bundahišn bekannt machte, keine Originaltexte beigefügt waren, mithin die Möglichkeiten wissenschaftlicher Nachprüfung nur sehr gering sein konnten, wurde in der Folgezeit die Frage nach der Echtheit des Ganzen lebhaft diskutiert. Dabei waren es zunächst Engländer, die — veranlaßt auch durch den nationalen Gegensatz — das Alter der von Anquetil du Perron übersetzten Quellen in Zweifel zogen: W. Jones in seiner ‚Lettre à Mr. Anquetil du Perron, dans laquelle est compris l'Examen de sa traduction des livres attribués à Zoroastre', London 1771 und J. Richardson in der ‚Dissertation on the languages, literature and manners of eastern nations', Oxford 1778 [10]. Ihnen schloß sich in Deutschland Chr. Meiners an, der in seiner ‚Tertia de Zoroastre commentatio, in qua praesertim in eorum, quas Anquetilius sub Zoroastri nomine vulgavit, librorum antiquitatem atque auctoritatem inquiritur' [11] die „Unechtheit der von Anquetil Duperron ans Licht gebrachten Avesta-Texte zu erweisen" [12] suchte. Doch fand hier Anquetil du Perron einen gewichtigen Fürsprecher: Johann Friedrich Kleuker. Dieser übersetzte die Avesta-Texte Anquetil du Perrons ins Deutsche und fügte dem so entstandenen Werk ‚Zend-Avesta, Zoroasters lebendiges Wort' [13] einen Anhang hinzu, in dem er verschiedene mit dem Parsismus sich befassende Abhandlungen vereinigte [14]. Dieses Kompendium, die Übersetzung und der Anhang, ist Hegels primäre Quelle für die Behandlung der persischen Religion; die antiken Texte haben demgegenüber nur sekundäre Bedeutung [15]. Auf Kleukers kraftvolle Verteidigung ist es zurückzuführen, „daß der persische Zendavesta im allgemeinen für Deutschland [16] eine unangefochtene Geltung hatte", ohne Zweifel ein Verdienst des auch für die Erforschung Indiens bedeutsamen Religionswissenschaftlers [17], wenn man be-

---

[9] H. Reichelt, in: Grundriß der indogermanischen Sprach- und Altertumskunde, Teil II, Band 4, 2. Hälfte, Iranisch, Berlin und Leipzig 1927, S. 7; vgl. auch zum Folgenden diesen Überblick.

[10] Vgl. hierzu W. Schütz, Johann Friedrich Kleuker, seine Stellung in der Religionsgeschichte des ausgehenden 18. Jahrhunderts, Bonn 1927, S. 69.

[11] Göttingen 1779.

[12] H. Wenzel, Chr. Meiners als Religionshistoriker, Tübingen 1917, S. 19.

[13] 3 Bände, Riga 1776.

[14] 1. Band in 2 Teilen, 2. Band in 3 Teilen, Leipzig und Riga 1781 — 83.

[15] Das gilt auch für Herodot, auf den Hegel zwar mehrmals Bezug nimmt (vgl. etwa PhdWG S. 439), der aber keine konstitutive Bedeutung für Hegels Sicht der persischen Religion hat.

[16] Schütz a.a.O. S. 70.

[17] S. o. S. 118.

denkt, daß die heutige Forschung sich darüber einig ist, daß die erste Kritik an der Avesta-Übersetzung Anquetil du Perrons in ihrer Radikalität nicht berechtigt war [18].

Wenn Hegel meint, die Echtheit der „Bücher des Zoroasters" beweise sich „durch ihren eigenen Inhalt und durch das, was wir sonst über die Magier wissen", die Lichtreligion, deren Lehre in ihnen enthalten sei, sei „unbezweifelt die Religion der alten Perser gewesen" [19], so drückt er demnach damit den ,common sense' aus, der sich in Deutschland herausgebildet hat. Die Tatsache, daß er auf den hinter ihm liegenden Streit um die Echtheit nicht näher eingeht, dahingehend zu interpretieren, daß er davon „keine nähere Unterrichtung" [20] zeige, scheint mir voreilig zu sein [21].

C. Die begriffliche Bestimmung in ihrem Verhältnis zu den Quellen

1. Das Licht

Der begriffliche Fortschritt, den die persische Religion gegenüber den vorhergehenden Religionen darstellt, läßt sich auch daran zeigen, daß wir es hier mit der ,Religion des Lichts' zu tun haben. Mit dem Licht wird nämlich das Allgemeine als solches erfaßt, freilich noch in natürlicher Weise, „noch nicht das freie Eine des Gedankens" [22]. Gewiß wird etwa auch mit Brahma ein Allgemeines bezeichnet; doch hat dieses „noch nicht die Kraft in sich, selbständig vorgestellt zu werden", vielmehr hat es „das empirische Selbstbewußtsein des Menschen zu seiner Realität" [23]. Hingegen ist das Licht „nicht Lama, nicht Brahmine, nicht Berg, nicht Tier, nicht diese oder jene besondere Existenz, sondern ... sinnliche Allgemeinheit selbst, die einfache Manifestation" [24].

Aus dem Gesagten ergibt sich ganz klar, daß man auch die Sonne nicht als das Höchste in der persischen Religion ansehen kann. Wäre es so, hätte diese noch vor

---

[18] Vgl. dazu den Artikel: Avesta von W. Eilers, in: RGG[3], I, Tübingen 1957, Sp. 797 ff., besonders Sp. 800.

[19] PhdWG S. 420.

[20] Schoeps a.a.O. S. 266; vgl. ebd. S. 265 f.

[21] Ob Hegel das Werk von J. G. Rhode, Die heilige Sage und das gesamte Religionssystem der alten Baktrer, Meder und Perser oder des Zendvolks, Frankfurt/M 1820, eingesehen hat, ist fraglich. Was dort über die persische Religion gesagt wird, stimmt zwar zum Teil mit den Ausführungen Hegels überein; doch findet sich bei diesem nirgends ein spezifischer Bezug auf dieses Werk. Hingegen erwähnt Hegel an einer Stelle (PhdWG S. 422) den Göttinger Historiker Arnold Heeren, 1760–1842 (vgl. besonders dessen ,Ideen über die Politik, den Verkehr und den Handel der vornehmsten Völker der Alten Welt', Göttingen 1805).

[22] PhdWG S. 424.

[23] PhdR II S. 193.

[24] PhdWG S. 424.

der Religion der Chinesen behandelt werden müssen[25]. Wenn Hegel sich dennoch eindringlich dagegen wendet, das Licht als Sonne zu verstehen[26], so muß das daran liegen, daß diese Auffassung vertreten wurde, bevor oder während er sich mit dem Parsismus beschäftigte. In der Tat ist das der Fall, und zwar in einem Werk, dessen Kenntnis wir bei Hegel voraussetzen dürfen: dem ‚West-östlichen Divan‘ Goethes[27]. Sowohl im ‚Vermächtnis altpersischen Glaubens‘[28] wie in dem Abschnitt ‚Ältere Perser‘ aus den ‚Noten und Abhandlungen zu besserem Verständnis des West-östlichen Divans‘[29] wird die Sonne als der Mittelpunkt der persischen Religion dargestellt. Dabei kann man nicht sagen, nach Goethes Meinung seien Sonne und Gott für die Perser identisch; vielmehr erscheint jene als Thron von diesem[30]. Hingegen hat das Licht nur sekundäre Bedeutung, es ist ja gerade das, was die Sonne schenkt, und so wäre es absurd, es dieser überzuordnen[31].

Nun aber wird die Frage interessant, wie es sich ‚wirklich‘ verhält, d. h. ob das, was wir heute über die persische Religion wissen, Hegels Sicht bestätigt, oder ob eine andere Auffassung, etwa die Goethes, vorzuziehen ist. Es ist recht schwer, bei den für uns in Frage kommenden Sprachen der iranischen Völkergruppen eine Vokabel zu finden, die halbwegs dem entspricht, was wir mit dem Ausdruck ‚Licht‘ bezeichnen. Es genügt ja nicht, eines der Wörter für ‚Feuer‘ zu nehmen, da die von Hegel mit dem Begriff ‚Licht‘ verbundenen Momente, einmal das Allgemeine, zum anderen die „besondere, eigentümliche Natur, nämlich in sich reflektierte Natur der besonderen Gegenstände ... die Wesentlichkeit der besonderen Dinge"[32], dem mit dem Wort ‚Feuer‘ Vorgestellten nicht zukommen können. Ein halbwegs passendes Äquivalent kann man in dem Begriff ‚xvarnah‘ sehen, sofern man nicht der Auffassung zustimmt, man habe es hier nur mit einem Abstraktum zu tun, das „nichts anderes als „Glück", „Reichtum", „gute Dinge" bedeute"[33], sondern die Lichtnatur für die primäre Komponente dieses Ausdrucks hält[34]. Eine Übersetzung mit ‚Machtglanz‘[35] oder ‚Glücksglanz‘[36] legt sich dann nahe. ‚xvarnah‘ ist

---

[25] Es handelte sich nämlich dann um die Form der indirekten Zauberei, in der ‚elementarisch große Gegenstände‘ (vgl. PhdR II S. 92) verehrt werden. (s. o. S. 10).

[26] Vgl. XV S. 429 und PhdR II S. 194; ‚muß nicht‘ ist natürlich im Sinne des englischen ‚must not‘ als ‚darf nicht‘ zu verstehen.

[27] Hegel bezieht sich auch ausdrücklich auf dieses Werk (vgl. PhdR IV S. 132).

[28] J. W. Goethe, Poetische Werke III, Berlin und Weimar 1965, S. 139 − 142.

[29] Ebd. S. 174 − 178.

[30] Vgl. ebd. S. 139: „Gott auf seinem Throne zu erkennen ..."

[31] Vgl. die Fortsetzung des in der vorigen Anmerkung zitierten Verses:
   „Ihn den Herrn des Lebensquells zu nennen,
   Jenes hohen Anblicks wert zu handeln
   Und in seinem Lichte fortzuwandeln"
   (ebd. S. 139, vgl. auch S. 141)

[32] PhdR II S. 193.

[33] G. Widengren referiert diese Auffassung in seinem Werk, Die Religionen Irans, in: Die Religionen der Menschheit 14, Stuttgart 1965, S. 58.

[34] Das ist auch die Meinung Widengrens selbst (vgl. ebd. S. 58 f.).

[35] Vgl. den Artikel ‚Licht und Finsternis‘ von S. Aalen, in: RGG[3] 4, Tübingen 1960, Sp. 358.

[36] Vgl. Widengren a.a.O. S. 58 f. u.a.

mit der Königsfamilie verbunden; er kann als „Lichtglorie" beschrieben werden, „die das Haupt des Königs umgibt"[37]. Setzt man diesen Ausdruck in Beziehung zu dem, was nach Hegel das Licht in der persischen Religion ist, so zeigt sich, daß die Abstraktion, die in diesem als dem Allgemeinen und der Wesentlichkeit der besonderen Dinge liegt, ‚xvarnah' nicht zukommt. Insofern ist die Deutung Goethes, die das Licht der Sonne unterordnet, der Hegels überlegen, weil sie etwas Konkretes als das Wesentliche sieht, wenn auch gesagt werden muß, daß ‚xvarnah' nicht die zentrale Bedeutung besitzt, die Hegel und Goethe dem Licht oder der Sonne zuschreiben.

Wie steht es nun aber mit den Quellen Hegels? Bestätigen sie seine Deutung des Lichtes oder geben sie ein anderes Bild? Die Übereinstimmung zeigt sich in zweifacher Weise: 1. Auch die Quellen sehen im Licht das entscheidende Charakteristikum der persischen Religion. Ormazd ist „aus ewigem Licht gebohren und fort und fort Licht an sich ziehend"; sein Körper ist „reinstes Licht"[38]. Am Ende der Zeiten, wenn die „Zerrüttung des Weltganzen" aufhört, lebt die „ganze Schöpfung im reinsten Licht"[39]; die „ganze Natur ist nun, was sie seyn soll, Licht"[40]. So kann das Religionssystem des ‚Zend-Avesta' als „L i c h t s y - s t e m"[41] bezeichnet werden. 2. Daß Hegel im Licht die „natürliche Weise und Gestalt des Daseins" sieht, die „das Gute in seiner Allgemeinheit"[42] hat, ist in der Parallelisierung von Gutem und Licht begründet, wie sie sich mehrmals in den Quellen findet[43]. Allerdings enthalten diese keinen Hinweis auf die beiden Momente des Lichts, die von Hegel dargelegt werden.

Etwas anderes ist aber noch wesentlich: Wir haben schon gesehen, welche Bedeutung J.F. Kleuker für die Schriften hat, an denen Hegel bei seiner Behandlung der persischen Religion sich orientierte. W. Schütz hat nun auf die „neuplatonisierende Auffassung"[44] des Parsismus hingewiesen, die für Kleukers Betrachtungsweise kennzeichnend sei. Belege dafür findet er vor allem in der Schrift ‚Zendavesta im Kleinen'[45]; aber auch eine Stelle im Anhang zur deutschen Ausgabe der Avesta-Texte deutet in diese Richtung:

„In dieser Absicht kenne ich nichts Entwickelteres und Zusammenhängenderes, als das System der Zendbücher: es ist ganz Poesie und Politik, hat Grösse und Einheit, wie das Persische Reich, und viel von der Schönheit des Lichts, das die Seele und das primum mobile dieses ganzen Systems ist"[46].

---

[37] Ebd. S. 313.
[38] Zend-Avesta I, S. 4 f.
[39] Ebd. S. 55.
[40] Ebd. S. 24 f.
[41] Ebd. S. 26.
[42] PhdR II S. 193.
[43] Vgl. z.B. Zend-Avesta I, S. 5 f. und S. 11 und Anhang zum Zend-Avesta I, 1 S. 213 und 228.
[44] A.a.O. S. 88.
[45] Vgl. ebd. S. 88 f.
[46] A. a. O. II, 3 S. 185.

Man kann nun nicht behaupten, daß Hegel diese Auffassung übernommen habe: Das ästhetische Moment, das Kleuker wichtig ist, wird bei Hegel nicht betont. Kleuker und Hegel haben aber das gemeinsam, daß sie das Licht in der persischen Religion so verstehen, wie die griechische Philosophie das Licht überhaupt verstanden hat; denn sowohl das Licht als Allgemeines wie das Licht als „Wesentlichkeit der besondern Dinge" [47] lassen sich nur von der Erkenntnis her interpretieren, daß durch das Licht die Dinge erkannt werden, der Erkenntnis Platos [48]. Es mag sein, daß einzelne Äußerungen Kleukers Hegel darin bestätigt haben, das Licht des Parsismus im Sinn der griechischen Philosophie zu deuten; man muß sich aber klarmachen, daß, sobald vom Licht als solchem gesprochen wurde — und nicht etwa vom Glanz, Feuer oder dgl. — eine solche Deutung für Hegel ohnehin nahelag [49].

2. Der Dualismus

a) Die Zeit

Wenn, wie wir gesehen haben, der Dualismus sowohl den Fortschritt wie die Schranken der persischen Religion deutlich macht, deren begriffliche Stellung sich also an ihm am besten veranschaulichen läßt, dann ist die entscheidende Frage, die wir an Hegels Quellen zu stellen haben, die, ob er auch hier als der unüberwundene Gegensatz sich zeigt, als den Hegel ihn charakterisiert. Hegel kommt selbst auf einen Begriff zu sprechen, der es nahelegen könnte, daß die Gegensätze in einem Höheren aufgehoben sind, das sie aus sich entlassen hat, den der unbegrenzten Zeit, der ‚Zeruane-Akerene' [50]. Er sieht aber auch von hier aus nicht die Notwendigkeit, seine Kritik am persischen Dualismus zu überprüfen. Daran nämlich, daß die „Einheit des Gegensatzes nicht in vollendeter Gestalt gewußt

---

[47] PhdR II S. 193.

[48] Freilich ist damit der Lichtbegriff Platos noch nicht genügend charakterisiert, müssen doch bei diesem inneres und äußeres Licht unterschieden werden, wobei jenes, das „kein Schatten des Diesseits mehr gliedert und teilt", gerade die „Konturen der Dinge" verschwinden läßt (J. Stenzel, Der Begriff der Erleuchtung bei Platon, in: Kleine Schriften zur griechischen Philosophie, Darmstadt 1956, S. 156 — vgl. auch besonders ebd. S. 157 f.). Darüber hinaus liegt Plato die Trennung von Licht und Sonne, wie sie Hegel in der Polemik gegen Goethe vollzogen hat, völlig fern. Für Plato geht, ähnlich wie für Goethe, das Medium des Lichts von der Sonne aus. Das Gute schafft im intelligiblen Bereich, was die Sonne im sichtbaren bewirkt (vgl. ebd. S. 161).

[49] Das hängt — unabhängig von der von griechischer Philosophie bestimmten Denktradition — mit der Leistung zusammen, die die Sprache vollzieht, wenn sie so abstrakte Wörter wie ‚Licht' bildet. Diese Vokabel als solche war der Anknüpfungspunkt für die Überlegungen Hegels, die freilich, wenn sie als Interpretation einer anderen Sprachwelt, die eine entsprechende Vokabel nicht kennt, verstanden werden sollen, fragwürdig werden.

[50] Vgl. PhdWG S. 425. — Es ist bemerkenswert, daß Hegel in seiner religionsphilosophischen Vorlesung darauf nicht eingeht.

wird", vermag auch der Begriff ‚Zeruane-Akerene' nichts zu ändern; denn „in jener unbestimmten Vorstellung von dem unerschaffenen All, woraus Ormuzd und Ahriman hervorgegangen sind, ist die Einheit nur das schlechthin Erste, und sie bringt den Unterschied nicht zu sich zurück [51] ".

Für diese Ausführungen finden sich in den Quellen zahlreiche Belege. Das gilt weniger von der Abhandlung Anquetil du Perrons ‚Erklärung des theologischen Systems der Perser nach den Büchern in Zend, Pehlvi und Parsi' [52]. Hier werden nämlich Aussagen gemacht, die die Zeit, den „Urheber aller Wesen, und insbesondere der beyden Wesen des zweyten Rangs, Ormuzds und Ahrimans" [53], als dauernd wirksames Prinzip erscheinen lassen, dessen Eigenschaften weit darüber hinausgehen, nur das schlechthin Erste zu sein: Die Zeit ist „Schöpferinn des Urlichts, Urwassers, Urfeuers und der Thron des Guten" [54]. Sie besitzt als Urquell alle Eigenschaften, die sie mitteilt, ist folglich

„glanzvoll wie das Licht, rein, liblich und hülfreich wie das Wasser und unaufhörlich wirksam wie das Feuer. Dieß sind die wahren Attribute des Urwesens, absolute Ewigkeit, Glanz, Reinigkeit, Handlung und Wohlthätigkeit" [55].

Die Zeit ist demnach für die Perser „ein thätiges Wesen, das sich seiner Geschöpfe annimmt . . ." [56]. Etwas anders — und mehr im Sinne Hegels — stellt Fouchers ‚Historische Abhandlung über die Religion der Perser seit dem Ursprung dieses Volks bis jetzt' [57] den Sachverhalt dar. Foucher findet es seltsam, daß „Zoroaster . . . Zeruane . . . für den höchsten Gott erkannt haben" soll und doch nicht davon redet, „ausgenommen in einer oder zwey sehr zweydeutigen Stellen, wo er ihn nur beyläufig nennt . . ." [58]. Er bemüht sich aber um eine Erklärung für diesen Tatbestand:

„. . . das hat seinen Grund darinn, daß dieser letzte Grundbegriff aller Dinge für den öffentlichen Religionsdienst und für Liturgien zu abstrakt war, und sich nicht gut wie eine Person denken ließ oder kein Gegenstand für die Einbildungskraft war. Daher blieb die öffentliche Religion der Perser beym Ormuzd stehen, mit dem alle Wesen anfangen, und der als Oberhaupt und König der Welt alles regiert. Um indessen der menschlichen Grübeley, die nicht gern beym ersten der Amschaspands [59] stehen bleibt, nachzuhelfen, machte er die Zeruane-Akerene (Zeit ohne Gränzen) zur letzten Ursache aller Dinge, selbst Ormuzds und Ahrimans . . ." [60].

---

[51] Ebd. S. 425.
[52] Anhang zum Zend-Avesta I, 1 S. 185—324.
[53] Ebd. S. 186.
[54] Ebd. S. 197.
[55] Ebd. S. 197.
[56] Ebd. S. 198.
[57] Anhang zum Zend-Avesta I, 2.
[58] Ebd. S. 287.
[59] Gemeint sind die ‚Amesha Spentas', eine Siebenzahl von göttlichen Geistern im Avesta (vgl. den Artikel in: RGG[3], I, Tübingen 1957, Sp. 321 f.). Zu den sechs Amesha Spentas tritt — nach der Lehre Zarathustras — Ahura Mazdā hinzu, so, daß dieser die Ganzheit ist, während jene nur „Seiten oder Aspekte der Ganzheit" (Widengren a. a. O. S. 80) verkörpern. Die Amesha Spentas stellen ein „sublimiertes Substitut der alten indoiranischen „funktionellen" Götter" dar (ebd. S. 12). (Hegel geht besonders XV S. 431 auf sie ein, zu seinen Quellen vgl. Zend-Avesta I S. 15; II S. 257 und Anhang zum Zend-Avesta, 1 S. 239).
[60] Anhang zum Zend-Avesta I, 2 S. 287 f.

Die Einführung des Begriffs der ‚Zeruane-Akerene‘, die Foucher einem von ihm erschlossenen ‚zweiten Zoroaster‘ zuschreibt [61], vermag — nach Fouchers Meinung — nicht den persischen Dualismus zu überwinden.

„Er (Zaruam) ist nicht Schöpfer der Welt, er regiert sie nicht; vielmehr Ormuzd und Ahriman kämpfen nun Jahrtausende darum; jener hat sich zurückgezogen und befaßt sich mit nichts: umsonst würde man ihn anrufen, er hört nicht. Alles Gute kommt von Ormuzd, alles Böse von Ahriman. So wird selbst der zweite Zoroaster wieder Dualist, weil er das höchste Urwesen Zaruam, unthätig seyn läßt“ [62].

Wir sehen, daß der Gedankengang Hegels hier bis ins Einzelne vorgebildet ist, wobei allerdings Foucher, was die Differenziertheit des Urteils anbelangt, sich mit Hegel nicht messen kann. Genügt es jenem, den Dualismus festzustellen, um damit seine Geringschätzung der persischen Religion zu rechtfertigen [63], so weist dieser den begrifflichen Fortschritt auf, der mit dem Dualismus als solchem gegeben ist, gehört das Prinzip desselben doch zum „Begriff des Geistes, der, als konkret, den Unterschied zu seinem Wesen hat“ [64].

Beurteilen wir diese Erörterungen von unserem Forschungsstand aus, so ist zunächst klar, daß es sich bei der Lehre von der ‚Zeruane-Akerene‘ um die Grundanschauung des Zervanismus handelt, der „durch den Glauben an eine Höchste Gottheit, die als die Zeit aufgefaßt wird, charakterisiert ist“ [65]. Dieser Glaube ist keineswegs identisch mit dem Zarathustras, der „einen Monismus mit einem scharfen Dualismus“ [66] kombiniert, indem er auf der einen Seite Ahura Mazdā über den Gegensatz von Gut und Böse erhaben sein läßt, auf der anderen Seite aber das Böse aus dem Wesen Ahura Mazdās aussondert und somit — ohne sich dessen bewußt zu sein, ein in sich unausgeglichenes System konstruiert [67]. Das ändert indessen nichts daran, daß der Zervanismus sich bis in die achämenidische Zeit zurückverfolgen läßt [68]. Die Stellen im Avesta, wo sich der Name Zervan findet [69], zeigen, daß es sich hier um eine von den Magiern verehrte Gottheit

[61] Vgl. ebd. S. 322.
[62] Ebd. S. 327.
[63] Vgl. besonders das ebd. S. 296 Gesagte: „Man sieht hier den vollkommensten Dualismus; den reinsten Manichäismus, und man sollte eine solche Religion noch hoch achten!“
[64] PhdWG S. 425.
[65] Widengren a. a. O. S. 149.
[66] Ebd. S. 75.
[67] Vgl. ebd. S. 75; vgl. auch R. C. Zaehner, Zurvan, A Zoroastrian Dilemma, Oxford 1955, wo die in Frage kommenden Texte S. 275 ff. zusammengestellt sind.
[68] Vgl. Widengren a. a. O. S. 149 ff.
[69] Es ist notwendig, an dieser Stelle noch etwas auf die avestische Kanonbildung einzugehen. Sicheres läßt sich hierüber nicht sagen, doch kann man folgenden wahrscheinlichen Verlauf skizzieren: Der Prozeß der Kanonbildung setzte im 3. Jh. n. Chr. ein; hier ging es vor allem um die Abgrenzung gegen die Manichäer, aber auch gegen andere nicht-iranische Religionen. Der zweite Schritt erfolgte unter Sahpuhr II. (309—379) und war hauptsächlich gegen die Christen gerichtet. Die letzte Redaktion wurde unter Xosrau I (529—578) vorgenommen, als man die mazdakitische Bewegung vernichtete. Dabei wurden die zervanitischen Bestandteile soweit wie möglich entfernt. Man muß sich indessen klarmachen, daß manches, was so aus dem Avesta getilgt wurde, im Pahlavischrifttum fortlebt, in dem sich manche heterodoxe,

handelt, die eine „schicksalsentscheidende eschatologische Rolle spielt"[70], also als das nur schlechthin Erste nicht angemessen erfaßt werden kann. Ebenso ist es unmöglich, in Zervan nur ein Abstraktum zu sehen; denn Zeugnisse aus der parthischen Zeit belegen eindeutig, daß dieser auch als eine tätige Gottheit empfunden wurde, wie entsprechend der Zervanismus eine „lebendige Religion mit wirklichen Opferriten"[71] war. Freilich muß man sagen, daß von hier aus Hegel sich noch nicht korrigieren läßt, da er — seinen Quellen folgend — den erst in der sassanidischen Zeit ausgebildeten Unterschied von begrenzter und unbegrenzter Zeit[72] voraussetzt. Allerdings hat er gerade den Aspekt von Zervan, der noch am ehesten als persönlich gedacht werden könnte, Zurvān i akanārak, die unbegrenzte Zeit, als Abstraktum bezeichnet, während er auf den abstrakt gedachten Zamān i kanārakōmand, die begrenzte Zeit[73], nicht eingeht. Dennoch ist seine an Foucher orientierte Beurteilung nicht unzutreffend, wenn man bedenkt, daß Zervan im ganzen „mehr ein abstraktes Prinzip als einen wirklich lebendigen Gott darzustellen scheint. Aller Wahrscheinlichkeit nach war Zervan von dem Zeitpunkt an, wo wir auf ihn treffen, ein deus otiosus. Dieser Tatbestand ... erklärt ... warum ihm keine kultische Verehrung mit Opfer zuteil wird"[74]. Es fragt sich indessen, ob man von hier aus mit Hegel folgern muß, der Dualismus sei in dieser Form nicht überwunden. Wenn nämlich das Weltgeschehen als Selbstentwicklung des Zeitgottes verstanden wird[75], wenn Ōhrmazd und Ahriman zwar erhalten bleiben, aber Zervan beiden so übergeordnet wird, daß Determinismus, ja eine fatalistische Betrachtungsweise die Folge ist[76], dann ist es nicht sicher, ob der im Dualismus implizierte begriffliche Fortschritt hier überhaupt noch vollzogen wird.

---

besonders zervanitische Überlieferung erhalten hat (vgl. Widengren a. a. O. S. 245—259, besonders S. 257 ff.). Von hier aus fällt auch Licht auf die Diskussion, wie sie in den Quellen Hegels geführt wird. Foucher hat ganz recht, wenn er sich darüber wundert, daß ‚Zeruane' der höchste Gott sein soll und doch nur an wenigen Stellen beiläufig erwähnt wird (s. o. S. 121). Nur war ihm natürlich die wirkliche Ursache dafür nicht bekannt, und so mußte er zu seiner eigenen, heute nicht mehr haltbaren Erklärung Zuflucht nehmen. Daß Anquetil du Perron über ‚Zeruane' sehr viel mehr zu sagen weiß, hängt damit zusammen, daß er sich an dem dem Pahlavischrifttum zugehörigen Bundahišn orientiert hat (vgl. Anhang zum Zend-Avesta 1, 1 S. 185: „Das Bun-Dehesch erkennt ... ein Urwesen vor den beyden Principien des Weltalls, das ...").

[70] Widengren a. a. O. S. 151.
[71] Ebd. S. 219.
[72] Vgl. ebd. S. 292. — Den Unterschied zwischen ‚Unbegrenzter Zeit' und ‚Langherrschender Zeit' kann man schon im Avesta entdecken (vgl. ebd. S. 292). Auf diese Unterscheidung wird heute vielfach Platons Aion-Chronos-Unterscheidung zurückgeführt (vgl. den instruktiven Artikel: Aion von K. Deichgräber, in: RGG³ 1, Tübingen 1957, Sp. 193 ff., besonders Sp. 194).
[73] Vgl. Widengren a. a. O. S. 292.
[74] Ebd. S. 292 f. So allgemein, wie das hier den Anschein hat, kann es freilich nicht gelten, wenn wir damit das vergleichen, was Widengren auf S. 219 schreibt.
[75] Vgl. ebd. S. 292.
[76] Vgl. ebd. S. 294 f.

b) Die Eschatologie

Kann man — im ganzen gesehen — nicht behaupten, daß der Zervanismus in der Lage war, den Dualismus noch in der persischen Religion selbst zu überwinden, so ist damit gleichwohl die Frage noch nicht beantwortet, ob nicht die persischen Aussagen über die Eschatologie diese Überwindung leisten. Denn darüber lassen die Quellen Hegels keinen Zweifel, daß der Lichtgott Ōhrmazd am Ende der Zeiten über den Gott der Finsternis, Ahriman, triumphieren wird [77]. Dabei ist es unwesentlich, ob dieser Triumph sich so vollzieht, daß Ahriman sich zum Guten bekehrt und Priester Ōhrmazds wird [78], oder so, daß auch Ahriman selbst aufhört zu sein [79]. Hegel war sich sehr wohl darüber im klaren, daß man von hier aus Einwände gegen seine Sicht des persischen Dualismus erheben konnte. Er sucht diesen mit folgender Argumentation zu begegnen: „Das Böse soll zwar überwunden, ausgeglichen werden; aber was soll, ist nicht. Sollen ist eine Kraft, die sich nicht ausführen kann, dieses Schwache, Ohnmächtige" [80]. Ohne Zweifel liegt in dieser Kritik ein Wahrheitsmoment, da in der Tat die Aussagen der persischen Religion den Sieg Ōhrmazds am Ende der Zeiten nicht recht begründen. Darauf hatte schon der für Hegels Persienbild bedeutsame Foucher aufmerksam gemacht, wenn er schrieb:

„Es ist wahr, daß Ormuzd am Ende den vollen Sieg davon tragen soll, wenigstens heißt es so, ohne daß man weiß warum, weil der Kampf keinen Schiedsrichter hat" [81].

Dennoch ist es überraschend, wie knapp die Kritik Hegels ausgefallen ist. Eine Konzeption der Weltgeschichte, die von China über Indien nach Persien gelangt,

---

[77] Vgl. Zend-Avesta 1, S. 5, 11, 24 f., 55; 3 S. 59; Anhang zum Zend-Avesta 1, 1 S. 280 f.; 1, 2 S. 282, S. 296, 322 und 333.

[78] Vgl. Zend-Avesta 1 S. 6: „Der Ewige hat ihn (Ahriman, d. V.) zur Dauer in Ewigkeit der Ewigkeit geschaffen, er soll aber nicht immer Grundfeind des Lichts, Bestreiter des Guten, König der Finsterniß bleiben, sondern nach der Todtenauferstehung wird er von Ormuzd bis zur Ohnmacht geschlagen . . . er selbst . . . wird auf ewig Freund mit Ormuzd"; 3 S. 56: „Er (Ahriman, d. V.) hat immer geschlagen, und ist von jeher böse gewesen, und ists noch, wird aber einst nicht mehr böse seyn, noch schlagen . . . Die Genossen Ahrimans werden, wenn einst die Toten leben, schwinden — Er selbst wird ohn' Ende seyn"; Anhang zum Zend-Avesta 1, 1 S. 216: „Ahriman ist König und wird ohne Ende seyn"; S. 225: „Ahriman wird sich am Ende der Jahrhunderte bekehren, dem Übel entsagen, und sich dem Gesetz Ormuzds unterwerfen . . ."; S. 227: „Ahriman bekehrt, dem Ormuzd unterthan, sein Priester; in der Hölle selbst das Gesetz des guten Principium verkündigend" und S. 284: „Das Principium des Bösen soll . . . seinen bösen Gesinnungen entsagen . . . Ahriman wird als diensthabender Priester . . . mit den Lobgesang der guten Genien und derer, die ehemals böse waren, stimmen".

[79] Vgl. Anhang zum Zend-Avesta 1, 1 S. 227: „. . . als der Sadder Bun-Dehesch, welcher sagt, daß Ahriman sein Daseyn verlieren werde"; von einer Rückkehr in die Urfinsternis redet 1, 2 S. 339; vgl. auch II, 3 S. 80: „. . . da Ahriman durch eben die Plagen, welche er selbst in die Welt gebracht hatte, aufgerieben und aus der ganzen Natur verbannt werden soll" und S. 81: „Endlich aber werde es mit Ahriman doch aus seyn".

[80] PhdR II S. 192.

[81] Anhang zum Zend-Avesta 1, 2 S. 296.

hätte das grundlegend Neue, das sich in diesem Lande zeigt, wenn die Welt als ganze als geschichtlicher Prozeß verstanden wird, der sich auf einen in der Zukunft liegenden Abschluß zubewegt [82], eingehender würdigen müssen. Die Feststellung, daß das, was sein soll, nicht ist, genügt nicht; sie verdeckt vielmehr die Leistung der Perser, die darin besteht, die Vorstellung eines e i n m a l i g e n G e - s c h i c h t s v e r l a u f s ausgebildet zu haben. Es wäre besser gewesen, wenn Hegel den begrifflichen Fortschritt der persischen Religion an dieser Leistung deutlich gemacht hätte, statt ihn über einen im Sinne der griechischen Philosophie verstandenen Lichtbegriff sich vollziehen zu lassen.

---

[82] Wesentliche Themen der Eschatologie wie Totenauferstehung (vgl. Zend-Avesta 1 S. 6; 3 S. 56) oder ewige Seligkeit (vgl. Anhang zum Zend-Avesta 1, 2 S. 339:,,endlich werden alle Menschen ohne Unterschied, von aller Uneinigkeit frei, über die Brücke Tschinevad in den Gorotman einer ewigen Glückseligkeit gehen") werden ja im Avesta behandelt. — Man muß sich allerdings davor hüten, von unserer Vertrautheit mit der eschatologischen Fragestellung her ungeschichtliche Kritik an Hegel zu üben. Dennoch ist auffallend, daß er das Wesentliche, was Persien von China und Indien trennt, so wenig gesehen hat.

IV. Die ägyptische Religion

A. Die begriffliche Bestimmung als solche

Die ägyptische Religion[1] hat mit der persischen insofern dieselbe Grundlage, als es auch bei ihr um die „R e s u m t i o n" der die ‚Religion der Fantasie' kennzeichnenden „wilden, ausgelassenen Totalität in concrete Einheit"[2] geht. Sie überschreitet indessen die Schranke, die sich im Dualismus der persischen Religion zeigt, da nun das Böse nicht mehr außerhalb des Guten ist, sondern die Subjektivität beide entgegengesetzten Prinzipien in sich vereinigt. Wir haben hier also ein Subjekt, „das sich sich selber entfremdet, in der Negativität seiner festgehalten wird, aber in und aus dieser Entfremdung sich selbst wiederherstellt"[3]. Freilich kann man hier noch nicht von einer Subjektivität reden, „die sich wirklich vollkommen erreicht und schon vollendet hat"[4]. Es ist zwar die

---

[1] Es mag überraschen, daß die begrifflichen Bestimmungen der Lassonschen Ausgabe und der ‚Werke' auch hier zusammengenommen werden, obwohl nur in diesen sich ein Abschnitt über die syrische Religion findet und von da aus sich die Vermutung nahelegen könnte, die ägyptische Religion müsse hier anders eingeordnet werden als in den von Lasson herausgegebenen Vorlesungen. Es fragt sich aber, ob der Abschnitt ‚Die syrische Religion oder die Religion des Schmerzes' (XV S. 434—437) nicht eine Intrapolation Bruno Bauers ist. Natürlich kann man nicht behaupten, Bauer habe das hier Gesagte frei erfunden. Die Vorlesungen über Philosophie der Geschichte zeigen, daß Hegel sehr wohl von einer syrischen Religion reden konnte, in der das ‚Element des Schmerzes' vorherrscht (vgl. PhdWG S. 450—452). Das, was er in der ägyptischen Religion am Tod des Osiris zeigt, kann er hier am Tod des Adonis darstellen (vgl. PhdWG S. 451 und PhdR II S. 213). Beides steht auf der gleichen begrifflichen Stufe. Die Schwierigkeit bei der Ausgabe der ‚Werke' liegt darin, daß hier eine Stufenfolge vorliegt, wobei die syrische Religion vor die ägyptische zu stehen kommt (vgl. XV S. 434 ff.) So ergeben sich drei Religionen des Übergangs: zunächst die persische Religion, wo das Fürsichsein des Guten noch oberflächlich ist, dann die Form, „wo der Kampf, Schmerz, Tod selbst i n d a s W e s e n gesetzt wird – die syrische Religion", schließlich das „S i c h h e r a u s r i n g e n aus dem Kampf, das Fortgehen zur eigentlichen Bestimmung freier Geistigkeit ... die ä g y p - t i s c h e R e l i g i o n" (XV S. 421). Diese Bestimmungen werden aber in den Ausführungen zu den einzelnen Religionen zum Teil nur ungenügend expliziert. Das gilt noch nicht für die persische Religion; auch das über die syrische Religion Gesagte mag noch hingehen; auffallend ist aber, daß die Ausführungen über die ägyptische Religion unmittelbar an die persische anschließen (vgl. XV S. 438 f.) und daß überhaupt nicht gezeigt wird, inwiefern die ägyptische Religion über die syrische hinaus zur Geistigkeit fortgeht. Es ist also wenig wahrscheinlich, daß die Anordnung der ‚Werke' der Anordnung entspricht, die Hegel der religionsphilosophischen Vorlesung des Jahres 1831 gegeben hat. Vielmehr muß man vermuten, daß diese Folge der Religionen auf Bruno Bauer zurückzuführen ist, der — ausgehend von Äußerungen über die syrische Religion in Hegels Geschichtsphilosophie und durch ein starkes Verlangen nach Symmetrie motiviert — den drei die Entzweiung des Bewußtseins darstellenden Religionen des Maßes, der Fantasie und des Insichseins die drei Religionen des Guten oder des Lichts, des Schmerzes und des Rätsels gegenüberstellte, die den Übergang zur Religion der Freiheit markieren.

[2] XV S. 421.   [3] PhdR II S. 207.   [4] XV S. 438.

Subjektivität „in ihrer Realität, aber noch nicht in wahrhaft wirklicher Freiheit, sondern gärend in und aus dieser Realität"[5]. Das heißt, daß sie noch „von der Natur affiziert wird"[6], so daß die Negation, als natürlich bestimmte, als Tod erscheint[7]. Neben der realen Macht, der Subjektivität, besteht noch die Macht an sich, die als Subjekt in jeder beliebigen Gestalt, sei es als Mensch, sei es als Tier usf., vorgestellt wird[8]. Kennzeichnend für die ägyptische Religion ist gerade die „Vermischung der substanziellen Einheit und der Subjektivität"[9]. Die Subjektivität auf dieser Stufe ist die „Mitte zwischen Substanz und freier Subjektivität"[10]. Daher ist diese Stufe, der Übergang „der früheren Gestalten auf die höhere Stufe der Religion"[11], „voller Inkonsequenzen und ist selbst die Aufgabe der Subjektivität, sich zu reinigen"[12]. Die ägyptische Religion ist die ‚Religion des Rätsels'.

B. Hegels Kenntnisse der ägyptischen Religion

Die Geschichte der Ägyptologie als Wissenschaft beginnt mit zwei Ereignissen, die beide im Zusammenhang des Napoleonischen Feldzuges an den Nil stehen[13]. Zuerst ist die archäologische Expedition im Auftrage und Gefolge des Kaisers zu erwähnen, deren Forschungsziel die Aufnahme der Denkmäler war. Der Ertrag dieser geglückten Unternehmung wurde in den Bänden der ‚Description de l'Egypte'[14] veröffentlicht, die die Grundlage für die weitere Arbeit bildeten. Das zweite Ereignis ist die rein zufällige Auffindung des griechisch-ägyptischen Inschriftensteines von Rosette durch einen französischen Offizier. Auf Grund dieses Steines gelang es J. Fr. Champollion nachzuweisen, daß die Hieroglyphenschrift eine Lautschrift ist. Sein 1824 in Paris veröffentlichter Abriß des hieroglyphischen Schriftsystems ‚Précis du système hiéroglyphique' hat sich in der Hauptsache als richtig erwiesen[15].

---

[5] PhdR II S. 204.
[6] Ebd. S. 204.
[7] Vgl. XV S. 447 und PhdR II S. 207 f.
[8] Die Ausführungen in der Lassonschen Ausgabe sind hier unpräzis, zum Teil sogar falsch. So darf es nicht heißen: Wunder können erst da sein, „wo der Gott als Subjekt bestimmt ist und als a n s i c h s e i e n d e (Sperrung von mir) Macht in der Weise der Subjektivität wirkt" (PhdR II S. 205). Vielmehr muß hier, wie es auch die Ausgabe der Werke tut, von der für sich seienden Macht geredet werden (vgl. XV S. 443). Auch der folgende Satz der Lassonschen Ausgabe: „Insofern die Macht als Subjektivität vorgestellt wird, ist es gleichgültig, welche Gestalt ihr gegeben wird ..." (PhdR II S. 205) befriedigt nicht; die Ausgabe der ‚Werke' sagt, um welche Macht es sich handelt: um die an sich seiende (vgl. XV S. 443).
[9] PhdR II S. 206.
[10] XV S. 444.
[11] Ebd.
[12] PhdR II S. 207.
[13] Vgl. S. Morenz, Die Begegnung Europas mit Ägypten, Zürich/Stuttgart 1969, S. 144 ff.
[14] Paris 1809–13, ²1820–30.
[15] Vgl. Brockhaus Enzyklopädie, 3, Wiesbaden 1967, S. 688. — Hegel ist über die Forschungen

Aus dem Gesagten ergibt sich, daß die wissenschaftliche Erforschung Ägyptens noch ganz am Anfang war, als Hegel sich mit diesem Land beschäftigte. Haben wir also grundsätzlich hier den gleichen relativ geringen Forschungsstand wie in Persien und Indien, so besteht doch ein wesentlicher Unterschied: Von der Literatur dieser beiden Länder war wenigstens einiges, zum Teil sogar sehr Wichtiges, bekannt, von Ägypten aber gar nichts. Es kommt hinzu, daß auch die Reiseberichte, die Hegel heranzieht, vor allem G. Belzonis ‚Narrative of the Operations and Recent Discoveries ... in Egypt and Nubia ...‘[16], weit davon entfernt sind, ein so detailliertes Bild zu geben wie etwa die ‚Mémoires‘ für China. Die Folgerung, die Hegel selbst ausspricht, ist die, daß ,,um Ägypten kennen zu lernen ... wir ... überhaupt nur auf die Nachrichten der Alten und auf die ungeheuren Monumente ... angewiesen"[17] sind. Der Unterschied Ägyptens zu den Ländern, die bisher von uns behandelt wurden, besteht darin, daß hier die antiken Autoren *primäre* Bedeutung für die Ausführungen Hegels haben.

Sehen wir nun genauer zu, um welche Autoren es sich hierbei handelt, so können wir uns im wesentlichen an eine Zusammenstellung halten, die Hegel selbst gegeben hat[18]. Vor allen andern nennt dieser mit Recht Herodot, der besonders im zweiten Buch seines großen Geschichtswerkes[19] sich mit Ägypten befaßt, das er um 450 v. Chr. selbst bereist hat. Sind auch die geschichtlichen Partien der Ausführungen Herodots heute mit Vorsicht zu benützen, so hat doch ,,alles, was er über die Denkmäler des Landes, über die Sitten und Bräuche des Volkes sagt, bleibenden Wert"[20]. Bei seiner Darstellung der ägyptischen Religion zeigt sich ein eigenartiger ‚Phänomenalismus‘, der ihn davon abhält, ‚heilige Geschichten‘ zu erzählen[21], obwohl er viele von den ägyptischen Priestern gehört hat. Besonders hier, aber auch sonst, bietet der zweite von Hegel genannte Autor wichtige Ergänzungen: Diodorus Siculus. Im ersten Buch seiner ‚Historischen Biblio-thek‘[22], eines als Universalgeschichte geplanten Werkes, beschäftigt er sich mit

---

Champollions schon unterrichtet (vgl. PhdWG S. 462 und 463), ohne daß diese einen bedeutenden Einfluß auf sein Ägyptenbild hätten haben können.

[16] London 1821. — Hegel erwähnt auch den Orientforscher Johann Ludwig Burckhardt (vgl. PhdWG S. 503 f.).

[17] PhdWG S. 462.   [18] Vgl. ebd. S. 461 f.

[19] Die von mir zugrundegelegte Ausgabe der ‚Historien‘ Herodots ist die in der Tusculum-Bücherei erschienene: hrsg. von J. Feix, 2 Bände, München 1963. Hegel konnte sich über das Werk Herodots in der deutschen Übersetzung J. F. Degens orientieren (der hier in Frage kommende Band I ist 1783 in Frankfurt erschienen).

[20] Historien S. 1289.

[21] Vgl. Herodot II 65, 2 und M. Kaiser, Herodots Begegnung mit Ägypten, in: S. Morenz, Die Begegnung Europas S. 258 ff.

[22] Ich benutze die Ausgabe der Classical Library: Diodorus of Siciliy, with an english translation by C. H. Oldfather, in twelve volumes, I, London MCMLX. — Hegel konnte auf verschiedene Ausgaben des Werkes von Diodor zurückgreifen: Vor allem zu nennen ist die griechisch-lateinische Ausgabe von Petrus Wesseling, 2 Bände, Amsterdam 1746, da sie ein ,,monument of zeal and scholarship" ist (Diodorus of Sicily S. XXIII). Die Wesselingsche Ausgabe wurde 1793—1807 in Zweibrücken und Straßburg erneut herausgegeben, bereichert um Abhandlungen von C. G. Heyne und I. N. Eyring. Auch eine rein griechische Ausgabe lag vor: H. Eichstädt: Der Griechische Text der Bücher I bis V, X—XIV, 2 Bände, Halle 1800—1802.

Ägypten, das er im Jahre 59 v. Chr. selbst kennenlernte [23]. Der dritte Autor der Zusammenstellung Hegels hat dessen Ägyptenbild nicht wesentlich beeinflußt. Es handelt sich um Flavius Josephus, vor allem um dessen Werk ‚Jüdische Altertümer', wo an einigen, im allgemeinen recht tendenziös gehaltenen Stellen [24] auf Ägypten eingegangen wird. Schließlich ist noch ein weiterer Autor zu nennen, den Hegel in diesem Zusammenhang bemerkenswerterweise nicht nennt [25], obwohl er in seinen Ausführungen sich öfters auf ihn bezieht: Plutarch, und zwar genauer dessen im 5. Band der ‚Moralia' sich findende Schrift über Isis und Osiris [26]. Obwohl Plutarch selbst keine besonders gründlichen Kenntnisse Ägyptens besaß [27], hat dieses Werk eine große Bedeutung für die Ägyptologie erlangt, was sich vielleicht am besten daran illustrieren läßt, daß 1940 Th. Hopfner es erneut — mit Übersetzung und ausführlichem Kommentar versehen — herausgebracht hat [28].

C. Die begriffliche Bestimmung in ihrem Verhältnis zu den Quellen

1. Die Religion des Rätsels

Daß die ägyptische Religion bei Hegel als ‚Religion des Rätsels' erscheint, ist keineswegs so singulär, wie man zunächst vermuten könnte. Schon Herder sieht in seinen ‚Ideen zur Philosophie der Geschichte der Menschheit' Ägypten als das

---

[23] Vgl. Diodorus of Sicily S. VIII.

[24] Vgl. Antiquitates I, 161—168 und besonders die Charakterisierung der Ägypter II, 201 sowie die Ausführungen II, 203. — Ich benutze wiederum die Ausgabe der Loeb Classical Library: Josephus in nine volumes with an english translation by H. St. J. Thackeray, London MCMLXVII.
Hegel konnte auf die 1578 in Straßburg erschienene Ausgabe ‚Flavii Josephi, des hochberühmten jüdischen Geschichtsschreibers Historien und Bücher' zurückgreifen.

[25] Ausdrücklich erwähnt Hegel die für uns hier wichtige Schrift Plutarchs in der Ästhetik (a. a. O. I S. 455), und zwar bezeichnenderweise da, wo er das Griechentum behandelt.

[26] Zur Zeit Hegels gab es schon verschiedene Ausgaben der ‚Moralia' Plutarchs. Besonders zu nennnen ist die von Daniel Wyttenbach bearbeitete, die 1795—1830 in Oxford erschienen ist und gleich anschließend in Leipzig nachgedruckt wurde (1796—1834; vgl. zu den verschiedenen Ausgaben: Plutarch's Moralia in fifteen volumes with an english translation by F. C. Babbitt, I, London MCMLX, S. XXIII—XXVI). Hegel konnte die ‚Moralia' auch schon auf deutsch lesen, und zwar in der Übersetzung J. F. S. Kaltwassers (Frankfurt 1783—1800), an der sich Goethe 1811 in Karlsbad vergnügte (vgl. H. Pongs, Das kleine Lexikon der Weltliteratur, Stuttgart⁵ 1963 Sp. 1339). Die Erzählung über Isis und Osiris findet sich im dritten Band dieses Werkes (Frankfurt 1786) auf den Seiten 374 bis 482.

[27] Vgl. die von Babbitt herausgegebene englische Ausgabe, Bd. V, London MCMLXII, S. 3.

[28] Plutarch, Über Isis und Osiris, Nachdruck Darmstadt 1967. — Die Behauptung von H. J. Schoeps, Hegel habe seine Kenntnisse der alten Schriftsteller der von P. E. Jablonski zusammengestellten Sammlung: Pantheon Aegyptiorum I—III, Frankfurt 1750 ff., entnommen (Die außerchristlichen Religionen bei Hegel S. 267), halte ich für unbegründet: Bei allen für Hegel wichtigen Schriftstellern lagen Einzelausgaben vor, so daß keine Veranlassung bestand, auf diese recht unübersichtliche Zitatensammlung zurückzugreifen.

Land, „das wegen seines Altertums, wegen seiner Künste und politischen Einrichtung wie ein Rätsel der Urwelt dasteht" [29]. Daß Ägypten diesen Eindruck vermitteln konnte, hängt natürlich mit der Eigenart seiner Kunstwerke, der noch nicht entzifferten Hieroglyphenschrift und der sich daraus ergebenden Unkenntnis der Literatur dieses Landes zusammen. Soweit dieser Zusammenhang besteht, ist für uns eine derartige Charakterisierung nicht mehr nachzuvollziehen, da heute bei diesem Land eine Fülle gerade religiöser Literatur bekannt ist [30]. Eine Deutung Ägyptens zu Beginn des 19. Jahrhunderts wird von uns also um so leichter übernommmen werden können, je mehr sie die Reflexion auf die Möglichkeit weiterer Forschungsergebnisse in sich einbezogen hat. Die Schwierigkeit der Bestimmung Hegels liegt darin, daß hier das Fehlen von Literatur nicht als in der Zukunft revidierbares Ergebnis erscheint, sondern — an sich tiefsinnig — aus dem Wesen des Ägyptischen selbst hergeleitet wird. „Die Ägypter besitzen nicht so ein Buch, wie es die Juden haben, keinen Homer, kein Ramayana, — sonst wüßten wir, wie wir mit ihnen daran wären. Aber sie haben kein Nationalwerk der Sprache gehabt ... Es scheint dies zufällig zu sein, ist aber dem ägyptischen Standpunkt angemessen: sie konnten keines haben, weil sie sich nicht zum Verständnis ihrer selbst durch die Sprache haben bringen können. Der Defekt eines Originalwerkes ist allein der Effekt der Nichtanschauung ihrer selbst. Die Zeichen des Geistes sind bei ihnen noch in der Unmittelbarkeit; so haben sie sich durch Hieroglyphen, durch Bauwerke und Skulpturen ausgesprochen, d. h. ihr Geist war ihnen selbst ein Rätsel" [31]. Bei keiner der bisher von uns behandelten Religionen hat der Forschungsstand einen so unmittelbaren Ausdruck gefunden wie hier, wo Hegel die ägyptische Religion als ‚Religion des Rätsels' zu beschreiben sucht [32].

Dennoch kann man nicht behaupten, daß diese Charakterisierung ausschließlich mit den geringen Kenntnissen zu erklären ist, die man damals von der ägyptischen Religion hatte. Vielmehr muß ein antiker Autor herangezogen werden, der erst die ähnlichen Kennzeichnungen bei Herder und Hegel voll verständlich macht: Plutarch. In dessen Werk ‚Über Isis und Osiris' lesen wir folgendes:

---

[29] A. a. O. S. 320; vgl. auch J. J. Winckelmann, der in einem Werk, das Hegel bekannt war (vgl. z. B. PhdWG S. 504), der Geschichte der Kunst des Altertums, über die Ägypter schreibt: „Ihr Denken ging das Natürliche vorbey, und beschäftigte sich mit dem Geheimnißvollen" (Erster Teil, Dresden 1764, S. 34).

[30] Vgl. S. Morenz, Ägyptische Religion, Stuttgart 1960, S. 226.

[31] PhdWG S. 462.

[32] Auch bei dem Charakter der Ägypter zeigt sich für Hegel die Rätselhaftigkeit dieses Landes. Der „ungeheure Kontrast" (PhdWG S. 508), der hier hervorzuheben ist, läßt eine einseitige Bestimmung wie diejenige Winckelmanns, der in den Ägyptern ein Volk sieht, „welches zur Lust und Freude nicht erschaffen schien" (a. a. O. S. 33 f.; vgl. PhdWG S. 504), nicht zu. Hegel verweist mit Recht auf den lebensfrohen Amasis (vgl. PhdWG S. 504 f.), dessen von Herodot gezeichnetes Bild (II, 172—182) durch einen ägyptisch-demotischen Papyrus bestätigt worden ist (vgl. E. Otto, Ägypten, Stuttgart [4] 1953, S. 238). In diesem Zusammenhang gibt er auch die Erzählung vom Schatz des Rampsinit wieder (Herodot II, 121; vgl. PhdWG S. 506 f.), die bei H. Heine eine poetische Ausgestaltung erfahren hat (Romanzero I, 1). Es ist nicht sicher, ob mit ‚Rampsinit' Ramses II. oder Ramses III. gemeint ist (vgl. dazu Morenz, Begegnung S. 158).

„καὶ παραδηλοῦσιν αὐτοὶ (die Ägypter) πρὸ τῶν ἱερῶν τὰς σφίγγας ἐπι εἰκὼς ἱστάντες, ὡς αἰνιγματώδη(!) σοφίαν τῆς θεολογίας αὐτῶν ἐχούσης. τὸ δ' ἐν Σάει τῆς Ἀθηνᾶς ,ἣν καὶ Ἶσιν νομίζουσιν, ἕδος ἐπιγραφὴν εἶχε τοιαύτην" ἐγώ εἰμι πᾶν τὸ γεγονὸς καὶ ὂν καὶ ἐσόμενον καὶ τὸν ἐμὸν πέπλον οὐδείς πω θνητὸς ἀπεκάλυψεν" "³³.

Allerdings können wir heute von dieser für das Ägyptenbild des ausgehenden 18. und beginnenden 19. Jahrhunderts sehr wichtigen Stelle nicht mehr auf den geheimnisvollen Charakter der ägyptischen Religion schließen; denn die Sphinxe vor den Tempeln hatten nicht die Aufgabe, diesen anzudeuten, wie Plutarch, aber auch Clemens von Alexandrien, meinten; vielmehr waren sie „Wächter der Heiligtümer und Gräber"³⁴. Ebenso wenig können wir die Interpretation übernehmen, die in der berühmten Inschrift zu Sais die Rede von der verhüllten Wahrheit sieht — sei es, daß dies ganz allgemein gefaßt wird wie in dem Gedicht Schillers ,Das verschleierte Bild zu Sais'³⁵, sei es, daß es — in deutlicher Abgrenzung davon — als Eigentümlichkeit des ägyptischen Geistes dargestellt wird wie bei Hegel³⁶, der auf diese Inschrift da zu sprechen kommt, wo er den Übergang von den Naturreligionen zu den Religionen der geistigen Individualität vorbereitet³⁷. Wir wissen vielmehr heute, daß der Passus ,καὶ τὸν ἐμὸν πέπλον οὐδείς πω θνητὸς ἀπεκάλυψεν'sich auf das Sexuelle bezieht: Die Göttin deutet an, „daß niemand mit ihr Geschlechtsverkehr gepflogen und sie daher die Sonne aus sich allein geboren hatte"³⁸.

³³ Kap. 9. — Den griechischen Text entnehme ich der von F. C. Babbitt besorgten Ausgabe (a. a. O.), die hier folgende deutsche Übersetzung der Ausgabe Th. Hopfners (a. a. O. 2 S. 8): „Und daß ihre Theologie eine rätselvolle Weisheit ist, das deuten die Ägypter selbst dadurch an, daß sie vernünftiger Weise vor den Tempeln die Sphinxe aufstellen. Ferner trug der Thronsitz der Athene in Sais, die man auch für die Isis hält, folgende (mystische) Inschrift: „Ich bin alles, was ward, ist und sein wird, und noch kein Sterblicher hat jemals mein Gewand gelüftet" (ohne Sperrungen zitiert). Neben dieser Wiedergabe der Inschrift zu Sais kennt Hegel auch diejenige, die sich bei Proklus findet (Platon, Tim. 30, p. 97/98). Hier wird noch ein weiterer Satz hinzugefügt: „Die Frucht, die ich gebar, wurde die Sonne" (Hopfner 2 S. 83). Hegel deutet diese Sonne als das Licht, das bei den Griechen aufgegangen ist und in Apollo erscheint (vgl. PhdWG S. 509 f., PhdR II S. 234 und XV S. 472). In seinen Vorlesungen über die Philosophie der Geschichte gewinnt er so den Übergang vom ägyptischen zum griechischen Geist.
³⁴ Hopfner 2 S. 83; vgl. ebd. S. 82.
³⁵ Vgl. dazu G. Steindorff, Schillers Quelle für ,Das verschleierte Bild zu Sais', in: ZÄS 69, 1933, S. 71.
³⁶ Vgl. PhdWG S. 509: „Damit ist das ausgesprochen, was man häufig für einen Ausspruch nimmt, der für immer und ewig gemacht sei, als ob das Innere, die Wahrheit der Natur, das ist der Geist, nicht erkannt werden könnte. Es ist aber nur die Inschrift der Ägypter und spricht aus was der ägyptische Geist sei."
³⁷ S. o. Anm. 33. — Eigentlich müßte man auch nach den Ausführungen der Religionsphilosophie (XV S. 472 und PhdR II S. 234) erwarten, daß gleich im Anschluß an die ägyptische Religion die griechische behandelt wird, was ja bekanntlich — wenn wir von der Ausnahme des Jahres 1827 absehen — nicht der Fall ist.
³⁸ Hopfner 2 S. 84.

2. Die Bestimmung des Symbols

Daß Plutarch den geheimnisvollen Charakter der ägyptischen Religion so betont, daß er von der ‚symbolischen und geheimnisvollen Weise' der ägyptischen Priester spricht [39], ist nicht zufällig. Vielmehr gewinnt er daraus die Anleitung, wie die Sage von Isis und Osiris, die er nun erzählen will, zu lesen ist:

„Ὅταν οὖν ἃ μυθολογοῦσιν Αἰγύπτιοι περὶ τῶν θεῶν ἀκούσης, πλάνας καὶ διαμελισμοὺς καὶ πολλὰ τοιαῦτα παθήματα, δεῖ τῶν προειρημένων μνημονεύειν καὶ μηδὲν οἴεσθαι τούτων λέγεσθαι γεγονὸς οὕτω καὶ πεπραγμένον" [40].

Schon hier zeigt sich die Tendenz, die Plutarch im ganzen Werk verfolgen wird, „alles Rohe, Tierische, Anstößige oder Primitive in Sage und Kult der Ägypter durch allegorisch-symbolische Umdeutung auf eine höhere Stufe zu heben" [41]. Das hängt natürlich damit zusammen, daß er ein Grieche war und „noch dazu ein über den Durchschnitt gebildeter und ästhetisch verfeinerter Grieche" [42], der mit seiner symbolischen Deutungsweise der Mythologie in der Reihe der griechischen Philosophen und Theologen steht, „die das gleiche Verfahren auf ihre eigenen Mythen angewendet hatten" [43]. Indessen kann man, wie Th. Hopfner gezeigt hat [44], nicht behaupten, daß Plutarch mit dieser symbolischen Deutungsweise die Anschauung der Ägypter erfaßt habe. Diese haben an widerwärtig erscheinenden Erzählungen wie der über die Zerstückelung des Hor gar keinen Anstoß genommen; sie hätten sich „über Plutarchs symbolische Ausdeutungen gewiß nicht wenig gewundert" [45]. Es wird für uns von Interesse sein zu sehen, ob Hegel hier seiner Quelle ganz gefolgt ist und damit ein in dieser Hinsicht falsches Ägyptenbild übernommen hat, oder ob er sie kritisch in seine eigenen Überlegungen einbezogen hat und damit vielleicht den Anschauungen der Ägypter nähergekommen ist als Plutarch.

Daß Hegel die Schwierigkeiten gesehen hat, die sich bei einer Verwendung des Symbolbegriffs ergeben, wird deutlich, wenn wir einen Abschnitt aus den Vorlesungen über die Philosophie der Weltgeschichte näher betrachten. Er macht nämlich dort darauf aufmerksam, daß die Unterscheidung von Bedeutendem und Bedeutetem, die wir vornehmen, wenn wir sagen, dieses sei Symbol für jenes, gerade denen, denen dieses symbolische Denken zugeschrieben wird, also in unserem Falle den Ägyptern, völlig fernliegt, da für sie die Einheit des von uns Unterschiedenen selbstverständlich ist [46]. Leider kommt er von hier aus nicht dazu, den als unangemessen erkannten Symbolbegriff zu meiden, vielmehr müssen wir feststellen, daß dieser in seinen Ausführungen über Ägypten eine fundamentale

---

[39] Kap. 10; vgl. Hopfner 2 S. 8.
[40] Kap. 11: „Wenn du also hörst, was die Ägypter über die Götter erzählen, Irrfahrten, gliedweise Zerstückelungen und vieles Derartige, so mußt du des eben Gesagten gedenken und glauben, daß nichts davon als tatsächlich so geworden und getan erzählt wird" (Hopfner 2 S. 9).
[41] Hopfner 2 S. 263.
[42] Ebd. S. 94.
[43] Ebd. S. 95.
[44] Vgl. ebd. S. 94.
[45] Ebd. S. 94.
[46] Vgl. PhdWG S. 475 f.

Bedeutung besitzt. Es fragt sich aber, ob Symbol hier noch im Sinne Plutarchs interpretiert werden kann. Wir wollen genauer zusehen, wie Hegel in den Vorlesungen über Philosophie der Religion diesen Begriff einführt.

Wie wir schon wissen, ist das Ineinander von Substanzialität und Subjektivität das Charakteristikum der ägyptischen Religion. Die Subjektivität ist „nur abstrakt in ihrer Grundlage da", die Grundlage ist „noch nicht absolut in sich vertieft, noch nicht in sich erfüllte Grundlage ..., so daß die Welt darin ideell gesetzt, die natürlichen Dinge darin absorbiert wären" [47]. Die allgemeine Subjektivität ist auch für das Natürliche die Grundlage; sie ist die „Substanz des Natürlichen" [48]. Es gibt also zwei Bestimmungen, „das Natürliche und die innere Substanz, und damit ist die Bestimmung des Symbolischen gegeben. Dem natürlichen Sein wird eine andere Grundlage zugeschrieben, das unmittelbar Sinnliche erhält eine andere Substanz: es ist nicht mehr es selbst unmittelbar, sondern es stellt etwas anderes vor, das seine Substanz, seine Bedeutung ist" [49]. Wenn wir von hier aus diejenigen der von Plutarch aufgezählten Deutungen der Sage von Isis und Osiris ins Auge fassen, auf die Hegel anspielt — es handelt sich um die physikalische, die akademische und die vegetative Deutung [50] —, dann ergibt sich eine merkwürdige Feststellung: Es verhält sich bei Hegel gerade umgekehrt wie bei Plutarch! Geht nämlich jener vom natürlichen Sein aus — dem Nil, der Sonne, dem Samen —, um diesem eine andere Bedeutung, nämlich die, Osiris zu sein, zuzuschreiben, so fragt dieser umgekehrt, was die Rede von Osiris eigentlich meine, was also die Bedeutung des Osiris sei. Hegel gelangt also von seiner begrifflichen Bestimmung aus zu einem gegenüber seiner Quelle, Plutarch, umgekehrten Verhältnis von Bedeutendem und Bedeutetem! Man kann ihm nun aber nicht vorwerfen, seine

---

[47] PhdR II S. 222.

[48] Ebd. S. 222.

[49] Ebd. S. 222.

[50] Bei der physikalischen (Kap. 32—40, Hopfner 2 S. 16—23) setzen nach Plutarch die Ägypter „Osiris für die zeugende wohltätige Kraft des Nils und des Wassers überhaupt ... Isis für die empfangende und nährende Energie der Erde und Typhon — Seth für die vernichtende Kraft im Weltganzen" (ebd. S. 183). Diese Deutung ist insofern nicht ganz abwegig, als man ägyptische Zeugnisse über den Osiris als Nil beibringen kann (vgl. ebd. S. 148). Bei der akademischen (Kap. 49—64; ebd. S. 29—39) wurde Osiris als Sonne verstanden, und in der Tat läßt sich zeigen, daß in der Spätzeit Osiris mit der Sonne, d. h. mit Rê und anderen Sonnengöttern, zusammengeworfen wurde (vgl. ebd. S. 226). In einem Gegensatz hierzu steht die von Hegel nicht berücksichtigte astronomische Deutung (Kap. 41—44; ebd. S. 23—25), die in Osiris den Mond sehen will (zur vegetativen s. u. S. 135 f.). Daß Hegel die dualistische Deutung (Kap. 45—48; ebd. S. 26—29) überging, versteht sich von selbst; er hätte ja sonst nicht mehr zeigen können, wieso die ägyptische Religion eine begriffliche Weiterentwicklung gegenüber der persischen darstellt. Hegels Verfahren ist aber deshalb nicht bedauerlich, weil in den Ausführungen Plutarchs zu dieser Deutung Ägyptisches nicht vorkommt (vgl. ebd. S. 199 f.). Ebenso wenig vermißt man bei Hegel die im wesentlichen griechische dämonologische Deutung (Kap. 25—31; ebd. S. 11—16, vgl. ebd. S. 112). Allenfalls hätte man sich einen Hinweis auf die euhemeristische Deutung (Kap. 22—24; ebd. S. 10 f.) gewünscht, wo Hegel sich vielleicht von der Ablehnung Plutarchs zu sehr beeinflussen ließ. Die Ägypter glaubten nämlich, daß „die Götter einst als Könige in Ägypten gelebt und geherrscht hatten, dort starben und dort sogar bestattet wurden" (ebd. S. 107; vgl. zum Ganzen PhdR II S. 222 f.).

eigene begriffliche Bestimmung ohne Rücksicht auf entgegengesetzte Aussagen seiner Quelle durchgeführt zu haben. Vielmehr bereitet er in den folgenden Sätzen die Annäherung an Plutarch vor, um schließlich zu dem mit diesem vollkommen übereinstimmenden Ergebnis zu gelangen: „Osiris bedeutet so die Sonne"[51]. Er schließt aber unmittelbar daran an: „Und die Sonne Osiris"[52], und auch die weiteren Ausführungen zu diesem Thema kennzeichnet dieses eigentümliche Schwanken. „Das eine ist das Innere, das andere das Darstellende, das Zeichen, das Bedeutende, wodurch sich das Innere äußerlich kundgibt; hier ist das wechselseitig, einmal so, das andere Mal umgekehrt der Fall ... Man kann gegenseitig das eine als das Innere, das andere als Form der Darstellung, des Auffassens nehmen"[53]. So wenig nun diese Doppeldeutigkeit sich aus den Überlegungen ergibt, die der Einführung des Symbolbegriffs vorangingen, so sehr kann sie mit der Charakterisierung der ägyptischen Religion als Religion des Rätsels zusammengebracht werden, so daß man nicht behaupten kann, Hegel lasse es um der Einarbeitung seiner Quelle willen an begrifflicher Stringenz fehlen. Andererseits zeigt sie natürlich, daß Hegel über seine Quelle hinausging, indem er die einseitige Beziehung von Bedeutendem und Bedeutetem durch eine wechselseitige ersetzte. Es fragt sich aber, ob, wenn wir uns an das Unägyptische der Symbolisierungen Plutarchs erinnern, die Freiheit Hegels gegenüber seiner Quelle diesen nicht gerade zu dem Sachverhalt hinführt, wie er sich uns heute darstellt. Immerhin wird bei Hegel von dem im Sinne Plutarchs eigentlich Gemeinten immer wieder zurückverwiesen auf das, was nach Plutarch nur Symbol, nach Hegel aber auch das Bedeutete sein kann[54].

Obwohl Hegel wegen des von ihm beibehaltenen Symbolbegriffs die ägyptische Anschauung letztlich nicht trifft, steht er dieser doch näher als Plutarch, was an folgendem Beispiel noch verdeutlicht werden mag. Wir meinen die letzte der von Plutarch vorgetragenen Deutungen, die Deutung des Osiris und Harpokrates als Vegetationsgötter[55]. Schon der erste Satz zeigt, daß Plutarch von dieser Deutung nichts hält:

„Οὕτω δὲ καὶ τοῖς πολλοῖς καὶ φορτικοῖς ἐπιχειρήσομεν, εἴτε ταῖς καθ᾽ ὥραν μεταβολαῖς τοῦ περιέχοντος εἴτε ταῖς καρπῶν γενέσεσι καὶ σποραῖς καὶ ἀρότοις χαίρουσι τὰ περὶ τοὺς θεοὺς τούτους συνοικειοῦντες, καὶ λέγοντες θάπτεσθαι μὲν τὸν Ὄσιριν, ὅτε κρύπτεται τῇ γῇ σπειρόμενος ὁ καρπός, αὖθις δ᾽ ἀναβιοῦσθαι καὶ ἀναφαίνεσθαι ὅτε βλαστήσεως ἀρχή"[56].

---

[51] PhdR II S. 223.   [52] Ebd.   [53] Ebd.
[54] Damit, daß Hegel die Beziehung von Symbol und Bedeutung als wechselseitig ansieht, hängt auch die Wendung vom ‚Symbol des Symbols‘ zusammen, die sich in der Geschichtsphilosophie findet. Wenn nämlich die Bedeutung ihrerseits auf das Symbol zurückweist, indem sie selbst wiederum dieses symbolisiert, so heißt das, daß sie ‚Symbol des Symbols‘ wird (vgl. PhdWG S. 476: „Wir bewegen uns auf dem Boden der Symbole, so daß alles eine von ihm selbst unterschiedene Bedeutung hat, diese Bedeutung selbst aber wieder nur eine partikuläre Vorstellung sein kann und diese wieder Symbol des Symbols wird" und ebd. S. 487: „Das Symbol verkehrt sich zur Bedeutung, und diese ist Symbol des Symbols, das Bedeutung wird").
[55] Kap. 65–71; Hopfner 2 S. 39–43.
[56] Kap. 65: „So werden wir aber auch den vielen Lästigen ... entgegentreten, die ihre Freude daran haben, alles, was diese Götter betrifft, mit den jahreszeitlichen Veränderungen der

Fragen wir nach den Gründen für diese Ablehnung, so liegen sie in dem vergeistigten Gottesbegriff Plutarchs, der ihn auch zu den symbolischen Auslegungen der ägyptischen Göttererzählungen geführt hat. Leute, die

„ἀναισθήτοις καὶ ἀψύχοις καὶ φθειρομέναις ἀναγκαίως ὑπ᾽ ἀνθρώπων δεομένων καὶ χρωμένων φύσεσι καὶ πράγμασιν ὀνόματα θεῶν" [57]

beilegen, pflanzen schlimme und gottlose Lehren ein.

„οὐ γὰρ ἄνουν οὐδ᾽ ἄψυχον οὐδ᾽ ἀνθρώποις ὁ θεὸς ὑποχείριον" [58].

So ist natürlich auch die Klage bei der Aussaat, dem Tod der Vegetationsgottheit Osiris, ein Brauch, der eines unsterblichen Gottes nicht würdig ist. Die richtige Erklärung ist vielmehr die:

„. . . ἀλλὰ θρηνοῦσι μὲν τοὺς καρποὺς, εὔχονται δὲ τοῖς αἰτίοις καὶ δοτῆρσι θεοῖς ἑτέρους πάλιν νέους ποιεῖν καὶ ἀναφύειν ἀντὶ τῶν ἀπολλυμένων" [59].

Wir wissen, wie wenig diese Deutung Plutarchs ägyptischen Anschauungen entspricht [60]. Hegel hat deshalb völlig recht, wenn er die vegetative Deutung trotz der Kritik Plutarchs der physikalischen und akademischen gleichstellt [61]. Seine begriffliche Bestimmung, die in der ägyptischen Religion Substanzialität und Subjektivität zusammensieht, gibt ihm eine größere Freiheit, das von den ägyptischen Göttern Gesagte als solches anzunehmen, als sie Plutarch hatte, der wegen seines vergeistigten Gottesbegriffs zu Uminterpretationen gezwungen war.

3. Der Tierkult

Nach dem Gesagten versteht es sich von selbst, daß die kultische Verehrung von Tieren für Plutarch nicht annehmbar ist, obwohl er weiß, daß sie in Ägypten weite Verbreitung gefunden hat. Seiner Meinung nach begannen die Ägypter die Tiere wegen ihrer Nützlichkeit oder deshalb, weil sie in ihnen Bilder der Macht der Götter zu sehen glaubten, zu verehren [62]. In diesem Sinne kann er für die Verehrung noch Verständnis aufbringen, wenn man nicht die Tiere als solche meint,

---

Atmosphäre oder mit dem Pflügen, Aussäen und Aufsprießen der Feldfrüchte in Beziehung zu setzen und zu behaupten, daß Osiris begraben werde, wann das Korn ausgesät in der Erde verborgen wird, daß er aber wieder auflebe und wieder erscheine, wann die Keimung beginnt" (ebd. S. 39; ohne Sperrungen zitiert).

[57] Kap. 66; ebd. S. 40: „indem sie empfindungslosen und unbeseelten Naturerzeugnissen und Dingen, die von den Menschen durch den notwendigen Gebrauch vernichtet werden, Namen von Göttern . . .".

[58] Kap. 67; ebd. S. 40: „Gott ist nämlich nicht ohne Vernunft, nicht ohne Seele und nicht den Menschen unterworfen".

[59] Kap. 71; ebd. S. 43: „. . . sondern sie beweinen zwar die Früchte, beten aber zu den Göttern als ihren Urhebern und Spendern, andere frische wieder zu schaffen und statt der verbrauchten aufsprießen zu lassen".

[60] Vgl. ebd. S. 250 ff., besonders S. 260 f.

[61] Vgl. PhdR II S. 223.

[62] Vgl. Kap. 74 f.; Hopfner 2, S. 45 ff.

„ἀλλὰ διὰ τούτων τὸ θεῖον, ὡς ἐναργεστέρων ἐσόπτρων καὶ φύσει γεγονότων ..." [63].

Durch diese Interpretation hat er sich freilich von dem ihm an sich bekannten Phänomen schon wieder entfernt, so daß Hegel gut daran tut, ihm hier nicht zu folgen. Allerdings ist es auch für Hegel nicht von vornherein evident, daß die Tierverehrung eine so große Bedeutung in einer Religion hat, die sich immerhin anschickt, von der Substanzialität zur Subjektivität überzugehen. Wir müssen uns daran erinnern, daß von der Tierverehrung bei der dritten Objektivierung innerhalb der Religion der Zauberei die Rede war [64], und wir müssen hinzufügen, daß sie auch als eine Bestimmung der ‚Religion der Fantasie' Erwähnung fand [65]. So wundert es uns nicht, wenn Hegel den Tierdienst als „auffallend" [66] bezeichnet, wenn er meint, dieser „Aberglaube" mache „die schlechteste Seite des ägyptischen Wesens" [67] aus. Dennoch sei er „bei der Vermischung der Vorstellung der Substanzialität mit der Subjektivität nicht ... unerklärlich" [68], und in der Tat können wir feststellen, daß schon bei der begrifflichen Bestimmung der ägyptischen Religion das vorbereitet worden ist, was in dem Abschnitt über Tierverehrung ausgeführt wird, insofern dort neben der realen Macht die Macht an sich bestehen bleibt, die in jeder beliebigen Gestalt, also auch als Tier, vorgestellt werden kann [69]. Daß es für Hegel nahelag, den Tierdienst zu behandeln, ergibt sich auch, wenn wir die Quellen im ganzen, nicht nur Plutarch, betrachten. Schon die Strafen, die für die Tötung von Tieren gelten, zeigen die Verehrung, die die Ägypter diesen entgegenbringen.

„τὸ δ᾽ ἄν τις τῶν θηρίων τούτων ἀποκτείνῃ, ἢν μὲν ἑκών, θάνατος ἡ ζημίη, ἢν δὲ ἀέκων, ἀποτίνει ζημίην τὴν ἂν οἱ ἱρέες τάξωνται. ὃς δ᾽ ἂν ἴβω ἢ ἱρηκα ἀποκτείνῃ, ἤ τε ἑκὼν ἤν τε ἀέκων', τεθνάναι ἀνάγκη" [70].

Diodor berichtet folgendes:

„ἀποκτείναντος Ρωμαίου τινὸς αἴλουρον, καὶ τοῦ πλήθους συνδραμόντος ἐπὶ τὴν οἰκίαν τοῦ πράξαντος, οὔθ᾽ οἱ πεμφθέντες ὑπὸ τοῦ βασιλέως ἄρχοντες ἐπὶ τὴν παραίτησιν οὔθ᾽ ὁ κοινὸς ἀπὸ τῆς Ρώμης φόβος ἴσχυσεν ἐξελέσθαι τῆς τιμωρίας τὸν ἄνθρωπον καίπερ ἀκουσίως τοῦτο πεπραχότα" [71].

---

[63] Kap. 76; ebd. S. 47: „... sondern durch sie das Göttliche als in klareren naturgegebenen Spiegeln".
[64] S. o. S. 10.
[65] Vgl. PhdR II S. 162.
[66] Ebd. S. 232.
[67] PhdWG S. 479.
[68] PhdR II S. 232.
[69] S. o. S. 128.
[70] Herodot II, 65; Übersetzung von J. Feix I, S. 257:„Tötet jemand eines von den Tieren, dann trifft ihn, wenn er es absichtlich getan hat, die Todesstrafe, wenn fahrlässig dann zahlt er die Strafe, die die Priester festsetzen. Wer aber einen Ibis oder Habicht tötet, absichtlich oder unabsichtlich, muß sterben" (vgl. PhdWG S. 480).
[71] Diodorus Siculus I, 83; Übersetzung von A. Wahrmund: Diodors von Sizilien Geschichtsbibliothek, Berlin² o. J., S. 133: „... geschah es, daß ein Römer eine Katze tötete. Alsogleich stürmte das Volk die Wohnung des Täters, und weder die vornehmen Männer, die der König zur Fürbitte absandte, noch die allgemeine Furcht vor Rom war imstande, den Menschen zu retten, obgleich seine Tat ohne Absicht geschehen war" (vgl. PhdWG S. 480).

Das Leben der Menschen ist nicht soviel wert wie das der Tiere:

„λιμῷ γάρ ποτε πιεζομένων τῶν καὶ Αἴγυπτόν φασι πολλοὺς ἀλλήλων μὲν ἅψασθαι διὰ τὴν ἔνδειαν, τῶν δ᾽ ἀφιερωμένων ζῴων τὸ παράπαν μηδ᾽ αἰτίαν σχεῖν μηδένα προσενηνέχθαι" [72].

Es wird alles getan, um den Tieren das Leben so angenehm wie möglich zu machen:

„... πρὸς δὲ τούτοις ὁμοφύλους θηλείας ἑκάστῳ των ζῴων τὰς εὐειδεστάτας συντρέφουσιν, ἃς παλλακίδας προσαγορεύουσι καὶ θεραπεύουσι ταῖς μεγίσταις δαπάναις καὶ λειτουργίαις" [73].

Die für sie bestimmten Vorräte werden nach ihrem Tode für keinen anderen Zweck verwendet:

„... ἐὰν οἶνος ἢ σῖτος ἢ τι τῶν πρὸς τὸν βίον ἀναγκαίων τυγχάνῃ κείμενον ἐν τοῖς οἰκήμασιν οὗ τὸ ζῆν ἐξέλιπέ τι τῶν θηρίων, οὐκ ἂν ἔτι χρήσασθαι πρὸς οὐδὲν αὐτοῖς ὑπομείνειαν" [74].

Auch nach dem Tode wird ihnen jede nur denkbare Ehre erwiesen:

„ἀπάγονται δὲ οἱ αἰέλουροι ἀποθανόντες ἐς ἱρὰς στέγας, ἔνθα θάπτονται ταριχευθέντες, ἐν Βουβάστι πόλι τὰς δὲ κύνας ἐν τῇ ἑωυτῶν ἕκαστοι πόλι θάπτουσι ἐν ἱρῆσι θήκῃσι" [75].

Das gilt besonders für den in Verbindung mit Osiris stehenden Apis, wie ein Bericht Belzonis zeigt:

„A young man of the name of Pieri ... came the next day to visit the pyramid, and having rummaged the rubbish inside of the sarcophages, found a piece of bone, which we supposed to belong to a human skeleton. On searching farther, we found several pieces, which having been sent to London, proved to be the bones of a bull" [76].

Hegels Ausführungen über den Tierdienst lassen sich aber nicht nur von den Quellen her bestens belegen; sie sind auch für heutige religionswissenschaftliche Betrachtungen dieses Themas aktuell, was in zweifacher Hinsicht nun noch verdeutlicht werden soll. Zum einen ist es bemerkenswert, daß S. Morenz da, wo er auf den ägyptischen Tierkult zu sprechen kommt, eine Erklärung gibt, die bis in die Terminologie hinein dem ähnelt, was Hegel unter dem Begriff ‚Macht an sich‘

---

[72] Diodorus Siculus I, 84; Übersetzung a. a. O. S. 133: „Als nämlich Ägypten einmal von einer Hungersnot bedrängt wurde, da hätten viele, so erzählt man, aus Hunger die Ihrigen aufgezehrt; gegen keinen einzigen aber sei auch nur die Beschuldigung ausgesprochen worden, daß er eins der heiligen Tiere angerührt hätte" (vgl. PhdWG S. 480).

[73] Diodorus Siculus I, 84; Übersetzung a. a. O. S. 134: „... indem sie für jedes dieser Tiere Weibchen der gleichen Gattung, und zwar die schönsten, zugleich ernähren, welche sie deren Kebsweiber nennen und mit dem größten Aufwand und Sorgfalt pflegen" (vgl. PhdWG S. 479 f.).

[74] Diodorus Siculus I, 84; Übersetzung a. a. O. S. 134: „... was sich an Wein und Brot oder sonstigen Nahrungsmitteln in dem Hause vorfindet, wo ein solches Tier verendet ist, dessen würde sich keiner mehr zu bedienen wagen" (vgl. PhdWG S. 480).

[75] Herodot II, 67; Übersetzung a. a. O. S. 257: „Die toten Katzen bringt man in heilige Häuser der Stadt Bubastis, wo sie einbalsamiert und begraben werden. Hunde bestattet man in der eigenen Stadt in geweihten Särgen" (vgl. PhdWG S. 480).

[76] A. a. O. S. 275 (vgl. PhdWG S. 480).

ausgeführt hat, wobei man eine Abhängigkeit Morenz' von Hegel für sehr unwahrscheinlich halten muß [77]. Er schreibt nämlich: „Aber wir sehen die Dinge vom Urgrund der „Macht" her, die Mensch und Tier, aber auch Pflanze und Gegenstand von innen her den Rang einer Gottheit geben kann, so daß weder Tier noch sogar Pflanze oder Anorganisches jemals aufhören, potentiell Gott sein zu können" [78]. Auch beim zweiten Moment beziehe ich mich auf eine Darlegung von S. Morenz, und zwar auf den von ihm in der RGG geschriebenen Artikel über ‚Tierkult‘ [79]. Er meint dort, das Tier sei nicht nur wie der Mensch ein Gestalthaft-Lebendiges, „sondern es vertritt ebenso das ganz Andere. Wo Gott Gestalt annimmt . . . legt sich daher Verkörperung im T. nahe, weil hier zugleich Gestalt und numinose Andersartigkeit gegeben sind" [80]. Gerade das Letztere, die Andersartigkeit des Tieres, hat Hegel sehr betont, natürlich ohne den Begriff des Numinosen zu verwenden. „Die Tiere sind in der Tat das Unbegreifliche; es kann sich ein Mensch nicht in eine Hundsnatur . . . hinein phantasieren oder vorstellen, — sie bleibt ihm ein schlechthin Fremdartiges" [81]. Die Ägypter haben in der Tierwelt das „Innere und Unbegreifliche" [82] angeschaut. Eben dies zeigt aber für Hegel die Schranke, die die ägyptische Religion nicht überwinden konnte. Das „Unbegreifliche . . . für das Wesen zu halten, ist die Sache des unfreien Geistes" [83].

4. Die Götter

Der begriffliche Fortschritt, der die ägyptische Religion über die persische hinausführt, läßt sich mit der Sage von Isis und Osiris veranschaulichen, die für Hegel in den Berichten von Plutarch [84] und Diodorus Siculus zugänglich war. Diodorus, dessen verhältnismäßig knappe Zusammenfassung ich hier wiedergebe, schreibt folgendes:

„φασὶ γὰρ νομίμως βασιλεύοντα τῆς Αἰγύπτου τὸν Ὄσιριν ὑπὸ Τυφῶνος ἀναιρεθῆναι τἀδελφοῦ, βιαίου καὶ ἀσεβοῦς ὄντος· ὃν διελόντα τὸ σῶμα τοῦ φονευθέντος εἰς ἓ ξ καὶ εἴκοσι μέρη δοῦναι τῶν συνεπιθεμένων ἑκάστῳ μερίδα, βουλόμενον πάντας μετασχεῖν τοῦ μύσους, καὶ διὰ τούτου νομίζοντα συναγωνιστὰς ἕξειν καὶ φύλακας τῆς βασιλείας βεβαίους. τὴν δὲ Ἶσιν ἀδελφὴν οὖσαν

---

[77] Das, was Morenz in dem an sich lehrreichen Werk ‚Die Begegnung Europas mit Ägypten' über das Ägyptenbild Hegels zu sagen weiß, ist recht dürftig. Immerhin kommt ihm selbst zu Bewußtsein, daß es „nicht recht" ist, „den großen Hegel mit seiner Ordnung ägyptischer Sachverhalte in eine Anmerkung zu verbannen" (ebd. S. 226). Der folgende Satz: „Aber wir können seine Ästhetik nicht untersuchen und dürfen sie anderseits nicht vergessen" (ebd. S. 226), wirkt eher rührend. Daß die ausführlichen Darlegungen Hegels über Ägypten sich in den Vorlesungen zur Geschichte und Religionsphilosophie finden, kommt Morenz offensichtlich gar nicht in den Blick.
[78] Ägyptische Religion S. 21.
[79] RGG³ VI, Tübingen 1962, Sp. 896—899.
[80] Ebd. Sp. 896.
[81] PhdWG S. 477.
[82] Ebd. S. 477.
[83] Ebd. S. 478.
[84] Kap. 12—21; Hopfner 1 S. 2—13.

ὀσίριδος καὶ γυναῖκα μετελθεῖν τὸν φόνον. συναγωνιζομένου τοῦ παιδὸς αὐτῆς Ὥρου,
ἀνελοῦσαν δὲ τὸν Τυφῶνα καὶ τοὺς συμπράξαντας βασιλεῦσαι τῆς Αἰγύπτου ... τὴν δ᾽ οὖν Ἴσιν
πάντα τὰ μέρη τοῦ σώματος πλὴν τῶν αἰδοίων ἀνευρεῖν ..." [85]

Daran, daß hier vom Tod des Osiris, vom Tod eines Gottes, berichtet wird, zeigt
sich für Hegel, daß die Negation in das „Selbst des Gottes" [86] aufgenommen
wurde, wenn sie auch noch als natürliche, als Tod, erscheint. In der Tat muß man
sagen, daß die Götter der ägyptischen Religion zur „geschöpflichen Sphäre"
gehören und, „jedenfalls potentiell, auch dem Todesgeschick unterworfen
sind" [87]. Hegel hat somit ein wesentliches, gegenüber den zuvor behandelten
Religionen spezifisches Moment des ägyptischen Götterbildes erfaßt, wobei
allenfalls die ihm durch seine Quellen nahegelegte Beschränkung auf Osiris [88]
dahingehend ergänzt werden muß, daß auch andere Götter, etwa der Sonnengott
Re, sterben, wenn vielleicht auch für Osiris dieses Geschick besonders bedeutsam
ist [89].

Allerdings steht, wie wir heute wissen, für den Ägypter den vielen Göttern ein
Urgott gegenüber, der sie alle erschaffen hat [90]. Wenn aber dieser Urgott der
ungeordneten Welt zugehört, wenn er mit dem Chaos in Verbindung gebracht
werden muß, wenn also die Gestaltwerdung sich erst bei den Göttern vollzieht [91],
dann wird man aus der Tatsache, daß von ihm das Sterben, das Moment der
Negation, nicht ausgesagt wird, nicht folgern dürfen, diesem komme keine so

[85] I, 21; Übersetzung von A. Wahrmund S. 35 f.: „Man erzählt nämlich, Osiris, der nach Recht
und Gesetz König war, sei von seinem Bruder Typhon, einem gewalttätigen und gottlosen
Manne, getötet worden. Dieser habe dann den Leichnam des Gemordeten in sechsundzwanzig
Teile zerstückelt und jedem seiner Helfer ein Stück gegeben, denn er wollte, daß alle an dem
Greuel teilhaben sollten, weil er glaubte, auf diese Weise tüchtige Verfechter seiner Sache und
Wächter seines Königtums zu haben. Isis aber, des Osiris Schwester und Gemahlin, habe den
Mord gerächt, indem ihr Sohn Horos ihr Beistand leistete, und Typhon und seine Helfer habe
sie getötet und dann als Königin über Ägypten geherrscht ... Isis nun habe alle Teile des
Leichnams aufgehoben, nur die Schamteile nicht" (vgl. PhdR II S. 218 und PhdWG S. 484 f.).
Zu den Angaben Hegels über Isis und Osiris als Wohltäter der Menschheit (PhdWG S. 486) vgl.
Diodorus Siculus I, 14.
[86] PhdR II S. 208.
[87] Morenz, Ägyptische Religion S. 25. — Auch E. Hornung kommt zu dem Ergebnis, daß die
ägyptischen Götter, „wie Plutarch behauptet, weder „ungezeugt noch unvergänglich" sind. Sie
haben einen Anfang mit der Zeit, werden geboren oder geschaffen, sind stetem Wandel
unterworfen, sie altern und sterben und sinken am Ende der Zeit in den chaotischen
Urzustand der Welt zurück" (Der Eine und die Vielen, Darmstadt 1971, S. 159).
[88] Das soll nicht heißen, daß die Quellen Hegel nicht die Kenntnis anderer ägyptischer Götter
vermittelt hätten (vgl. PhdWG S. 489 und z. B. Plutarch, Kap. 9 und Diodorus Siculus I, 12).
Daß gerade bei diesem Isis und Osiris so ausführlich behandelt werden, hängt natürlich mit der
Bedeutung zusammen, die diese Götter im Hellenismus erlangt haben.
[89] Vgl. Morenz, Ägyptische Religion S. 25.
[90] Vgl. ebd. S. 25. — Morenz hat hier Aussagen der ‚Memphitischen Theologie' vor Augen (vgl.
dazu ‚Frühlicht des Geistes' von H. und H. A. Frankfort, J. A. Wilson und T. Jacobsen,
Stuttgart 1954, S. 64 ff.). Wilson spricht davon, daß Ptah das „uranfängliche Schöpfungs-
prinzip war und auch jetzt noch ist" (ebd. S. 66).
[91] Vgl. ebd. S. 26 f.

große Bedeutung zu, daß eine Parallelisierung mit dem bösen Prinzip der persischen Religion sich rechtfertigen ließe.

Diese Parallelisierung ist, wenn wir von unserem heutigen Wissensstand ausgehen, auch noch aus einem anderen Grunde möglich: Das Moment des Negativen zeigt sich nicht nur daran, daß die Götter sterben müssen, sondern auch daran, daß sie als gefährlich gelten können und dann „bedroht, bekämpft, ja getötet werden" [92]. Ahriman wird demgemäß nicht nur, sofern er die Negation als solche darstellt, sondern auch als Verkörperung des bösen Prinzips Teil des göttlichen Selbst.

Hat Hegel also nach unseren bisherigen Ausführungen Wesentliches der ägyptischen Vorstellung von den Göttern erfaßt, so ist bedauerlich, daß er die verschiedenen Formen der Trinität, in denen die Theologie dieses Landes das Verhältnis von Vielheit und Einheit durchdacht hat, nicht kannte, nicht kennen konnte, und das um so mehr, als er, wie wir wissen, sowohl bei China wie bei Indien sich immer durch dreigliedrige Bestimmungen, auch wenn sie für den Gesamtzusammenhang weit weniger wichtig waren als die, die hier behandelt werden, zu eigenen Überlegungen veranlaßt sah [93]. Man kann sich freilich leicht denken, daß die ägyptischen Trinitätsformen bei Hegel eine ähnlich kritische Würdigung erfahren hätten wie die indischen oder die chinesische; denn bei allen — sei es die als tritheistisch zu charakterisierende Leidener Trinität, sei es die modalistische, die die Sonne in drei Erscheinungsweisen sichtbar macht, sei es die Trinität des Ureinen mit dem ersten geschaffenen Paar, die die Entfaltung der Vielheit aus der Einheit im ersten Akte festhält, sei es die die Generationen umgreifende Drei-Einigkeit [94] — hätte er vermissen müssen, was die „wahrhafte Drei" ausmacht: den Geist, „die Rückkehr des Einen zu sich selbst, sein Zusichkommen ... die Veränderung, durch die der Unterschied zur Versöhnung gebracht wird mit dem Ersten und die Zweiheit aufgehoben ist" [95].

5. Die Unsterblichkeit der Seele

Grundlage für die Ausführungen Hegels zu diesem Thema ist die bekannte Stelle, wo Herodot vom Glauben der Ägypter an die Unsterblichkeit der Seele spricht:

„πρῶτοι δὲ καὶ τόνδε τὸν λόγον Αἰγύπτιοι εἰσι οἱ εἰπόντες, ὡς ἀνθρώπου ψυχὴ ἀθάνατός ἐστι, τοῦ σώματος δὲ καταφθίνοντος ἐς ἄλλο ζῷον αἰεὶ γινόμενον ἐσδύεται· ἐπεὰν δὲ πάντα περιέλθη τὰ χερσαῖα καὶ τὰ θαλάσσια καὶ τὰ πετεωά, αὖτις ἐς ἀνθρώπου σῶμα γινόμενον ἐσδύνειν, τὴν περιήλυσιν δὲ αὐτῇ γίνεσθαι ἐν τρισχιλίοισι ἔτεσι" [96].

---

[92] Ebd. S. 27.
[93] S. o. S. 58, 82 ff. und 110 f.
[94] Vgl. Morenz, Ägyptische Religion S. 150 ff., besonders die Zusammenfassung S. 156.
[95] PhdR II S. 160.
[96] II, 123; J. Feix gibt folgende Übersetzung: „Die Ägypter haben auch als erste den Gedanken ausgesprochen, daß die Seele des Menschen unsterblich sei; sie gehe in ein anderes neu geborenes Lebewesen ein, wenn der Leib stirbt. Ist sie dann durch alle Land- und

Daß Hegel diese Äußerungen nicht unkritisch aufnimmt, ist von vornherein wahrscheinlich, wenn man sich daran erinnert, daß für ihn die Unsterblichkeit der Seele in wahrer Bestimmung schon beim Buddhismus begann [97]. In der Tat meint er, daß die „Verehrung der Voreltern bei den Chinesen, die Anschauung einer Seelenwanderung bei den Indern ... uns auf den Gedanken bringen" könnte, „Herodot habe aus Unwissenheit so geredet" [98]. Dennoch weist er die Aussage nicht zurück; es komme vielmehr darauf an, sich klarzumachen, was der Glaube, die Seele sei unsterblich, bedeute. „Dies, daß die Seele unsterblich ist, soll heißen: sie ist ein anderes als die Natur; der Geist ist selbständig für sich ... mit der Unsterblichkeit ... ist es ausgesprochen, daß der Geist in sich selbst unendlich ist. Diese Vorstellung wird zuerst bei den Ägyptern gefunden" [99].

Wenn man von der modernen Ägyptologie aus diese Ausführungen Herodots beurteilt, so kann man bedauern, daß sie für Hegels Ägyptenbild eine so große Bedeutung erlangt haben. S. Morenz hat eingehend alle Stellen der ägyptischen Literatur, die als Beleg für die Sätze Herodots in Frage kommen könnten, untersucht, um zu dem Ergebnis zu gelangen, daß diese in Ägypten kein Fundament haben [100]. Solche Darlegungen als Charakterisierung ägyptischer Anschauungen aufzufassen, ist schon deshalb schwierig, weil die Ägypter keinen Begriff haben, der dem griechischen $\psi \nu \chi \acute{\eta}$ oder unserem Wort ‚Seele' genau entspricht [101]. Gewöhnlich wird der Ausdruck ‚Ba' mit ‚Seele' wiedergegeben. Aber wenn wir lesen, daß der Ba die irdische Existenz des Toten fortsetzt, daß er menschliche Nahrung braucht und die Speise- und Trankopfer am Grab zu sich nimmt, daß er als der vorgestellt werden kann, der die Mumie am Leben erhält, dann werden wir nur mit Zurückhaltung von ‚Seele' reden [102]. Jedenfalls läßt sich aus den mit ‚Ba' verbundenen Vorstellungen nicht entnehmen, daß bei den Ägyptern die Selbständigkeit des Geistes von der Natur gedacht worden sei. Ähnliches muß von anderen Begriffen gesagt werden, die im Zusammenhang mit dem Ausdruck ‚Seele' gebracht werden können. Zunächst ist hier der in der Forschung viel diskutierte Terminus ‚Ka' zu nennen, der noch weniger als ‚Ba' einen Teil des Menschen bezeichnet, also auch nicht das Geistige oder Seelische im Unterschied zum Körperlichen [103]. Wenn man das mit ‚Ka' Gemeinte schon umschreiben will, wird man am besten von ‚Lebenskraft' reden, die aber mit dem Tode des Menschen nicht erlischt, sondern gerade dessen Fortleben bewirkt, nicht

---

Wassertiere, durch alle Vögel gewandert, kehre sie wieder in den Leib eines Menschen zurück, der gerade geboren wird. Dieser Kreislauf dauert 3.000 Jahre" (a. a. O. S. 307 u. 309; vgl. PhdR II S. 219 und 231, PhdWG S. 493 und Ästhetik I S. 347).
[97] Vgl. PhdR II S. 134 (s. o. S. 73).
[98] PhdWG S. 493.
[99] Ebd. S. 493.
[100] Vgl. den Aufsatz, Ägyptische Ewigkeit des Individuums und indische Seelenwanderung, in: Asiatica a. a. O. S. 414—427, besonders S. 422.
[101] Vgl. Hopfner 2, S. 123 f.
[102] Vgl. H. Kees, Totenglauben und Jenseitsvorstellungen der alten Ägypter, Berlin ²1956, S. 38 ff. und H. Bonnet, Reallexikon der ägyptischen Religionsgeschichte, Berlin 1952, S. 74 ff.
[103] Vgl. Kees a. a. O. S. 43 ff., besonders S. 51 und Bonnet a. a. O. S. 357 ff.

ohne — ebenso wie Ba — auf durch Opfer und die magischen Sicherungen des Totenkultes [104] vermittelte menschliche Nahrung angewiesen zu sein. Das ist bei dem mit ‚Geist' oder ‚Verklärter' übersetzten ‚Ach' [105] nicht der Fall. Dennoch handelt es sich auch hier nicht um eine von jeder Leiblichkeit gelöst zu denkende Wesenheit, was sich schon daran zeigt, daß zu den rituellen Handlungen, die den Toten zu einem Ach machen sollen, die Mumifizierung gehört [106]. Wenn nun auch klar ist, daß die von Herodot aus gewonnene These Hegels, in Ägypten sei zuerst die Selbständigkeit des Geistes von der Natur vorgestellt worden, sich nicht halten läßt, so kann diese Feststellung doch noch nicht als eine zureichende Analyse der den Totenkult der Ägypter behandelnden Äußerungen Hegels gelten. Hegel wußte nämlich sehr wohl, daß die Ägypter bestrebt waren, den Körper des Toten zu erhalten [107], und er fragt nach dem Verhältnis dieses Strebens zu dem Glauben an die Unsterblichkeit der Seele. Die von ihm gegebenen Antworten sind nicht einheitlich: Betont er in den geschichtsphilosophischen Vorlesungen den Gedanken, hier erweise sich — ebenso wie in der Vorstellung von der Seelenwanderung [108] —, daß der Begriff der Unsterblichkeit bei den Ägyptern „noch nicht hoch war" [109], so zeigt ihm in den religionsphilosophischen Ausführungen die ägyptische Totenverehrung, „daß man den Menschen erhaben wußte über die Naturmacht, seinen Körper daher vor dieser Macht zu erhalten suchte, um auch ihn darüber zu erheben" [110]. Welche der von Hegel vorgetragenen Wertungen wir nun auch bevorzugen, klar ist, daß beide den Darlegungen, die die angeblich in Ägypten zum ersten Mal auftretende Vorstellung der Selbständigkeit des Geistes von der Natur zum Inhalt haben, überlegen sind, da sie Geist und Körper nicht als Gegensatz, sondern in ihrer Verbindung begreifen.

Allerdings können wir in der Weise, wie Hegel diese Verbindung ausgeführt hat, keinen angemessenen Ausdruck des für die ägyptische Anschauung Spezifischen

---

[104] Vgl. Bonnet a. a. O. S. 358. — Daß Hegel die Bedeutung der Zauberei für den ägyptischen Totenkultus (vgl. Morenz, Ägyptische Religion S. 241 ff.) nicht kennen konnte, macht eine wesentliche Schranke seines Ägyptenbildes aus. Er hätte dann wohl seine Einteilung der Religionen, die nur die chinesische Religion, allenfalls noch den Buddhismus (vgl. Hegel, Werke, ed. Ph. Marheineke, 11, Berlin 1832, S. XVI), der Zauberei subsumieren konnte, grundlegend ändern müssen. Überhaupt muß man sagen, daß das Schema Hegels nicht dazu geeignet ist, die Analogien zwischen China und Ägypten — die an sich absurde Behauptung der Abhängigkeit Chinas von Ägypten hat hier etwas Richtiges gesehen (vgl. Pauw, Recherches philosophiques sur les Egyptiens et les Chinois); hingewiesen sei nur auf das Selbstverständnis als ‚Reich der Mitte' (vgl. Morenz, Ägyptische Religion S. 46 f. und Frühlicht S. 40 f.) und die Stellung des chinesischen Kaisers bzw. des Pharao — deutlich zu machen.
[105] Vgl. Kees a. a. O. S. 37.
[106] Vgl. Kees a. a. O. S. 37.
[107] Ägyptische Mumien wurden damals schon für Museen erworben (vgl. Morenz, Begegnung S. 227).
[108] Vgl. PhdWG S. 495 f. — Natürlich bezieht sich Hegel hier wieder auf Herodot II, 123. Daß von einem Glauben der Ägypter an Seelenwanderung nicht die Rede sein kann, versteht sich heute von selbst. Es ist aber auch klar, daß Herodots Behauptung mit dem Glauben der Ägypter an die Fortexistenz des Ba zusammenhängt (vgl. Kees a. a. O. S. 41).
[109] PhdWG S. 494.
[110] PhdR II S. 231.

sehen, wie es sich uns heute darstellt. Was die Ägypter anstreben, ist „die Ewigkeit des Einzelmenschen in seiner den Leib einbegreifenden Ganzheit durch die Bewahrung des Körpers ... die mit der auf die Mumie zielenden Bestattungsweise erreicht wird" [111]. Dennoch muß man fragen, ob nicht das wichtigste Moment der begrifflichen Bestimmung Hegels durch die neuere Forschung bestätigt worden ist. Um das zu erläutern, müssen wir auf eine bisher von uns nicht berücksichtigte Stelle der religionsphilosophischen Vorlesungen eingehen, wo auch das bekannte Herodot-Zitat von Hegel erörtert wird. Hegel meint hier, in der ägyptischen Religion sei „die Vorstellung der wahrhaften Selbständigkeit" [112] enthalten. Das subjektive Selbstbewußtsein „weiß sich als Subjekt, als Totalität und wahrhafte Selbständigkeit und damit als unsterblich" [113]. Indem Hegel an dieser Stelle die Rede von der Unsterblichkeit der Seele bei Herodot im Sinn der Selbständigkeit des Subjekts versteht, ohne den Gegensatz von Körper und Geist zu berühren, kommt er als Interpret Herodots der ägyptischen Anschauung sehr viel näher als Herodot selbst. Denn was anderes als die Selbständigkeit des Subjekts ist gemeint [114], wenn S. Morenz schreibt, in Ägypten sei „das principium individuationis mit einer Konsequenz zu Ende gedacht worden, die schlechterdings nicht überboten werden kann", wobei man fragen könnte, ob nicht die Hegelsche Terminologie besser ist als der nicht sehr glücklich gewählte Begriff ‚principium individuationis' [115]. Ja, wir müssen noch einen Schritt weitergehen: Die Betonung der Selbständigkeit des Subjekts ist nicht nur eine treffende Charakterisierung der ägyptischen Anschauung als solcher; sie macht auch den Unterschied zu den vorher besprochenen Religionen, besonders zur indischen deutlich; denn gerade bei dieser — Hegel hebt es ebenso hervor wie Morenz [116] — ist die Erhaltung der Individualität völlig unwesentlich. Bei der ägyptischen Religion [117] zeigt sich, daß es mindestens nicht völlig illegitim ist, die von Hegel zugrundegelegte Folge der Religionen als ein Werden von der Substanzialität zur Subjektivität zu verstehen [118].

---

[111] Asiatica S. 423.

[112] PhdR II S. 219.

[113] Ebd. S. 219.

[114] Natürlich muß festgehalten werden, daß es hier im Sinne der begrifflichen Bestimmung noch um die abstrakte Subjektivität, nicht um die reale geht (vgl. PhdR II S. 200). Im alten Ägypten ist also auch nach der Meinung Hegels nicht schon die neuzeitliche Subjektivität verwirklicht worden.

[115] Asiatica S. 425.

[116] Vgl. PhdR II S. 219 und Asiatica S. 425 f.

[117] Die Beurteilung des Hegelschen Ägyptenbildes durch Schulin halte ich für wenig geglückt. Schulins Behauptung, hier schwinge „ein eigenwilliger und gefühlsgenährter Ton mit, durch den die Urteile in unvergleichlich tieferer Weise veraltet wirken" als bei China und Indien (a. a. O. S. 106), ist zu allgemein, als daß man darüber sinnvoll diskutieren könnte. Ebenso wenig vermag man einzusehen, was Schulin meint, wenn er schreibt, Hegel sei an den Ägyptern zum Romantiker geworden (ebd. S. 106).

[118] Daß wir dennoch diese Konzeption skeptisch beurteilen, zeigen die Ausführungen an Schluß der Arbeit.

V. Die jüdische Religion

A. Die Jugendschriften

1. Fragment 1 (HtJ 355 f.)[1]

Das früheste Dokument[2] der theologischen Jugendschriften, das Hegels Auseinandersetzung mit der jüdischen Religion vor Augen führt, zeigt zugleich schon die Beschäftigung mit dem Werk, das für die Sicht des Judentums beim jungen Hegel von grundlegender Bedeutung ist, mit Moses Mendelssohns, Jerusalem oder über religiöse Macht und Judentum'[3]. Wir tun gut daran, uns die im folgenden wichtige Gedankenführung Mendelssohns kurz zu vergegenwärtigen. Mendelssohns auf den Prinzipien der Aufklärung basierendes Plädoyer für die Emanzipation des Judentums war auf eine Kritik gestoßen, die dem Verfasser einen Widerspruch zwischen den Anschauungen der Aufklärung, die er voraussetze, und den Glaubenssätzen der jüdischen Religion, zu der er sich bekenne, nachweisen wollten[4]. Die eigentliche Absicht, die Mendelssohn mit seiner Schrift verfolgte, war nun, darzulegen, daß Aufklärung und jüdische Religion durchaus vereinbar seien. Die Argumentation Mendelssohns ist dabei folgende: Er hält daran fest, daß es keine anderen ewigen Wahrheiten gebe, „a l s d i e d e r m e n s c h l i c h e n V e r n u n f t n i c h t n u r b e g r e i f l i c h , s o n d e r n d u r c h m e n s c h - l i c h e K r ä f t e d a r g e t h a n u n d b e w ä h r t w e r d e n k ö n n e n"[5]. Gerade das sei aber ein Grundsatz der jüdischen Religion, der sie von der christlichen unterscheide.

„Die Israeliten haben göttliche Gesetzgebung, Gesetze, Gebote, Befehle, Lebensregeln, Unterricht vom Willen Gottes ... aber keine Lehrmeinungen, keine Heilswahrheiten, keine allgemeinen Vernunftsätze"[6].

Diese grundlegende, im folgenden im einzelnen belegte These Mendelssohns ist für uns zunächst weniger wichtig als das, was er zu den einzelnen Gesetzen, besonders zu den Zeremonialgesetzen, ausführt. Mendelssohn geht von den Schwierigkeiten aus, die sich ergeben, wenn man Begriffe der Religion unter den Menschen durch

---

[1] Ich zitiere nach der von H. Nohl besorgten Ausgabe der theologischen Jugendschriften Hegels, Frankfurt 1966 (= HtJ).
[2] Ich folge der Datierung, die G. Schüler in ihrem Aufsatz, Zur Chronologie von Hegels Jugendschriften, in: Hegel-Studien 2, S. 111—159, vorgelegt hat.
[3] Wir zitieren dieses 1783 erschienene Werk nach der von M. Brasch besorgten Ausgabe: Moses Mendelssohn, Schriften zur Philosophie, Ästhetik und Apologetik II, Hildesheim 1968, S. 353—471.
[4] Vgl. die Einleitung von M. Brasch S. 353—364.
[5] Ebd. S. 419.
[6] Ebd. S. 419.

Zeichen erhalten will. Bilder und Bilderschrift führen zu Aberglauben und
Götzendienst, während die alphabetische Schrift die symbolische Erkenntnis der
Dinge zu offen auf der Oberfläche auslegt, der Mühe des Eindringens enthebt und
zwischen Lehre und Leben eine zu weite Trennung macht[7]. Um diesen Mängeln
abzuhelfen, wurde Israel das Zeremonialgesetz gegeben. Die Handlungen der
Menschen sind vorübergehend, so daß nicht, wie bei der Bilderschrift, die Gefahr
der Abgötterei besteht. Im Gegensatz zu den Buchstabenzeichen isolieren sie den
Menschen nicht, machen ihn nicht „zum einsamen, über Schriften und Büchern
brütenden Geschöpfe"[8]. Das Zeremonialgesetz „war das Band, welches Handlung
mit Betrachtung, Leben mit Lehre verbinden sollte"[9]. Solange es seine Bestimmung erfüllte, waren Staat und Religion „nicht vereinigt, sondern e i n s, nicht
verbunden, sondern eben dasselbe"[10].

Wir haben nun den Punkt erreicht, von dem aus wir auf die Auseinandersetzung
des jungen Hegel mit Mendelssohn und der jüdischen Religion eingehen können.
Die Frage Hegels: „Vereinigte das jüdische Zeremonialgesetz öffentliche und
Privatreligion"[11]? verstehen wir erst recht, wenn wir die Aussagen Mendelssohns
mit dem zusammensehen, was Hegel in den Fragmenten über Volksreligion und
Christentum ausgeführt hat. Sind nicht mit dem Zeremonialgesetz, das nicht nur
den Verstand, sondern auch die Fantasie und das Herz anspricht[12], einerseits die
Bedingungen für eine Volksreligion erfüllt, während andererseits das Hineinwirken
dieses Gesetzes in die konkreten Lebensvollzüge des einzelnen die Verbindung zur
Privatreligion gewährleistet? Ein anderes kommt noch hinzu: Wir wissen, daß
neben dem Gegensatz von privater und öffentlicher Religion sich beim jungen
Hegel ein anderer Gegensatz aufweisen läßt: der von subjektiver und objektiver
Religion, ohne daß in der Tübinger Periode schon die Vereinigung beider
Gegensatzpaare erfolgt[13]. Dennoch läßt sich auch hier schon so viel sagen, daß die
öffentliche Religion mit der subjektiven, die private mit der objektiven in engen
Zusammenhang gebracht wird[14]. Von da aus ist es zulässig, die in unserem
Fragment, das ja ohnehin unter Bezugnahme auf Fichte[15] auch den Gegensatz von
subjektiver und objektiver Religion behandelt, gestellte Frage umzuformulieren:
‚Vereinigte das Zeremonialgesetz subjektive und objektive Religion?' Eben dies
muß von Mendelssohns Standpunkt aus ganz selbstverständlich bejaht werden, ist
doch für ihn der Sinn des Zeremonialgesetzes der, Leben und Lehre miteinander
zu verbinden.

---

[7] Vgl. ebd. S. 450 f.
[8] Ebd. S. 451.
[9] Ebd. S. 460.
[10] Ebd. S. 460.
[11] HtJ S. 356.
[12] Vgl. ebd. S. 23.
[13] Vgl. ebd. besonders S. 6 ff. und G. Lukács, Der junge Hegel, Werke 8, Berlin ³1967, S. 66.
[14] Vgl. Lukács a. a. O. S. 66.
[15] Th. Haering hat gezeigt, daß der Einfluß Fichtes, auf dessen Schrift ‚Versuch einer Kritik
aller Offenbarung' Hegel sich bezieht (vgl. HtJ S. 355 und J. G. Fichte, Ausgewählte Werke in
sechs Bänden, hrsg. von F. Medicus, 1, Darmstadt 1962, S. 12), nicht tiefgehend ist (Hegel,
sein Wollen und sein Werk 1, Aalen 1963, S. 73 ff.).

Der Zusammenhang aber, in dem Hegel diese Frage stellt, zeigt, daß er eine andere Meinung hat. Um diese Meinung zu verstehen, müssen wir wenigstens in Kürze andeuten, wie der für Hegel so wichtige Unterschied von Privatreligion und Volksreligion geistesgeschichtlich einzuordnen ist. Nach F. Rosenzweig geht er bis auf Bayle zurück [16], er ist für Semler grundlegend [17], ohne daß sich eine Lektüre Semlers durch Hegel nachweisen ließe [18]. Freilich ist der Nachweis literarischer Abhängigkeit gar nicht unbedingt notwendig, wenn es sich um Fragen handelt, die für das Zeitbewußtsein so bestimmend sind, wie das beim Unterschied von Privat- und Volksreligion der Fall war. Dennoch läßt sich gerade bei diesem Unterschied der literarische Bezug Hegels feststellen: Es handelt sich um Rousseaus ‚Contrat social‘. Nicht nur, daß uns die Lektüre dieses Werkes durch Hegel im Tübinger Stift bezeugt ist [19], es finden sich in den theologischen Jugendschriften Anspielungen, die über ein bloßes Aufgreifen der Terminologie hinausgehen. Rousseau verlangt von der Volksreligion folgendes:

„Les dogmes de la Religion civile doivent être simples, en petit nombre, énoncés avec précision sans explication ni commentaires“ [20]

und zählt sogleich diese Lehren auf: Dasein einer Gottheit, alles umfassende Vorsehung, zukünftiges Leben, Belohnung der Gerechten und Bestrafung der Gottlosen, Heiligkeit des Gesellschaftsvertrages und der Gesetze [21]. In Entsprechung dazu lesen wir bei Hegel: „. . . diese Erfahrungen geben eben für die Dogmen einer Volksreligion die Regel, daß sie so einfach als möglich sein, nichts enthalten sollen, was nicht die allgemeine Menschenvernunft anerkennt“ [22]. Diese Parallele ist für uns nicht so sehr deshalb wichtig, weil sie zeigt, daß Hegel Rousseau gelesen hat, sondern deshalb, weil in ihr schon ausgesprochen ist, warum Hegel in der jüdischen Religion keine Volksreligion zu sehen vermag. „Bei den Juden zu viel Büßung, Strafen — kleinlicher Charakter — statt den Charakter der Nation im Großen zu bilden, kleinliche Herrschsucht usw.“ [23]. D. h.: Von den Rousseauschen Prinzipien der Volksreligion aus wird die ins Einzelne gehende Gesetzgebung der jüdischen Religion kritisiert. Hegel folgt nicht dem Weg Mendelssohns, der die ewigen Wahrheiten jeder nationalen Bindung entnommen hatte, da sie ja durch die Schöpfung

[16] F. Rosenzweig, Hegel und der Staat, 1, Aalen 1962, S. 29.
[17] Vgl. zu Semler besonders T. Rendtorff, Kirche und Theologie, Gütersloh 1966, S. 27–61. Semler unterscheidet ‚öffentliche Religion‘ und ‚Privatreligion‘ (vgl. ebd. S. 36).
[18] Rendtorff zeigt zwar eine Linie auf, die von Semler zu Hegel führt, betont aber mit Recht, daß der „grundsätzliche Charakter der Fragestellung im Denken der Zeit . . . einer direkten literarischen Abhängigkeit entraten“ könne (ebd. S. 65). Ebenso stellt H. Schmidt fest, eine Lektüre Semlers durch Hegel könne nicht nachgewiesen werden (Verheißung und Schrecken der Freiheit, Stuttgart-Berlin 1958, S. 99). Hingegen ist Haering unvorsichtig, wenn er von dem „von Hegel sicher gelesenen Semler“ spricht (a. a. O. S. 85).
[19] Vgl. die Aussage Ch. Ph. Leutweins: „Sein Held war Jean Jaques Rousseau, in dessen Emil, contrat Social, confessions . . .“ (Hölderlin, Sämtliche Werke VII, 1, Stuttgart 1968, S. 460).
[20] J. J. Rousseau, Qeuvres Complètes III, Paris 1964, S. 468.
[21] Vgl. ebd.
[22] HtJ S. 50.
[23] Ebd. S. 355 f.

als solche schon erkennbar seien; vielmehr nimmt er im Sinne Rousseaus jene
Wahrheiten als Prinzipien der Volksreligion, um sie den jüdischen Gesetzesvor-
schriften zu konfrontieren. Dabei richtet sich seine Polemik keineswegs gegen das
Zeremonienwesen als solches, das für ihn notwendiger Bestandteil einer Volksreligion ist, wie es etwa die Feste der griechischen Religion zeigen [24]. Doch findet hier
eben die Integration in das Ganze statt, die er bei der jüdischen Religion
vermißt [25].

2. *Fragment 2 (HtJ 359 f.)*

Die in der zeitlichen Folge nächste grundsätzliche Äußerung Hegels über das
Judentum bezieht sich nicht auf das Werk Mendelssohns: man hat im Gegenteil
den Eindruck, daß Hegel wesentliche Aussagen dieser Schrift überhaupt nicht zur
Kenntnis genommen hat. Mendelssohn legt dar, daß man den Gott Israels nicht
recht kenne, wenn man in ihm nur den Gott der Stärke sehe, man müsse ihn auch
als den Gott der Liebe verstehen — gerade darin unterscheide er sich von den
Göttern des Heidentums [26]. Demgegenüber lesen wir bei Hegel: „Nicht zu leugnen
sind die verkehrten und unmoralischen Begriffe der Juden von dem Zorn, der
Parteilichkeit, dem Hasse gegen andere Völker, der Intoleranz ihres Jehova . . ." [27].
Was Mendelssohn an den heidnischen Göttern kritisiert und was Hegel da mit dem
Verweis auf den Begriff des Schicksals zurückweist [28], wird hier dem jüdischen
Volk und seinem Gott vorgeworfen.

Es ist notwendig, diese antijudaistische Polemik in den allgemeinen geistesgeschichtlichen Zusammenhang einzuordnen, so andeutungsweise das hier auch nur
geschehen kann. Die Wurzeln der hier vorgetragenen Kritik lassen sich bis zum
englischen Deismus zurückverfolgen. Schon der dieser Bewegung nahestehende,
von Hegel erwähnte [29] Lord Shaftesbury hatte in dem jüdischen Volk den
Vertreter des fanatischen Enthusiasmus gesehen, den er verabscheute [30]. Besonders

---

[24] Vgl. ebd. S. 26.
[25] Hegels Frage, ob das Zeremonialgesetz die Vereinigung von öffentlicher und privater
Religion sei, ist zwar nach dem zuvor von ihm Gesagten rhetorisch, aber nicht ironisch, wie
Haering meint (a. a. O. S. 157). Hegel bestreitet diese Vereinigung auch nicht deshalb, weil
seiner Meinung nach das Zeremonialgesetz entweder ausschließlich das eine oder ausschließlich
das andere ist (gegen Haering a. a. O. S. 157). Richtig ist hingegen die Meinung Haerings, das
Ideal Hegels laufe auf eine „lebendige . . . Verbindung wirklicher . . . Privat — mit wirklicher
öffentlicher Religion" hinaus (ebd. S. 157) — eine Verbindung, die eben beim jüdischen
Zeremonialgesetz nicht gegeben ist.
[26] Vgl. a. a. O. S. 453.
[27] HtJ S. 359.
[28] Vgl. ebd. S. 355.
[29] Vgl. ebd. S. 51. — Es ist sicher, daß Hegel Shaftesbury gelesen hat (vgl. Haering a. a. O. S.
40, 65 u.a.).
[30] Vgl. besonders Shaftesburys 1708 erschienenen ‚Letter concerning Enthusiasm' und H.
Liebeschütz, Das Judentum im deutschen Geschichtsbild von Hegel bis Max Weber, Tübingen
1967, S. 2 f.

bei M. Tindal zeigt sich, daß man mit der „Polemik gegen die hebräische Bibel jede Wiederbelebung des Puritanertums in ihren Voraussetzungen treffen wollte"[31]. Die Weiterentwicklung des englischen Deismus in Frankreich läßt sich bei Voltaire aufweisen, der zweifellos einer der markantesten Kritiker des Judentums war[32]. Diese Kritik ist freilich zugleich eine Kritik am Christentum, das ja als ganzes aus dem jüdischen Volk hervorgegangen ist. „Die Christen sind Juden ohne Beschneidung"[33]. Gerade der enge Zusammenhang, in dem Voltaire Judentum und Christentum sieht, ist für uns von Interesse, da, wie wir gleich sehen werden, in dieser Hinsicht sich leichter Verbindungen vom jungen Hegel zur französischen Aufklärung herstellen lassen[34] als zur deutschen, die die Anstöße, „die man an der christlichen Lehre und der Geschichte der Kirche nehmen konnte ... als überlebendes aber überwindbares Erbe der hebräischen Vorgeschichte"[35] verstand. Nach den oben zitierten Ausführungen unseres Fragmentes lesen wir folgendes: „... Begriffe, die wieder in die Praxis und Theorie der christlichen Religion übergegangen sind und zuviel Schaden angerichtet haben, als daß man nicht wünschen sollte, daß sie in einer menschenfreundlicheren Religion ihren Ursprung gehabt oder weniger von ihr angenommen hätte"[36]. D. h.: Die jüdische Religion wirkt innerhalb des Christentums nicht nur als Relikt weiter, so daß es ein Leichtes wäre, dieses abzustoßen und damit jenes in seiner reinen Gestalt zu gewinnen; sie hat vielmehr prägende Kraft, so daß es notwendig ist, den Ursprung des Christentums als solchen in Frage zu stellen. Allerdings erreicht Hegel nicht die Schärfe der Voltaireschen Kritik, da er die Möglichkeit eines von der jüdischen Religion weniger oder gar nicht bestimmten Christentums immerhin offen läßt.

3. Fragment 4 (HtJ 363 f.)

Die Frage des Zusammenhangs von jüdischer und christlicher Religion beschäftigt Hegel auch im weiteren Verlauf der Berner Zeit, da sie mit dem nun immer mehr in den Vordergrund rückenden Problem der Positivität des Christentums verbunden ist. Die Kategorie der Positivität hat ihren sachlichen Ursprung in der Polemik der Aufklärung: Die Mächte der Religion und des Staates werden ihrer rechtmäßigen, in der Tradition und Geschichte begründeten Basis beraubt, „in dem man sie abstrahiert, einer Begründung durch die Vernunft unfähig und damit als bloß positiv entlarvt"[37]. Läßt es die damals geläufige Frage nach dem Positiven

---

[31] Liebeschütz a. a. O. S. 5.
[32] Vgl. hierzu H. Emmrich, Das Judentum bei Voltaire, Breslau 1930.
[33] Liebeschütz a. a. O. S. 10.
[34] Daß Hegel in Tübingen Voltaire gelesen hat, ist nicht so sicher, wie es bei Lukács a. a. O. S. 37 erscheint, kann aber vermutet werden.
[35] Liebeschütz a. a. O. S. 14.
[36] HtJ S. 359.
[37] G. Rohrmoser, Zur Vorgeschichte der Jugendschriften Hegels, in: Z PhF 1960, S. 204; vgl. auch G. Rohrmoser, Subjektivität und Verdinglichung, Gütersloh 1961, besonders S. 36 f.

ohnehin nicht als verwunderlich erscheinen, daß Hegel dieses Problem aufgegriffen hat, so kann man doch die Beschäftigung damit auf die Lektüre eines im ‚Neuen Theologischen Journal' 1793 unter der Überschrift ‚Ist das Christentum eine positive Religion? ' erschienenen Aufsatzes zurückführen [38]. Dem Verfasser [39] geht es darum nachzuweisen, daß das Christentum sich vom Judentum und vom Islam darin unterscheide, daß es nicht als positive Religion angesehen werden könne. Er verfährt dabei so, daß er einzelne Merkmale jeder positiven Religion aufzählt, dann zu zeigen versucht, wie für die jüdische Religion und den Islam diese Merkmale kennzeichnend sind, um schließlich darzulegen, daß es sich beim Christentum anders verhält. Uns interessiert hier besonders das vierte und letzte Merkmal, das so formuliert wird:

„Alle positiven Religionen vernachläßigen die Moral, und machen Opfer, Wallfahrten, Fasten, Büßungen und andere willkürliche Religionsgebräuche zum Hauptgegenstand ihrer Gottesverehrung" [40].

Die jüdische Religion zeigt das deutlich: Durch die „religiöse Autorisierung des Mordes und der Vertilgung ganzer Völker" wurde „die Liebe zur Menschheit in den Herzen der Hebräer erstickt und dafür der Grund zu dem unbändigen Nationalstolz gelegt ... von dem allein der fürchterliche Verfall der Juden herzuleiten ist" [41]. Die Anspielung auf diese Stelle, die wir in den bei der Lektüre des Theologischen Journals entstandenen Aufzeichnungen Hegels finden, ist deshalb aufschlußreich, weil sie zeigt, wie Hegel von einer Voraussetzung ausgeht, die der Verfasser unseres Aufsatzes gerade bestreiten wollte: der Verbindung von Judentum und Christentum. „Die Verbindung der christlichen Urkunden mit den jüdischen — Gnostiker verwarfen die jüdischen Urkunden — hat vielleicht das meiste Unheil angerichtet, in den jüdischen sind unmoralisch = unrechtmäßige Handlungen und Vorstellungen als von Gott befohlen angeführt; diese Grundsätze, die politisch waren ... sind zu Grundsätzen der Kirche gemacht worden" [42]. So sehr diese Äußerung einerseits wieder den geistesgeschichtlichen Zusammenhang mit Voltaire deutlich macht, so sehr muß andererseits betont werden, daß Hegel mit dieser Sicht der Künstlichkeit der in seiner Vorlage vorgetragenen Konzeption von vornherein überlegen ist. Ja, indem er sieht, daß schon dadurch, daß das Christentum sich auf die Bibel bezieht, eine Trennung vom Judentum nicht in der Weise möglich ist wie etwa vom Islam, rückt er in die Nähe des freilich mit entgegengesetzter Intention argumentierenden Mendelssohn, der darauf hinweist, daß das Christentum „auf dem Judenthume gebaut" sei und „nothwendig, wenn dieses fällt, mit ihm über einen Haufen stürzen" [43] müsse.

---

[38] Neues Theologisches Journal I, Nürnberg 1793, S. 89–104 und 273–286.
[39] Der Name wird nicht angegeben.
[40] Neues Theologisches Journal S. 273.
[41] Ebd. S. 274.
[42] HtJ S. 363.
[43] A. a. O. S. 416 f.

4. ,Die Positivität der christlichen Religion' (HtJ 153—162)

Schon in dieser letzten Äußerung zeigt sich das, was in den Überlegungen zur Positivität der christlichen Religion ganz deutlich zum Ausdruck kommt: Hegels Interesse gilt hier nicht der jüdischen Religion als solcher. Wenn diese dennoch für seine Gedankenführung ungemein wichtig ist, so liegt das daran, daß die grundlegende Frage: ,Wie kam es von der Religion Jesu zur positiven christlichen Religion?' mit der Frage zusammenfällt: ,Wie kam es von der Religion Jesu zur Rejudaisierung, d. h. zur Aufnahme der jüdischen Positivität?' Das Charakteristische der jüdischen Religion, die Knechtschaft unter einem Gesetz, findet sich wieder in der christlichen Kirche, und ob man „Opfer, Zeremonien und einen Fronglauben" oder „Lippendienst, äußerliche Handlungen, innere Empfindungen, einen historischen Glauben"[44] zum Wesen der Religion macht, bedeutet keinen prinzipiellen Unterschied. Wenn Hegel nun auch die jüdische Religion wegen der sie kennzeichnenden Positivität kritisch beurteilt, so schließt das wohlwollende Beurteilungen nicht aus, etwa wenn er ihr bestätigt, daß sie auch „rein moralische Prinzipien"[45] enthalte. Man muß allerdings sagen, daß die der jüdischen Religion freundlich gesonnene Strömung des englischen Deismus, als deren berühmtesten Vertreter wir J. Toland zu nennen haben[46] — auch der von Hegel gelesene Rousseau äußert sich lobend über die jüdische Religion[47] — bei Hegel nicht nachgewirkt hat.

5. Der Wandel unter dem Einfluß Schillers

Der erste, wirklich eingehende Versuch, die jüdische Religion zu erfassen, findet sich in den ,Entwürfen zum Geist des Judentums'[48]. Dabei fällt dem, der von den früheren Fragmenten herkommt, schon beim ersten Lesen ein Wandel der Terminologie Hegels auf. Zwar kann man nicht generell behaupten, daß Ausdrücke wie Ganzes, Ganzheit, Einzelnes, Mannigfaltiges, Einheit, Natur hier plötzlich auftauchen[49]; dennoch haben diese Ausdrücke hier eine grundlegende Bedeutung, während wir in den früheren Fragmenten nur eine gelegentliche Verwendung feststellen können. Die in der Forschung ausführlich diskutierte Wandlung Hegels zwischen den Berner Schriften und den frühen Frankfurter Aufzeichnungen[50] läßt sich so beschreiben, daß erst in diesen, wie wir gleich zeigen werden, Gedanken Schillers zur Geltung kommen, die Hegel bereits einige Zeit zuvor kennengelernt

---

[44] HtJ S. 161.
[45] Ebd. S. 154.
[46] Vgl. Liebeschütz a. a. O. S. 3—5.
[47] Vgl. Emile oder über die Erziehung, hrsg. von M. Rang, Stuttgart 1968, S. 619 f.
[48] HtJ S. 368—374.
[49] Gegen H.-O. Rebstock, Hegels Auffassung des Mythos in seinen Frühschriften, Freiburg/München 1971, S. 140; vgl. etwa zum Ausdruck ,das Ganze' HtJ S. 4, 9 und 357.
[50] Vgl. dazu Rebstock a. a. O. S. 247.

hat [51]. Schon am 16. 4. 1795 schreibt er nämlich an Schelling: „Schillers Horen, zwei erste Stücke, haben mir großen Genuß gewährt, der Aufsatz über die aesthetische Erziehung des Menschengeschlechts ist ein Meisterstück" [52]. In den unmittelbar nach diesem Datum entstandenen Schriften, dem im Geiste Kants verfaßten Leben Jesu und den Fragmenten zur Positivität der christlichen Religion, tut man sich indessen noch schwer, Hinweise auf Gedanken Schillers zu finden [53]. Weiter kommt man, wenn man das im August 1796 entstandene Gedicht Eleusis als Dokument eines Hegelschen ἓν καὶ πᾶν — Erlebnisses versteht und von da aus die zu Beginn des Jahres 1797 entstandenen Entwürfe interpretiert [54]. Wird nun auch, wenn man dieser Auffassung folgt, deutlich, wieso Hegel erst nach dem Sommer 1796 die Gedanken Schillers aufnahm, die ihm schon längere Zeit bekannt waren, so ist damit noch nicht klar, wieso er sich nach der Entstehung von Eleusis gerade der jüdischen Religion zuwendet [55]. Vielleicht sehen wir hier weiter, wenn wir die in Schillers Briefen ‚Über die ästhetische Erziehung des Menschen' ausgeführten Gedanken näher erläutern [56]. Schiller geht von der Gegenüberstellung des Griechentums und seiner Zeit aus. Damals hatten „die Sinne und der Geist noch kein streng geschiedenes Eigentum, denn noch hatte kein Zwiespalt sie gereizt, miteinander feindselig abzuteilen und ihre Markung zu bestimmen" [57]. Anders ist es bei uns, wo nicht mehr die „alles vereinende Natur", sondern der „alles trennende Verstand" [58] die Formen erteilt.

---

[51] So auch J. Schwarz, Hegels philosophische Entwicklung, Frankfurt 1938, S. 47. — Leider ist das, was E. de Guerenu, Das Gottesbild des jungen Hegel, Freiburg/München 1969, über das Verhältnis des jungen Hegel zu Schiller und Hölderlin (vgl. S. 85 ff. und 97 ff.) schreibt, völlig unergiebig.

[52] Briefe von und an Hegel, hrsg. von J. Hoffmeister, I, Hamburg 1952, S. 25.

[53] So ist etwa die Antwort Jesu auf eine Frage der Jünger: „Den Widerspruch dieser Triebe ... hebt der Umstand auf, daß Gott dem einen eine eigentümliche gesetzgebende Gewalt verliehen hat, die die Pflicht auferlegt, eine Übermacht über den andern zu bekommen, und ihm auch die Kraft beigelegt hat, dies zu können" (HtJ S. 114) ganz von Kant, nicht etwa von Schiller geprägt.

[54] Vgl. Rebstock a. a. O. S. 139 f. — Das Gedicht ‚Eleusis' ist abgedruckt in: ‚Dokumente zu Hegels Entwicklung', hrsg. von J. Hoffmeister, Stuttgart 1936, S. 380—383.

[55] Haerings Erklärungen für diese Tatsache bleiben unbefriedigend. Zwar hat er recht, wenn er sie nicht auf Mendelssohns Schrift ‚Jerusalem' oder auf die Gegenüberstellung von Legalität und Moralität bei Kant oder auf die Lektüre von Josephus zurückführen will (a. a. O. S. 307). Wenn er aber meint, entscheidend sei „der Umstand gewesen, daß sich an dem Gegensatz von Judentum ... und Jesus sein (Hegels, d. V.) alter Gegensatz von toter ... Zerrissenheitsreligion, und lebendiger ... Liebesreligion ... besonders gut studieren und dartun ließ" (ebd. S. 308), so wird daraus nicht deutlich, wieso Hegel gerade zu diesem Zeitpunkt sich eingehender mit dem Judentum befaßte. Ganz überzeugt scheint auch Haering nicht von seiner Deutung zu sein, sonst würde er nicht weiter unten die Möglichkeit erwägen, „daß auch das Gefühl mitwirkte, es sei nicht ganz gerecht, das Judentum, wie bisher, nur mehr in seiner späteren verknöcherten und rabbinischen Form als Gegensatz zu verwenden, und es sei Pflicht, es auch in seinen besten Vertretern aufzusuchen und zu analysieren" (ebd.).

[56] Band 19 der dtv — Gesamtausgabe, Theoretische Schriften, 3. Teil, hrsg. von G. Fricke, München 1966, S. 5—95.

[57] Ebd. S. 16.

[58] Ebd. S. 17.

Freilich: So gewiß es ist, daß die Kultur „der neuern Menschheit diese Wunde schlug"[59], so gewiß ist es auch, daß eine Rückkehr zum Griechentum nicht mehr möglich ist. Dennoch bleibt die Frage, wie die „Einheit der menschlichen Natur" wiederhergestellt werden kann, „die durch diese ursprüngliche und radikale Entgegensetzung völlig aufgehoben scheint"[60]. Schillers in allen seinen Briefen verfolgte Intention ist zu zeigen, daß die Kunst diese Wiederherstellung herbeizuführen vermag[61]. Wenn wir nun diese Gedanken mit dem zusammensehen, was Hegel in den Fragmenten zur Positivität der christlichen Religion ausgeführt hat, so wird deutlich, warum er sich ausführlicher mit dem Judentum beschäftigt: Gerade dieses hat ja die griechische Einheit zerstört, indem es die es kennzeichnende Trennung von der Natur dem Christentum vermittelte. Wir wollen sehen, wie Hegels Besprechung des Judentums sich in den einzelnen Entwürfen gestaltet.

6. Fragment 7,III (HtJ 370 f.)

Das Fragment 7, III[62] will in einem Überblick zeigen, daß es dem jüdischen Volk in seiner Geschichte nie gelang, ein Ganzes zu werden. Der Übergang vom Hirtenleben zum Staat geschah durch fremden Einfluß, und das Leben im Staat, d. h. unter ägyptischer Herrschaft, war „mit dem Gefühle eines Mangels begleitet"[63]. Dieses Gefühl war aber nicht allgemein; die Gewohnheit hatte mit einigen Seiten des Zustandes einen Frieden geschlossen, „und dieser ließ kein vollständiges oder helles Ideal aufkommen, um jenem Zustand entgegengesetzt zu werden"[64]. Freilich, bei einem Manne, bei Mose, verhielt es sich anders. Er war zu „einer Einheit des Wesens"[65] gelangt, er konnte den Plan der Befreiung des Volkes fassen. Aber gerade darin unterschied er sich vom Volke; die Spaltung, die dieses nicht zu einem Ganzen werden ließ, zeigt sich schon hier. So verhalten sich die Israeliten bei der Ausführung „fast ganz leidend"; es gelingt Mose nicht, „sein Ideal in ihrer Phantasie zu fixieren"[66]. Die Gesetze zeigen, „daß gegen das Ganze in dem Geist seines Volkes manches lag, das mit Zwang gebändigt, das in andre Sitten umgeändert werden sollte"[67]. Dieses Ganze oder das Ideal, d. h. der Gott Moses als Garant der Unabhängigkeit des Volkes[68], vermochte nicht zum

---

[59] Ebd. S. 17.
[60] Ebd. S. 39.
[61] Zu den für Hegel wichtig gewordenen Begriffen Schillers vgl. u. a. das Ganze (ebd. S. 20, 23, 55, 63, 65 f., 93 f. u. a.), die Mannigfaltigkeit (S. 23 u. a.), die Einheit (S. 27, 39, 56, 82 u.a.).
[62] HtJ S. 370 f.
[63] Ebd. S. 370.
[64] Ebd.
[65] Ebd.
[66] Ebd.
[67] Ebd.
[68] Die Frage Rebstocks, ob mit ‚Ideal' (ebd. S. 370, Z. 14 v. u.) „primär Befreiung und Freiheit" gemeint sei oder „primär der Gott des Moses" (a. a. O. S. 122), ist nicht sinnvoll gestellt, da beide Momente miteinander verbunden sind, ohne daß man Primäres und

integrierenden Prinzip zu werden, so daß das Volk in ihm selbst ein Ganzes hätte
werden können. Schon die Androhung von Strafen, die mit den auf den
Gottesdienst bezogenen Gesetzen zusammenhängen, zeigt dies. Daß von einem
Ganzen des Volkes keine Rede sein kann, wird auch daran deutlich, daß der
einzelne vom tätigen Interesse am Staat ganz ausgeschlossen ist; auch die
Königszeit bringt hier keine grundsätzliche Änderung [69]. Allerdings trat „in
späteren Zeitaltern, als seine Herren oder seine Feinde nicht mehr Gleichgültigkeit
gegen seinen Glauben zeigten" [70], eine Wandlung ein. Nun waren die Widerstände
gegen das Ganze des Volks, gegen den Gott Moses, geschwunden. Der Fanatismus
eines kleinen Volksteiles wäre, so verwerflich er wegen der Ausgrenzung alles
Übrigen als solcher ist, in der Lage gewesen, wenigstens diesen Teil zu einem
Ganzen zu machen, wenn nicht etwas Neues entstanden wäre, das eben dies
verhinderte: die Reflexion, die als solche schon Trennung ist [71]. Die Zeit der
„Phantasie, der Theophanien und Propheten war längst vorbei"; es entstanden
„Sekten, Meinungen und Parteien dagegen und dafür" [72]. Das Tote wies auf Leben
hin und war doch das Gegenteil davon. In einer „solchen Periode hatten die
Essener, hatte ein Johannes, ein Jesus in sich selbst Leben geschaffen, und stunden
im Kampf gegen das ewige Tote auf" [73].

7. Fragment 7,I (HtJ 368)

Das zweite Fragment thematisiert ausdrücklich, was uns von Schillers Darlegungen
schon bekannt ist: die Entzweiung mit der Natur. Bemerkenswert ist, daß diese
Entzweiung sich im Anschluß an Josephus [74] an der jüdischen Geschichte
besonders gut zeigen läßt, daß es sich aber, wie man aus dem Hinweis auf die ‚alten
Deutschen' entnehmen muß, um eine allgemeine Erscheinung handelt. Ob Hegel in
der Entzweiung ein bedauerliches Faktum sieht, kann man wegen der Knappheit
des Textes nicht sagen; sicher ist jedenfalls, daß es sich um einen Vorgang handelt,
der nicht mehr rückgängig zu machen ist, genauso wenig wie die Entstehung des
Staates, die aus ihm folgt [75]. Daß aus der Entzweiung mit der Natur die Herrschaft

---

Sekundäres unterscheiden könnte. Deshalb überzeugt es auch nicht, wenn Rebstock zwischen
dieser Verwendung des Begriffs ‚Ideal' und der weiter oben gegebenen (HtJ S. 370, Z. 15 v. o.)
einen Gegensatz konstruiert, indem er dort ‚Ideal' ausschließlich als Ideal der Freiheit
verstehen will (a. a. O. S. 122).

[69] Vgl. HtJ S. 370.

[70] Ebd. S. 371. — Gemeint ist wohl die Zeit um das Exil (vgl. auch W. D. Marsch, Gegenwart
Christi in der Gesellschaft, München 1965, S. 64).

[71] Zum Zusammenhang von Geist des Judentums und Reflexion vgl. auch F. Wagner, Der
Gedanke der Persönlichkeit Gottes bei Fichte und Hegel, Gütersloh 1971, S. 148.

[72] HtJ S. 371.

[73] Ebd. S. 371.

[74] S. Kap. IV. Anm. 24.

[75] G. Lukács sieht hier den Keim der späteren Geschichtskonzeption Hegels, daß „der Staat
erst auf einer bestimmten Höhe der gesellschaftlichen Widersprüche e n t s t e h t" (a. a. O. S.
173). „In Bern galt ihm gerade der antike Staat als das Produkt einer Periode ohne innere
gesellschaftliche Widersprüche, und das Entstehen, die Verschärfung dieser Widersprüche

über sie hervorgeht, zeigt das Beispiel des von Isaak erlisteten Segens. Dabei sieht
Hegel das als Segen Gesprochene in so enger Verbindung mit dem Subjekt, das den
Segen gesprochen hat, also mit Isaak selbst, daß ihm von daher ein Widerruf des
Segens unmöglich erscheint — eine der heutigen Exegese gerade entgegengesetzte
Interpretation [76].

8. Fragment 7,II (HtJ 368—370)

Erst 7, II bringt eine ausführlichere Deutung der Gestalt Abrahams [77]. Hegel zeigt,
wie auch für diesen die Entzweiung von der Natur charakteristisch ist. Diese
Entzweiung bedeutet auch eine Absage an die Götter, die der durch Einbildungskraft belebten Beziehung zur Natur entsprungen sind. Weil Abraham für sich allein
stand, mußte er auch einen Gott für sich haben, „der Herr seines ganzen Lebens
ist" [78]. Hegel fährt fort: „Dies Hinausblicken über das Gegenwärtige, diese
Reflexion auf ein Ganzes des Daseins, zu welchem Ganzen auch die Nachkommenschaft gehörte, charakterisiert das Leben Abrahams" [79]. Zwar wird die unmittelbare Einheit mit der Natur aufgegeben, und das geschieht durch Reflexion, die
zugleich Trennung bedeutet; aber was in den Blick kommt, ist ein größeres
Ganzes, und so ist es keine Frage, daß die Tat Abrahams als Fortschritt dargestellt
wird. Doch wie verhält sich nun das größere Ganze zu dem Gott Abrahams? „. . .
das Bild desselben (d. h. Abrahams d. V.) im Spiegel ist seine Gottheit, die seine
Schritte und Handlungen leitet, die ihm Verheißungen für die Zukunft macht, sein
Ganzes realisiert ihm darstellt . . . der er im Glauben an das Ganze jedes einzelne
aufopfert . . . von dem ihm selbst die Bedingung desselben, sein einziger Sohn, als
etwas Heterogenes, als die reine Einheit störend, als ihr ungetreu in Liebe zu
demselben, in einzelnen Momenten erscheint, und er auch dieses Band zu
zerreißen im stande sein kann" [80]. Man muß einmal diese Deutung Hegels, die die
Opferung Isaaks als Hingabe des Einzelnen für das Ganze versteht, mit den
Deutungen der Deisten, für die diese Erzählung ein stehendes Thema in ihrer
Charakteristik des Alten Testaments war [81], und der hierauf fußenden Deutung
Kants, der in dieser ‚Mythe' ein Beispiel dafür sah, daß der Mensch, der eine
göttliche Stimme zu hören glaubt, solche Erfahrung aus seinem moralischen
Bewußtsein prüfen solle [82], vergleichen, um ermessen zu können, wie weit sich

---

führte zum Verfall des Staates" (ebd. S. 173). Lukács weist mit Recht auf diesen Unterschied
hin, wenn auch seine nicht näher erläuterte Wertung, der Gegensatz sei „vorläufig nur ein
mythologisch starrer, inhaltlich sehr mystifizierter" (ebd. S. 173), fragwürdig bleibt.
[76] Der Segen gehört dem Bereich der „von Haus aus als selbsthandelnd gedachten Wirkworte
an" (F. Horst in: RGG³ V, Tübingen 1961, Sp. 1649).
[77] Allerdings findet sich auch schon in dem von Nohl nicht vollständig wiedergegebenen
Entwurf 7, I eine Charakteristik Abrahams (vgl. Marsch a. a. O. S. 66).
[78] HtJ S. 369.
[79] Ebd.
[80] Ebd.
[81] Vgl. Liebeschütz a. a. O. S. 18.
[82] Entnommen ebd.

Hegel durch die Aufnahme der Schillerschen Begrifflichkeit von der moralischen Kritik am Alten Testament und damit an der jüdischen Religion als ganzer entfernt hat, die er in seinen ersten in unseren Zusammenhang gehörenden Äußerungen noch teilte.

Freilich: So sehr Abrahams Hinwendung zum größeren Ganzen als solche ein Fortschritt ist, so wenig heißt das, daß nicht die Weise, wie er dieses Ganze erfaßt, der Kritik unterzogen werden müßte. Die Schranke Abrahams lag darin, daß er sich nicht selbst vorbehielt, die Einheit, zu der er gelangt war, zu retten, sondern daß er sie „außer sich hinaustragen mußte" [83]. Die „Trennung von seinem Vaterland" [84] trieb ihn zwar zur Reflexion, „aber nicht zur Reflexion in sich selbst, nicht zum Aufsuchen einer Kraft in sich, mit der er den Objekten widerstände" [85]. Weil die Einheit, die er faßte, nur die Sicherheit seiner Existenz war, das Mannigfaltige der dieser widerstreitendem Umstände in ihr aber nicht aufgenommen werden konnte, stand das „Ganze seines Lebens" [86] vor ihm, ohne daß er sich mit ihm hätte zusammenschließen können.

Wir wollen dieses Fragment nicht verlassen, ohne wenigstens kurz ausdrücklich darauf einzugehen, wie Hegel den Gott Abrahams hier sieht. Hegel geht ja umgekehrt vor wie der alttestamentliche Text, auf den er sich bezieht (Gen 12,1): Nicht Gott fordert Abraham zum Auszug auf, sondern vom Auszug her wird erklärt, wie Abraham zur Idee seines Gottes kommen konnte. Das hat schwerwiegende Konsequenzen, die dem alttestamentlichen Selbstverständnis entgegengesetzt sind. Gott hat die Funktion, Abraham Sicherheit in seinem ungewissen Dasein zu gewähren, er garantiert die Kontinuität zu der Zeit, in der Abraham in „einförmigem Genuß" [87] aufgewachsen war. Gerade der Gottesgedanke hindert Abraham daran, das Ganze in sich selbst zu verwirklichen.

9. Fragment 7,IV (HtJ 371–373)

Das vierte Fragment (7,IV) verbindet die Darstellung Abrahams mit einer Skizzierung der Geschichte der Geschichte Israels, wie sie in ähnlicher Gestalt uns schon von 7, III her bekannt ist. Interessant ist, daß der Gott Abrahams in einer Weise bestimmt wird, die Hegel — gegenüber 7,II — näher an den alttestamentlichen Text heranführt. Nun wird nämlich schon von dem Abraham, der seine Familie noch nicht verlassen hat, gesagt: „Die Vereinigung alles dessen, was er tat, was er war, was er genoß, schaute er an als ein Ganzes, großes Objekt" [88]. Jenes „große Ganze" kam ihm zu Bewußtsein, als er von Mesopotamien auszog, „es war

---

[83] HtJ S. 369.
[84] Ebd. S. 370.
[85] Ebd.
[86] Ebd.
[87] Ebd. S. 369.
[88] Ebd. S. 371.

der einige Gott, der ihn von nun an führte und leitete"[89]. Der Gott Abrahams ist
also nicht eine Projektion, die erst der ungesicherten Existenz entsprang, er ist
freilich nach wie vor „das Bild seines (Abrahams d. V.) Wesens im Spiegel"[90], das
Sicherheit verbürgt. Abraham erfaßte zwar in dem, was für ihn das Höchste war,
„eine große Einheit, die alles Mannigfaltige ... enthielt", aber indem er diese
Einheit realisierte, war sie nur „die Sicherheit seiner Existenz, seines Lebens
ausgedehnt auf seine Nachkommen"[91]. Besteht also schon bei Abraham die
Diskrepanz, daß er die große Einheit zwar erfassen, aber nicht in sich selbst
verwirklichen konnte, so häufen sich die Schwierigkeiten bei seinen Nachkommen.
Zwar dient jeder einzelne Jude noch „dem unendlichen Objekte"[92], aber dieses
bezieht sich nicht mehr auf den einzelnen zurück, sondern auf die Machthaber des
Ganzen, die Hohenpriester. Zwar erfaßt Mose selbst, wie Abraham, die „unendliche Einheit"[93], aber es gelingt ihm nicht, das Volk zu ihr zu erheben. Deshalb
gibt er sie ihm als Herrscher; „die Gesetze, die er ihnen auferlegte, waren ein
Joch"[94]. Die Bedeutung unseres Fragments liegt darin, daß Hegel hier zeigt, wie es
zur Positivität der jüdischen Religion kam. Wenn wir uns an den von uns
referierten Aufsatz im Neuen Theologischen Journal erinnern, dann wird deutlich,
wie differenziert Hegels Beurteilung nun ist: Die jüdische Religion ist nicht von
vornherein und nicht als solche positiv; sie ist es in der Geschichte geworden — wie
die christliche auch. Es überrascht nicht, daß Hegel nun auf die Hauptthese von
Mendelssohns Buch zu sprechen kommt und seinen Widerspruch sehr abgewogen
vorträgt. Zwar kann man nicht generell sagen, die jüdische Religion sei keine
positive Religion; die Einheit, sofern sie geboten wird, kann sie sehr wohl zu einer
solchen machen; aber „für den, der sich zu jener Einheit erhob, war sie es freilich
nicht"[95]. Was vom christlichen Glauben als Meinung Hegels behauptet wurde,
positiv sei „seine Form, nicht sein Inhalt"[96], läßt sich hier genau so gut von der
jüdischen Religion sagen. Später, mit der einsetzenden Reflexion auf sich selbst,
genügt jene Einheit nicht mehr; man will „in sich selbst Einheit des Wesens
schaffen"[97]. Der Unterschied der ‚Sekten', d. h. der Pharisäer, Sadducäer und
Essener, läßt sich danach bestimmen, wie bei ihnen innere und gegebene Einheit
sich zueinander verhalten.

Bevor wir diese Fragmentengruppe verlassen, wollen wir noch einmal kurz
zusammenfassen, was wir Hegels Äußerungen über die jüdische Religion entnehmen konnten: Die Aufnahme der Schillerschen Begrifflichkeit führt zu einer
Abwendung von der auf den Deismus zurückgehenden moralischen Kritik an der

---

[89] Ebd.
[90] Ebd. S. 372.
[91] Ebd.
[92] Ebd.
[93] Ebd.
[94] Ebd.
[95] Ebd.
[96] Rohrmoser, Subjektivität S. 37.
[97] HtJ S. 373.

jüdischen Religion. An deren Stelle tritt eine nicht unkritische, sehr differenzierte Beurteilung, die über eine Darstellung der Geschichte des jüdischen Volkes das Charakteristische der jüdischen Religion zu erfassen sucht.

10. Das Fragment ‚Zu Abrahams Zeiten ...‘ [98]

In dem nächsten, wohl erst 1798 entstandenen noch unveröffentlichten [99] Fragment über das Judentum zeigt sich eine bemerkenswerte Wandlung der Sicht Hegels. Wir tun gut daran, das im einzelnen darzulegen. Hegel beginnt wieder mit einer Darstellung der Gestalt Abrahams. Die Trennung desselben von seinem Vaterhaus wird schärfer akzentuiert: „Abraham rieß sich von seiner Verwandschaft los, — blos aus einem Trieb zur Unabhängigkeit, ohne beleidigt vertrieben zu seyn, daß er sich ein neues Vaterland hätte suchen müssen". Im folgenden werden zwei Begriffe in einen Gegensatz zu Abraham gebracht, die wir früher in diesem Zusammenhang nicht finden konnten: „Er zerriß die Bande der Freundschaft (!) des Zusammenlebens von selbst ... er hatte die Liebe (!) aufgegeben" [100]. Besonders deutlich wird die Wandlung Hegels, wenn wir weiter unten lesen, daß der Gott Abrahams als das „Ideal der Entgegensetzung" bestimmt wird. Gewiß bestand auch in den früheren Fragmenten ein Zusammenhang zwischen der Trennung Abrahams von seiner Familie und seinem Gott. Aber dieser Gott selbst war doch nicht das Ideal der Trennung, sondern das größere Ganze, dessen Erkenntnis diese Trennung herbeiführte. Gerade daß diese Reflexion auf das Ganze hier völlig fehlt, zeigt, daß Hegels Auffassung sich — trotz unbestreitbarer Analogien — verändert hat. Wurde in 7,II der Gottesbegriff Abrahams aus der Reflexion desselben auf ein Ganzes des Daseins entwickelt, so wird er nun von der vollständigen Trennung Abrahams „von der ganzen Welt und der ganzen Natur" hergeleitet, wobei Hegel wieder einen für uns bisher ungewohnten Begriff einführt: den der Herrschaft. Abraham „sollte in seiner Familie herrschen über alles; aber sein Gedanke war der Wirklichkeit entgegen, denn in dieser war er beschränkt und wand sich mit Noth überall durch, also die Herrschaft sein Ideal, in diesem alles vereinigt durch Unterdrükkung — Abraham Tyrann in Gedanken, das realisirte Ideal Gott". Gott stellt also das dar, was Abraham in der Wirklichkeit nicht zu leisten vermag, die absolute Tyrannei.

Es ist klar, daß er von da aus ausschließlich negativ gesehen wird, zumal die Funktion, die er in den früheren Fragmenten hatte, nämlich den Horizont Abrahams zu erweitern, hier weggefallen ist. Ebenso ist verständlich, daß die moralische Betrachtungsweise, die in 7,I—IV keine Rolle spielte, nun wieder in den Vordergrund rückt. „Wo seine (Abrahams d. V.) Nachkommen Macht hatten, wo

---

[98] Nach der Zählung Schülers Nr. 70.
[99] Herrn Professor W. D. Marsch† bin ich für die Überlassung von Abschriften der Fragmente 70,71 und 78 (nach der Zählung von G. Schüler) zu Dank verpflichtet.
[100] Der Begriff ‚Liebe‘ findet sich schon in 7/II (HtJ S. 369), wo die Liebe zu Isaak als Untreue gegenüber dem Gott Abrahams verstanden wird.

sie in der Wirklichkeit etwas realisiren konnten, da beherrschten sie und also mit der empörendsten, härtesten Tyrannei". Für Hegel zeigt sich das an der ‚teuflischen Abscheulichkeit' an den Bewohnern zu Sichem ebenso wie daran, daß Joseph alle Ägypter zu Sklaven machte, „so wie er Gewalt bekam". Auch der Ausblick auf die Geschichte nach Moses Tod, den Hegel gegen Ende dieses Fragments gibt, zeigt Unterschiede gegenüber den früheren Entwürfen. Hegel sieht in dieser Geschichte eine „Abwechslung von Sclaverei unter fremden Völkern, und von Staatsunabhängigkeit; in der letztern entweder uneinig unter sich oder im Glük, fremder Götterdienst; das Glük machte den Haß schweigen, und Vereinigung mit andern Völkern hervorgehen, diese Vereinigungen angeschaut Götter". Der Abfall von Gott ist also nicht mehr Abfall von der ‚großen Einheit'; er ist im Gegenteil gerade der Weg zur Vereinigung mit den anderen Völkern, die Überwindung der Trennung, des Hasses und damit der Weg zum — hier wird wiederum ein neuer Begriff eingeführt — Glück. Der Gott Abrahams bedeutet Spaltung; die Einheit wird in den Göttern angeschaut.

11. Fragment 7, V (HtJ 373 f.) [101]

Das folgende Fragment ‚Fortschreiten der Gesetzgebung . . .' nimmt zum Teil uns schon aus 7,I—IV bekannte Gedanken wieder auf, etwa die Abhängigkeit der Juden vom Priestertum, die Passivität Israels beim Auszug aus Ägypten oder den fehlenden Bezug der mosaischen Religion zum Geist der jüdischen Nation. Daß unser Fragment dennoch nicht unmittelbar an die früher besprochenen Entwürfe anschließt, sondern die in dem Fragment ‚Zu Abrahams Zeiten' gewonnenen Erkenntnisse festhält, zeigt sich, wenn wir die Bemerkung lesen: „die Mosaische Religion eine Religion aus Unglük und für Unglük; nicht fürs Glük, das frohe Spiele will; der Gott zu ernsthaft" [102]. Wie das zu verstehen ist, wird weiter unten ausgeführt, wo Hegel von der Behauptung ausgeht, die jüdische Religion sei eine „Religion des Unglüks" und dann fortfährt: „denn im Unglük ist die Trennung vorhanden, da fühlen wir uns als Objekt und müssen zum bestimmenden fliehn, im Glük ist diese Trennung verschwunden — es herrscht die Liebe (!), die Einigkeit, diese aber darf nicht zum Gotte erhoben werden, durch Befreiung von den vorhandenen zufälligen Trennungen; denn da wäre ein Gott, der nicht herrschte, sondern ein freundliches Wesen, eine Schönheit, ein lebendiges dessen Wesen Vereinigung ist; da hingegen der Juden Gott höchste Trennung ist, und alle freie Vereinigung ausschliest, nur die der Herrschaft (!) oder der Knechtschaft (!) zuläst" [103]. Mit den Gedanken der unumschränkten Herrschaft Gottes wird — in unserem Fragment zum ersten Mal — ein weiterer Gedanke verbunden, der sich für die weitere Deutung der jüdischen Religion als sehr bedeutsam erweisen wird, der

[101] Nach der Zählung Schülers Nr. 71; bei Nohl ist es stark gekürzt.
[102] Vgl. HtJ S. 373.
[103] Vgl. ebd. S. 373 f.

Gedanke der Nichtigkeit des Menschen. „Wenn das unendliche Objekt alles ist, so ist der Mensch nichts; was er noch ist, ist er durch jenes Gnade . . ." Gewiß war auch etwa im Entwurf 7,II Abraham von Gott abhängig, der ihm die Sicherheit seiner Existenz gab. Gerade dies zeigt aber, daß der Gottesgedanke den Menschen bestätigte, daß er ihn nicht zu einem Nichts werden ließ, das alles, was es hat, der Gnade seines Gottes zuschreiben muß.

Ein anderes in unserem Fragment wesentliches Moment muß noch erwähnt werden: Die jüdische Religion wird als eine Religion, die Zwecke haben muß, dargestellt. Das hängt damit zusammen, daß ihr alle die Werte, die ein Handeln ohne Zwecke ermöglichen, fehlen: Freude, Scherz, Liebe. Es ist auch von der engen Verbindung her zu verstehen, in der Hegel jüdische Religion und israelitische Gesetzgebung sieht. Da nämlich jede Gesetzgebung nur der Not abhilft und diese doch immer wieder hervorbringt, die Not aber Zwecke hat und aus Zwecken handelt, ist die mit der Gesetzgebung verbundene jüdische Religion, „die nur aus Noth hervor -ging-", eine Religion der Zwecke [104].

12. Der Wandel unter dem Einfluß Hölderlins

Bevor wir weitere Äußerungen der Jugendschriften über das Judentum in unsere Betrachtungen einbeziehen, müssen wir fragen, was die von uns festgestellte Veränderung zwischen den Fragmenten 7,I—IV und den beiden Fragmenten Nr. 70 sowie 7,V herbeigeführt hat. Diese Veränderung muß sich ja in der zweiten Hälfte des Jahres 1797 vollzogen haben, also im ersten Jahr von Hegels Frankfurter Zeit. Es legt sich also von vornherein die Frage nahe, ob nicht Hegels Wandlung mit einer Beeinflussung durch Hölderlin in Zusammenhang zu bringen ist. Um deutlich zu machen, daß es sich in der Tat so verhält, müssen wir auf die Abhandlung D. Henrichs ‚Historische Voraussetzungen von Hegels System' eingehen [105]. Henrich kommt hier auf das Fragment ‚Moralität, Liebe, Religion' [106] zu sprechen, das für uns schon deshalb von besonderem Interesse ist, weil seine Entstehungszeit zwischen 7,IV, dem letzten Entwurf zum Judentum vor Hegels Wandlung und Nr. 70, der ersten Betrachtung des Judentums nach dieser liegt. Er stellt innerhalb dieses Fragments zwischen dem ersten Teil (HtJ S. 374 f.) und dem zweiten ‚Religion, eine Religion stiften' überschriebenen Teil (HtJ S. 376 f.) eine Veränderung fest, die einem ‚unbegreiflichen Bruch' [107] gleichkomme. „Während die erste Hälfte des Textes . . . noch auf der kantischen Grundlage argumentiert, ist in seiner zweiten Hälfte eine ganz andere theoretische Orientierung eingetreten. Allenfalls einige Wochen können zwischen den beiden Niederschriften vergangen sein, die der Herausgeber als einen kontinuierlichen Text hat

---

[104] Vgl. ebd. S. 374.
[105] D. Henrich, Hegel im Kontext, Frankfurt 1971, S. 41—72.
[106] HtJ S. 374—377.
[107] A. a. O. S. 63.

mißverstehen können" [108]. In ‚Religion, eine Religion stiften' setzt Hegel der subjektiven Freiheit der praktischen Vernunft die Liebe entgegen, „welche die ganz andere und höhere Freiheit hat, sich mit ihrem Gegenstand zu -vereini-gen-" [109]. Ihre vereinigende Kraft führt einen Zustand herbei, wo Natur Freiheit ist und Subjekt und Objekt nicht zu trennen sind. Hegel nennt das noch in der Terminologie Kants ein Ideal. „Damit meint er aber nun nicht mehr einen Zweck, den die praktische Vernunft wirklich werden lassen soll. Setzt doch gerade dies Ideal der Vereinigung, das die Gegenwart eines Anderen von gleichem Rechte und gleicher Bereitschaft voraussetzt, allem was praktische Vernunft tätig wollen kann, unübersteigbare Grenzen" [110].

Woher kommt aber das Verständnis von Liebe, das hier entwickelt wird? Es ist wichtig, auf die Vereinigungsphilosophie zu verweisen [111], ohne daß man damit Hegels Wandlung hinreichend erklären könnte. Bedeutsamer ist der Einfluß des Frankfurter Freundeskreises. Hölderlin hatte, als Hegel erneut mit ihm in Verbindung trat, eine eigene philosophische Konzeption. Der Hinweis auf das Fragment über ‚Urteil und Sein' [112] allerdings, in dem diese am deutlichsten zum Ausdruck kommt, genügt nicht, wenn man die Veränderung bei Hegel verständlich machen will. Immerhin zeigt sich schon hier, daß es auch Hölderlin um die Vereinigung von Subjekt und Objekt geht. Er bezeichnet diese nach seiner Meinung jeder Trennung vorausgehende Vereinigung als Sein, das nur mit der intellektualen Anschauung zu erfassen sei [113]. Wichtiger aber, gerade was den Liebesbegriff anbelangt, ist der Einfluß, den Gedanken Isaak von Sinclairs auf Hegel gehabt haben [114].

Daß aber auch der Einfluß Hölderlins kaum überschätzt werden kann, wird deutlich, wenn wir Hegels Äußerungen über die jüdische Religion in dieser Zeit mit Darlegungen Hölderlins vergleichen. In den drei Fassungen des Einleitungsabschnittes zu Hyperion [115] finden sich zunächst Schilderungen des jungen Hyperion, dem die Belehrung durch den ‚weisen Mann' oder den ‚Fremden' noch nicht zuteil geworden ist. Wir wollen sie uns vor Augen führen:

---

[108] Ebd. S. 63 f.
[109] Ebd. S. 64.
[110] Ebd.
[111] Vgl. ebd. — In der englischen Fassung des Vortrags (in: Hegel's Philosophy of Religion, The Hague 1970, S. 25—44) nennt Henrich F. Hemsterhuis (ebd. S. 39).
[112] F. Hölderlin, Sämtliche Werke und Briefe, 1, Darmstadt 1970, S. 840 f.
[113] Vgl. ebd. S. 840.
[114] Vgl. dazu jetzt H. Hegel, Isaak von Sinclair zwischen Fichte, Hölderlin und Hegel, Frankfurt 1971, S. 68—101.
[115] Es handelt sich um den Entwurf zur metrischen Fassung (Hölderlin a. a. O. S. 507—510), die metrische Fassung (ebd. S. 511—518) und das ‚Hyperions Jugend' überschriebene Fragment (ebd. S. 519—556), die alle in Hölderlins Jenaer Zeit entstanden sind (vgl. Hölderlin-Jahrbuch 1965/66, S. 81). — Auf die Parallelität der Hölderlinschen Entwürfe mit den von Hegel gegebenen Beschreibungen Abrahams hat, wie ich nachträglich sehe, schon J. Taminiaux aufmerksam gemacht (La nostalgie de la Grèce à l'aube de l'idéalisme allemand, La Haye, 1967, S. 212).

„Unschuldigerweise hatte mich die Schule des Schicksals und der Weisen ungerecht und tyrannisch gegen die Natur gemacht. Der gänzliche Unglaube, den ich gegen alles hegte, was ich aus ihren Händen empfing, ließ keine Liebe in mir gedeihen. Der reine freie Geist, glaubt ich, könne sich nie mit den Sinnen und ihrer Welt versöhnen und es gebe keine Freuden, als die des Siegs; zürnend fordert ich oft von dem Schicksal die ursprüngliche Freiheit unseres Wesens zurück, ich freute mich oft des Kampfs . . ., weil es mir in geheim mehr darum zu tun war, im Sieg das Gefühl der Überlegenheit zu erringen, als den gesetzlosen Kräften . . . die schöne Einigkeit mitzuteilen. Ich achtete der Hülfe nicht, womit die Natur dem großen Geschäfte der Bildung entgegenkömmt, denn ich wollte allein arbeiten, ich nahm die Bereitwilligkeit, womit sie der Vernunft die Hände bietet, nicht an, denn ich wollte sie beherrschen . . . Für die stillen Melodien des menschlichen Lebens, für das Häusliche, und Kindliche hatte ich den Sinn beinah verloren. Unbegreiflich war's mir, wie mir damals Homer hatte gefallen können. Ich reiste; und wünschte oft, ewig zu reisen" [116].

In der Metrischen Fassung hört sich das so an:

> „Gestählt vom Schicksal und den Weisen war
> Durch meine Schuld mein jugendlicher Sinn
> Tyrannisch gegen die Natur geworden.
> Ungläubig nahm ich auf, was ich wie sonst
> Aus ihrer mütterlichen Hand empfing.
> So konnte keine Lieb in mir gedeihen.
> Ich freute mich des harten Kampfs . . .
> Doch kämpft ich mehr, damit ich das Gefühl
> Der Überlegenheit erbeutete,
> Als um die Einigkeit und hohe Stille
> Den Kräften mitzuteilen . . .
> Ich wollte zähmen, herrschen wollt ich, richtete
> Mit Argwohn und Strenge mich, und andre.
> Auch hört ich nicht die zarten Melodien
> Der Häuslichkeit, des reinen Kindersinns.
> Einst hatte wohl der fromme Mäonide
> Mein junges Herz gewonnen, auch von ihm
> Und seinen Göttern war ich abgefallen. —
> Ich wanderte durch fremdes Land, und wünscht
> Im Herzen oft, ohn Ende fort zu wandern" [117].

Und in ‚Hyperions Jugend‘ lesen wir folgendes:

„Ich war fester und freier geworden in der Schule des Schicksals und der Weisen, aber streng ohne Maß, in vollem Sinne tyrannisch gegen die Natur, wie wohl ohne die Schuld meiner Schule. Der gänzliche Unglaube, womit ich alles aufnahm, ließ keine Liebe in mir gedeihen. Der reine freie Geist, glaubt ich, könne sich nie mit den Sinnen und ihrer Welt versöhnen. Ich kämpfte überall . . . mehr, um mir das Gefühl der Überlegenheit zu erbeuten, als um den regellosen Kräften . . . die schöne Einigkeit mitzuteilen . . . ich wollte zähmen und zwingen . . . Für die stillen Melodien des Lebens, für das Häusliche und Kindliche hatt ich den Sinn beinahe ganz verloren. Einst hatte Homer mein junges Herz so ganz gewonnen; auch von ihm, und seinen Göttern war ich abgefallen. Ich reiste, und wünscht oft, ewig fortzureisen" [118].

---

[116] Ebd. S. 507.
[117] Ebd. S. 511.
[118] Ebd. S. 519 f.

Wenn wir das Ergebnis dieses Vergleichs kurz zusammenfassen wollen, dann können wir sagen: Abraham nimmt in Frankfurt die Züge des jungen Hyperion an, der noch nicht belehrt worden ist. Wenn Abraham zur Liebe in einen Gegensatz gebracht wird, wenn er als Tyrann geschildert wird, wenn er herrschen will, wenn sein Gott nur Herrschaft oder Knechtschaft kennt, so sind das alles Charakteristika, die vom jungen Hyperion übernommen worden sind. Abraham und der junge Hyperion sind Modelle des zerrissenen Menschen, der die Einheit verloren hat.

Für den letzteren macht das auch die Vorrede der vorletzten Fassung des Hyperion [119] deutlich, in der es heißt:

„Du selige Einheit, das Sein, im einzigen Sinne des Worts, ist für uns verloren, und wir mußten es verlieren, wenn wir es erstreben, erringen sollten. Wir reißen uns los vom friedlichen Εν και Παν der Welt, um es herzustellen, durch uns selbst. Wir sind zerfallen mit der Natur, und was einst, wie man glauben kann, eins war, widerstreitet sich jetzt, und Herrschaft und Knechtschaft (!) wechselt auf beiden Seiten" [120].

Noch überraschender als die Gemeinsamkeiten, die sich durch die Angleichung der Gestalt Abrahams an das Bild des jungen Hyperion ergeben haben, sind freilich die Übereinstimmungen, die zwischen den Darstellungen Abrahams und des jungen Hyperion bestehen, die Hegel und Hölderlin unabhängig voneinander entworfen haben. Erklärbar werden sie nur, wenn man sie auf den Autor zurückführt, von dem Hegel und Hölderlin ausgegangen sind: Schiller. Die Gespaltenheit, die Schiller zufolge den nachgriechischen Menschen kennzeichnet, haben Hegel und Hölderlin an den Modellen Abrahams und des jungen Hyperion veranschaulicht.

13. Das Fragment ‚Mit Abraham . . .‘ (HtJ 243—245)

Die Fragmente der theologischen Jugendschriften, die wir noch zu besprechen haben, zeigen, daß Hegel seine unter dem Einfluß Hölderlins gewonnene Sicht der jüdischen Religion beibehalten hat. Das Bruchstück ‚Mit Abraham, dem wahren Stammvater der Juden‘ [121] geht auf die Entzweiung des Menschen mit der Natur ein, die durch die Sintflut herbeigeführt worden ist. „Damit der Mensch gegen die Ausbrüche der nun feindlichen Natur bestehen könnte, so mußte sie beherrscht werden; und da das . . . Ganze nur in Idee und Wirklichkeit entzweit werden kann, so ist die höchste Einheit der Beherrschung entweder in einem Gedachten", so bei Noah, „oder in einem Wirklichen" [122], so bei Nimrod. Aber ob Noah nun die feindselige Macht einem Mächtigeren unterwarf oder Nimrod sie selbst bändigte; „beide schlossen mit dem Feinde einen Frieden der Not und verewigten so die Feindschaft" [123].

---

[119] Ebd. S. 557—559.
[120] Ebd. S. 558.
[121] HtJ S. 243—245.
[122] Ebd. S. 244.
[123] Ebd. S. 245. — Was Nimrod anbelangt, so orientiert sich Hegel an Josephus, Antiquitates I, 113 f. Josephus bringt Nimrod mit dem Turmbau von Babel in Verbindung.

Das Folgende macht den Unterschied zum Entwurf 7,I deutlich, wo dasselbe Thema auch schon behandelt wurde: Während dort die Entzweiung mit der Natur als ein allen Völkern widerfahrendes Ereignis erscheint, wird hier die Unfähigkeit Noahs und Nimrods zur Versöhnung im Gegensatz zur griechischen Erzählung von Deukalion und Pyrrha hervorgehoben, also als jüdische Besonderheit dargestellt. „... keiner (weder Noah noch Nimrod d. V.) versöhnte sich mit ihm (sc. dem Feind, d. h. der Natur d. V.), nicht wie ein schönres Paar, Deukalion und Pyrrha nach ihrer Flut es taten, die Menschen wieder zur Freundschaft mit der Welt, zur Natur einluden, sie durch Freude und Genuß der Not und Feindschaft vergessen machten, Frieden der Liebe schlossen ...“ [124] .

14. Das Fragment ‚Die schönen, ihrer Natur nach auf Liebe gegründeten Verhältnisse‘ [125]

Dieses noch nicht veröffentlichte Fragment zeigt ebenfalls den Einfluß der Hölderlinschen Terminologie. Den schönen Verhältnissen ist „nichts mehr entgegen ... als Herrschaft und Knechtschaft“, die, wie Hegel an der ständigen Unmündigkeit des Sohnes gegenüber dem Vater zeigt, für die Juden charakteristisch sind. Dem Wesen dieses Volkes sind „alle freie Liebe, alle Schönheit fremd“. Daß gerade dieser Begriff hier auftaucht, ist nicht zufällig, wenn wir uns vergegenwärtigen, daß nach Schiller wie nach Hölderlin die Schönheit es ist, in der die verloren gegangene Einheit anschaulich wird [126] .

15. Die Ausführungen zum ‚Geist des Judentums‘ in: ‚Der Geist des Christentums und sein Schicksal‘ (HtJ 245—260) [127]

Schließlich ist auch die endgültige Deutung der jüdischen Geschichte, die wir in Hegels Jugendschriften finden, nicht ohne die von uns aufgezeigte Wandlung zu verstehen. Abraham wird, noch konsequenter als in Fragment Nr. 70, als die Gestalt verstanden, die nicht lieben wollte. Das wird besonders deutlich, wenn wir die hier gegebene Interpretation der Opferung Isaaks mit der uns schon bekannten in 7,II vergleichen. „Nur lieben konnte er (Abraham d. V.) nichts; selbst die einzige Liebe, die er hatte, die zu seinem Sohne ... konnte ihn drücken, sein von allem sich absonderndes Gemüte stören, und es in eine Unruhe versetzen, die einmal so weit ging, daß er auch diese Liebe zerstören wollte und nur durch die Gewißheit des Gefühls beruhigt wurde, daß diese Liebe nur so stark sei, um ihm doch die Fähigkeit zu lassen, den geliebten Sohn mit eigener Hand zu

---

[124] Ebd. S. 245.
[125] Nach der Zählung von G. Schüler Nr. 78.
[126] Vgl. z. B. Schiller a. a. O. S. 8, 29 f., 45, 55 f. und Hölderlin a. a. O. S. 523.
[127] Es handelt sich um die Nummern 79 und 82 (nach der Schülerschen Zählung), die erste Fassung und die endgültige Fassung, die wir bei der Besprechung zusammennehmen.

schlachten" [128]. Hier also wird die Tat Abrahams mit dessen Radikalität in der Verneinung von Liebe motiviert, während sie in 7,II auf die von Abraham vollzogene Hinwendung zum größeren Ganzen zurückgeführt wurde.

Noch an einer anderen Stelle ist ein Vergleich der endgültigen Fassung Hegels mit den Entwürfen zum Geist des Judentums in 7 lehrreich, und zwar da, wo Hegel auf die Hauptthese von Mendelssohns Werk zu sprechen kommt. Wir entsinnen uns, daß er in 7,IV auf die Behauptung Mendelssohns einging, in der jüdischen Religion seien keine ewigen Wahrheiten geboten, und zu einer recht differenzierten Beurteilung gelangte. Diese Behauptung ist hier der Ausgangspunkt für einen ganz andersartigen Gedankengang [129], der an der Frage nach der Positivität der jüdischen Religion nicht interessiert ist. Hegel fragt nicht danach, ob die Wahrheit als etwas Gebotenes erscheint, er fragt nach dem Begriff der Wahrheit selbst. Von der Bestimmung dieses Begriffs aus kommt er dazu, der jüdischen Religion a limine jegliche Art von Wahrheit abzusprechen, um von da aus die Behauptung Mendelssohns ad absurdum zu führen. „Wie sollte es also ein Verdienst sein, dasjenige nicht durch Einschränkung verunreinigt, was nicht vorhanden war, das frei gelassen zu haben, was man nicht kannte? Wie wenn Eskimos sich eines Vorzugs über irgend einen Europäer deswegen rühmen wollten, daß man bei ihnen vom Weine keine Accise bezahle, der Ackerbau nicht durch harte Auflagen erschwert werde" [130]. Wenn wir nun aber zusehen, wie dieser Begriff hier bestimmt wird, so wird wieder deutlich, wie wichtig der Einfluß vor allem Schillers und Hölderlins für diese Ausführungen Hegels ist. „. . . die Wahrheit ist etwas Freies, das wir weder beherrschen noch von ihm beherrscht werden . . . die Wahrheit ist die Schönheit, mit dem Verstande vorgestellt, der negative Charakter der Wahrheit ist Freiheit" [131]. Freilich ist es schwer möglich, die hier geführte Auseinandersetzung Hegels mit Mendelssohn für sehr glücklich zu halten. Mendelssohn wird an dem Hegel durch Schiller und Hölderlin vermittelten Wahrheitsbegriff gemessen, ohne daß seine eigene an Leibniz erinnernde Unterscheidung von ewigen Vernunftwahrheiten und Geschichtswahrheiten [132] überhaupt in den Blick käme. Das, worum es Mendelssohn ging, erfaßt Hegel im Entwurf 7,IV sehr viel besser.

Doch nicht nur, was die Beurteilung Mendelssohns anbelangt, man kann überhaupt fragen, ob nicht Hegel vor der durch Hölderlin verursachten Wandlung der jüdischen Religion mehr gerecht geworden ist als danach. Je mehr die jüdische Religion in ihren einzelnen Gestalten, besonders Abraham, zum Modell der Gespaltenheit des nachgriechischen Menschen wurde, desto weniger gelang es Hegel, ein differenziertes Bild dieser Religion zu geben. Man darf allerdings nicht die scharfen Äußerungen über das Judentum in den Fragmenten 70, 71, 78, 79

---

[128] HtJ S. 247.
[129] Vgl. ebd. S. 253 f.
[130] Ebd. S. 254.
[131] Ebd. S. 254; vgl. oben Anmerkung 126.
[132] Vgl. a. a. O. S. 420 f. und 458 f.

und 82 als das Bild des jungen Hegel schlechthin ausgeben, dem dann etwa eine gerechtere Bedeutung der Religionsphilosophie entgegengesetzt werden könnte [133]. Es ist, wie ich hoffe, deutlich geworden, daß man so einfach von der Sicht der jüdischen Religion beim jungen Hegel nicht reden kann, sondern, auch bei grober Skizzierung, drei Phasen unterscheiden muß: 1. die unter dem Eindruck der moralischen Bibelkritik bei Shaftesbury und Voltaire stehende Polemik gegen die jüdische Religion, 2. die mit der Begrifflichkeit Schillers ausgeführte differenzierte Beurteilung (7,I–IV), 3. die unter dem Einfluß Hölderlins ganz ablehnend gehaltene Darstellung.

B. Die Phänomenologie

Es mag überraschen, wenn hier ein Abschnitt über das Judentum in der Phänomenologie eingefügt wird; denn es ist ja keineswegs ausgemacht, ob Hegel in diesem Werk auf die jüdische Religion überhaupt eingeht. So kommt noch K. Rosenkranz zu dem Ergebnis, Hegel ignoriere hier die jüdische Geschichte [134]. Allerdings weist N. Rotenstreich [135] auf eine Stelle hin, wo explizit vom jüdischen Volk die Rede ist, eine Stelle, die sich in den Ausführungen über die ‚beobachtende Vernunft' findet [136]. Die Meinung Rotenstreichs aber, hier sei der

---

[133] Leider ist mit diesem Satz ausgesprochen, woran die meisten Abhandlungen, die auf das Verhältnis Hegels zum Judentum eingehen, kranken. Ein gutes Beispiel dafür bietet das, was H. J. Kraus im § 50 seiner Geschichte der historisch-kritischen Erforschung des Alten Testaments, Neukirchen ²1969, S. 189–194, ausführt. Daß Kraus sich nicht sehr eingehend mit Hegel beschäftigt hat, zeigt sich schon daran, daß er die Gliederung des zweiten Teils der Religionsphilosophie falsch wiedergibt, indem er die ägyptische Religion einfach unterschlägt (vgl. ebd. S. 192). – Hegel war offensichtlich doch kein so fanatischer Verfechter der Dreizahl, wie manche seiner Interpreten meinen! Nicht begründete Charakterisierungen wie ‚Identitäts-philosophie' oder gar ‚Ideologie des absoluten Geistes' (ebd. S. 193) bleiben weit unter dem Niveau, das man von einer Kritik an Hegel erwarten muß. Die Kühnheit, mit der Kraus zum Abschluß seiner Betrachtungen eine Verbindung vom angeblichen ‚solus spiritus absolutus' Hegels zur Spekulation des Origenes herstellt (ebd. S. 194), verdient unsere uneingeschränkte Bewunderung.
Auch die Arbeit von H. Schmidt (a. a. O.) läßt jede Differenzierung vermissen. Daß Hegel jemals mit dem Judentum „fertig" war, wie Schmidt sich auszudrücken beliebt (ebd. S. 218),wird, wie ich meine, von den Ausführungen dieses Kapitels widerlegt.
Doch müssen auch weit ergiebigere Untersuchungen wie die von P. Cornehl, Die Zukunft der Versöhnung, Göttingen 1971, hier eingereiht werden. Wenn Cornehl über die Jugendschriften schreibt: „Das Judentum, wie es sich in seiner bisherigen Geschichte seinem Ursprung gemäß geäußert hat, ist die rettungslos in die Entzweiung verstrickte Ausgeburt des Abscheulichen und zutiefst Bösen. Das ändert sich erst (!) in der Religionsphilosophie, wo Hegel infolge der Umorientierung seiner Gesamtkonzeption auch zu einer gerechteren Beurteilung des Judentums kommt" (a. a. O. S. 118), so gibt er ein viel zu pauschales Bild.
[134] G. W. F. Hegels Leben, Darmstadt 1969, S. 49.
[135] ‚Hegel's Image of Judaism', in: Jewish Social Studies XV 1953, S. 33–52.
[136] A. a. O. S. 45 f.; vgl. G. W. F. Hegel, Phänomenologie des Geistes, Hamburg ⁶1952, S. 250.

Ort, den Hegel innerhalb der Phänomenologie des Geistes dem Judentum zuweise [137], läßt sich nicht halten, wenn man den Zusammenhang der Darlegungen Hegels beachtet. Hegel kommt auf das Judentum zu sprechen, wo — in der Phänomenologie des Geistes — die beobachtende Vernunft ihre Spitze erreicht hat, „von welcher sie sich selbst verlassen und sich überschlagen muß; denn erst das ganz Schlechte hat die unmittelbare Notwendigkeit an sich, sich zu verkehren" [138]. Um diese Behauptung zu illustrieren, fährt er fort: „Wie von dem jüdischen Volke gesagt werden kann, daß es gerade darum, weil es unmittelbar vor der Pforte des Heils stehe, das verworfenste sei und gewesen sei . . ." [139] und nachdem er dieses Beispiel ausgeführt hat, stellt er ausdrücklich fest: „So ist diese letzte Stufe der beobachtenden Vernunft ihre schlechteste, aber darum ihre Umkehrung notwendig" [140]. Hegels Interesse ist also hier nicht, dem Judentum einen Platz in der Phänomenologie des Geistes zuzuweisen, sondern er will an diesem Volke seine bei der Entwicklung der beobachtenden Vernunft aufgestellte These belegen, daß die Umkehr erst bei dem auf die Spitze getriebenen Schlechten erfolgen kann [141].

Sehr viel gewichtiger sind die Versuche der französischen Hegelinterpretation, die jüdische Religion mit den Ausführungen über das unglückliche Bewußtsein in Zusammenhang zu bringen. Sie gehen zurück auf das Werk von J. Wahl ‚Le Malheur de la conscience dans la philosophie de Hegel' [142] und wurden von so unterschiedlichen Hegel-Interpreten wie J. Hyppolite [143] und A. Kojève [144] aufgenommen. Dabei wird nicht die jüdische Religion mit dem unglücklichen Bewußtsein als ganzem gleichgesetzt, sondern nur mit der ersten Phase, die dieses durchläuft [145]. Daß diese Interpretation recht plausibel ist, soll die ins einzelne gehende Analyse zeigen.

---

[137] A. a. O. S. 45.

[138] Phänomenologie S. 250.

[139] Ebd.

[140] Ebd.

[141] Die Folgerungen, die Rotenstreich daraus zieht, daß die „passage on Judaism is included in the chapter on Reason and not in the chapter on Mind or Spirit, that deals with religions" (a. a. O. S. 45), sind also gegenstandslos. Es leuchtet auch nicht ein, wenn Rotenstreich meint, in der Phänomenologie habe Hegel noch nicht „the dialectical context in its full meaning" (ebd. S. 45) erreicht, und das mit dem doch eminent dialektischen Gedanken, daß die Wendung erst vom ganz Schlechten aus erfolgt, zu belegen sucht (ebd. S. 45).

[142] Paris² 1951.

[143] ‚Genèse et Structure de la Phénoménologie de L'Esprit de Hegel', Paris 1946, besonders S. 184 ff. ; vgl. auch den Kommentar Hyppolites zum ersten Band der französichen Ausgabe der Phänomenologie, Paris 1939 (= Phénoménologie).

[144] Das wird deutlich aus einer Passage, die in die deutsche Ausgabe (Hegel, Stuttgart 1958) nicht aufgenommen wurde. Ebenso wie Hyppolite unterscheidet Kojève dort drei Phasen, von denen die erste „l'essentiel immuable condammant la particularité (Judaisme)" ist (Introduction à la lecture de Hegel, Paris 1947, S. 68). Wenn Kojève das unglückliche Bewußtsein mit dem Christentum zusammenbringt (vgl. Hegel z. B. S. 62 ff.), so meint er immer das, was er Introduction a. a. O. S. 66 genauer als „la conscience religieuse judéo-chrétienne" bezeichnet.

[145] S. Phänomenologie S. 159 f. und Hyppolite, Genèse, besonders S. 190 f.

Auszugehen ist vom Skeptizismus, in dem das Bewußtsein sich als ein „in sich selbst widersprechendes" [146] erfährt. So entsteht eine neue Gestalt, die „für sich das gedoppelte Bewußtsein seiner als des sich befreienden, unwandelbaren und sichselbstgleichen und seiner als des absolut sich verwirrenden und verkehrenden, — und das Bewußtsein dieses seines Widerspruchs ist" [147], das unglückliche Bewußtsein. Die erste Phase, die dieses durchläuft, vollzieht sich so: „indem es zunächst nur die u n m i t t e l b a r e E i n h e i t beider ist, aber für es nicht beide dasselbe, sondern entgegengesetzte sind, so ist ihm das eine, nämlich das einfache unwandelbare, als das Wesen; das andere aber, das vielfache wandelbare, als das U n w e s e n t l i c h e" [148]. Das aber ist, wenn man ein historisches Beispiel nehmen will, kennzeichnend für das Judentum, das „l'essence au dela de l'existence, Dieu en dehors de l'homme" [149] setzt. „Beide sind f ü r e s einander fremde Wesen; es selbst, weil es das Bewußtsein dieses Widerspruchs ist, stellt sich auf die Seite des wandelbaren Bewußtseins und ist sich das Unwesentliche; aber als Bewußtsein der Unwandelbarkeit, oder des einfachen Wesens, muß es zugleich darauf gehen, sich von dem Unwesentlichen, d. h. von sich selbst zu befreien. Denn ob es für sich wohl nur das wandelbare, und das unwandelbare ihm ein Fremdes ist, so ist e s s e l b s t einfaches und hiermit ein wandelbares Bewußtsein, dessen hiermit als s e i n e s Wesens sich bewußt, jedoch so daß es selbst für sich wieder nicht das Wesen ist" [150]. Die Kontinuität dieser Ausführungen zu dem in den Jugendschriften Gesagten, wo von dem Abraham bewußt gewordenen größeren Ganzen aus die Idee Gottes entwickelt wird, ist offensichtlich. Es wird aber nun — und darin besteht der immense geistige Fortschritt — darauf reflektiert, wie das Bewußtsein, das der Mensch von sich hat, und das Bewußtsein, das er von Gott hat, sich zueinander verhalten, und zwar mit der Unterscheidung, wie sich dieses Verhältnis für sein eigenes Bewußtsein darstellt und wie es an sich ist. „Die Stellung, welche es beiden gibt, kann daher nicht eine Gleichgültigkeit derselben gegeneinander, d. i. nicht eine Gleichgültigkeit seiner selbst gegen das Unwandelbare sein, sondern es ist unmittelbar selbst beide, und es ist für es d i e B e z i e h u n g b e i d e r als Beziehung des Wesens auf das Unwesen, so daß dies letztere aufzuheben ist; aber indem ihm beide gleich wesentlich und widersprechend sind, ist es nur die widersprechende Bewegung, in welcher das Gegenteil nicht in seinem Gegenteil zur Ruhe kommt, sondern in ihm nur als Gegenteil sich neu erzeugt" [151]. Es ist also nicht die Trennung zwischen dem Bewußtsein, das der Mensch von sich hat, und dem Bewußtsein, das er von Gott hat, als solche, die das unglückliche Bewußtsein ausmacht. Denn man könnte ja — auch gegen die Jugendschriften Hegels — fragen: Wieso sollen nicht dennoch beide unabhängig voneinander bestehen können? Es ist vielmehr die Bewegung, die dadurch in Gang kommt, daß das Bewußtsein, das der Mensch von Gott hat, das

---

[146] Phänomenologie S. 158.
[147] Ebd. S. 158.
[148] Ebd. S. 159.
[149] Hyppolite, Genèse S. 191.
[150] Phänomenologie S. 159.
[151] Ebd. S. 159.

Bewußtsein, das er von sich selbst hat, in Frage stellt, daß dieses sich in jenes aufzuheben versucht, aber gerade in diesem Versuch immer wieder seiner Einzelheit gewahr wird und somit scheitert. Es hat nur das „Bewußtsein seines Gegenteils als des Wesens, und der eigenen Nichtigkeit" [152], ein Terminus, der wieder zeigt, wie berechtigt es ist, das Judentum als historisches Beispiel für diese Bewegung zu nehmen. Erst wenn das Einzelne am Unwandelbaren und das Unwandelbare an der Einzelheit hervortritt, haben wir diese Phase des unglücklichen Bewußtseins überwunden [153]; doch dann sind wir auch schon bei den Formen des unglücklichen Bewußtseins, die dem Christentum zuzurechnen sind: Gemeint ist nämlich die Inkarnation [154].

Wir haben gesehen, daß Hegel seine Grundanschauungen der jüdischen Religion, die wir von den Jugendschriften her kennen, in seiner Darstellung in der Phänomenologie beibehalten hat. Ebenso ist aber wichtig, daß die stärkere gedankliche Durchdringung, die diese Darstellung erfahren hat, die jüdische Religion nicht mehr als Modell begreifbar werden läßt, wie das in einem Teil der Jugendschriften der Fall war. Damit hängt auch ein anderer Gesichtspunkt zusammen, den wir abschließend betonen wollen: Zum ersten Mal wird hier die jüdische Religion in einen geschichtlichen Zusammenhang gestellt. Der Skeptizismus geht ihr vorher, Formen des Christentums [155] folgen ihr. Schon dadurch ergibt sich die Notwendigkeit einer differenzierteren Beurteilung, als es bei der Darstellung als Modell der Fall ist, und zwar deshalb, weil gezeigt werden muß, worin der Fortschritt gegenüber der vorhergehenden Stufe, also dem Skeptizismus, besteht. „L'homme religieux depasse le Sceptique parce qu'il rend viable la contradiction, en acceptant ses deux -Moi-" [156]. Die aus der Weise der Einordnung in die Folge der Religionen sich ergebende gerechtere Beurteilung der jüdischen Religion in der Religionsphilosophie wird in der Phänomenologie vorbereitet.

C. Die religionsphilosophischen Vorlesungen der Berliner Zeit

1. Die Vorlesung von 1821

Die in den Jugendschriften mit den von Hölderlin übernommenen Begriffen Herrschaft und Knechtschaft verbundenen Darlegungen erhalten in den religionsphilosophischen Vorlesungen des Jahres 1821 eine hohe Bedeutung. Abraham war

---

[152] Ebd. S. 160.
[153] Vgl. ebd. S. 160, Z. 14 ff.
[154] Vgl. Phénoménologie, besonders S. 178 und 180. — Gemeint ist die Inkarnation, die „apparaît à la conscience comme une contingence historique, et non comme une nécessité de concept" (ebd. S. 180).
[155] Ich meine nicht, daß Kojève recht hat, wenn er das Christentum generell und damit die Religion als ganze mit dem unglücklichen Bewußtsein der Phänomenologie identifiziert (vgl. Introduction S. 66 ff.). Eine Behandlung dieser Frage würde aber hier zu weit führen.
[156] Ebd. S. 67.

ja dort als Tyrann in Gedanken charakterisiert worden, die Herrschaft war sein Ideal, in dem er alles durch Unterdrückung vereinigte, sein realisiertes Ideal war Gott. Diese Gedanken werden im Manuskript von 1821 wieder aufgenommen, allerdings mit bezeichnenden Unterschieden. Die Unterscheidung eines Menschen, der denkt, und eines Gottes, der das verwirklicht, was der Mensch denkt, wird aufgehoben; Hegel geht es in diesem Zusammenhang nur um die Bestimmung, die Gott erfährt. Diese Bestimmung aber wird durch einen neu eingeführten Terminus bezeichnet: den der Macht. „W e r d a s d e n k t, w a s d i e a n d e r n n u r s i n d, i s t i h r e M a c h t" [157]. Der entscheidende Unterschied liegt aber in der Bewertung, die der im wesentlichen gleichartigen Kennzeichnung des Judentums zuteil wird.

Werden Herrschaft und Knechtschaft in den Jugendschriften nur als Beweis für die an der jüdischen Religion exemplarisch darstellbare Spaltung des Menschen angesehen, so kommt in unserem Manuskript der gedankliche Fortschritt in den Blick, den das Begreifen Gottes als Macht impliziert. Dieser Fortschritt bedeutet nichts Geringeres, als daß wir mit der jüdischen Religion die Religionen in der Bestimmtheit des Seins — Hegel orientiert sich 1821 an den Kategorien der Logik [158] — verlassen und zu den Religionen in der Bestimmtheit des Wesens gelangen. Hier wird das Unmittelbare bewußt aufgehoben, der Übergang in den ‚allgemeinen Gedanken‘ findet statt. „Die Völker, welche dazu gekommen sind, das Wesen zu wissen, zu verehren, sind damit in den Kreis der Idealität, in das Reich der Seele, den Boden der Geisterwelt herübergetreten. Das Band der sinnlichen Anschauung, des gedankenlosen Irrsals (haben sie sich) von der Stirne gerissen und den Gedanken, die intellektuelle Sphäre ergriffen, erschaffen und im Innern den festen Boden gewonnen" [159].

Mit dem Übergang vom Sein zum Wesen hängt ein anderes Moment zusammen, dem Hegel hier eine große Bedeutung beimißt: das Wesen „. . . bestimmt sich weiter als) . . . in sich reflektiertes E n s, Ding, Individuum, allgemeines Ens als d e r E i n e" [160]. Es ist also wichtig, den Satz: ‚Gott ist Einer‘ so zu verstehen, daß damit gesagt wird: ‚Gott ist der Eine‘, nicht etwa: ‚Gott ist das Eine‘. Das Eine gilt nämlich von dem mannigfaltigen, endlichen Sein, während die Abstraktion von dem Endlichen, die Negation Bestimmung des Seins ist, des Seins, das sich zum Wesen bestimmt. Wenn gesagt wird: ‚Gott ist Einer‘, ist auch etwas anderes gesagt, als wenn einfach festgestellt wird: Gott ist. „Einer (ist die) Bestimmung jenes schon Allgemeinen (, die es) vom Allgemeinen zum Einzelnen (weiterbestimmt, während) in „Gott ist" (der Schritt) vom Einzelnen, und zwar (vom) endlichen (Einzelnen) zum Allgemeinen (getan worden war)" [161]. Daß Hegel den Satz ‚Gott ist einer‘ als gedankliche Leistung begreift, hat Konsequenzen für seine von den Jugendschriften sich wiederum abhebende Bewertung einzelner Merkmale der

---

[157] PhdR III S. 5.
[158] Vgl. besonders PhdR II S. 19 ff.
[159] PhdR III S. 6.
[160] Ebd. S. 17.
[161] Ebd.

jüdischen Religion. Er bezeichnet nämlich nun das Wort: ‚Es ist nur ein Gott, und der ist ein eifriger Gott, will keinen andern neben sich haben' [162], als einen ‚großen Satz' [163], während ihm in den Jugendschriften dieses Wort sicher als Beleg für die das Judentum kennzeichnende Trennung gedient hätte, die jede schöne Vereinigung meidet.

Freilich: Ebenso wie Hegel bemüht ist, die Bedeutung der jüdischen Religion, die die Stufe der Naturreligion hinter sich gelassen hat, aufzuzeigen, ebenso geht es ihm darum, ihre Schranken nachzuweisen. Diese Schranken werden besonders daran deutlich, daß die allgemeine Macht gegen das Konkrete nur negativ ist. „Der Grundcharakter . . . bestimmt sich aus der Bestimmung des Herrn, des Einen, des Wesens, das noch nicht konkret in sich ist, noch nicht in sich ausgeweitet, nur abstrakte Macht, abstrakter Gedanke, Fürsichsein des Einen" [164]. Das bedeutet, daß das Selbstbewußtsein wohl damit beginnt, Fürsichsein zu sein, daß aber dieses Fürsichsein sich so gestaltet, daß eine absolute Macht dagegen ist. Das Selbstbewußtsein ist also in absoluter Unfreiheit, es ist das Selbstbewußtsein des Knechtes gegen den Herrn. „Ich für mich bin ganz leer und nackt, und alle . . . Erfüllung gehört nur der Macht an, oder mein Bewußtsein weiß sich durchaus nur als abhängig, als unfrei . . . (die) F u r c h t des Herrn ist das Bestimmende des Verhältnisses" [165]. Die Analogien zu den Ausführungen der Jugendschriften werden auch hier wieder deutlich. Desgleichen zeigt sich für uns erneut, daß der Unterschied zu diesen nicht darin begründet ist, daß Hegel neue Kennzeichen der jüdischen Religion entdeckt hätte, sondern darin, daß er die von ihm schon aufgewiesenen Erscheinungen gedanklich stärker durchdringt. So betont Hegel nicht nur das Moment der Furcht, sondern er sieht auch die Wiederherstellung des Selbstbewußtseins, die eben durch dieses Moment erfolgt. „. . . gegen (über) ihm (ist) alles vernichtet an mir, nur von ihm, durch ihn (bin ich). Aber ebenso (habe ich) absolut mich wiederhergestellt, für mich, und diesen Inhalt aufgenommen als die konkrete Seite in jene Anschauung, absolut berechtigt (eben) durch jenes Verhältnis" [166]. Die Härte des Gegensatzes bleibt ein Merkmal der jüdischen Religion: „Furcht vor dem Herrn ist die absolute religiöse Pflicht, mich als nichts zu betrachten, mich nur als absolut abhängig zu wissen: knechtisches Bewußtsein vor dem Herrn. Diese Furcht ist es, die mir in meiner Wiederherstellung die absolute Berechtigung gibt" [167].

2. Die Weisheit

Vergleichen wir nun unser Manuskript von 1821 mit den Vorlesungen des Jahres 1824 und 1827, so fällt zunächst auf, daß ein Begriff in den Vordergrund rückt,

---

[162] Vgl. hierzu Dt 6,4 (zu den Übersetzungsmöglichkeiten dieser Stelle vgl. G. v. Rad, Das fünfte Buch Mose, Göttingen 1964, S. 45f.), Ex 20,5, 20,3 u. a.
[163] Vgl. PhdR III S. 18.
[164] Ebd. S. 90.　　　　　　　　　　　　　[166] Ebd. S. 92.
[165] Ebd. S. 91.　　　　　　　　　　　　　[167] Ebd. S. 93.

der zwar 1821 schon gelegentlich erwähnt wurde, aber doch keine systematische
Bedeutung besaß: der Begriff der Weisheit. So setzt Hegel da, wo es ihm um die
Bestimmung der die ‚Religion der Erhabenheit' kennzeichnenden Momente geht,
mit dem Satz ein: „Gott ist bestimmt als absolute Macht, die Weisheit ist" [168].
Daß die absolute Macht Weisheit genannt werden kann, bedeutet, daß sie als
Selbstbestimmung tätig ist, allerdings noch in ganz unbestimmter Weise. „Hier
haben wir . . . nur erst das Bestimmen nach Zwecken überhaupt, die unbestimmte
Weisheit" [169]. Die Weisheit bleibt also auf dieser Stufe noch abstrakt, die
Bestimmtheit ist nur „Bestimmtheit überhaupt, nur überhaupt Reflexion in
sich" [170].

Man kann fragen, was Hegel dazu veranlaßte, ab 1824 dem Begriff der Weisheit bei
seiner Darstellung der jüdischen Religion ein solches Gewicht zu geben. Es ist
möglich, daß wir, um das zu erklären, auf einen von dem Heidelberger
Alttestamentler F. W. C. Umbreit verfaßten Kommentar zum Buch Hiob verweisen
müssen, der 1824 erschienen ist, und zwar zu einem Zeitpunkt, der eine
Einarbeitung in die Hegelsche Vorlesung desselben Jahres denkbar erscheinen
läßt [171]. Wir wissen, daß Hegel schon in seiner Studienzeit eine Vorliebe für das
Buch Hiob hatte, dessen Kenntnis ihm auch durch eine Vorlesung seines
alttestamentlichen Lehrers Schnurrer vermittelt worden ist [172], so daß schon von
daher das Interesse für einen Kommentar über dieses Werk verständlich wird.
Schon im Manuskript von 1821 sind ausführliche Zitate aus diesem Buch die
eindrucksvollsten Belege für die Hegelsche Deutung des jüdischen Gottes als
absolute Macht [173]. Schauen wir uns an, was Schnurrers Lehrer J. D. Michaelis [174]
zu der entscheidenden Stelle, wo Gott auf die Anklagen Hiobs zu antworten
beginnt (Hi 38), ausführt, so wird Hegels Verwendung des Textes voll gerechtfertigt. Wir lesen nämlich bei Michaelis:

„denn es würde zu tief unter ihm (sc. Gott d.V.) und seiner Majestät (!) unanständig gewesen
seyn, von seiner Zulassung der Leiden Hiobs gleichsam Rede und Antwort zu geben. Er
verweist blos dem Hiob die Dreistigkeit, mit der er ohne die geringsten dazu nöthigen
Kenntnisse die Providenz zu beurteilen unternommen . . ." [175].

---

[168] Ebd. S. 55. — Zu dem gelegentlichen Vorkommen des Begriffs ‚Weisheit' im Manuskript
von 1821 vgl. ebd. S. 63 und 74.
[169] Ebd. S. 13.
[170] Ebd. S. 55.
[171] Das Buch Hiob, Übersetzung und Auslegung von F. W. C. Umbreit, Heidelberg 1824. —
Die Datierung vom 11.4.1824 läßt allerdings nur einen knappen Spielraum. Man muß aber
bedenken, daß Hegel erst in einem fortgeschrittenen Stadium seiner religionsphilosophischen
Vorlesung auf die jüdische Religion zu sprechen kam.
[172] Vgl. Haering a. a. O. S. 58. — Man muß sich klarmachen, daß in dieser Zeit Hiob als „der
Philosoph des mosaischen Zeitalters" (K. Aner, Die Theologie der Lessingzeit, Hildesheim
1964, S. 316) galt und deshalb eine große Bedeutung besaß.
[173] Vgl. PhdR III S. 74 ff.
[174] Vgl. dazu Rebstock a.a.O. S. 246.
[175] Deutsche Übersetzung des Alten Testaments mit Anmerkungen für Ungelehrte, 1. Teil,
Göttingen und Gotha 1769, S. 80; vgl. dazu Hegels Bemerkung zu Hi 38: „Gott tritt zuletzt
auf und spricht nur seine Macht aus" (PhdR III S. 75).

Umbreit akzentuiert anders und unserem heutigen Verständnis angemessener, wenn er — den für uns wichtigen Begriff der Weisheit einführend — schreibt:

„Zu Hiob gewandt, zeigt er (sc. Gott d.V.) ihm, wie vermessen es sey, mit dem rechten zu wollen, dessen für den Menschen unergründliche Weisheit (!) in den Wundern der Natur deutlich genug abgedrückt sey" [176].

Es läßt sich sehr wohl denken, daß Hegel von hier aus dazu gebracht wurde, dem Begriff der Weisheit die Bedeutung zu geben, die er von 1824 an für die Darstellung der jüdischen Religion hat [177].

3. Die Eigenschaften Gottes

Ein weiterer Unterschied zwischen dem Manuskript von 1821 und den Vorlesungen ab 1824 ergibt sich, wenn wir vergleichen, wie das Verhältnis der Eigenschaften Gottes zu Gott selbst bestimmt wird. Die Argumentation von 1821 zielt darauf ab, die Eigenschaften als das erscheinen zu lassen, was gegenüber der Bestimmung Gottes als Macht nur sekundäre Bedeutung hat. Zwar hat Gott „geistige Prädikate: Weisheit, Willen, Güte, Gerechtigkeit, Barmherzigkeit. (Aber das entscheidet nicht,) sondern was seine Tätigkeit, seine Werke sind, und diese seine Tätigkeit ist hier nur die der Macht" [178]. Die Eigenschaften, die von Hegel näher entfaltet werden, die Güte und die Gerechtigkeit sind zu verstehen als „Bestimmungen der Macht. Die Macht aber ist selbst das Unbestimmte, oder die Macht ist gegen diesen Unterschied selbstmächtig, ihre Güte setzt sich in Gerechtigkeit über und umgekehrt. Jede für sich gesetzt schlösse die andere aus; durch ihre Bestimmung erhielte die Macht einen bestimmten Inhalt, (würde) Macht (, die) nach Zwecken (wirkt). Aber die Macht als Macht ist eben dieses, daß sie die Bestimmtheit nur aufhebt, und Güte und Gerechtigkeit sind die Momente nur ihres Prozesses" [179]. Die Eigenschaften Gottes sind nur Eigenschaften, „nicht selbstständige Totalität; (das Subjekt ist) noch unmittelbar, noch bewegungslos, unerfüllt in seiner Subjektivität" [180].

Die Argumentation der Vorlesungen ab 1824 läßt die Eindeutigkeit des Manuskripts vermissen: Das hängt damit zusammen, daß Hegel sich nun mit Schleiermachers Lehre von den Eigenschaften Gottes auseinandersetzt und deshalb in die

---

[176] A. a. O. S. 288; vgl. zu Hi 38 G. Fohrer, Das Buch Hiob, Gütersloh 1963, S. 486 ff.
[177] Es ist auch möglich, daß Einfügungen der Vorlesungen von 1824 und 1827 in den Teil des Manuskripts von 1821, der sich mit dem Buch Hiob befaßt (vgl. PhdR II S. 74—76), auf das Werk F. W. C. Umbreits zurückzuführen sind. Umbreit gibt nämlich in der Einleitung seines Kommentars einen guten Forschungsüberblick, in dem er auch die mit seiner eigenen Ansicht nicht übereinstimmende Meinung erwähnt, das Buch Hiob zeige eine „fremdartige unhebräische Natur" (a.a.O. S. XXXI; vgl. dazu Hegel PhdR III S. 74: „. . . dem einzigen Buche, von dem man den Zusammenhang mit dem Boden des jüdischen Volkes nicht genau kennt").
[178] PhdR III S. 63.
[179] Ebd. S. 73.
[180] Ebd. S. 64.

mißliche Lage gerät, zwei in ihrer Tendenz entgegengesetzte Gedankengänge miteinander verbinden zu müssen. Zunächst grenzt er sich von Schleiermacher ab, indem er betont, daß die Bestimmungen Gottes in Beziehung auf die Welt, also die Eigenschaften Gottes, seine Bestimmtheit seien. „... es ist ein schlechter Ausdruck, wenn man meint, daß wir nur von dieser Beziehung Gottes auf die Welt, aber nichts von ihm wissen. Vielmehr ist eben das seine eigne Bestimmtheit, damit seine eignen Eigenschaften" [181]. Im folgenden weist Hegel diese Behauptung als speziellen Fall eines ganz allgemeinen Sachverhaltes nach. Gerade die Beziehung eines Gegenstandes zu anderen macht seine Natur aus [182]. Nun war aber eine wesentliche Erkenntnis des Manuskripts von 1821 doch die, daß die Eigenschaften des Gottes der jüdischen Religion so zu bestimmen seien, daß sie immer wieder von Gott als der Macht aufgehoben werden. Wir wollen sehen, ob es Hegel gelingt, diese Erkenntnis in den konträren Zusammenhang der Polemik gegen Schleiermacher einzubringen. Zwar gibt Hegel auch weiterhin zu, daß die Eigenschaften Bestimmungen des Subjekts seien [183], der Gedanke, daß von der Macht her die Bestimmungen immer wieder aufgehoben werden, tritt hier zurück, ohne doch ausgeschlossen zu sein. Aber da, wo es sich nicht mehr um die Auseinandersetzung mit Schleiermacher, sondern um die jüdische Lehre von den Eigenschaften Gottes handelt, wird eine bezeichnende Unterscheidung eingeführt: „Eigenschaften sind allerdings Bestimmungen des Subjekts, aber so, daß der Begriff des Subjekts als von ihnen unabhängig gesetzt wird. Die Grundbestimmungen sind d e r E i n e und d i e M a c h t; der Begriff, die innerste Natur des Subjekts ist noch unabhängig gesetzt von den Eigenschaften" [184]. Wenn es nun so ist, daß das Subjekt zwar Eigenschaften, aber seine Natur nicht in diesen hat, dann ist die Kritik an Schleiermacher nicht recht verständlich, und die Begründung für diese Kritik steht in einer offensichtlichen Spannung zu dieser Unterscheidung. Gerade diese Begründung, die ja einen allgemein gültigen Sachverhalt zu beschreiben sucht, mag Hegel daran gehindert haben, einen Ausweg zu beschreiten, der darin bestünde, Schleiermachers Trennung der Beziehungen Gottes auf die Welt von Gott selbst dem jüdischen Gottesbewußtsein zuzuordnen, das vom christlichen, das die Eigenschaften als Totalitäten faßt, überwunden worden sei. So können wir nur feststellen, daß Hegel nichts unternommen hat, um den Gegensatz zwischen der Polemik gegen Schleiermacher einerseits und den Ausführungen über die Eigenschaften Gottes in der jüdischen Religion andererseits auszugleichen.

4. Die Schöpfung

Wir haben schon gesehen, wie wichtig es für Hegel ist, daß Gott als Weisheit auf der Stufe der jüdischen Religion noch abstrakt ist. Es gibt noch keine Besonderung

---

[181] Ebd. S. 65; vgl. Der christliche Glaube, hrsg. von M. Redeker, Berlin 1960, § 50 (besonders S. 255). Natürlich nimmt Hegel auf die erste Auflage von 1821 Bezug, nicht auf die zweite, die der Redekerschen Ausgabe zu Grunde liegt.
[182] Vgl. PhdR III S. 65.   [183] Vgl. ebd. S. 66.   [184] Ebd.

Gottes in sich selbst; das Subjekt gilt wohl „für die Vorstellung als Geist, aber es ist noch nicht selbst wahrhaft Geist" [185]. Daraus folgt, daß das von der abstrakten Weisheit Gesetzte, das ‚Urteil' ein Seiendes ist. Allerdings darf das nicht in dem Sinne verstanden werden, daß anderes Seiendes aus schon Seiendem hervorgeht, das Seiende ist vielmehr nur als Form; denn „Gott schafft absolut aus Nichts" [186]. Die Entstehung des Erschaffenen ist auf die Notwendigkeit zurückzuführen, daß Gott „Setzen seiner Macht" [187] ist. „Diese Notwendigkeit ist das Material, woraus Gott schafft; dieses ist Gott selbst. Er schafft daher aus nichts Materiellem; denn er ist das Selbst und nicht das Unmittelbare, Materielle" [188]. Gott als Macht ist „negative Beziehung auf sich selbst", und indem er sich „negativ auf sich bezieht, so ist dies Aufheben der abstrakten Identität das Setzen des Unterschiedes, der Bestimmung, d. h. die Erschaffung der Welt. Das Nichts aber, aus welchem die Welt erschaffen ist, ist die Unterschiedslosigkeit, in welcher Bestimmung zuerst die Macht, das Wesen gedacht wurde. Wenn man daher fragt, wo Gott die Materie hergenommen, so ist es eben jene einfache Beziehung auf sich" [189].

Man kann fragen, ob Hegel im Recht ist, wenn er bei seinen Ausführungen selbstverständlich die Schöpfung aus dem Nichts voraussetzt, die doch begrifflich erst 2. Makk. 7,28 formuliert worden ist. Ohne Zweifel zeigt sich eine Diskrepanz Hegels zur damaligen alttestamentlichen Exegese, wenn wir uns vergegenwärtigen, was J. D. Michaelis in einer Erläuterung zum Schöpfungsbericht von Gen. 1 schreibt:

„. . . von der Frage, ob die Welt vor sechstausend Jahren aus Nichts geschaffen, oder ob schon vorhin eine Welt gewesen sey, aus deren Trümmern Gott die jetzige wieder hervor gehen ließ? ob sich, wie unser deutscher Dichter sagt, jetzt die tausendste der Sonnen wälzt, oder die erste ? davon hat er wieder nichts, und läßt jedem die Freyheit, hierüber zu denken und zu philosophieren, was er will. Denn das Wort, schaffen, bedeutet nicht gerade eine Hervorbringung aus Nichts, und der Ausdruck, im Anfang ist auch noch unbestimmt, und kann sowohl den Anfang der jetzigen Welt, als den Anfang aller jemahls gewesenen Dinge anzeigen" [190].

Vergleicht man die Ausführungen von Michaelis und Hegels Darlegungen mit den Ergebnissen der neueren Forschung, so gelangt man zu der Feststellung, daß Hegel gut daran tat, die alttestamentliche Exegese zu dieser Stelle so wenig zu berücksichtigen. Er bringt nämlich das für בָּרָא Spezifische sehr viel besser zum Ausdruck, als Michaelis dies vermochte. Gerade die mit diesem Verb ausgesagte Analogielosigkeit des göttlichen Schaffens [191] hat Hegels begriffliche Bestimmung in hervorragender Weise erfaßt. Ebenso ist es berechtigt, von einer creatio ex nihilo zu reden, wenn man sich klarmacht, daß niemals mit בָּרָא ein vorgegebener Stoff

[185] Ebd. S. 59.
[186] Ebd.
[187] Ebd.
[188] Ebd. S. 59 f.
[189] Ebd. S. 60.
[190] A.a.O. 2, Göttingen und Gotha 1770, S. 3.
[191] Vgl. G. v. Rad, Theologie des Alten Testaments I, München 1962, S. 155 f.

verbunden wird [192]. Schließlich kann man sich fragen, ob Hegel nicht auch das der Schöpfung vorhergehende Chaos in seine Überlegungen einbezogen hat, wenn er das Nichts, aus dem die Welt erschaffen worden ist, als Unterschiedslosigkeit bestimmt [193].

5. Das Verhältnis zur Natur

An die Behandlung der Schöpfung schließt Hegel die Überlegung an, wie das Geschaffene, die Natur auf der Stufe der jüdischen Religion gesehen wird. Die Welt „ist jetzt p r o s a i s c h, sie tritt uns wesentlich als eine Sammlung von Dingen entgegen, ist entgöttert. Die Natur ist hier entgöttert; die Dinge sind Unselbständigkeiten in ihnen selbst, alle Selbständigkeit ist in dem Einen konzentriert" [194]. Wir sehen, wie Hegel hier wieder Gedanken der Jugendschriften aufnimmt. War aber in diesen, vor allem in der von Hölderlin bestimmten Phase, die Meinung vorherrschend, die verloren gegangene Einheit mit der Natur zeige die in der jüdischen Religion exemplarisch zum Ausdruck gekommene Spaltung des Menschen, so finden wir hier eine ganz andere Beurteilung. „Es kann nun scheinen, daß es zu bedauern wäre, daß die Natur in einer Religion entgöttert sei; man preist dagegen ... die Einheit der Natur mit Gott, wo die natürlichen Dinge ... als selbständig, göttlich, frei bestimmt betrachtet werden ... Diese Einheit des Göttlichen und Natürlichen — man nennt es Identität des Ideellen und Reellen — ist eine abstrakte, ganz formelle Bestimmung, eine Identität, die wohlfeil zu haben ist" [195]. Deutlicher läßt sich die Absage an die früher vertretene Meinung, damit aber auch an Gedanken Schillers und Hölderlins, nicht formulieren. Es kommt darauf an, diese Identität wahrhaft zu bestimmen; die wahrhafte Identität ist aber nur „in dem geistigen, in dem sich selbst real bestimmenden Gott, daß die Momente seines Begriffs zugleich selbst sind als Momente der Totalität" [196]. Von der sich so bestimmenden unendlichen Subjektivität aus sind die natürlichen Dinge nicht Götter, sondern Naturgegenstände.

Die geistige Leistung der jüdischen Religion besteht darin, diesen die ihnen zukommende Bestimmung der Äußerlichkeit zu geben. „Wenn man diese Stellung, die Entäußerung der Natur bedauert, so muß man zugeben, daß die schöne Vereinigung der Natur und Gottes nur für die Phantasie gilt, nicht für die Vernunft. Denen, die noch so schlecht von der Entgötterung sprechen und jene Identität preisen, wird es doch gewiß sehr schwer sein, an einen Ganga, eine Kuh, einen Affen, ein Meer, einen indischen oder griechischen Gott usf. zu glauben, sondern die wahrhafte Stellung ist diese, die angegeben worden ist" [197]. War es für den

---

[192] Vgl. ebd. S. 156.
[193] Das Chaos ist ja das Gestaltlose (vgl. ebd. S. 157).
[194] PhdR III S. 67 f.
[195] Ebd. S. 68.
[196] Ebd.
[197] Ebd. S. 68 f.

jungen Hegel Aufgabe der Volksreligion, auf die Fantasie zu wirken [198], so zeigt sich hier, wie zurückhaltend Hegel diesem Begriff in den religionsphilosophischen Ausführungen gegenübersteht. Das hängt natürlich damit zusammen, daß die Fantasie einer bestimmten Stufe innerhalb der Folge der Religionen zugeordnet wird: der indischen Religion. Es ist deshalb kein Zufall, daß Hegel im folgenden auf Erscheinungen dieser Religion zu sprechen kommt. Die Art, wie er das tut, macht deutlich, daß auch die Erweiterung seiner religionsgeschichtlichen Kenntnisse seine Skepsis gegenüber der Forderung nach Wiederherstellung der Einheit mit der Natur begründet hat.

Besteht die Leistung der jüdischen Religion darin, den natürlichen Dingen die Bestimmung der Äußerlichkeit gegeben zu haben, so heißt das nicht, daß nicht auch an diesem Punkt die diese Stufe kennzeichnende Schranke aufgewiesen werden könnte. Sie zeigt sich daran, daß die „theoretische Ausbildung dieses Bewußtseins zur Wissenschaft ... hier noch nicht ihren Platz" [199] hat. „Denn dazu gehörte ein konkretes Interesse für die Dinge und müßte das Wesen nicht nur als allgemeiner, sondern auch als bestimmter Begriff gefaßt sein. Bei der Vorstellung der abstrakten Weisheit und bei dem einen beschränkten Zweck kann die bestimmte theoretische Anschauung noch nicht statthaben" [200].

6. Die Partikularität

Die Partikularität der jüdischen Religion wird von Hegel in zweifacher Weise abgeleitet. Zunächst geht er wiederum von der Feststellung aus, daß die Weisheit auf dieser Stufe noch abstrakt ist. Das bedeutet, daß der „Zweck ... der noch schlechthin allgemeine und somit inhaltslose Zweck" [201] ist. „Dieser unbestimmte, inhaltslose Zweck schlägt im Dasein um in die unmittelbare Einzelheit, die vollkommenste Beschränktheit" [202]. So ergibt sich der „merkwürdige, unendlich harte" Kontrast, daß einerseits Gott der allgemeine, der Gott Himmels und der Erde ist, daß aber andererseits „der Zweck und das Werk dieses Gottes in der geschichtlichen Welt so beschränkt" [203] sind, daß diesen Zweck nur diese Familie, dieses eine Volk hat.

Die andere Ableitung gibt Hegel bei seinen Ausführungen über den Kultus der jüdischen Religion. Er geht hier aus von dem ‚knechtischen Bewußtsein‘ der Juden, das „hartnäckig auf seiner Einzelheit" [204] besteht. Weil „seine Einzelheit unmittelbar in die Einheit aufgenommen ist, so ist es ausschließend, und Gott ist der

---

[198] Vgl. z.B. HtJ S. 19.
[199] PhdR III S. 69.
[200] Ebd.
[201] Ebd. S. 81.
[202] Ebd.
[203] Ebd.
[204] Ebd. S. 95.

ausschließende Herr und Gott des jüdischen Volkes" [205]. Diese Ableitung ist deshalb besonders interessant, weil Hegel darauf eingeht, daß sich das Bewußtsein im jüdischen Volke auch zur Allgemeinheit zu erheben vermag, wobei er auf Ps 117,1 und besonders auf die späteren Propheten verweist — er zitiert Jes 66,21 [206]. Da sich diese Darlegungen nur in der Ausgabe der Werke finden, ist zu folgern, daß Hegel sie erst in seine letzte Vorlesung über Religionsphilosophie, die er 1831 hielt, eingearbeitet hat. Schaut man sich um, welches Werk der damaligen alttestamentlichen Literatur Hegel diese Kenntnisse vermitteln konnte, so stößt man auf den von Wilhelm Gesenius verfaßten Jesaja-Kommentar [207]. Schon in der Einleitung dieses Buches lesen wir nämlich folgendes:

„Noch weit wichtiger aber sind uns diese Orakel durch die darin enthaltene religiöse Ansicht. Sie zeigen uns nämlich klar, wie unter einzelnen edleren Individuen des Volkes und des Prophetenstandes schon damals eine reinere Religionskenntnis zu keimen begann, und eine Sehnsucht erwachte nach einem Zustande des erhöhten religiösen Lebens der Nation, einer Ausbreitung desselben von Israel über andere Völker, und einer Anbetung des höchsten Wesens, von dem unser Verfasser fast durchgehends eine sehr erhabene Idee hat, ohne Opfer und Cultus, im Geist und in der Wahrheit" [208].

Freilich ist dieser Kommentar schon 1821 erschienen, so daß man fragen kann, warum Hegel ihn nicht schon früher zur Kenntnis genommen hat. Eben dies läßt sich aufhellen, wenn wir uns die Vorkommnisse des Halleschen Streits vergegenwärtigen. Dieser Streit wurde veranlaßt durch einen in der Hengstenbergschen Evangelischen Kirchenzeitung 1830 erschienenen Artikel ‚Rationalismus auf der Universität Halle' ‚in dem die Theologen Wegscheider und Gesenius des Unglaubens beschuldigt wurden [209]. Daß Hegel sich für den Halleschen Streit sehr interessierte, zeigt eine Aufzeichnung Varnhagens vom 13. 4. 1830 [210] und eine Stelle in einem Brief an Göschel vom 13. 12. 1830 [211]. Es kann also kein Zweifel bestehen, daß Hegel, veranlaßt durch diesen Streit, sich über die Werke von W. Gesenius informierte und Ausführungen des von dem bedeutenden Alttestamentler verfaßten Jesaja-Kommentars in seine letzte religionsphilosophische Vorlesung einarbeitete. Wir haben hier ein ausgezeichnetes Beispiel dafür, daß man nicht behaupten kann, Hegel habe bei dem, was er in der Religionsphilosophie über die jüdische Religion gesagt habe, ausschließlich von früher erworbenen Kenntnissen gezehrt [212], daß man aber auch nicht eine systematische Aufarbeitung der in Frage

---

[205] Ebd.
[206] Ebd. S. 95 f.
[207] Commentar über den Jesaja, 2. Teil, Leipzig 1821.
[208] A. a. O. S. 2.
[209] Vgl. Briefe von und an Hegel III, Hamburg³ 1969, S. 460.
[210] Vgl. ebd.
[211] Vgl. ebd. S. 322.
[212] Dieser Eindruck entsteht bei den Ausführungen E. Schulins (a.a.O. S. 96 f.). Schulins unbegründete Behauptung, Hegel habe sich von der neuen Quellenkritik an der Bibel distanziert (ebd. S. 96), läßt sich nicht halten. Es ist zwar richtig, daß ein Einfluß de Wettes bei Hegel nicht festzustellen ist; ob das aber politische Gründe hatte (ebd. S. 97, Anm. 173), muß fraglich bleiben.

kommenden Literatur feststellen kann, wie es von ihm bei den östlichen Religionen mindestens versucht wurde. Vielmehr hat er bei der jüdischen Religion von Fall zu Fall seine Kenntnisse erweitert.

Für uns ist nun noch von Interesse, wie Hegel der Tatsache, daß sich das Bewußtsein der Allgemeinheit bei den späteren Propheten zeigt, gerecht geworden ist. Wir finden hier einen bezeichnenden Satz, in dem er seine Beurteilung dieses Bewußtseins der Allgemeinheit zusammenfaßt: „Alles dies ist aber später; nach der herrschenden Grundidee ist das jüdische Volk das auserwählte, und die Allgemeinheit ist so auf die Partikularität reduziert" [213]. Dieser Satz macht die Schwäche der Hegelschen Religionsphilosophie, die die geschichtliche Entwicklung der einzelnen Religionen nicht oder viel zu wenig berücksichtigt, besonders deutlich. Eine Darstellung, die die einzelnen Religionen auf den Begriff bringen will, müßte erklären, wie es hier zu diesem Bewußtsein der Allgemeinheit kommen konnte, statt dies, weil der herrschenden Grundidee widersprechend, mehr oder weniger abzutun. Natürlich vermissen wir ein Eingehen auf die geschichtliche Entwicklung der einzelnen Religionen bei der jüdischen Religion besonders, weil wir in den Jugendschriften Ausführungen über diese Religion finden, die dieser Forderung, wenn auch nur in skizzenhafter Weise, Genüge tun [214]. Unterscheiden sich die religionsphilosophischen Vorlesungen wegen ihrer größeren Differenziertheit wohltuend von manchen Partien der Jugendschriften, so haben wir hier ohne Zweifel einen Punkt, wo diese jenen überlegen sind. Hätte Hegel die geschichtliche Entwicklung des jüdischen Volkes mehr berücksichtigt, dann wäre auch ein Moment zum Ausdruck gekommen, das so kaum betont wird: das immer neue Handeln Gottes mit seinem Volk. Von da aus, genauer von der Feststellung aus, daß dieser Gott es vermochte, immer wieder die neu entstandenen Situationen zu bewältigen, und eben nicht von diesen ad absurdum geführt wurde, hätte auch der für Hegel so wichtige Begriff der Abstraktheit des jüdischen Gottes in Frage gestellt werden müssen. Nicht, daß dieser Begriff in Hegels System nicht begründet wäre; man kann ihn vielmehr bei ihm allen außerchristlichen Religionen zuschreiben, da er erst von der christlichen Trinitätstheologie überwunden wird. Dennoch kann man bezweifeln — und das gilt nicht nur für die jüdische Religion; wir haben Ähnliches schon früher geäußert [215] — ob er geeignet ist, religiöse Wirklichkeiten zu erfassen. Die Weisheit des jüdischen Gottes war nicht nur so abstrakt, daß sie in die Auserwähltheit des einen Volkes umschlug, sie war auch so konkret, daß sie den immer neuen geschichtlichen Situationen nicht erlag, sondern sie zu bewältigen verstand [216].

---

[213] PhdR III S. 95 f.
[214] Vgl. die geschichtlichen Überblicke in 7, III (HtJ S. 370 f.) und 7, IV (ebd. S. 371 — 373).
[215] S. o. S. 11.
[216] a) Damit hängt zusammen, daß Hegel, wie Schoeps richtig bemerkt hat, die Momente der Berith und der Nähe Gottes zu wenig berücksichtigt hat (a.a.O. S. 282). Wenn man von den Quellen Hegels her argumentiert, kommt dieser Kritik aber, besonders was den Bundesgedanken anbelangt, nicht die Bedeutung zu, die ihr eine von der heutigen alttestamentlichen Theologie ausgehende Beurteilung geben müßte. Natürlich kann man sagen, daß eine bessere

Kenntnis der reformierten Föderaltheologie (vgl. dazu Kraus a.a.O., besonders S. 37 und 54) eine eingehendere Würdigung dieses Gedankens durch Hegel mit sich gebracht hätte. Befaßt man sich aber mit dem näheren Umkreis der alttestamentlichen Theologie, die Hegel, wenigstens potentiell, vorlag, so ergibt sich ein anderes Bild: So hat etwa das ‚Bild des Bundes‘ nach de Wette den Sinn, die sittliche Bedeutung der Offenbarungen Gottes an den Menschen zu betonen (vgl. H. J. Kraus, Die Biblische Theologie, Neukirchen 1970, S. 75). Die Bedeutung, die der Bundesgedanke für das die jüdische Religion auszeichnende Verhältnis zur Geschichte überhaupt hat, kommt hier nicht in den Blick. Von da aus gesehen ist es nicht so verwunderlich, daß Hegel dieser Bedeutung in seiner Darstellung nicht gerecht wurde, wie es zunächst scheinen könnte. Auch wenn man kritisch vermerkt, daß das eschatologische Moment der jüdischen Religion bei Hegel nicht berücksichtigt wird, muß man sich das vor Augen halten.

Ob man zu den von Hegel zu wenig berücksichtigten Momenten auch noch mit Schoeps die Gesetzesfreude hinzufügen kann (a.a.O. S. 282), ist zweifelhaft, da man fragen muß, ob nicht die Hegelsche Betonung der Affirmation, die der Knecht als Knecht erfährt, dieses Moment einschließt. Ganz unhaltbar ist es, wenn Schoeps meint, daß „die Erhabenheitsstufe, auf die das Judentum gestellt wird, um den Anforderungen des Begriffsprozesses zu entsprechen, einfach nicht paßt" (ebd. S. 281) - als ob nicht die Erhabenheit, die ja, was Schoeps nicht erwähnt, bei Hegel eine große Bedeutung für den begrifflichen Fortgang besitzt, ein wesentliches Kennzeichen des jüdischen Gottes wäre! Schoeps’ Behauptung, Hegels Urteil über die jüdische Religion sei „im wesentlichen . . . von der griechischen Antithese bestimmt" (ebd. S. 281), gilt allenfalls für einzelne Passagen der Jugendschriften, auf keinen Fall aber für die Religionsphilosophie. Schließlich müßte Schoeps seine Ansicht, aus der kabbalistischen Sefirot-Vorstellung lasse sich „wirklich der Hegelsche Begriffsprozeß entwickeln, während aus dem Opfertod Christi nur durch gewaltsame Umdeutung ein „spekulativer Karfreitag" gemacht werden" könne (ebd. S. 282), näher erläutern, wenn man sie als sinnvollen Ausgangspunkt für eine Diskussion betrachten wollte.

b) Da die Geschichte vom Sündenfall nach Hegel erst im Christentum „zu ihrer wahren Bedeutung" (PhdR III S. 88) gelangt ist und demgemäß neben PhdR III S. 85 — S. 89 auch noch PhdR IV S. 121 — S. 129 behandelt wird, haben wir hier darauf verzichtet, auf sie einzugehen (vgl. jetzt dazu W. Trillhaas, Felix Culpa, in: Probleme biblischer Theologie, FS Gerhard v. Rad, München 1971, S. 589 — 602. Wenn Trillhaas von einem „durchgängig ironischen Verhältnis Hegels zur exegetischen Theologie" spricht [ebd. S. 591], so kann ich dem nicht beipflichten.)

VI. Die griechische Religion

A. Die Jugendschriften

1. Die Griechensehnsucht der Fragmente
über Volksreligion und Christentum (HtJ S. 3—71)

In den Fragmenten über Volksreligion und Christentum findet sich ein eindrucksvolles Dokument für Hegels Sehnsucht nach den Griechen. „Ach, aus den fernen Tagen der Vergangenheit strahlt der Seele, die Gefühl für menschliche Schönheit, Größe im Großen hat — ein Bild entgegen . . .“[1] Schon bei dem ersten Wort wollen wir verweilen; denn vielleicht kein anderes spricht so die Trauer über das unwiederbringlich Verlorene aus wie dieses. Wir finden es wieder in Schillers Gedicht ‚Die Götter Griechenlands‘, auf das wir noch öfter verweisen müssen:

> „Schöne Welt, wo bist du? — Kehre wieder,
> Holdes Blütenalter der Natur!
> Ach! Nur in dem Feenland der Lieder
> Lebt noch deine goldne Spur.
> Ausgestorben trauert das Gefilde,
> Keine Gottheit zeigt sich meinem Blick,
> Ach! von jenem lebenswarmen Bilde,
> Blieb nur das Gerippe mir zurück“[2].

Wir finden es gleichfalls in Hölderlins später entstandenem Gedicht ‚Griechenland‘ — ernsthafter und schmerzlicher wie hier läßt sich die Trauer nicht mehr sagen:

> „Ach, es sei die letzte meiner Tränen,
> Die dem heil’gen Griechenlande rann,
> Laßt, o Parzen, laßt die Schere tönen!
> Denn mein Herz gehört den Toten an“[3].

Aber wie sieht nun das Bild aus, das Hegel aus den ‚fernen Tagen der Vergangenheit‘ entgegenstrahlt? Es ist „das Bild eines Genius der Völker — eines Sohns des Glücks, der Freiheit, eines Zöglings der schönen Phantasie“[4]. Damit ist wiederum etwas angesprochen, was den ganzen deutschen Griechenglauben kennzeichnet: „die heldisch-männliche Jünglingsstufe, die die Sicht des Griechischen bestimmte und dessen Dauer gewährleistete“[5]. Es ist aber nicht nur das Bild

---

[1] HtJ S. 28.
[2] 1 S. 146.
[3] 1 S. 163. Zur Entstehungszeit vgl. ebd. S. 966, zur Datierung der Ausführungen Hegels Schüler a.a.O. S. 128.
[4] HtJ S. 28.
[5] W. Rehm, Griechentum und Goethezeit, Bern und München[4] 1968, S. 333.

des Jünglings, sondern es sind auch die Assoziationen, die sich damit verbinden: Frühling, Mai. Schillers Wort vom ‚holden Blütenalter der Natur‘ haben wir schon gehört; in dem von Hegel mehrmals zitierten Gedicht ‚Resignation‘[6] lesen wir die Strophe:

> „Des Lebens Mai blüht einmal und nicht wieder,
> Mir hat er abgeblüht.
> Der stille Gott — o weinet, meine Brüder —
> Der stille Gott taucht meine Fackel nieder,
> Und die Erscheinung flieht"[7].

In der von Hegel sicher gelesenen Abhandlung Georg Forsters ‚Die Kunst und das Zeitalter‘[8] wird der „Lenz des Lebens" gepriesen, „wenn die Empfindung uns beglückt und die freye Phantasie in rosigen Träumen schwärmt"[9]. Gerade die griechische Kunst ist aber für Forster das Unwiederbringliche; sie schwand dahin „wie der Blüthenschnee des Frühlings"[10]. Daß Forster auf Hegel einen großen Einfluß ausgeübt hat — besonders was die Verwendung des für diesen so wichtigen Fantasiebegriffs anbelangt[11] — zeigt vor allem eine auffallende Parallele: Forster spricht von der „Jugendkraft der Menschheit in jenem Volke ... das mit umfassendem Sinn der einwirkenden Natur entgegenkam, mit lieblicher Phantasie die frisch-gesammelten Bilder verwebte, mit zartem Menschengefühl und hoher Einfalt des Geistes das Gute und Schöne überall empfand, mit ungeschwächtem Triebe die Empfindung in That sich äussern ließ ..."[12] und Hegel schreibt über den Griechenland darstellenden Jüngling: „Auch ihn fesselte das eherne Band der Bedürfnisse an die Muttererde, aber er hat es durch seine Empfindung, durch seine Phantasie so bearbeitet, verfeinert, verschönert, mit Hilfe der Grazien mit Rosen umwunden, daß er sich in diesen Fesseln als in seinem Werke, als einem Teil seiner selbst gefällt"[13]. Daß der von Hegel geschilderte Jüngling ein Sohn der Freiheit ist, zeigt sich schon an der Erziehung, die er genoß. „Seine nachsichtige Mutter, kein scheltendes, hartes Weib, überließ ihren Sohn der Erziehung der Natur, zwang seine zarten Glieder nicht in einengende Windeln — und als gute Mutter folgte sie mehr den Launen, den Einfällen ihres Lieblings, als daß sie dieselbigen eingeschränkt hätte — In Harmonie mit diesem mußte ihn, das Kind der Natur, die Säugamme nicht mit Furcht vor der Rute oder einem Gespenst der Finsternis ... groß ziehen ... sondern sie tränkte ihn mit lauterer gesunder Milch reiner

---

[6] Vgl. HtJ S. 34, 54 und 208.
[7] 1 S. 112.
[8] Georg Forster, Werke in vier Bänden, hrsg. von G. Steiner, 3, Frankfurt 1970, S. 123—134. — Daß Hegel diese Abhandlung gelesen hat, muß deshalb angenommen werden, weil sie in Schillers ‚Thalia‘ erschien (vgl. ebd. S. 791) und Hegel sich öfter, wie wir weiter unten sehen werden, ausdrücklich auf Forster bezieht.
[9] Ebd. S. 128.
[10] Ebd. S. 130.
[11] Für den Fantasiebegriff Hegels ist freilich auch die ‚Götterlehre‘ von K. Ph. Moritz wichtig (Berlin 1791), ein Werk, auf das wir noch zurückkommen werden.
[12] A.a.O. S. 131.
[13] HtJ S. 28.

Empfindungen — an der Hand der schönen, freien Phantasie schmückte sie mit ihren Blumen den undurchdringlichen Schleier, der die Gottheit unsern Blicken entzieht ... Wie die Amme bei den Griechen Hausfreundin war und Freundin des Zöglings ihr ganzes Leben hindurch blieb, so blieb sie immer seine Freundin, der er unverdorben seinen freien Dank, seine Liebe darbringt ...“[14] Wenn Schiller in dem früher entstandenen Gedicht ‚Die Künstler‘ die Kunst als Erzieherin Griechenlands preist, klingen ähnliche Töne an:

> „Als in den weichen Armen dieser Amme
> Die zarte Menschheit noch geruht,
> Da schürte heilge Mordsucht keine Flamme,
> Da rauchte kein unschuldig Blut.
> Das Herz, das sie an sanften Banden lenket,
> Verschmäht der Pflichten knechtisches Geleit;
> Ihr Lichtpfad, schöner nur geschlungen, senket
> Sich in die Sonnenbahn der Sittlichkeit“[15].

Der schöne Jüngling hat aber nun ein Gegenbild, einen anderen „Genius der Nationen ... seine Gestalt ist alternd — schön war er nie ... sein Vater ist gebückt — er wagt es nicht, weder zum frohen Umherblicken der Welt — noch im Gefühl seiner selbst sich emporzuheben ...“[16] Dieser Genius stellt das Christentum dar — Hegel zeigt deutlich am Beispiel des Abendmahls, welch ein Gegensatz zwischen ‚unserer Religion‘ und den freudigen Festen der griechischen Religion besteht. „Bei unserem größten öffentlichen Fest naht man sich dem Genusse der heiligen Gabe in der Farbe der Trauer mit gesenktem Blick — beim Fest ... fürchtet mancher vom brüderlichen Kelche durch einen Venerischen, der ihn vor ihm genoß, angesteckt zu werden ... statt die Griechen mit den freundlichen Geschenken der Natur — mit Blumen bekränzt, mit Farben der Freuden bekleidet — auf ihren offenen, zur Freundschaft und Liebe einladenden Gesichtern Frohsein verbreitend — sich den Altären ihrer guten Götter nahten“[17]. Daß sich das Alter und die Trauer mit dem Christentum verbinden, ist gleichfalls ein nicht nur die Griechenverehrung Hegels kennzeichnendes Moment. Gute Zeugnisse dafür finden wir wieder in der Gedankenlyrik Schillers. So lesen wir in den ‚Göttern Griechenlands‘ die Verse:

> „Wohin tret ich? Diese traurge Stille
> Kündigt sie mir meinen Schöpfer an?
> Finster, wie er selbst, ist seine Hülle,
> Mein Entsagen — was ihn feiern kann“[18].

Ebenso verbindet sich in dem Gedicht ‚Die Künstler‘ Griechennähe mit Jugend und Griechenferne mit Alter. Das zeigt sich besonders da, wo Schiller neben der Antike auch noch die Renaissance als Erneuerung des griechischen Geistes preist:

---

[14] Ebd.
[15] 1 S. 153; zur Entstehungszeit vgl. ebd. S. 226.
[16] HtJ S. 29.
[17] Ebd. S. 27.
[18] 1 S. 145.

„Die [19] einst mit flüchtigem Gefieder
Voll Kraft aus euren Schöpferhänden stieg
In eurem Arm fand sie sich wieder,
Als durch der Zeiten stillen Sieg
Des Lebens Blüte von der Wange,
Die Stärke von den Gliedern wich
Und traurig, mit entnervtem Gange,
Der Greis an seinem Stabe schlich.
Da reichtet ihr aus frischer Quelle
Dem Lechzenden die Lebenswelle.
Zweimal verjüngte sich die Zeit,
Zweimal von Samen, die ihr ausgestreut" [20].

Schließlich verdeutlicht Hegel noch an der Einstellung zum Tode den Unterschied zwischen griechischer und christlicher Religion. An einer anderen Stelle der Fragmente über Volksreligion und Christentum lesen wir: „Wie verschieden die Bilder, die von dem Tode in die Phantasie unseres Volks und der Griechen übergegangen sind — bei diesen ein schöner Genius, der Bruder des Schlafs, verewigt in Monumenten über den Gräbern, bei uns der Knochenmann, dessen grauser Schädel über allen Särgen paradiert" [21]. Ähnliches finden wir bei Schiller. Auf die von uns zuletzt zitierten Verse aus den ‚Göttern Griechenlands' folgt folgende Strophe:

„Damals trat kein gräßliches Gerippe
Vor das Bett des Sterbenden. Ein Kuß
Nahm das letzte Leben von der Lippe.
Still und traurig senkt' ein Genius
Seine Fackel, Schöne, lichte Bilder
Scherzten auch um die Notwendigkeit
Und das ernste Schicksal blickte milder
Durch den Schleier sanfter Menschlichkeit" [22].

Doch genügt es hier nicht, auf Hegels Abhängigkeit von Schiller zu verweisen. Wir müssen auf die Quelle zurückgehen, die beiden zugrundelag: Lessings Schrift ‚Wie die Alten den Tod gebildet' [23]. Lessings erste Hauptthese lautet so:

„Die alten Artisten stellten den Tod nicht als ein Skelett vor: denn sie stellten ihn, nach der Homerschen Idee, als den Zwillingsbruder des Schlafes vor und stellten beide, den Tod und den Schlaf, mit der Ähnlichkeit unter sich vor, die wir an Zwillingen so natürlich erwarten" [24].

Allerdings nimmt Hegel eine Umdeutung vor, die den Ausführungen Lessings nicht mehr entspricht. Der auf unser letztes Hegel-Zitat folgende Satz lautet nämlich: „Der Tod erinnerte sie an den Genuß des Lebens, uns — es uns zu entleiden — er

---

[19] Gemeint ist die Kunst.
[20] 1 S. 160.
[21] HtJ S. 47.
[22] 1 S. 145.
[23] G.E. Lessing, Gesammelte Werke, hrsg. von W. Stammler, 2, München 1959, S. 963–1015.
[24] Ebd. S. 967.

war ihnen Geruch zum Leben, uns zum Tode"[25]. Aus dem euphemistischen Verständnis des Todes als Schlaf folgt noch nicht, daß der Tod auf das Leben verweist — nicht zufällig gebraucht Hegel hier eine neutestamentliche Wendung[26]; seine Interpretation der griechischen Todesvorstellung ist ohne das christliche Verständnis des Todes nicht denkbar. Von einem christlich interpretierten Griechentum aus kritisiert hier Hegel das Christentum seiner Zeit[27].

2. Die Utopie der antiken Republik

Die Griechenverehrung Hegels zeigt sich in den Hauptschriften der Berner Zeit von einer ganz anderen Seite, der politischen. Die Antike wurde als „politisch-utopisches Kontrastbild"[28] der Gegenwart entgegengehalten, die Republik der Monarchie. Wie sehr Hegels Überlegungen damals auf den Unterschied dieser beiden Staatsformen gerichtet waren, machen Notizen deutlich, die bei der Lektüre der Reisebeschreibung ‚Ansichten vom Niederrhein'[29] des von uns schon genannten Georg Forster entstanden sind. Forster beschreibt in dem Abschnitt, auf den Hegel Bezug nimmt[30], einen Besuch des Bruderhauses der Herrnhuter in Neuwied. Er kommt dabei auf die klösterliche Strenge der Herrnhuter zu sprechen, die ihm deshalb unpassend erscheint, weil „man in der Welt nie stärker gegen das Böse und seine Anfechtungen ist, als wenn man ihm mit offener Stirne und edlem Trotz entgegengeht: wer vor ihm flieht, ist überwunden"[31]. Um zu zeigen, daß die „Sünden der Einbildungskraft ... unheilbarer und zerrüttender seyn können, als die etwaigen Folgen eines gemischten und durch freiwillige Sittsamkeit gezügelten Umgangs", nennt er die „Schriften der berühmten Guyon ... und die Bekenntnisse des wackern Jamerai Düval"[32].

Ganz anders ist der gedankliche Zusammenhang, in dem diese Ausführungen bei Hegel erscheinen: Guyon und Jamerai-Duval werden als Beispiele für den frommen Christen überhaupt genommen, der als negatives Gegenbild des Republikaners verstanden wird. „Der große Geist in der Republik wendet alle seine Kräfte ... an seine Idee, sein ganzer Wirkungskreis hat Einheit — der fromme Christ, der sich dem Dienst seines Ideals ganz weiht, ist ein mystischer Schwärmer ... Die Idee des

---

[25] HtJ S. 47.
[26] Vgl. 2. Kor. 2,16.
[27] Nach Lessing war es zwar die christliche Religion, die „das alte heitere Bild des Todes aus den Grenzen der Kunst" (a.a.O. S. 1014) verbannt hat. Er meint aber, es müsse gerade im Sinn der richtig verstandenen christlichen Religion sein, dieses Bild wieder zur Geltung zu bringen (vgl. ebd. S. 1015). „Nur die mißverstandene Religion kann uns von dem Schönen entfernen, und es ist ein Beweis für die wahre, für die richtig verstandene wahre Religion, wenn sie uns überall auf das Schöne zurückbringt" (ebd. S. 1015).
[28] Lukács a.a.O. S. 80.
[29] Werke 2, Frankfurt 1969, S. 367—869.
[30] Vgl. HtJ S. 366.
[31] A.a.O. 2 S. 389.
[32] Ebd. S. 389; zu Jamerai-Duval vgl. ebd. S. 882.

Republikaners ist von der Art, daß alle seine edelsten Kräfte ihre Befriedigung in wahrer Arbeit finden, da die des Schwärmers nur die Täuschung der Einbildungskraft (Jamerai Düval)" [33].

Fragt man sich, worauf dieser völlig andere Gedankengang Hegels zurückzuführen ist, muß man sich den ersten Satz dieses Fragments vergegenwärtigen: „In einer Republik ist es eine Idee, für die man lebt, in Monarchien immer fürs einzelne ..." [34] Diese, wie wir weiter unten sehen werden, für Hegel eminent wichtige Aussage geht auf Montesquieu zurück. Daß Montesquieu Hegel beeinflußt hat, ist ohnehin nicht verwunderlich, wenn wir uns klar machen, daß unser Fragment im Jahre 1795 entstanden ist [35] und Hegel während seiner Schweizer Periode Montesquieu gelesen hat [36]. Montesquieu hat bekanntlich jeder der von ihm behandelten Regierungsformen ein Prinzip zugeordnet, das die „passions humaines qui le font mouvoir" [37], darstellt. Prinzip der republikanischen Staatsform ist die Tugend, deren Begriff man als „l'amour des lois & de la partrie" [38] bestimmen kann. Beides setzt aber ein Moment voraus, auf dessen Notwendigkeit Montesquieu immer wieder hinweist: die Selbstverleugnung. Um ein Mann von politischer Tugend zu sein, „il faut avoir intention de l'être ... & aimer l'état moins pour soi que pour lui-même" [39]. Die politische Tugend „est un renoncement à soi-même, qui est toujours une chose très pénible" [40]; sie

„demande qu'on fasse à l'état un sacrifice continuel de soi-même & de ses répugnances" [41]. „L'amour de la patrie conduit à la bonté des moeurs; & la bonté des moeurs mène à l'amour de la patrie. Moins nous pouvons satisfaire nos passions particulières, plus nous nous livrons aux générales" [42].

Anders verhält es sich bei der Monarchie, deren Prinzip die Ehre ist.

„L'HONNEUR, c'est-à-dire, le préjugé de chaque personne & de chaque condition, prend la place de la vertu politique ... & la représente par-tout" [43].

Daher existiert dieser Staat „indépendamment de l'amour pour la patrie, du désir de la vraie gloire, du renoncement à soi-même, du sacrifice de ses plus chers intérêts, & de toutes ces vertus héroïques que nous trouvons dans les anciens, & dont nous avons seulement entendu parler" [44]. An der Beurteilung des Verbrechens läßt sich der Unterschied zwischen Republik und Monarchie besonders schön zeigen:

---

[33] HtJ S. 366.
[34] Ebd.
[35] Vgl. Schüler a.a.O. S. 130.
[36] Vgl. Rosenkranz a.a.O. S. 60.
[37] Ch. Montesquieu, Oeuvres Complètes I, Paris 1950, S. 25.
[38] Ebd. S. 46.
[39] Ebd. S. 33.
[40] Ebd. S. 45.
[41] Ebd. S. 92.
[42] Ebd. S. 55.
[43] Ebd. S. 33.
[44] Ebd. S. 31.

„Quoique tous les crimes soient publics par leur nature, on distingue pourtant les crimes véritablement publics d'avec les crimes privés: ainsi appellés, parce qu'ils offensent plus un particulier, que la société entière.
Or, dans les républiques, les crimes privés sont plus publics; c'est-à-dire, choquent plus la constitution de l'état, que les particuliéres &, dans les monarchies, les crimes publics sont plus privés, c'est-à-dire, choquent plus les fortunes particulières, que la constitution de l'état même"[45].

Es ist deutlich geworden, wie die Aussage Hegels, von der wir ausgegangen sind, auf Gedanken Montesquieus zurückzuführen ist.

Wie wichtig sie für Hegels Überlegungen in der Berner Zeit war, zeigt sich nicht nur bei diesem Fragment, wo sie in die Anspielung auf eine Beschreibung, der es um etwas ganz anderes geht, eingebracht wird, sondern auch an anderen Stellen, denen wir uns nun zuwenden wollen. Zunächst ist hier der in der Forschung heiß umstrittene französische Entwurf zu nennen, der gleichfalls Monarchie und Republik einander gegenüberstellt: „Dans la monarchie le peuple ne fut une puissance active, que pour le moment du combat ... Mais il y a bien de la différence entre la passivité de la subordination militaire et la fougue d'une insurrection; entre l'obéissance à l'ordre d'un général et la flamme de l'enthousiasme, que la liberté fond par toutes les veines d'un être vivant. C'est cette flamme sacrée, qui tendoit tous les nerfs, c'est pour elle, pour jouir d'elle, qu'ils s'étoient tendus. Ces efforts sont les jouissances de la liberté et vous voulez, qu'elle renonce à elles; ces occupations, cette activité pour la chose publique, cet intérêt est l'agent, et vous voulez, que le peuple s'élance encore à l'inaction, à l'ennui"[46]?

Wichtiger für uns sind die Ausführungen Hegels zur Positivität der christlichen Religion, besonders der Abschnitt, der sich mit dem Unterschied von griechischer Fantasie — und christlicher positiver Religion befaßt[47]. Die entscheidende Frage, die Hegel sich hier stellt, ist die, wie die griechische und die römische Religion vom Christentum verdrängt werden konnten, obwohl dieses doch, nach der damaligen Sicht Hegels, beiden weit unterlegen war[48]. Daß Hegel von dieser Fragestellung ausgeht, ist nicht zufällig, wenn wir uns klarmachen, daß zu den Werken, mit denen er sich in der Berner Zeit beschäftigte, auch E. Gibbons ,Geschichte des Verfalls und Unterganges des römischen Weltreiches' gehörte[49]. Gerade diese Frage wird bei Gibbon ausführlich erörtert:

„Our curiosity is naturally promted to inquire by what means the Christian faith obtained so remarkable a victory over the established religions of the earth. To this inquiry, an obvious but

---

[45] Ebd.
[46] Rosenkranz a.a.O. S. 532 und Dokumente a.a.O. S. 276. — Zur Kontroverse um die Echtheit dieses Stücks vgl. Schüler a.a.O. S. 158. Man nimmt heute an, „daß es sich in der Tat um einen Hegelschen Aufsatz handelt" (ebd. S. 158).
[47] HtJ S. 219—230.
[48] Vgl. besonders ebd. S. 220.
[49] Vgl. Rosenkranz a.a.O. S. 60.

satisfactory answer may be returned; that it was owing to the convincing evidence of the
doctrine itself, and to the ruling providence of its great Author. But as truth and reason
seldom find so favourable a reception in the world, and as the wisdom of Providence
frequently condescends to use the passions of the human heart, and the general circumstances
of mankind, as instruments to execute its purpose; we may still be permitted, though with
becoming submission, to ask, not indeed what were the first, but what were the secondary
causes of the rapid growth of the Christian church" [50].

Im folgenden zählt Gibbon dann fünf solcher sekundären Ursachen auf:

„I. The inflexible, and, if we may use the expression, the intolerant zeal of the Christians,
derived, it is true, from the Jewish religion, but purified from the narrow and unsocial spirit,
which, instead of inviting, had deterred the Gentiles from embracing the law of Moses.

II. The doctrine of a future life, improved by every additional circumstance which could give
weight and efficacy to that important truth.

III. The miraculous powers ascribed to the primitive church.

IV. The pure and austere morals of the Christians.

V. The union and discipline of the Christian republic, which gradually formed an independent
an increasing state in the heart of the Roman empire" [51].

Interessant ist nun, daß Hegel zwar die Fragestellung Gibbons übernimmt, nicht
aber dessen Antworten [52]. Die Erklärung, die er selbst für den Sieg des
Christentums findet, sieht so aus: „Die griechische und römische Religion war nur
eine Religion für freie Völker, und mit dem Verlust der Freiheit muß auch der
Sinn, die Kraft derselben, ihre Angemessenheit für die Menschen verloren
gehen" [53]. Die Weise, wie diese Behauptung näher entfaltet wird, zeigt, daß Hegel
in der Antwort auf die ihm durch Gibbon gestellte Frage stark von uns schon
bekannten Gedanken Montesquieus abhängig ist. Die der ‚Aristokratie des
Kriegsruhms und des Reichtums' frei eingeräumte Übermacht wurde bald „mit
Gewalt behauptet, und schon diese Möglichkeit setzt den Verlust desjenigen
Gefühls, desjenigen Bewußtseins voraus, das Montesquieu unter dem Namen der
Tugend zum Prinzip der Republiken macht, und die Fertigkeit ist, für eine Idee,
die für Republikaner in ihrem Vaterlande realisiert ist, das Individuum aufopfern
zu können" [54]. Der Staat, der so entstand, war nur noch als Monarchie, nicht mehr
als Republik lebensfähig. „Alle Tätigkeit, alle Zwecke bezogen sich jetzt aufs
Individuelle; keine Tätigkeit mehr für ein Ganzes, für eine Idee . . .". Für einen
solchen Staat war die griechische Religion nicht mehr angemessen. „Aber so,
indem alle seine Zwecke, alle Tätigkeit aufs einzelne gingen, indem der Mensch für
dieselben keine allgemeine Idee mehr fand, für die er leben und sterben mochte,
fand er auch keine Zuflucht bei seinen Göttern, denn auch sie waren einzelne,
unvollendete Wesen, die einer Idee nicht Genüge leisten konnten. Griechen und
Römer waren mit so dürftig ausgerüsteten, mit Schwachheiten der Menschen

---

[50] The History of the Decline and Fall of the Roman Empire II, Basil 1787, S. 220 f.
[51] Ebd. S. 221.
[52] Vgl. hierzu auch Rosenzweig a.a.O. 1, besonders S. 40.
[53] HtJ S. 221.
[54] Ebd. S. 223.

begabten Göttern zufrieden, denn das Ewige, das Selbständige hatten jene Menschen in ihrem eigenen Busen"[55].

Die Griechenverehrung Hegels fiel also, wie diese Äußerungen zeigen, in der Berner Zeit mit der Bewunderung der antiken Staatsform, der Republik, zusammen. Die griechische Religion als solche, d. h. die Götter der Griechen, betrachtete Hegel mit Distanz, insofern er ihnen nicht zutraute, die allgemeine Idee darstellen zu können, um die es ihm ging. Der Schmerz darüber, daß Griechenland dem Vergangenen angehörte, war nicht der Schmerz über den Tod der griechischen Götter, sondern der Schmerz über den Untergang der griechischen Republik. Ließen sich Hegels Äußerungen in den Tübinger Fragmenten und auch noch am Anfang der Berner Zeit[56] ohne weiteres mit dem zusammenordnen, was wir über die Griechensehnsucht des jungen Schiller, des jungen Hölderlin oder Forsters wissen, so läßt sich das von dem im weiteren Verlauf der Berner Zeit durch die Beschäftigung mit Gibbon und Montesquieu entstandenen politischen Griechenbild nicht mehr sagen. Wir wollen sehen, ob auch die weitere Auseinandersetzung Hegels mit dem griechischen Geist von dieser politischen Orientierung bestimmt ist.

B. Die Phänomenologie

Daß das Griechenbild der Phänomenologie nicht ohne politische Komponenten zu denken ist, zeigt schon die Einleitung des ‚Die Kunst-Religion‘[57] überschriebenen Abschnitts[58]. Der Geist, „der in der Kunstreligion das Bewußtsein seines absoluten Wesens hat"[59], kann als der sittliche Geist charakterisiert werden. Dieser sittliche Geist ist „das freie Volk, worin die Sitte die Substanz aller ausmacht, deren Wirklichkeit und Dasein alle und jeder einzelne als seinen Willen und Tat weiß"[60]. Es ist deutlich, wie hier — in veränderter Terminologie — die Anschauungen Montesquieus von der republikanischen Staatsform wieder aufgenommen werden. Der Sitte als Substanz aller entspricht die Tugend, die die Orientierung des einzelnen an der Allgemeinheit bewirkt. Doch geht es Hegel hier nicht nur um den politischen Aspekt; er will zeigen, wie sich das Griechentum als

---

[55] Ebd.
[56] Hegels Äußerungen über die griechische Einstellung zum Tod gehören schon in die Berner Zeit (vgl. Schüler a.a.O. S. 129).
[57] Die Vorstellungen von der griechischen Kunstreligion gehen auf Herder zurück (vgl. das Nachwort von W. Haupt zum Nachdruck der 1795 in Berlin erschienenen Ausgabe der ‚Götterlehre‘ von K. Ph. Moritz, Berlin, München, Wien 1967, S. 326 f.; vgl. auch die Ausführungen Herders in den ‚Ideen zur Philosophie der Geschichte der Menschheit‘ S. 338 ff., wo auf den engen Zusammenhang der griechischen Künste mit der griechischen Religion hingewiesen wird; hier findet sich auch der Ausdruck ‚Dichter-Religion‘ (ebd. S. 339).
[58] A.a.O. S. 490—520.
[59] Ebd. S. 490.
[60] Ebd.

ganzes im Zusichselbstkommen des Geistes darstellt. Die einfache Gewißheit des Geistes, daß die Sitte die Substanz aller ausmacht, ist als solche zweideutig; sie ist einerseits „ruhiges Bestehen und feste Wahrheit", andererseits „absolute Unruhe und das Vergehen der Sittlichkeit" [61], wenn das Selbst dazu gelangt, sich als freie Einzelheit zu wissen. Gerade mit dem zweiten Moment verbindet Hegel die Religion des sittlichen Geistes, indem er sie als „das Zurückgehen (des Geistes d. V.) aus seiner Wahrheit in das reine Wissen seiner selbst" [62] bestimmt. „Indem das sittliche Volk in der unmittelbaren Einheit mit seiner Substanz lebt und das Prinzip der einen Einzelheit des Selbstbewußtseins nicht an ihm hat, so tritt seine Religion in ihrer Vollendung erst im Scheiden von seinem Bestehen auf" [63].

Ein weiteres Kennzeichen dieser Stufe ist das Hervortreten der absoluten Kunst. Das reine Selbstbewußtsein, in das die sittliche Substanz aus ihrem Dasein sich zurückgenommen hat, ist die „Seite des Begriffs oder der Tätigkeit, mit welcher der Geist sich als Gegenstand" [64], als Kunstwerk, hervorbringt. Die „reine Tätigkeit, ihrer unverlierbaren Kraft bewußt, ringt mit dem ungestalteten Wesen; Meister darüber werdend hat sie das Pathos zu ihrem Stoffe gemacht und sich ihren Inhalt gegeben, und diese Einheit tritt als Werk heraus, der allgemeine Geist individualisiert und vorgestellt" [65].

1. Das abstrakte Kunstwerk

Zunächst stellt sich, wenn wir ins Detail gehen, das Kunstwerk als das „unmittelbare, das abstrakte und einzelne" [66] dar. Die Gestalt des künstlerischen Geistes ist hier „als Ding überhaupt da" [67], als Götterbild. Wenn man dieses mit entsprechenden Werken der ägyptischen Kunst vergleicht, zeigt sich ein großer Unterschied: „Die menschliche Gestalt streift die tierische, mit der sie vermischt war, ab; das Tier ist für den Gott nur eine zufällige Verkleidung; es tritt neben seine wahre Gestalt, und gilt für sich nichts mehr, sondern ist zur Bedeutung eines andern, zum bloßen Zeichen, herabgesunken" [68]. Hegel denkt dabei an die zahlreichen Götterdarstellungen, in denen einem bestimmten Gott ein bestimmtes Tier zugeordnet wird, etwa Zeus der Adler, Juno der Pfau, Bacchus der Panther, Venus die Taube, wie das z. B. dem für uns wichtigen Werk ‚Götterlehre oder mythologische Dichtungen der Alten' von K. Ph. Moritz zu entnehmen ist [69]. Darüber hinaus mag Hegel — wenn auch das sprachliche Kunstwerk hier noch nicht

[61] Ebd. S. 491.
[62] Ebd. S. 490.
[63] Ebd. S. 490 f.
[64] Ebd. S. 492.
[65] Ebd.
[66] Ebd. S. 493.
[67] Ebd.
[68] Ebd. S. 493 f.
[69] Vgl. a.a.O. — wir zitieren immer nach dem in Anm. 57 genannten Nachdruck — S. 74 f., 79, 144 f. und 108.

Gegenstand seiner Betrachtungen ist — die Stellen bei Homer im Auge gehabt haben, wo Athene in Gestalt eines Vogels erscheint [70], vielleicht auch schon die Metamorphosen Ovids, die ihm in der Ästhetik als Belege für die ‚Degradation des Tierischen' dienen [71]. Auch die neuere religionswissenschaftliche Forschung hat Hegels Aussagen als nicht unbegründet erwiesen, wie die Feststellung Nilssons, daß der Tierkult in Griechenland zurückgedrängt worden ist, zeigt [72]. Das ist für uns deshalb wesentlich, weil Hegel aus dieser Beobachtung eine Folgerung zieht, die für sein Griechenbild von grundlegender Bedeutung ist: „Die Gestalt des Gottes streift eben dadurch an ihr selbst auch die Bedürftigkeit der natürlichen Bedingungen des tierischen Daseins ab, und deutet die innerlichen Anstalten des organischen Lebens in ihre Oberfläche verschmolzen und nur dieser angehörig an ... Die Göttergestalt hat darum ihr Naturelement als ein aufgehobenes, als eine dunkle Erinnerung in ihr" [73].

Daß die griechischen Götter geistige Wesen sind, die das Natürliche überwunden haben, bringt Hegel im folgenden mit einer für ihn sehr bedeutsamen Stelle zusammen, dem Kampf der Götter mit den Titanen und dem Sieg jener über diese, wie er in Hesiods Theogonie berichtet wird. Die Anspielungen Hegels sind allerdings sehr frei gehalten. Von den ersten drei Potenzen Chaos, Gaia und Eros [74] erwähnt er nur die Erde, und auch diese nicht an erster Stelle. Vielmehr nennt er zuerst das „Lichtwesen", das, „mit der Finsternis zeugend", sich in die alten Götter ‚besondert' habe [75], eine Darstellung, die der von Hesiod gegebenen nur ungenau entspricht. Bei diesem entstehen nämlich aus dem Chaos zunächst Erebos (Finsternis) und Nyx (Nacht). Die Kinder dieser beiden sind dann die Himmelshelle und der Tag [76] — mit Recht ist dieser Umschlag als ein tiefsinniger Gedanke bezeichnet worden. Die „Helle des Tageshimmels ruht auf der Finsternis drunten auf, das heißt, sie ist Sohn des Erebos und der Tag folgt auf, entsteht aus der Nacht. Das Vollkommenere, Positive erhebt sich aus dem Unvollkommenen, Negativen, das aber fortbesteht und fortzeugt" [77]. Wenn man bedenkt, wie wichtig für Hegels Griechenbild der Gedanke ist, daß sich das Geistige aus dem Natürlichen emporarbeitet, dieses aber als ein Moment seiner selbst behält, ist man sich sicher, daß er eine genauere Analyse der Hesiodschen Theogonie in seine Bestimmung des Griechischen hätte integrieren können, wenn er auch gezwungen worden wäre, im Bereich des Natürlichen selbst eine Differenzierung vorzunehmen. Auch daß Hegel den Himmel vor der Erde nennt [78], entspricht nicht der Reihenfolge Hesiods; für

---

[70] Belege siehe bei M.P. Nilsson, Geschichte der griechischen Religion 1, München³ 1967, S. 349.
[71] A.a.O. 1, S. 432—436.
[72] A.a.O. S. 212.
[73] A.a.O. S. 494.
[74] V. 116—122.
[75] A.a.O. S. 494.
[76] V. 123—125.
[77] Ich zitiere aus dem Kommentar von W. Marg, dessen Ausgabe der Werke Hesiods ich benutze: Hesiod, Sämtliche Gedichte, Zürich und Stuttgart, 1970, S. 109 f.
[78] A.a.O. S. 494.

diesen ist charakteristisch, daß der Himmel von der Erde abstammt und dieser an Rang nicht gleichkommt, wie ja überhaupt die „religiös-kultische Bedeutung des Himmels ... im griechischen Glauben und Mythos weit geringer" ist als bei anderen Völkern, „und weit geringer als die der Erde, der Stätte alles Lebendigen"[79]. Von den Söhnen der Gaia und des Uranos nennt Hegel den ersten, den Oceanos und den vierten, Hyperion; denn dieser ist „Vater oder Eponym der Sonne"[80]. Von dem ‚blinden typhonischen Feuer der Erde‘, mit dem Hegel seine Aufzählung beschließt[81], ist bei Hesiod sehr viel später die Rede. Die Erde gebar den Typhoeus als jüngstes Kind, nachdem Zeus die Titanen schon vom Himmel vertrieben hatte[82]. Zu den furchterregenden Merkmalen dieses Höllentiers gehört es, daß aus seinen Augen Flammen hervorschießen und von allen seinen Köpfen Feuer lodert[83]. Erst nach der Besiegung des Thyhoeus durch Zeus können die Olympier ihre Herrschaft über die Welt antreten.

Wir müssen uns daran erinnern, daß wir im Werden des griechischen Geistes immer noch bei der Analyse der bildenden Kunst sind, daß also die von uns besprochenen literarischen Anspielungen nur dazu gedient haben, diese Analyse zu unterstützen. Wie Hegel diese Analyse entfaltet, bis sich von selbst der Übergang zum Medium der Sprache ergibt, wird im folgenden zu zeigen sein. Das Fortschreiten im Zusichselbstkommen des Geistes ergibt sich aus der Reflexion auf das Selbstbewußtsein des Künstlers, der vor dem Kunstwerk, das er selbst erschaffen hat, steht. Alles, was der Substanz angehört, gab der Künstler seinem Werke mit; für sich behielt er nichts übrig, „als die reine Tätigkeit zu sein"[84]. Wenn man das Kunstwerk als „an ihm selbst absolut beseelt"[85] ausspricht und sich, den Tuenden oder Schauenden, vergißt, so muß dagegen der Begriff des Geistes festgehalten werden, „der des Moments nicht entbehren kann, seiner selbst bewußt zu sein"[86]. Dieses Moment steht aber dem Werke gegenüber; die Einheit des Tuns und Dingseins ist noch nicht zustandegekommen. „Das Kunstwerk erfordert daher ein anderes Element seines Daseins, der Gott einen andern Hervorgang als diesen, worin er aus der Tiefe seiner schöpferischen Nacht in das Gegenteil, in die Äußerlichkeit, die Bestimmung des selbstbewußtlosen Dinges herabfällt. Dieses höhere Element ist die Sprache ..."[87] In dieser ist einerseits das einzelne Selbstbewußtsein, andererseits die „allgemein mitgeteilte Einheit der vielen Selbst"[88]. Der Gott, „der die Sprache zum Elemente seiner Gestalt hat, ist das an ihm selbst beseelte Kunstwerk, das die reine Tätigkeit, die ihm, der als Ding existierte, gegenüber war, unmittelbar in seinem Dasein hat"[89].

---

[79] Hesiod a.a.O. S. 110.
[80] Ebd. S. 113.
[81] A.a.O. S. 494.
[82] V. 820—822.
[83] Vgl. besonders V. 826. — Es ist sicher, daß der Typhaonmythos vom „ungriechischen Osten übernommen" worden ist (Hesiod a.a.O. S. 275).
[84] A.a.O. S. 494.
[85] Ebd. S. 495.
[86] Ebd.
[87] Ebd. S. 496.
[88] Ebd.
[89] Ebd.

Fragen wir nach, was wir konkret unter der hier eingeführten Sprache zu verstehen haben, so ist es zweierlei: der Hymnus und das Orakel. Dieses freilich ist im Gegensatz zu jenem nicht die Sprache des allgemeinen, sondern eines fremden Selbstbewußtseins. Das weiter gebildete Selbst weiß aber, daß die allgemeinen Wahrheiten nicht „die Form des zufälligen Daseins durch eine fremde Sprache" [90] haben, sondern das ungeschriebene Gesetz der Götter sind. Während also diese Wahrheiten vom sich wissenden Denken vereinnahmt wurden, kümmert sich das Orakel um die besonderen, zufälligen Angelegenheiten und tut das Nützliche darüber kund. So kommt es zu dem Widerspruch, daß der, der das Orakel befragt, „die sittliche Gesinnung der Gleichgültigkeit gegen das Zufällige ausdrückt" [91], das Orakel aber „das an sich Zufällige als wesentliches Interesse seines (d. h. des Fragenden d. V.) Denkens und Wissens behandelt" [92]. Das Höhere, „zwar die Überlegung zum Orakel des zufälligen Tuns zu machen, aber diese überlegte Handlung selbst wegen ihrer Seite der Beziehung auf das Besondere und ihrer Nützlichkeit als etwas Zufälliges zu wissen" [93], ist auf dieser Stufe noch nicht erreicht.

Überblicken wir das bisher Gesagte, so haben sich zwei Formen der göttlichen Gestalt ergeben, wenn wir von der Sprache des fremden Selbstbewußtseins, dem Orakel, absehen, das dingliche Kunstwerk der Bildsäule und das sprachliche des Hymnus. Die Leistung des Kultes besteht nach Hegel nun darin, die Einheit beider Formen herzustellen. Allerdings ist bei diesem Kultus die Seele noch nicht das Selbst, „das in seine Tiefen hinabgestiegen, sich als das Böse weiß" [94]; es ist eine Seele, die „ihre Äußerlichkeit mit Waschen reinigt, sie mit weißen Kleidern antut, und ihre Innerlichkeit den vorgestellten Weg der Arbeiten, Strafen und Belohnungen" [95] gehen läßt. Daß Hegel hierbei an die Mysterien denkt, ergibt sich aus folgender Charakterisierung des Kultus: „Dieser Kultus ist nur erst ein geheimes, d. h. ein nur vorgestelltes, unwirkliches Vollbringen; er muß wirkliche Handlung sein, eine unwirkliche Handlung widerspricht sich selbst" [96].

Neben den Mysterien hat Hegel aber noch ein anderes Moment des Kultus im Auge: das Opfer. Hier unterscheidet er die Opfer an die fruchtbarkeitsspendenden Erdgottheiten — er nennt ausdrücklich Dionysos (=Bacchus) und Demeter (=Ceres) [97] — von dem bei den Griechen üblichen Speiseopfer, dessen Charakteristikum es ja ist, daß für die Götter „nur Abfall, Knochen u. a. sowie einige karg bemessene Fleischstücke verbrannt" werden, „während die Menschen sich an dem größten und besten Teil gütlich tun" [98]. Waren für jene seine wichtigste Quelle wohl die Thesmophoriazusen des Aristophanes — die im Monat der Aussaat gefeierten Thesmophorien galten der Demeter und ihrer Tochter Persephone [99] — so konnte er sich bei diesem an die Beschreibungen Homers [100] und die in Hesiods

---

[90] Ebd. S. 497.
[91] Ebd. S. 498.
[92] Ebd.
[93] Ebd.
[94] Ebd. S. 499.
[95] Ebd.

[96] Ebd.
[97] Ebd. S. 500.
[98] Nilsson a.a.O. S. 143.
[99] Vgl. ebd. S. 461 ff.
[100] Vgl. ebd. S. 142 ff.

Theogonie gegebene Ätiologie [101] halten. „Nur dem abstrakten unterirdischen
Wesen wird das ihm Aufgeopferte ganz hingegeben, und damit die Reflexion des
Besitzers und des Fürsichseins in das Allgemeine, von dem Selbst als solchem
unterschieden bezeichnet. Zugleich aber ist dies nur ein geringer Teil, und das
andre Opfern ist nur die Zerstörung des Unbrauchbaren und vielmehr die
Zubereitung des Geopferten zum Mahle, dessen Schmaus die Handlung um ihre
negative Bedeutung betrügt" [102]. Das Nutzbare wird für den Genuß aufbewahrt
der die „negative Macht" ist, „welche das Wesen sowie die Einzelheit aufhebt" —
zugleich aber ist er „die positive Wirklichkeit, worin das gegenständliche Dasein
des Wesens in selbstbewußtes verwandelt, und das Selbst das Bewußtsein seiner
Einheit mit dem Wesen hat" [103].

Man muß fragen, wie sich diese Deutung Hegels zu neueren religionswissenschaftlichen Bemühungen um eine Erklärung des griechischen Speiseopfers verhält — um
mehr handelt es sich nicht; es gibt bis heute keine unumstrittene Interpretation.
Die totemistische Deutung Robertson Smiths [104] ließe sich gut mit dem
Verständnis Hegels in Übereinstimmung bringen, wenn man von dem für sie
spezifischen Moment absähe, daß es sich um die Vereinigung mit dem Fleisch eines
Tieres handelt, und von der höheren religiösen Stufe des sakramentalen Opfers
ausginge, die besagt, „daß der Mensch sich den Gott einverleibt, um mit ihm eins
zu werden" [105]. Größere Schwierigkeiten ergeben sich bei der Deutung Nilssons,
da diese auf dem auch bei den Griechen lebendigen „Gefühl für das Band, das die
Teilnehmer an einem gemeinschaftlichen Mahl umschlang" [106], beruht und somit
die Relation der einzelnen untereinander einbezieht, die in Hegels Interpretation
kein Gewicht hat. Da der Mangel des Genusses darin besteht, daß er im Vollzuge
sich seiner selbst beraubt, geht der Kultus darüber hinaus, dadurch, daß er „seiner
Andacht ein gegenständliches Bestehen gibt, indem er die gemeinsame oder
einzelne, jedem tunliche Arbeit ist, welche die Wohnung und den Putz des Gottes
ihm zu Ehren hervorbringt" [107]. So wird die „Gegenständlichkeit der Bildsäule"
aufgehoben und das Tun ist nicht mehr „das einzelne Arbeiten des Künstlers,
sondern diese Besonderheit ist in die Allgemeinheit aufgelöst" [108] — wir haben die
Stufe erreicht, von der aus der Übergang vom abstrakten zum lebendigen
Kunstwerk sich vollzieht.

2. Das lebendige Kunstwerk

Hegel nimmt am Anfang dieses Abschnittes die für ihn grundlegende Bestimmung
wieder auf, daß das griechische Volk das „sittliche Volk" ist, „das seinen Staat

---

[101] V. 535—561, besonders V. 556 f. (ich zitiere nach der Übersetzung von W. Marg a.a.O. S.
57: „Seit jenem Tag verbrennen /Die Völker der Menschen auf der Erde/ Den Unsterblichen
die weißen Knochen' Auf duftenden Altären").
[102] A.a.O. S. 500 f.
[103] Ebd. S. 501.   [105] Ebd. S. 143.   [107] A.a.O. S. 501.
[104] Hierzu vgl. Nilsson a.a.O. S. 143 f. [106] Ebd. S. 144.   [108] Ebd.

und die Handlungen desselben als den Willen und das Vollbringen seiner selbst
weiß"[109]. Der Geist des griechischen Volkes steht im Gegensatz zu dem
„Lichtwesen, das selbstlos nicht die Gewißheit der Einzelnen in sich enthält,
sondern vielmehr nur ihr allgemeines Wesen und die herrische Macht ist, worin sie
verschwinden"[110]. Bezieht sich dieser Ausdruck ‚das Lichtwesen‘ im engeren Sinn
auf die persische Religion, deren knapper Behandlung in der Phänomenologie
Hegel diese Überschrift gegeben hat[111], so wird sie in diesen gedanklichen
Zusammenhang deshalb einbezogen, weil sich an ihr das für alle orientalischen
Religionen Typische darstellen läßt — später wird Hegel den Gegensatz zur
griechischen Religion mit denselben Gedanken am Beispiel der jüdischen Religion
veranschaulichen[112]. Mit der auf Montesquieu zurückgehenden Vorstellung des
sittlichen Volkes verbindet Hegel ein anderes, für die Griechenverehrung der
deutschen Klassik wesentliches Moment: die Heiterkeit des Griechischen. „Weil
das Wesen also hier das Selbst an ihm hat, so ist seine Erscheinung dem
Bewußtsein freundlich . . ."[113]. Nun ist die gespannte Individualität des Künstlers,
die sich „noch nicht mit ihrem gegenständlich werdenden Wesen . . . ausgesöhnt
hat", überwunden; die ‚befriedigte Nacht‘ kehrt „aus der Anschauung, der
aufgehobenen Gegenständlichkeit"[114] zurück. Um die Weise, wie sich diese
Überwindung, diese Befriedigung veranschaulicht, zu zeigen, kommt Hegel wieder
auf den Kult der Demeter und des Dionysos zu sprechen, wobei es ihm dieses Mal
auf den Kult als solchen, nicht auf den Opfergedanken ankommt. Wichtig ist, daß
die Gaben der Demeter und des Dionysos, Brot und Wein, Gaben der Natur sind,
und auch die Raserei der Mänaden, die Hegel an anderer Stelle den Hexen des
Mittelalters gegenübergestellt hat[115], wird als „der ungebändigte Taumel der
Natur in selbstbewußter Gestalt"[116] verstanden. Weil es sich hier um den Geist
der Natur handelt, haben wir es mit dem Mysterium der Ceres und des Bacchus,
„nicht der andern, der eigentlich obern Götter" zu tun, „deren Individualität als
wesentliches Moment das Selbstbewußtsein als solches in sich schließt"[117].

Hegel nimmt aber in diesem Zusammenhang noch eine andere Abgrenzung vor:
„Noch hat sich ihm also der Geist als selbstbewußter Geist nicht geopfert, und das
Mysterium des Brots und Weins ist noch nicht Mysterium des Fleiches und
Blutes"[118]. Man muß diese Aussagen mit Gedichten Hölderlins vergleichen, die
Demeter und Dionysus sowie den in den Kreis der antiken Götter einbezogenen

---

[109] Ebd. S. 502.
[110] Ebd.
[111] Vgl. ebd. S. 483.
[112] Vgl. PhdR III S. 3 ff., besonders S. 8.
[113] A.a.O. S. 502.
[114] Ebd. S. 503.
[115] Und zwar in den ‚Fragmenten historischer Studien‘: vgl. Rosenkranz a.a.O. S. 524 und
Dokumente a.a.O. S. 267. — Als Quelle für Hegel kommen hier vor allem die ‚Bakchen‘ des
Euripides in Betracht.
[116] A.a.O. S. 504.
[117] Ebd.
[118] Ebd.

Christus als Spender von Brot und Wein parallelisieren [119], um zu ermessen, wie sehr Hegels Griechenbild in der Phänomenologie schon von der ‚interpretatio christiana‘ bestimmt ist — ein Tatbestand, den wir im weiteren Verlauf unserer Besprechung noch mehrmals aufzeigen können.

Der „unbefestigte Taumel des Gottes", wie er in der Raserei der Mänaden anschaulich wird, „muß sich zum Gegenstande" [120], zur körperlichen Darstellung des Menschen beruhigen. An die Stelle der Bildsäule stellt nun der Mensch sich selbst „als zur vollkommen freien Bewegung erzogene und ausgearbeitete Gestalt" [121]. Allerdings fehlt der so entstehenden „schönen Körperlichkeit" [122] — Hegel denkt an Darstellungen von Fackelträgern, wie sie ihm wohl aus der Schrift Lessings ‚Wie die Alten den Tod gebildet‘ [123] bekannt waren, sowie an den Borghesischen Fechter — das „geistige Wesen" [124]. Was für Winckelmann ein den Borghesischen Fechter auszeichnendes Moment war, daß seine „Bildung nach der Wahrheit der Natur genommen ist" [125], stellt für Hegel einen Grund zur Kritik dar: „Der schöne Fechter ist zwar die Ehre seines besondern Volkes, aber er ist eine körperliche Einzelheit, worin die Ausführlichkeit und Ernst der Bedeutung, und der innere Charakter des Geistes, der das besondere Leben, Anliegen, Bedürfnisse und Sitten seines Volkes trägt, untergegangen ist" [126]. Wir sehen:„In der bacchischen Begeisterung ist das Selbst außer sich, in der schönen Körperlichkeit aber das geistige Wesen" [127]. Die Aufgabe, die sich im Werden des Geistes stellt, ist also folgende: „Jene Dumpfheit des Bewußtseins und ihr wildes Stammeln muß in das klare Dasein der letztern, und die geistlose Klarheit der letztern in die Innerlichkeit der ersten aufgenommen werden" [128]. Wiederum ist es die Sprache, die das leistet — doch damit gehen wir vom lebendigen zum geistigen Kunstwerk über.

3. Das geistige Kunstwerk

Um welche Sprache es sich dabei handelt, machen die zunächst folgenden Ausführungen des neuen Abschnitts klar: um das Homerische Epos. Der Sänger ist hier „der Einzelne und Wirkliche, aus dem als Subjekt dieser Welt sie erzeugt und getragen wird" [129]; aber nicht sein „eignes Selbst gilt" [130], sondern, wie Hegel unter Anspielung auf die Einleitung der Odyssee sagt [131], „seine Muse, sein allgemeiner Gesang" [132]. Die Behandlung des Homerischen Epos bedeutet auch

---

[119] Vgl. vor allem das Gedicht ‚Brot und Wein‘ (a.a.O. 1, S. 309—314) und ebd. S. 1034.
[120] A.a.O. S. 504.
[121] Ebd. S. 505.
[122] Ebd.
[123] S. o. Anm. 23.
[124] A.a.O. S. 505.
[125] Geschichte der Kunst des Altertums S. 394.
[126] A.a.O. S. 506.
[127] Ebd. S. 505.
[128] Ebd.
[129] Ebd. S. 507.
[130] Ebd.
[131] Vgl. Odyssee I, V. 1.
[132] A.a.O. S. 507.

eine Kritik der Götterwelt dieses Epos, eine Kritik, die verständlich macht, wieso die Entwicklung über diese Stufe hinausgehen mußte.

Wir wollen zusehen, wie sich diese Kritik im einzelnen gestaltet. „Die allgemeinen Mächte", d. h. die Götter, „haben die Gestalt der Individualität und damit das Prinzip des Handelns an ihnen; ihr Wirken erscheint daher als ein ebenso freies, von ihnen ganz ausgehendes Tun, als das der Menschen" [133]. Daraus folgt: „Ein und dasselbe haben . . . ebenso wohl die Götter als die Menschen getan" [134]. Genau hier setzt Hegel mit seiner Kritik ein: „Der Ernst jener Mächte", der Götter, „ist ein lächerlicher Überfluß, da diese", die Menschen, „in der Tat die Kraft der handelnden Individualität sind: — und die Anstrengung und Arbeit dieser ist eine ebenso unnütze Bemühung, da jene vielmehr alles lenken" [135]. Man kann bezweifeln, ob diese Kritik so recht überzeugt. Gewiß liegt ihr eine richtige Beobachtung zugrunde, die auch W. F. Otto im Blick hat, wenn er meint, daß sich „bei Homer kein Vorgang vollzieht, ohne daß das Bild der Gottheit, die dahintersteht, sichtbar würde", daß aber „in dieser unerhörten Nähe des Göttlichen . . . alles auf natürliche Weise" [136] geschehe. Wenn es aber so ist, daß die Götter Wirklichkeiten, Daseinsformen der Welt, als Gestalten anschaulich werden lassen, muß man sich fragen, ob nicht dem, der Götter und Menschen in dieser Weise gegeneinander ausspielt, von vornherein der Zugang zur griechischen Götterwelt verbaut ist.

Auch an einer anderen Stelle seiner Kritik scheint mir Hegel sich damit zu begnügen, Widersprüche herauszuarbeiten, wo es darum ginge, die Einheit des Gegensätzlichen zu begreifen. Mit Recht weist er darauf hin, daß die Götter „die ewigen schönen Individuen" seien, „die in ihrem eignen Dasein ruhend, der Vergänglichkeit und fremder Gewalt enthoben sind", daß sie aber zugleich „bestimmte Elemente" seien, „besondre Götter, die sich also zu andern verhalten" [137]. Die Aussage, die er davon ableitet, ist wiederum fragwürdig: „Aber das Verhältnis zu andern, das nach seiner Entgegensetzung ein Streit mit ihnen ist, ist eine komische Selbstvergessenheit ihrer ewigen Natur" [138].

Demgegenüber kommt einem weiteren Moment der Hegelschen Kritik ein entschieden größeres Gewicht zu. Den Göttern tritt die „reine Kraft des Negativen gegenüber, und zwar als ihre letzte Macht, über welche sie nichts vermögen. Sie sind das Allgemeine und Positive gegen das einzelne Selbst der Sterblichen, das nicht gegen ihre Macht aushält; aber das allgemeine Selbst schwebt darum über ihnen und über dieser ganzen Welt der Vorstellung, welcher der ganze Inhalt angehört, als die begrifflose Leere der Notwendigkeit . . ." [139]. Es ist dieser für

---

[133] Ebd. S. 508.
[134] Ebd.
[135] Ebd.
[136] Die Götter Griechenlands, Frankfurt[6] 1970, S. 12.
[137] A.a.O. S. 509.
[138] Ebd.
[139] Ebd. S. 510.

Hegel sehr wichtige Gedanke, daß das Schicksal über den Göttern steht, daß diese
ihre Grenze an jenem finden, der uns hier zum ersten Mal begegnet, später aber
sowohl in der Religions- und Geschichtsphilosophie wie in der Ästhetik [140]
ausgeführt werden wird. Fragen wir nach, wie dieser Gedanke geistesgeschichtlich
einzuordnen ist, so stoßen wir auf die christliche Kritik an der Griechenverehrung
der deutschen Klassik, wie sie besonders von den Romantikern geübt wurde.
Natürlich wußte man auch in der Klassik, daß das Schicksal nach griechischer
Anschauung über den Göttern steht. So finden wir etwa in der ‚Götterlehre‘ von
K. Ph. Moritz einen Abschnitt mit der Überschrift: ‚Die Nacht und das Fatum, das
über Götter und Menschen herrscht‘ [141]. Nie jedoch ließ hier das Schicksal die
Nichtigkeit der Götter offenbar werden. Demgegenüber lesen wir in der ganz
ablehnend gehaltenen Besprechung, die Leopold Graf zu Stolberg dem Gedicht
Schillers ‚Die Götter Griechenlands‘ zuteil werden ließ, die Sätze:

„Götter, welche nicht Urheber der Dinge, nicht ewig, Götter, welche Sklaven des blinden
Schicksals waren und niedriger Leidenschaften, hießen nur durch einen Mißbrauch des Namens
Götter“ [142].

und:

„Jenes Unding, was die Alten Schicksal nannten, trat an die Stelle des Gottes, den wir Vater
nennen“ [143].

Ebenso bezeichnend ist, wie Novalis die für sein Griechenbild wichtige fünfte
Hymne an die Nacht einleitet:

„Über der Menschen weitverbreitete Stämme herrschte vor Zeiten ein eisernes Schicksal mit
stummer Gewalt“ [144].

Hegel stellt nun das im Sinn der Romantik und damit wiederum im Sinn einer
interpretatio christiana verstandene Schicksal dem Sänger des Epos als dem
anderen Extrem gegenüber und bereitet so den Übergang vom Epos zur Tragödie
vor. „Das eine Einzelne, das abstrakte Unwirkliche, ist die Notwendigkeit, die an
dem Leben der Mitte nicht Anteil hat, so wenig als das andre, das wirkliche
Einzelne, der Sänger, der sich außer ihm hält, und in seiner Vorstellung untergeht.
Beide Extreme müssen sich dem Inhalte nähern, das eine, die Notwendigkeit, hat
sich mit dem Inhalte zu erfüllen, das andre, die Sprache des Sängers, muß Anteil
an ihm haben, und der sich selbst vorher überlassene Inhalt die Gewißheit und
feste Bestimmung des Negativen an ihm erhalten“ [145].

---

[140] Vgl. PhdR III S. 134 ff.; PhdWG S. 595 ff. und Ästhetik 1 S. 468 und 483 f.
[141] A.a.O. S. 35–42.
[142] Gesammelte Werke der Brüder Christian und Friedrich Leopold Grafen zu Stolberg, X,
Hamburg 1822, S. 434. – Diese Besprechung erschien zuerst im August 1788 im Deutschen
Museum (vgl. dazu Forster a.a.O. 3 S. 782).
[143] A.a.O. S. 434.
[144] F. Novalis, Schriften I, Stuttgart 1960, S. 141. – Die ‚Hymnen an die Nacht‘ stammen aus
dem Jahr 1800.
[145] A.a.O. S. 510.

In der Tragödie tritt der Geist nicht mehr „in seiner zerstreuten Mannigfaltigkeit, sondern in der einfachen Entzweiung des Begriffs auf. Seine Substanz zeigt sich daher nur in ihre zwei extremen Mächte auseinandergerissen. Diese elementarischen allgemeinen Wesen sind zugleich selbstbewußte Individualitäten, — Helden, welche in eine dieser Mächte ihr Bewußtsein setzen, an ihr die Bestimmtheit des Charakters und ihre Bestätigung und Wirklichkeit ausmachen" [146]. Bestimmen wir diese Mächte näher, so stellen sie sich als „göttliches und menschliches, oder unterirdisches und oberes Recht" dar, „jenes die Familie, dies die Staatsmacht ... das erstere der weibliche, das andere der männliche Charakter" [147]. Aber der handelnde Geist weiß nur „eine Macht der Substanz ... die andre ist für ihn verborgen. Die gegenwärtige Wirklichkeit ist daher ein anderes an sich, und ein anderes für das Bewußtsein; das obere und das untere Recht erhalten in dieser Beziehung die Bedeutung der wissenden und dem Bewußtsein sich offenbarenden, und der sich verbergenden und im Hinterhalte lauernden Macht" [148]. Hier liegt für Hegel ein wesentliches Moment des Tragischen überhaupt, wie die folgende Parallelisierung von Ödipus und Macbeth sowie die Einbeziehung der Gestalt Hamlets zeigt. Der Verlauf der Tragödie besteht darin, daß die andere Seite der Substanz, die der Handelnde nicht erfaßt hat, sich gegen diesen geltend macht und ihn zu vernichten sucht. Mag Orest im guten Bewußtsein, die Mörderin seines Vaters zu töten, den Befehl Apollos vollzogen und Klytämnestra getötet haben, so kommen doch die Erinyen und lassen nicht mehr von ihm ab, weil er seine eigene Mutter umgebracht hat — das zeigen die Eumeniden des Äschylos. „Dies untre Recht sitzt mit Zeus auf dem Throne und genießt mit dem offenbaren und dem wissenden Gotte gleiches Ansehen" [149]. Gehört der Substanz als solcher der Unterschied an, d. h. unterscheiden wir wie bei der Antigone die Macht des Herdes und den Geist der Familienpietät von der allgemeinen Macht des Staats und der Regierung, so „individualisiert er sich der Vorstellung nicht zu zwei unterschiednen Gestalten, sondern hat in der Wirklichkeit die zwei Personen seiner Charaktere" [150], z. B. Kreon und Antigone. Der Unterschied des Wissens und Nichtwissens aber „fällt in ein jedes der wirklichen Selbstbewußtsein(e) — und nur in der Abstraktion, im Element der Allgemeinheit verteilt er sich an zwei individuelle Gestalten" [151], etwa, wie in den Eumeniden, die des offenbarenden Gottes, also Apollos, und die der sich verborgen haltenden Erinyen. Beide haben „gleiches Recht und darum in ihrem Gegensatz, den das Handeln hervorbringt, gleiches Unrecht" [152]. Keines von beiden ist „für sich ... das Wesen, sondern dieses ist die Ruhe des Ganzen in sich selbst, die unbewegte Einheit des Schicksals" [153].

---

[146] Ebd. S. 512.
[147] Ebd. S. 512 f.
[148] Ebd. S. 513.
[149] Ebd. S. 514.
[150] Ebd.
[151] Ebd. S. 514 f.
[152] Ebd. S. 516.
[153] Ebd.

Bevor wir die Tragödie verlassen, wollen wir uns etwas ausführlicher dem in der Sicht Hegels vortrefflichsten und befriedigendsten Kunstwerk [154], der Antigone, zuwenden, das an einer anderen Stelle der Phänomenologie eingehend behandelt wird [155]. Wir wissen, daß sich das „sittliche Wesen" in zwei Gesetze gespalten hat, das Gesetz des Staates und das Gesetz der Familie, und daß das Bewußtsein, „als unentzweites Verhalten zum Gesetze . . . nur Einem zugeteilt" [156] ist. Deshalb erblickt dasjenige Bewußtsein, „welches dem göttlichen Gesetze angehört, auf der andern Seite menschliche zufällige Gewalttätigkeit", Kreon in der Sicht Antigones, „das aber dem menschlichen Gesetze zugeteilt ist, auf der andern den Eigensinn und den Ungehorsam des innerlichen Fürsichseins" [157], Antigone in der Sicht Kreons. Der Umschlag erfolgt aber, wenn beide in ihrem einseitigen Bewußtsein gehandelt haben; nun wird offenbar, daß sie die andere, ihnen nicht bewußte Seite des sittlichen Wesens verletzt haben, sie erfahren ihre Tat als Schuld, ja die Schuld „erhält auch die Bedeutung des Verbrechens: denn als einfaches sittliches Bewußtsein hat es sich dem einen Gesetze zugewandt, dem andern aber abgesagt, und verletzt dieses durch seine Tat" [158]. Insofern ist es ganz konsequent, daß Kreon gegen Ende des Dramas seinen Beschluß rückgängig machen will [159], er sieht, daß er mit der Verurteilung Antigones das Gesetz der Götter, den Geist der Familienpietät, verletzt hat. Der Einwand, den K. Hamburger in ihrer Schrift ‚Von Sophokles zu Sartre' gemacht hat, schon vom Handlungsgefüge her sei „die Deutung Hegels nicht stimmig" [160], geht also nicht tief genug, als daß er Hegel wirklich treffen könnte. Schwieriger wird es schon, wenn wir fragen, wie Antigone ihrer Schuld, gegen das Gesetz des Staates verstoßen zu haben, bewußt wird. Hegel bezieht sich, um das zu zeigen, auf die große Klage der Antigone vor ihrem letzten Gang [161]: „Das sittliche Bewußtsein muß sein Entgegengesetztes um dieser Wirklichkeit willen, und um seines Tuns willen, als die seinige, es muß seine Schuld anerkennen; weil wir leiden, anerkennen wir, daß wir gefehlt. — " [162] Schaut man sich den griechischen Text an, so wird diese Deutung recht fragwürdig:

---

[154] Vgl. Ästhetik 2 S. 568.
[155] In dem Abschnitt: ‚Die sittliche Handlung, das menschliche und göttliche Wesen, die Schuld und das Schicksal', a.a.O. S. 330—342.
[156] Ebd. S. 334.
[157] Ebd. S. 332.
[158] Ebd. S. 334.
[159] Vgl. V. 1095 ff.
[160] Von Sophokles zu Sartre, Griechische Dramenfiguren antik und modern, Stuttgart 1962, S. 191. — Hamburger argumentiert folgendermaßen: „... wenn dies zuträfe und eine so komplizierte Philosophie des Rechts in der Sophokleischen Tragödie enthalten wäre, Kreon auch nicht dann hätte umfallen, das Staatsrecht hintan hätte setzen dürfen, als ihm Teiresias mit eigenem Unglück droht. Denn wenn ihm der Staat höher steht als Familienliebe und persönliches Schicksal, so hätte auch er die von Teiresias angedrohten Folgen für sich nehmen müssen, die aus seinem Handeln gegen Polyneikes und Antigone erwachsen. Doch sucht er sie abzuwehren, Antigone in letzter Stunde zu retten und also dem von ihm vertretenen Staatsrecht zu entziehen . . .".
[161] V. 891—928.
[162] A.a.O. S. 336.

„ἀλλ' εἰ μὲν οὖν τά δ' εστὶν ἐν θεοῖς καλά, παθόντες ἂν ξυγγνοῖμεν ἡμαρτηκότες" [163].

Sowohl die Übersetzung K. Reinhardts: ‚So nun dies gut heißt in der Götter Geltung, Bring' mich mein Leid zur Einsicht meiner Schuld' [164] wie die ganz andersartige von R. Woerner: ‚Nun denn — wenn das vor Göttern wohlgefällig ist, Erfahr ich mein Verschulden wohl erst nach dem Tod' [165] zeigen keine Antigone, die ihre Schuld bereits eingesehen hat [166]. Es ist nicht so, wie Hegel meint, daß „das Handelnde seinen Charakter und die Wirklichkeit seines Selbst" [167] aufgebe und zu Grunde gegangen sei. Das „Anerkennen des Entgegengesetzten" [168] wird von Antigone allenfalls als Möglichkeit hingestellt, nicht aber in Wirklichkeit vollzogen.

Damit haben wir aber den grundsätzlichen Einwand gegen Hegels Antigone-Deutung noch nicht zu Gesicht bekommen. Wir müssen damit einsetzen, daß Hegel die beiden wichtigsten Figuren des Dramas, Antigone und Kreon, als Vertreter von Prinzipien erscheinen läßt, nicht als Individuen. Wichtig ist für ihn, „daß es nicht dieser Einzelne ist, der handelt und schuldig ist; denn er als dieses Selbst ist nur der unwirkliche Schatten, oder ist nur als allgemeines Selbst, und die Individualität rein das formale Moment des Tuns überhaupt, und der Inhalt die Gesetze und Sitten und, bestimmt für den Einzelnen, die seines Standes; er ist die Substanz der Gattung, die durch ihre Bestimmtheit zwar Art wird, aber die Art bleibt zugleich das Allgemeine der Gattung" [169]. So ist es konsequent, wenn er, auf die Person Kreons angewandt, in der Religionsphilosophie folgendes sagen kann: „Kreon ist nicht ein Tyrann, sondern vertritt etwas, das ebenso eine sittliche Macht ist. Kreon hat nicht unrecht; er behauptet, daß das Gesetz des Staates, die Autorität der Regierung gewahrt werden muß und Strafe aus der Verletzung folgt" [170]. Schaut man sich die Gestalt Kreons aber näher an, so wird man diese Deutung mindestens als einseitig bezeichnen müssen. K. Reinhardt hat in seinem Buch über Sophokles eindringlich darauf hingewiesen, daß die Antigone „der Idee nach kein Konflikt der Normen, sondern die Tragödie zweier, im Wesen getrennter, dämonisch verbundener, im Sinne des Gegenbilds einander folgender menschlicher Untergänge" [171] sei. Kreon vermag sich zwar auf die Nomoi und auf die Stimme der Stadt zu

---

[163] V. 925 f..
[164] Sophokles, Antigone, übersetzt und eingeleitet von K. Reinhardt, Göttingen⁵ 1971, S. 87.
[165] Sophokles, Tragödien, Darmstadt 1960, S. 144 f..
[166] Es handelt sich hier um die Mischung verschiedenartiger Bedingungsperioden, bei der im bedingten Satz der Potentialis, im bedingenden der Indefinitus steht (vgl. A. Kaegi, Kurzgefaßte Griechische Schulgrammatik, Berlin⁶² 1961, S. 153). D.h.: Im bedingenden Satz läßt Antigone ganz offen, ob sie ihr Geschick verdient hat; im bedingten Satz stellt sie es als möglich hin, durch Leid zur Einsicht ihrer Schuld zu kommen.
[167] A.a.O. S. 336.
[168] Ebd. S. 337.
[169] Ebd. S. 335.
[170] PhdR III S. 156.
[171] K. Reinhardt, Sophokles, Frankfurt³ 1947, S. 74. — Obwohl Reinhardts Deutung derjenigen Hegels entgegengesetzt ist, gesteht er doch zu, daß dieser „durch die Weite seines Blicks" sich vor seinen Nachfolgern auszeichne (ebd. S. 261).

berufen, doch hindert ihn das nicht, sich wenig später eben gegen diese Stadt zu stellen — als Tyrann, für den nur sein eigener Wille Gültigkeit hat [172]. Wenn man sich fragt, wieso Hegel Kreon dennoch als den Vertreter eines sittlichen Prinzips gesehen und damit Antigone gleichgestellt hat, so muß man m. E. vor allem auf den Gedanken des sittlichen Volkes hinweisen, den wir schon öfters betont haben. Daß Antigone gegen diese Volkseinheit verstieß, indem sie Polyneikes begrub, darin mußte Hegel ihre Schuld sehen.

Auch an einer anderen im Sinne Hegels tragischen Gestalt kann man sehen, wie Hegel von diesem Gedanken aus zu einer Beurteilung gelangt, der wir spontan zu widersprechen geneigt sind: an Sokrates [173]. Sokrates ist zu Recht verurteilt worden, denn er hatte das Prinzip des griechischen Volksgeistes angegriffen [174]. Andererseits aber hatte das höhere Prinzip, das er brachte, das Prinzip der subjektiven Reflexion, absolute Berechtigung. So ist sein Schicksal echt tragisch; denn dies „ist eben das allgemeine sittliche tragische Schicksal, daß ein Recht gegen ein anderes auftritt, — nicht als ob nur das eine Recht, das andre Unrecht wäre, sondern beide sind Recht, entgegengesetzt, und eines zerschlägt sich am andern; beide kommen in Verlust, und so sind auch beide gegeneinander gerechtfertigt" [175].

In der Tragödie — damit kehren wir zum Gedankengang der Phänomenologie im Abschnitt über die Kunstreligion zurück — wird „das wirkliche Selbstbewußtsein noch von der Substanz und dem Schicksale unterschieden" [176]. Deshalb haben wir einerseits den Chor, den die Bewegung des göttlichen Lebens mit Furcht oder Mitleid erfüllt, andrerseits eine äußerliche Vereinigung, „weil die wahre, die des Selbsts, des Schicksals und der Substanz noch nicht vorhanden ist ... der Held, der vor dem Zuschauer auftritt, zerfällt in seine Maske und in den Schauspieler, in die Person und das wirkliche Selbst" [177]. Das „Selbstbewußtsein der Helden muß

---

[172] Vgl. V. 656 ff. mit V. 734 und Reinhardt a.a.O. S. 266 f.

[173] Vgl. zum Folgenden besonders die Vorlesungen über die Geschichte der Philosophie, G.W. F. Hegel, Werke 18, Frankfurt 1971, S. 496 ff.; vgl. auch PhdWG S. 643 ff.

[174] Hegel kann das Recht des Volkes gegenüber Sokrates mit einer Schroffheit formulieren, die man als äußerst bedenklich bezeichnen muß: „Und das erste Prinzip eines Staats überhaupt ist, daß es keine höhere Vernunft, Gewissen, Rechtschaffenheit, wie man will, gibt als das, was der Staat für Recht erkennt. Quäker, Wiedertäufer usf., die bestimmten Rechten des Staats, der Verteidigung des Vaterlandes, sich widersetzen, können in einem wahren Staate nicht stattfinden. Diese elende Freiheit, zu denken und zu meinen, was jeder will, findet nicht statt; ebenso nicht dies Zurückziehen in das Bewußtsein seiner Pflicht ... Wenn das Volk irren kann, so kann noch viel mehr der Einzelne irren; und daß er dies könne und viel mehr als das Volk, muß er sich bewußt sein. Das Gericht hat auch Gewissen, hat danach zu sprechen; das Gericht ist das privilegierte Gewissen" (Werke 18 S. 510 f.).

[175] Ebd. S. 514.

[176] A.a.O. S. 517.

[177] Ebd. S. 517. — Es sei hier noch auf die Abhandlung von O. Pöggeler hingewiesen, der das Verhältnis Hegels zur griechischen Tragödie untersucht hat (Hegel und die griechische Tragödie, Hegel-Studien, Beiheft 1, Bonn 1964, S. 285—305). Pöggeler weist darauf hin, daß Hegel in den Frankfurter Schriften das Schicksal Jesu mit Begriffen, die einer „Besinnung auf die griechische Tragödie entstammen" (ebd. S. 289), verstanden habe, ein Tatbestand, auf den

aus seiner Maske hervortreten, und sich darstellen, wie es sich als das Schicksal sowohl der Götter des Chors als der absoluten Mächte selbst weiß, und von dem Chore, dem allgemeinen Bewußtsein, nicht mehr getrennt ist" [178].

Das geschieht in der Komödie. Hier zeigt sich, daß die Götter „kein Selbst" haben und „nicht wirklich" [179] sind. Hegel bezieht sich natürlich auf die Komödien des Aristophanes, in denen die Götter als lächerliche Figuren erscheinen. An welche Komödie im besonderen er dabei denkt, zeigt er im folgenden: „In dem die zufällige Bestimmung und oberflächliche Individualität, welche die Vorstellung den göttlichen Wesenheiten lieh, verschwindet, haben sie nach ihrer natürlichen Seite nur noch die Nacktheit ihres unmittelbaren Daseins, sie sind Wolken, ein verschwindender Dunst, wie jene Vorstellungen" [180]. Es geht also Hegel vor allem um die ‚Wolken' des Aristophanes, ein Werk, auf das er auch in der ‚Geschichte der Philosophie' — in dem Kapitel über Sokrates — ausführlich eingegangen ist [181]. Wenn die Götter nach ihrer natürlichen Seite zu Wolken geworden sind, so haben sie sich nach ihrer „gedachten Wesentlichkeit" in die „einfachen Gedanken des Schönen und Guten" [182] verwandelt. Das Mißliche ist nur, daß diese Gedanken es vertragen, „mit jedem beliebigen Inhalt erfüllt zu werden" [183]. Strepsiades lernt bei Sokrates, wie er seine Gläubiger souverän abwimmeln kann: doch wendet sich im weiteren Verlauf des Dramas die Dialektik des Sokrates gegen ihn selbst. Er schickt nämlich auch seinen Sohn, Pheidippides, in die Schule des philosophischen Lehrers, dieser aber, zurückgekehrt, benimmt sich frech gegen seinen Vater, ja er schlägt ihn sogar und beweist ihm — mit der Sokratischen Methode — wie recht er habe, das zu tun. „Die reinen Gedanken des Schönen und Guten zeigen . . . das komische Schauspiel, durch die Befreiung von der Meinung, welche sowohl ihre Bestimmtheit als Inhalt, wie ihre absolute Bestimmtheit, das Festhalten des Bewußtseins enthält, leer, und eben dadurch das Spiel der Meinung und der Willkür der zufälligen Individualität zu werden . . . Das einzelne Selbst ist die negative Kraft, durch und in welcher die Götter, sowie deren Momente, die daseiende Natur und die Gedanken ihrer Bestimmungen, verschwinden; zugleich ist es nicht die Leerheit des Verschwindens, sondern erhält sich in dieser Nichtigkeit selbst, ist bei sich und die einzige Wirklichkeit. Die Religion der Kunst hat sich in ihm vollendet und ist vollkommen in sich zurückgegangen" [184].

---

wir in unserer Arbeit nicht näher eingehen können. Was Pöggeler als Resultat seiner Überlegungen angibt, daß ein „dialektisch-teleologisches Denken . . . Hegels Bezug zur griechischen Tragödie" überfremde (ebd. S. 298), scheint mir weder aus seinen Überlegungen hervorzugehen noch den Tatsachen zu entsprechen. Ebenso findet die Behauptung, Hegel begreife „das tragische Geschehen vom Gedanken der Versöhnung her" (ebd. S. 298), weder in der Phänomenologie noch in den Berliner Vorlesungen eine Bestätigung.

[178] A.a.O. S. 517.
[179] Ebd.
[180] Ebd. S. 519.
[181] Vgl. Werke 18 S. 482—486.
[182] A. a. O. S. 519.
[183] Ebd.
[184] Ebd. S. 519 f.

C. Die Berliner Vorlesungen

1. Das Verhältnis zur ‚Symbolik‘ Creuzers

Für das Griechenbild Hegels, wie es sich in den Berliner Vorlesungen darstellt, ist ein Werk von grundlegender Bedeutung, auf das wir uns im folgenden öfters beziehen müssen: die ‚Symbolik und Mythologie der alten Völker, besonders der Griechen‘ von Georg Friedrich Creuzer [185]. Besonders aufschlußreich ist ein Vergleich dieses Werkes mit der Hegelschen Ästhetik [186], die ja ihrerseits eine umfassende Deutung des Griechentums bietet. Creuzer geht von folgendem aus: Wenn das religiöse Ahnen und Glauben sich in sichtbaren Formen ausdrücken will, so muß dieser Ausdruck, d. h. das Symbol, sich „gleichsam zum Unendlichen und Schrankenlosen erweitern" [187]. Damit ist aber eine Aufgabe gegeben,

„die, so schlechthin betrachtet, sich selbst aufheben würde. Oder vermöchte das Bedingte die Stelle des Unbedingten zu vertreten, und das Sterbliche Träger des Unsterblichen zu seyn" [188]?

Creuzer meint nun, daß aus dieser „Unzulänglichkeit der Kraft zu der Aufgabe" [189] ein zweifaches Bestreben entspringe:

„Entweder folgt das Symbol seinem natürlichen Hange, der auf das Unendliche gerichtet ist, und sucht, einzig bemüht, diesen zu befriedigen, vor Allem nur recht bedeutsam zu seyn. In dieser Bestrebung genügt es ihm nicht, Viel zu sagen; es will Alles sagen. Es will das Unermeßliche ermessen, und das Göttliche in den engen Raum menschlicher Formen zwingen. Diese Ungenügsamkeit folgt einzig dem dunklen Triebe des namenlosen Ahnens und Glaubens, und keiner Naturgesetze achtend, schweift sie über alle Gränzen aus, muß aber eben dadurch in schwebender Unbestimmtheit rätselhaft werden. Hier waltet das Unaussprechliche vor, das indem es Ausdruck sucht, zuletzt die irdische Form, als ein zu schwaches Gefäss, durch die unendliche Gewalt seines Wesens zersprengen wird. Hiermit ist aber sofort die Klarheit des Schauens selbst vernichtet, und es bleibt nur ein sprachloses Erstaunen übrig. Wir haben hiermit das Extrem bezeichnet, und nennen die Symbolik dieses Charakters die m y s t i s c h e ... Oder das Symbolische beschränkt sich selber, und hält sich bescheiden auf der zarten Mittellinie zwischen Geist und Natur. In dieser Mäßigung gelingt ihm das Schwerste. Es vermag selbst das Göttliche gewissermaßen sichtbar zu machen. Also weit gefehlt, daß es nun der Bedeutsamkeit ermangele, wird es vielmehr höchst bedeutsam durch den großen Inhalt seines Wesens. Mit unwiderstehlicher Gewalt zieht es den betrachtenden Menschen an sich, und nothwendig, wie der Weltgeist selbst, greift es an unsere Seele ... Hier strebt das Wesen nicht zum Überschwenglichen hin, sondern, der Natur gehorchend, füget es sich in deren Form, durchdringet und belebet sie. Jener Widerstreit zwischen dem Unendlichen und dem Endlichen ist also aufgelöst, dadurch daß jenes, sich selbst begränzend, ein Menschliches ward. Aus dieser Läuterung des Bildlichen einerseits, und aus der freiwilligen

---

[185] G. F. Creuzer, Symbolik und Mythologie der alten Völker, besonders der Griechen, Leipzig und Darmstadt² 1819 ff. — Hegel befaßte sich mit der zweiten Auflage dieses Werkes, die ihm Creuzer übersandt hatte (vgl. Briefe 2 S. 217 f., 220 und 443).
[186] Hegel selbst hebt die Bedeutung hervor, die Creuzers Werk für seine Ästhetik hatte (vgl. ebd. S. 266 u. 481). In demselben Briefentwurf (Ende Mai 1821) würdigt Hegel ausführlicher das Werk Creuzers (vgl. ebd. S. 266 f.).
[187] A.a.O. 1, Leipzig und Darmstadt 1819, S. 62.
[188] Ebd.
[189] Ebd.

Verzichtleistung auf das Unermeßliche andrerseits, erblühet die schönste Frucht alles Symbolischen. Es ist das Göttersymbol, das die Schönheit der Form mit der höchsten Fülle des Wesens wunderbar vereinigt, und, weil es in der Griechischen Sculptur am vollendesten ausgeführt ist, das p l a s t i s c h e S y m b o l heißen kann" [190].

Hegel übernimmt in seiner Ästhetik diese Unterscheidung, aber mit einer bezeichnenden Modifikation: Symbolisch ist bei ihm nur das, was für Creuzer die mystische Symbolik war [191]. Das Symbol als solches hat den „Charakter der Erhabenheit, weil zunächst überhaupt nur die in sich noch maßlose und nicht frei in sich bestimmte Idee zur Gestalt werden soll und deshalb in den konkreten Erscheinungen keine bestimmte Form zu finden imstande ist, welche vollständig dieser Abstraktion und Allgemeinheit entspricht" [192]. Die ganze symbolische Kunst, d. h. die persische, indische, ägyptische und jüdische Kunst, läßt sich „als ein fortlaufender Streit der Angemessenheit und Unangemessenheit von Bedeutung und Gestalt auffassen, und die verschiedenen Stufen sind nicht sowohl verschiedene Arten des Symbolischen, sondern Stadien und Weisen ein und desselben Widerspruchs" [193]. Sie ahnt zwar die „Unangemessenheit ihres Bildens und Gestaltens", begegnet ihr aber „durch nichts anderes als durch Verzerren der Gestalten zur Unermeßlichkeit einer bloß quantitativen Erhabenheit" [194].

Die Angemessenheit von Inhalt und Form aber, das plastische Symbol Creuzers, hat für Hegel mit Symbolik nichts mehr zu tun, sie ist das Kennzeichen des Klassischen. Das Klassische ist „seiner Natur nach nicht symbolisch, sondern in sich selber durchweg deutlich und klar . . . Klar nämlich ist das klassische Ideal dadurch, daß es den wahren Inhalt der Kunst . . . erfaßt und damit eben auch die wahre Gestalt findet, die an sich selbst nichts anderes ausspricht als jenen echten Inhalt, so daß also der Sinn, die Bedeutung keine andere ist als diejenige, welche in der äußeren Gestalt wirklich liegt, indem sich beide Seiten vollendet entsprechen" [195]. Die Klassik stellt die dem Geist angemessene Identifikation des Geistigen und Natürlichen her; ihr Ausdruck ist die „in sich selbständige geistige Individualität in ihrer natürlichen Gestalt" [196], der Mittelpunkt ihrer Kunst das Menschliche, da nur „die Äußerlichkeit des Menschen . . . befähigt ist, das Geistige in sinnlicher Weise zu offenbaren" [197].

Diese Unterscheidung, die Creuzer in seiner ‚Symbolik' ausgeführt und Hegel in der Ästhetik aufgenommen hat, ist — deshalb sind wir so ausführlich auf sie

---

[190] Ebd. S. 62—64.
[191] Ja, wir werden sehen, daß nicht einmal die im Sinne Creuzers mystische Symbolik für Hegel da Symbolik ist, wo sie sich innerhalb des Griechentums findet.
[192] A.a.O. 1 S. 298.
[193] Ebd. S. 312.
[194] Ebd. S. 314. — Hier ist von der indischen Kunst im besonderen die Rede.
[195] Ebd. S. 304.
[196] Ebd. S. 418.
[197] S. 419; vgl. die Äußerung Creuzers zur ‚Bildnerei' der Griechen: „D i e M e n s c h e n - g e s t a l t w a r d a l s d a s W e s e n t l i c h e b e h a n d e l t, und indem die Kunst von diesem Edelsten in der Reihe der Körper alles Zufällige und Individuelle absonderte, gelangte sie endlich zu dem Punkte, das Göttliche in ihr erscheinen zu lassen" (a.a.O. S. 145).

eingegangen — von erheblicher Relevanz für das Griechenbild beider Denker. Darin sind sich ja beide einig, daß die Verwirklichung des ‚plastischen Symbols' bzw. des Klassischen in der griechischen Kunst zu suchen ist. Das, was Creuzer vom Symbol fordert, Klarheit, und was er besonders in der Symbolik der Kunst verwirklicht sehen will [198], haben seiner Meinung nach die Griechen

„in ihren besten Zeiten ... streng erfüllt. Sie entfernten alles zerstreuende Beiwerk ... Sie blieben der Natur getreu und vermieden das Ungemäßigte. Dadurch ward auch das Unverständliche vermieden ... Sie suchten das Bedeutende nur so, daß es dem Sinne zusagte. Ihn nicht zu beleidigen, war ihre erste Sorge, und so mußte ihnen bei strenger Enthaltsamkeit, unter dem Zusammenwirken glücklicher Umstände, das L i e b l i c h e und das S c h ö n e gelingen. In dieses Maaß hatte sich der Kreis ihrer Kunst gefügt" [199].

Ebenso ist nach der Meinung Hegels kaum die Erwähnung notwendig, daß man das, was Klassik ist, nur bei den Griechen finden kann [200]. Zunächst mag es so scheinen, als ob der Unterschied zwischen Creuzer und Hegel nur eine Frage der Terminologie sei, bei näherem Zusehen merkt man aber, daß es sich um eine tiefergehende Differenz handelt. Indem Creuzer bei den Griechen durchgehend Formen der Symbolik findet, rückt er dieses Volk in die Nähe der orientalischen Völker. Hegel aber trennt diese von jenem, wie schon ein Blick in das Inhaltsverzeichnis der Ästhetik lehrt, indem er jenem den Begriff des Klassischen vorbehält und sich mit ihm in dem ‚Die klassische Kunstform' überschriebenen Abschnitt befaßt, während er diese in dem vorhergehenden Abschnitt ‚Die symbolische Kunstform' behandelt [201].

Ganz deutlich wird uns die Differenz zwischen Creuzer und Hegel erst, wenn wir den geistesgeschichtlichen Hintergrund berücksichtigen. Creuzers ‚Symbolik' war ja die ‚Bibel der Romantik', ebenso wie man in Winckelmanns Kunstgeschichte die ‚Bibel der Klassik' sehen kann [202]. So wundert es uns nicht, wenn in ihr die Verbindung Griechenlands mit dem Orient herausgearbeitet wird. Hegel aber war, obwohl persönlich mit Creuzer befreundet, der Romantik gegenüber viel zu kritisch eingestellt, als daß eine uneingeschränkte Übernahme der ‚Symbolik' in seine eigene Konzeption nicht von vornherein unwahrscheinlich wäre. In der Tat lassen sich die Veränderungen gegenüber diesem Werk, die wir bis jetzt aufgezeigt haben, als Veränderungen in Richtung auf das Griechenbild der deutschen Klassik hin interpretieren, wie wir es vor allem bei Winckelmann und Goethe vor uns sehen [203]. Der Sachverhalt ist aber noch komplexer, als es in unserer bisherigen Darstellung zum Ausdruck gekommen ist. Zwar findet Creuzer bei den orientalischen Völkern ausschließlich die mystische Symbolik, nicht aber bei den griechischen ausschließlich die plastische. Die Griechen kannten auch eine andere Symbolik:

---

[198] Vgl. ebd. S. 66 f.
[199] Ebd. S. 67.
[200] Vgl. Ästhetik 1 S. 422.
[201] Vgl. ebd. S. 588—590.
[202] W. Rehm a.a.O. S. 300.
[203] Warum es besser ist, Schiller in diesem Zusammenhang nicht zu nennen, darüber vgl. ebd. S. 191 ff.

„Wenn sie nämlich ihr höheres Wissen ausdrücken, und die vom gemeinen Glauben abweichenden Belehrungen eindringlich machen wollten, so mußte das Symbol Organ geheimnisvoller Wahrheiten und Ahnungen werden. In dieser Bestimmung suchte es hauptsächlich bedeutsam zu seyn, unbekümmerter um das Gefällige und Schöne. Je mehr es diesem heiligen Bedürfnis huldigte, desto größer die Neigung zum Unverständlichen, bis es im Äußersten endlich zu einem verkörperten Räthsel war ... Wenn daher das Kunstsymbol sich ganz und vollständig selbst aussprach, und wenn das, was man Bildung nennt, schon zu seinem Verstehen fähig machte, so mußte dort hingegen ein besonderer Unterricht die Mittel an die Hand geben, gleichsam die harte Schale zu zerbrechen, unter welcher der Kern verborgen lag" [204].

Es ist interessant zu sehen, wie Hegel sich zu dieser Feststellung Creuzers verhält. Wird er für Griechenland nur das plastische Symbol Creuzers, das Klassische, gelten lassen und damit ganz dem Weg folgen, den Winckelmann und Goethe gegangen sind? Dann aber hätte er einen wesentlichen Teil der Ausführungen Creuzers einfach ignoriert. Wird er also bei den Griechen Symbolisches und Klassisches nebeneinanderstellen? Auch das wäre mißlich, weil er dadurch die Einteilung der Ästhetik, die ja das Symbolische dem Orient, das Klassische Griechenland zuordnet, wieder verwischen würde. Hegel löst dieses Dilemma in genialer Weise — indem er den Begriff des Klassischen näher bestimmt. Er geht dabei aus von der Freiheit des produzierenden Künstlers in der klassischen Kunstform. Diese Freiheit besteht, was den Inhalt anbelangt, darin, daß der Künstler „denselben nicht mit der unruhigen symbolischen Gärung zu suchen nötig hat" [205]. Für die griechischen Künstler bedeutet das, daß sie ihren Stoff aus der Volksreligion erhielten, „in welcher sich bereits, was vom Orient her den Griechen herübergekommen war, umzugestalten begonnen hatte" [206]. Wir sehen, wie Hegel sich hier die theoretische Grundlage dafür schafft, daß er die Ergebnisse der Forschungen Creuzers übernehmen kann, ohne damit ein romantisches Griechenbild konzipieren zu müssen. Daß die einzigartige Bedeutung des Hegelschen Griechenbildes darin besteht, daß er das klassische und das romantische Griechenverständnis in seiner Darstellung zu vereinigen sucht, wird hier zum ersten Mal deutlich [207].

Wenn nun auch das Klassische als Resultat, nicht als Anfang zu fassen ist [208], also das, was Creuzer ‚mystische Symbolik‘ nannte, als seine Voraussetzung nicht

---

[204] A. a. O. S. 67 f.
[205] A. a. O. 1, S. 424.
[206] Ebd.
[207] W. Rehm hat mit Recht auf diese „erstaunliche Verschränkung der klassischen und romantischen Stellung" hingewiesen (in dem Aufsatz ‚Götterstille und Göttertrauer‘, abgedruckt in dem gleichnamigen Buch: Götterstille und Göttertrauer, München 1951, S. 101–182; unser Zitat findet sich dort auf S. 169; vgl. zu Hegel 165–172). Demgegenüber vermag das, was Rehm in seinem Buch ‚Griechentum und Goethezeit‘ über Hegel gesagt hat, nicht so recht zu befriedigen. Natürlich ist es nicht falsch, Hegel in dem Kapitel ‚Interpretatio christiana‘ zu behandeln (S. 271–318, besonders S. 280 ff.). Es hätte aber doch stärker herausgearbeitet werden müssen, wie Hegel sich von der ‚Interpretatio christiana‘ der Romantiker unterscheidet. An sich hätte die Darstellung des Hegelschen Griechenbildes in dem Werk Rehms ein eigenes Kapitel erfordert.
[208] Vgl. Ästhetik 1 S. 427.

übergangen werden kann, wenn man es selbst verstehen will, so ist damit noch
nicht erwiesen, daß das Symbolische als seine Voraussetzung Teil der griechischen
Kunst selbst ist, so daß es immer noch sein könnte, daß die Einteilung der
Ästhetik etwas anderes anzeigt, als die gedankliche Entfaltung wirklich bringt.
Hegel sieht diese Gefahr sehr wohl, und er weiß ihr zu begegnen. „Da nun das
Wesen der Freiheit darin besteht, was sie ist, durch sich selber zu sein, so wird das,
was zunächst als bloße Voraussetzungen und Bedingungen des Entstehens
außerhalb des klassischen Gebiets erschien, in den eigenen Kreis desselben
hineinfallen müssen, um den wahren Inhalt und die echte Gestalt durch
Überwindung des für das Ideal Ungehörigen und Negativen wirklich hervorgehen
zu lassen" [209]. Nun wird uns erst die ganze Tragweite der Veränderungen, die
Hegel an der Unterscheidung Creuzers vorgenommen hat, bewußt. Im Bereich des
Griechentums ist nämlich für Hegel auch die mystische Symbolik nicht mehr
symbolisch; sie ist der „Gestaltungsprozeß, durch welchen sich der Form wie dem
Inhalt nach die eigentümlich klassische Schönheit aus sich selber erzeugt" [210]. Das
erste Kapitel des ‚Die klassische Kunstform‘ überschriebenen Abschnitts befaßt
sich mit diesem Gestaltungsprozeß [211].

2. Die Mysterien

Von den verschiedenen Bereichen dieses Gestaltungsprozesses, die Hegel behandelt, sind für uns besonders die Mysterien von Interesse, auf die er in der
Geschichts- und Religionsphilosophie ausführlicher als in der Ästhetik [212] zu
sprechen kommt. Auch hier wird Hegels Meinung erst dann deutlich, wenn wir sie
mit Anschauungen vergleichen, wie sie den Quellen vorlagen, die er selbst benutzt
hat. Für uns ist es darum notwendig, zunächst das Bild zu skizzieren, das Creuzer
von den griechischen Mysterien hatte. Creuzer geht in seiner ‚Historischen
Übersicht der Perioden älterer und neuer Symbolik und Mythologie‘ [213] auf die
‚Meister der alt-ionischen Philosophie‘ ein,

„die den Schaden einsahen, den jene Allgewalt Homerischer Poesie durch die befestigte
Herrschaft des Mythos der Religion und der Philosophie brachte. Sie versuchten es, den
reizbaren Griechengeist von jener mythischen Beweglichkeit zur Ruhe, und aus der
Zerstreuung durch das Viele zur Betrachtung des Einen und Ganzen hinzuführen. Sie setzen
das von der geschwätzigen S a g e verdrängte S y m b o l in seine alten Rechte ein" [214].

Creuzer kann deshalb von alten Rechten reden, weil seiner Meinung nach die
alt—ionischen Philosophen keine neuen Anschauungen nach Griechenland brachten.

---

[209] Ebd.
[210] Ebd.
[211] Vgl. ebd. S. 589.
[212] Vgl. PhdWG S. 568 f. und 591 ff., PhdR III 173 ff. und Ästhetik 1 S. 452 f.
[213] A. a. O. S. 196—239.
[214] Ebd. S. 199.

„Denn ehe die Aöden durch immer neue Lieder und Sagen das bezauberte Griechenvolk gefangen führten, hatte ein Geschlecht priesterlicher Sänger den Griechen im Mutterlande unter die heilsame Obhut der Religion genommen" [215].

In Thrakien gab es in vor—Homerischer Zeit einen ehrwürdigen Priesterstand, der ein „durch die Macht der Musik und Dichtkunst unterstütztes Lehramt über die Völker" [216] verwaltete. Was dieser Priesterstand lehrte, waren die Dogmen der ‚Orphischen Religion', die ebenso mit ‚Sätzen morgenländischer Lehre' wie mit den ‚Dogmen der alt—ionischen Schule' verwandt sind [217]. Während nun die Weisen auch weiterhin dem Geist dieser Religion anhingen, fand das Volk mehr Gefallen an der leichteren Homerischen Poesie.

„Daher trat die reinere Lehre der Mündigen in das Dunkel der Samothracischen, Attischen und anderer Mysterien, so wie in die Schranken esoterischer Philosophie zurück" [218].

Creuzers Interesse an den griechischen Mysterien gründet also darin, daß er in ihnen die Dogmen der Orphischen Religion wiederzuerkennen meint. Bei der Behandlung der Samothracischen Mysterien stimmt er mit Schelling darin überein, daß es eine reine Gotteserkenntnis in früher Vorzeit gegeben habe, „woraus erst nach und nach unter andern auch die gesamte heidnische Götterlehre entsprungen ist" [219]. Er hält es für ausgemacht, daß mit der ‚Bachischen Religion' eine „Unsterblichkeits- oder Seelenwanderungslehre" verbunden war, die sich bis in die vor—Homerische Periode zurückverfolgen läßt [220]. Ebenso gehört für ihn zur Lehre der Bacchischen Mysterien die Kenntnis e i n e s Gottes [221]. Schließlich muß das Gleiche seiner Meinung nach von den Attischen Mysterien behauptet werden. Diese lehrten den „grossen Satz von Einem Gotte" [222], und sie trugen die Wahrheiten von der Palingenesie und der Unsterblichkeit der Seele vor, „vorzüglich unter Bildern ... die von den W a n d l u n g e n d e s S a m e n - k o r n s e n t l e h n t waren" [223].

Man muß sich klarmachen, wie diese Anschauungen das ganze Werk Creuzers beherrschen, man muß sich weiterhin vergegenwärtigen, welche Bedeutung dieses Werk für die religionswissenschaftliche Diskussion am Anfang des 19. Jahrhunderts hatte, um das Gewicht zu ermessen, das darin lag, daß Hegel die Theorien Creuzers so abtun konnte, wie er es getan hat. „Besonders hat man die Hypothese gehabt", sagt Hegel in der Geschichtsphilosophie, „daß die Einheit Gottes dort (sc. in den Mysterien d. V.) gelehrt worden sei gegen die Vielgötterei der Volksreligion, ferner die Lehre von der Unsterblichkeit der Seelen, dem seligen Zustande derer, die sich

---

[215] Ebd. S. 2oo.
[216] Ebd.
[217] Vgl. ebd.
[218] Ebd. S. 201.
[219] A. a. O. 2, Leipzig und Darmstadt 1820, S. 375; vgl. Schellings Schrift: Über die Gottheiten von Samothrake, in: Schellings Werke IV, München 1965, S. 723—745.
[220] A. a. O. 3, Leipzig und Darmstadt 1821, S. 165.
[221] Vgl. besonders ebd. S. 399.
[222] A. a. O. 4, Leipzig und Darmstadt 1821, S. 8.
[223] Ebd. S. 520.

sittlich betragen haben, und der unsterblichen Qual der Gottlosen. Dergleichen ist mehr oder weniger Erdichtung" [224].

Die moderne Religionswissenschaft kann hier nicht anders urteilen — erstaunlich ist nur, daß Hegel diese Meinung geäußert hat, obwohl er das grundlegende Werk C. A. Lobecks ,Aglaophamus sive de theologiae mysticae graecorum causis', eine nach M. Nilsson „methodisch geschulte philologische Arbeit", die mit den „oft phantastischen und willkürlichen Annahmen und Deutungen" der Creuzerschen Schule aufräumte [225], nicht kannte [226]. Man kann nun gewiß nicht behaupten, Creuzers Darlegungen hätten überhaupt keinen Anhalt an der Wirklichkeit,wie sie sich uns heute darstellt, gehabt [227]. Seine Theorie einer orphischen Lehre aber, die schon in vor—Homerischer Zeit bestanden habe, hat heute nicht mehr die geringste Relevanz. Die eleusinischen Mysterien vermitteln — im Gegensatz zu den späteren — keine Lehren [228], und von den Samothrakischen Mysterien weiß man viel zu wenig, als daß man die Annahme wagen könnte, hier sei ein irgendwie gearteter Monotheismus gelehrt worden [229]. Was den Jenseitsglauben anbelangt, so war es für die alte Zeit charakteristisch, daß Unsterblichkeit nur im Fortleben des Geschlechts, nicht aber für das Individuum denkbar war [230]. Der Orphizismus hat in der Tat Vorstellungen von der Seele, wie sie Creuzer namhaft gemacht hatte; doch ist seine Entstehung erst in die Zeit nach Homer zu setzen [231]. Hegels Polemik hatte also gerade darin Recht, daß sie sich gegen das hohe Alter der den Mysterien zugeschriebenen Lehren wandte.

Freilich kam Hegel zu dieser Erkenntnis nicht von einer rein religionswissenschaftlichen Betrachtungsweise aus; es war vielmehr seine philosophische Konzeption, die ihn hier richtiger sehen ließ als die meisten bedeutenden Religionswissenschaftler seiner Zeit. In der Geschichtsphilosophie wird das ganz deutlich: „Es (die Mysterien d. V.) sind alte Religionen, und da ist es ungeschichtlich und eine Torheit zu meinen, tiefe Philosopheme seien darin enthüllt, vorgestellt worden. Im Gegenteil, das Alte ist seiner Natur nach nichts anderes als ein Rohes, dessen Inhalt nichts anderes sein konnte als Vorstellungen von Naturideen ... von der allgemeinen Umwandlung in der Natur, von dem, was die Lebendigkeit ist, was sie tut" [232].

Allerdings genügt es Hegel nun nicht, von der allgemeinen Geltung dieses Satzes aus die Diskussion zu führen, ohne sich auf ein Werk zu beziehen, das die

---

[224] PhdWG S. 591.
[225] A. a. O. S. 3.
[226] Theoretisch wäre es möglich gewesen, daß Hegel das 1829 erschienene Werk in seine letzten Vorlesungen einarbeitete; es fehlt dafür aber jeder Hinweis.
[227] Vgl. Nilsson a. a. O., besonders S. 678 ff.
[228] Vgl. ebd. S. 654.
[229] Vgl. ebd. S. 670—672.
[230] Vgl. ebd. S. 675.
[231] Die Wandlung in der Seelenauffassung vollzieht sich zwischen Homer und Pindar (vgl. ebd. S. 696).
[232] PhdWG S. 591 f.

Anschauungen vorträgt, die seiner Meinung entsprechen. Da er sich in das „geistreiche Hypothesenwesen, die deutsche Manier" [233], nicht einlassen will, ist es ein französisches: die in zweiter Auflage von Sylvestre de Sacy herausgegebenen 'Recherches historiques et critiques sur les mystères du paganisme' des Barons de Sainte-Croix [234]. Die Meinung, die Mysterien hätten im geheimen den Monotheismus gelehrt, die Eingeweihten hätten sich aber in der Öffentlichkeit zum Polytheismus bekannt, hat, wie Sainte-Croix deutlich macht, absurde Konsequenzen:

„Créer d'une main et anéantir de l'autre, tromper publiquement les hommes, et les éclairer en secret; punir avec éclat les sacriléges, et les justifier au sein même de ce que la religion semblait avoir de plus respectable, quel étrange système de législation!" [235]

Silvestre de Sacy hält es für möglich, „que le dogme de la métempsychose ait aussi été enseigné dans les mystères", aber in Übereinstimmung mit der modernen Religionswissenschaft fährt er fort: „mais cela ne prouve pas qu'il appartînt primitivement à ces institutions [236]." Am Schluß faßt er seine Meinung, die Hegel übernommen hat, folgendermaßen zusammen:

„De toutes ces discussions et de toutes ces recherches, concluons que les mystères ne furent, dans leur origine, que de simples lustrations, et ne consistèrent qu'en certaines formules et observances légales" [237]. „Les aventures de Cérès et de Proserpine, objet principal des mystères d'Éleusis, n'étoient qu'une copie de celle d'Isis et d'Osiris ... [238] Lors de leur première institution dans ce pays, et peut-être même lorsque les chefs des colonies les transportèrent dans la Grèce, ces représentations mystiques n'étoient autre chose que des symboles des principales opérations de la nature, et des vicissitudes que la terre éprouve dans le cours de l'année, par la succession des divers rapports où elle se trouve avec le ciel et les phénomènes célestes et terrestres, personnifiés ... on établit des lustrations et des purifications qui étoient requises pour être admis à ce culte mystique et priviligié ... Les peines de l'enfer furent représentées dans ces mystères, mais non pour établir la croyance de l'immortalité de l'âme et d'une vie future; elles firent partie des représentations mystiques, parce que cette double croyance existoit, et que ... les régions inférieures habitées par les morts trouvoient place nécessairement, et devoient êtres mises sous les yeux du spectateur... Ce qu'ils contenoient de doctrine et de dogme, n'étoit ni secret, ni mysterieux ... les dogmes n'avoient point passé des mystères dans la croyance publique; ils se trouvoient constatés et reconnus dans les mystères, parce qu'ils faisoient partie de la croyance publique à l'époque de leur institution. Ce qu'il avoit de secret dans les mystères, c'étoit seulement une partie des rites et des symboles ...." [239].

---

[233] Ebd. S. 592.

[234] Die zweite Auflage ist 1817 in Paris erschienen.

[235] Ebd. S. 439; vgl. PhdWG S. 593: „Es ist sehr schief, wenn man meint, daß ein Volk außer der öffentlich anerkannten Sitte, Bildung, Religion noch eine besondere Religionsweisheit gleichsam in einer anderen Tasche hätte."

[236] A. a. O. S. 413. Die Anmerkungen sind Silvestre de Sacy zuzuschreiben.

[237] Ebd. S. 446 f.

[238] Hier würde man sich heute natürlich vorsichtiger äußern (vgl. Nilsson a. a. O. S. 469—477).

[239] A. a. O. S. 450—453; vgl. PhdWG, besonders S. 592. — In den Gestaltungsprozeß der klassischen Kunstform gehören nach Hegel auch die Orakel der Griechen (vgl. Ästhetik 1 S. 441f.). Um seine Kenntnisse über die Orakel zu vervollständigen, hat sich Hegel wieder an einem französischen Werk orientiert: E. Clavier, Mémoire sur les Oracles des Anciens, Paris 1818. Zu dem, was Hegel über das Orakel von Dodona schreibt (PhdR III S. 190) vgl. Clavier

3. Die Götter

Läßt sich an den Mysterien zeigen, wie stark sich Hegels Sicht des Griechischen von der romantischen unterscheidet, so wird an seiner Behandlung der griechischen Götter deutlich, daß wir ihn auch nicht in die Griechenverehrung der deutschen Klassik einordnen können. Was ihn von dieser trennt, ist vor allem seine Betonung der ‚Naturgrundlage der neueren Götter' [240]. Das Natürliche gilt nicht nur in dem Sinne, daß die alten Götter zwar überwunden, aber nicht beseitigt worden sind — dies ergab sich für Hegel besonders aus der Theogonie Hesiods und den Eumeniden des Äschylos — sondern auch so, daß die neueren Götter selbst eine Naturgrundlage enthalten. Auch diese Erkenntnis finden wir nicht erst in den Berliner Vorlesungen, man kann sie schon in der Phänomenologie nachweisen, wo sie Hegel mit dem Tatbestand veranschaulicht, daß den Göttern Tiere beigegeben sind [241]. Erst die Ergebnisse der Forschungen Creuzers haben ihr aber eine so breite Basis gegeben, daß sie für die Behandlung der einzelnen Götter grundlegende Bedeutung erlangen konnte. Der Einfluß, den Creuzers ‚Symbolik' auf das Griechenbild Hegels hatte, wird hier besonders deutlich.

Wir wollen das an einem Beispiel illustrieren, an Hegels Sicht des Gottes Apollo. Creuzer bemüht sich in seinem großen Werk um den Nachweis, daß Apollo von seinem Ursprung her als Sonnengott verstanden werden müsse [242]. Natürlich mußte das den Widerspruch eines so entschiedenen ‚Klassikers' wie Johann Heinrich Voß herausfordern [243], zumal da Creuzer den lichten und eminent griechischen Apollo Homers aus dem Orient abgeleitet hatte [244]. Hegel dient nicht so sehr diese Kontroverse dazu, seine eigene Meinung darzulegen — er geht nur beiläufig auf sie ein — [245] dagegen äußert er sich ausführlicher zu dem Widerspruch, auf den Creuzers Ausführungen bei einem anderen wichtigen Manne gestoßen sind, der nicht der klassischen Griechenverehrung zugerechnet werden kann, wiewohl er über die ‚Morgenländerei' Creuzers und anderer spottete: bei Karl Otfried Müller [246].

---

a. a. O. S. 31: „Sur l'une de ces colonnes étoit un vase d'airain qui n'étoit pas très — grand, et il y avoit sur l'autre un enfant qui tenoit un fouet de la main droite: Lorsque le vent souffloit, les cordes du fouet, qui étoient pareillement d'airain, frappoient le vase et le faisoient résonner ...“ und S. 35: „Il résulte de tout ce que je viens de dire, qu'à Dodone l'avenir se manifestoit par des signes de trois espèces: savoir, par l'agitation des feuilles du chêne sacré; par le murmure de la fontaine sacrée; et par le bruit que faisoit le vase d'airain".

[240] Ästhetik 1 S. 455—458.

[241] A. a. O. S. 493f.; s. o. S. 190f.

[242] Creuzer meint, zwei Ägyptische Sonnengötter hätten „zur Bildung eines zweifachen Hellenischen Apollo beigetragen; jener Helius des Aegyptischen Priestersystems hatte dem Apollo πατρῷος von Athen das Daseyn gegeben. Dieser Horus des Aegyptischen Volksglaubens hatte großen Antheil an dem andern Apollo der Griechischen Völker" (a. a. O. 2, S. 158; vgl. ebd. S. 133ff. und besonders S. 159—165).

[243] Zur Polemik, die Voß gegen Creuzer führte, vgl. besonders seine Rezension der 2. Auflage der Symbolik in der J. A. L. Z. 1821, Nr. 81—87, S. 162—215.

[244] S. o. Anm. 242.

[245] Vgl. Ästhetik 1, S. 456.

[246] Vgl. Rehm, Griechentum S. 304.

Müller versuchte zu zeigen, daß Apollo der Gott eines bestimmten Stammes, nämlich des dorischen, sei. Die Verbreitung des Apollo—Kultes könne durch die Wanderung dieses Stammes aus seinen thessalischen Ursitzen nach verschiedenen Gegenden erklärt werden [247]. Der Charakter des dorischen Stammes schließt es aber — Müller zufolge — aus, daß Apollo ein Sonnengott war [248].

„Wenn die Dorier ein thatkräftiger, heroisch gesinnter Hellenenstamm waren, so mußte wohl die ihnen eigenthümliche religiöse Empfindung eine ähnliche Farbe tragen. Wie ihr Leben stets eine gewisse Abneigung vor Ackerbau und harmloser Naturbeschäftigung überhaupt, und dagegen ein Hinneigen zur Darstellung eigener Kraft zeigt, so wird auch ihr Gott im Gegensatz stehn gegen die Naturgottheiten ackerbauender Stämme ... So würden wir schon von diesem Gesichtspunkte aus der Meinung widersprechen, daß Apoll ein Naturgott, und zwar bestimmter ein S o n n e n g o t t sei" [249].

So will er es nicht gelten lassen, daß die Pfeile Apollos als Strahlen gedeutet werden: „denn wie tödtet der Gott mit solchen den Python und Tityos? " [250] — eine Argumentation, die Hegel als 'unstatthaft' bezeichnet [251]. Eine interessante Wendung des Gedankengangs ergibt sich da, wo er auf den Apollo Λυκεῖος zu sprechen kommt. Er hält es nämlich für wahrscheinlich, daß „der Name Lykeios ... zusammenhängt mit der alten Sprachwurzel lux, Licht, λευκός" [252]. Wenn wir aber nun im Sinne Hegels erwarten, Müller sehe sich durch diese Erkenntnis veranlaßt, doch ein natürliches Moment im Gotte Apollo anzuerkennen, so täuschen wir uns. Die Zusammenfassung, die er wenig später gibt, besagt, daß das in Apollo „sich aussprechende Gefühl des göttlichen Wesens im Gegensatz der Naturreligionen ein s u p r a n a t u n a l i s c h e s" sei, „indem es ihm eine vom Leben der Natur verschiedene und außerhalb stehende Thätigkeit zuschreibt, ähnlich dem, aus welchem die Religion Abrahams hervorgegangen ist" [253].

Hegels Äußerungen zu den Ausführungen Müllers sind in zweifacher Hinsicht bemerkenswert: einmal deshalb, weil Hegel hier mit Creuzer und den Romantikern gegen die Klassiker wie Voß, aber auch gegen Müller, daran festhält, daß Apollo ursprünglich ein Sonnengott ist [254]; zum andern wegen der Polemik Hegels gegen Müller, die nicht so recht zu befriedigen vermag. Hegel führt nämlich seine Absetzung von Müller nicht bis zu der entscheidenden Differenz, die darin besteht,

---

[247] Vgl. Paulys Real-Encyclopädie der Classischen Altertumswissenschaft 2, Stuttgart 1896, Sp. 3f.
[248] Nicht mit seiner Stammestheorie, die schon am Ende des 19. Jahrhunderts als unhaltbar angesehen wurde (vgl. ebd. Sp. 4), hatte Müller recht, wohl aber mit seiner Skepsis gegenüber dem Alter der Verbindung Apollo — Sonnengott. Wir müssen heute feststellen, daß das originäre Wesen Apollos und damit der Sinn seines Namens „nach wie vor in dichtes Dunkel gehüllt" ist (Der kleine Pauly I, Stuttgart 1964, Sp. 441), können aber dennoch sagen, daß ein solarer Bezug bzw. eine Licht- oder Feuernatur des Apollo von vornherein unwahrscheinlich ist, da die Gleichsetzung mit Helios relativ spät erfolgt (vgl. ebd. Sp. 442). Hegel vertrat also hier im Gefolge Creuzers eine Meinung, die die moderne Religionswissenschaft aufgegeben hat.
[249] K. O. Müller, Geschichten Hellenischer Stämme und Städte II: Die Dorier 1, Breslau 1824, S. 284.
[250] Ebd.
[251] PhdWG S. 585.
[252] A. a. O. S. 304.
[253] Ebd. S. 307.
[254] Vgl. PhdWG S. 584 f.

daß beide ein unterschiedliches Verständnis des Begriffs ‚Natur' haben, das es dem
einen erlaubt, Licht als ein natürliches Moment anzusehen, während der andere es
dem Bereich des Natürlichen entnimmt. Nur wenn Hegel gezeigt hätte, daß sein
Verständnis von Natur und damit sein Verständnis von Licht das angemessenere
sei, könnte man seine Ausführungen als Widerlegung Müllers betrachten.

Freilich: Auch bei der Behandlung der griechischen Götter kann Hegel nur in sehr
eingeschränktem Sinne als Bundesgenosse der Romantiker gesehen werden. Das
zeigt sich schon da, wo er in der Ästhetik auf die Kontroverse Voß — Creuzer zu
sprechen kommt und folgendes festhält: „. . . man kann in der Tat sagen, er
(Apollo d. V.) sei die Sonne und sei sie nicht, da er nicht auf diesen Naturinhalt
beschränkt bleibt, sondern zu der Bedeutung des Geistigen erhoben ist" [255]. Zwar
ist Apollo von seinem Ursprung her ein Sonnengott, der mit dem Orient in
Verbindung zu bringen ist — das behauptet Hegel mit Creuzer gegen K. O. Müller
— das ändert aber nichts daran, daß auch die klassische Sicht ein wesentliches
Moment Apollos erfaßt hat, das geistige. Entsprechendes zeigt die Gliederung der
Ästhetik, die die Naturgrundlage der neueren Götter in dem Kapitel über den
Gestaltungsprozeß der klassischen Kunstform behandelt, über die Götter als solche,
aber erst in dem Kapitel ‚Das Ideal der klassischen Kunstform' spricht [256].

Wenn die Götter als geistige Wesen in den Blick kommen, so heißt das auch für
Hegel, daß sie als Produkte des künstlerischen Schaffens verstanden werden
müssen [257]. Diese Sicht der Götter ist in klassischer Weise in der von uns schon
erwähnten ‚Götterlehre' von K. Ph. Moritz festgehalten worden, wo dieser die
mythologischen Dichtungen als ‚Sprache der Phantasie' gedeutet wissen will [258].
Wenn man sich den Ausspruch Herodots vor Augen führt, Homer und Hesiod
hätten den Griechen ihre Götter gemacht [259], so scheinen auch die Alten ihr recht
zu geben. Gerade Herodot stellt nun aber insofern vor Probleme, als er an anderer
Stelle auf die Abhängigkeit griechischer Götter von ägyptischen hinweist [260]. Die
Art, wie Hegel beide Zitate zusammensieht [261], zeigt wieder, daß er nicht

---

[255] Ästhetik 1 S. 456.
[256] Vgl. ebd. S. 589 f.
[257] Vgl. ebd. S. 460 ff.
[258] Vgl. a. a. O. S. 7.
[259] Vgl. II, 53.
[260] Vgl. II, 49.
[261] Auch Creuzer sah sich natürlich vor die Aufgabe gestellt, beide Zitate zu vereinigen. Es ist
interessant, seinen Lösungsversuch mit dem Hegels zu vergleichen: „Diese Überreste
theologischer Poesie sind ihrem I n h a l t e nach im G a n z e n alt, und enthalten wesentliche
Lehren morgenländischer Religion, so wie die Griechen diese übernommen und aufgefaßt
haben. Die dem I n h a l t e nach jüngere Homerische und Hesiodische Poesie ist aber in ihrer
F o r m, in so weit wir von ganzen Werken reden, die ältere, ja die älteste Poesie; und das, was
Herodotus in der berühmten Stelle II, 53 sagt . . .: Homerus und Hesiodus seyen die Erfinder
der Hellenischen Theogonie gewesen . . . hat meines Erachtens folgenden Sinn: sie fanden das
Mittel, in einem neuen Rittergesange, für Alle passend, Allen zu singen zur Genüge, indem sie
das Geheimnis entdeckten, die Götter rein menschlich zu behandeln, zu anthropomorphisiren;
d. h. indem sie es nicht nur verstanden, einem allgemeinen Grundtriebe der menschlichen
Natur gemäß, den Göttern sinnliche Eigenschaften, Kräfte und Neigungen zu verleihen,

ausschließlich der klassischen, in diesem Fall durch Moritz definierten Position zugeordnet werden kann. „Beides ... Tradition und eigenes Bilden, läßt sich durchaus vereinigen. Die Tradition ist das erste, der Ausgangspunkt, der wohl Ingredienzien überliefert, aber noch nicht den eigentlichen Gehalt und die echte Form für die Götter mitbringt. Diesen Gehalt nahmen jene Dichter aus ihrem Geist und fanden in freier Umwandlung für denselben auch die wahre Gestalt und sind dadurch in der Tat die Erzeuger der Mythologie geworden ... Doch sind die Homerischen Götter deswegen auf der anderen Seite nicht etwa eine bloß subjektive Erdichtung oder ein bloßes Machwerk, sondern haben ihre Wurzel in dem Geiste und Glauben des griechischen Volks und seiner nationalen religiösen Grundlagen" [262]. So genügt Hegel auch bei der Individualität der einzelnen Götter nicht der Hinweis auf das freie Spiel der künstlerischen Fantasie [263]; er verweist vielmehr auf den von den symbolischen Naturreligionen überkommenen, nun freilich verwandelten Stoff.

Dennoch, wenn man Phänomenologie und Ästhetik miteinander vergleicht, muß man sagen, daß Hegel sich in dieser auf das Griechenbild der Klassik zubewegt hat, oder besser, daß er erst hier die Stellung zwischen Romantik und Klassik gefunden hat, durch die er sich auszeichnet. Daß wir im Vergleich zur Phänomenologie eine größere Nähe zum klassischen Griechenbild feststellen können, sei mit zwei Gesichtspunkten verdeutlicht.

Wir entsinnen uns, daß Hegel schon in der Phänomenologie auf einen für Homer charakteristischen Zug zu sprechen kam, den W. F. Otto folgendermaßen umschreibt: „Man könnte regelmäßig ohne den geringsten Hinweis auf die Gottheit erzählen, und die Geschichten würden keine gegenständlichen Veränderungen erfahren" [264]. In der Ästhetik geht Hegel wieder darauf ein, ohne die in der Phänomenologie vorgetragene Kritik, die uns nicht überzeugen konnte, zu wiederholen. Vielmehr bemüht er sich nun, das zu leisten, was wir damals gefordert haben, nämlich die Einheit von Göttern und Menschen begreifbar zu machen. Zwei Feststellungen zeigen, daß ihm das in ausgezeichneter Weise gelingt: Einerseits betont er, „daß Homer im Einzelnen und Unterscheidbaren die einzelnen Helden erkennt, in der Gesamtheit aber und dem Allgemeinen die allgemeinen Mächte und Gewalten" [265], andererseits weist er darauf hin, daß „in allen den Fällen, in welchen Homer spezielle Ereignisse durch dergleichen Götterscheinungen erklärt ... die Götter das dem Innern des Menschen selbst Immanente" seien, „die Macht seiner eigenen Leidenschaft und Betrachtung oder die Mächte seines Zustandes überhaupt, in welchem er sich befindet, die Macht

---

sondern sie auch in einen solchen Kreis von Handlungen zu versetzen, den Einbildungskraft des Griechischen Volkes zu umfassen vermocht, w o m i t a l s d i e P e r s o n i f i c a t i o n d e r G o t t h e i t e n g a n z v o l k s t h ü m l i c h v o l l e n d e t w a r" (a. a. O. 2 S. 451 f.).

[262] Ästhetik 1 S. 460 f.
[263] Vgl. zu diesem Begriff ebd. S. 461.
[264] A. a. O. S. 211.
[265] Ästhetik 1 S. 480.

und der Grund dessen, was sich begegnet und dem Menschen diesem Zustand
zufolge geschieht" [266]. Wenn wir bei W. F. Otto lesen, daß durch die Einführung
des Göttlichen „alles Zufällige" verschwinde — die „Einzelgeschehnisse und ihre
Gesamtheit spiegeln sich im Ewigen, und doch geht nichts verloren von dem Blut
und Atem der lebendigen Gegenwart" [267] — wenn wir darauf aufmerksam gemacht werden, daß die „leibhafte göttliche Erscheinung nichts anderes" sei als
„der erleuchtete Augenblick selbst in seiner höchsten und ewigen Wesenhaftig-
keit" [268], so gehen diese Aussagen in der Sache nicht über die Feststellungen
Hegels hinaus. Otto bestätigt vielmehr, daß die Weise, in der Hegel in der Ästhetik
das Verhältnis von Homerischer Götter- und Menschenwelt sah, bleibende Gültigkeit hat [269].

Daß Hegel dem klassischen Griechenbild in der Ästhetik näher steht als in der
Phänomenologie, zeigt auch die unterschiedliche Bedeutung, die die Skulptur in
beiden Werken hat. W. Rehm hat darauf hingewiesen, wie wichtig es sei, „daß die
deutsche Klassik nicht von der Dichtung und Philosophie, nicht von der Baukunst
der griechischen Antike, sondern allein von ihrer Plastik her den Zugang zum
Griechentum gefunden" [270] habe. Der ‚klassisch-deutsche Mythos' wird in seiner
Auffassung vom Griechentum aufs tiefste „bestimmt durch die griechische Statue,
durch die Plastik; sie bietet sich hier dar als sittliche Idee, als Lebensgesetz und
Lebensideal und als Offenbarung der reinen, geläuterten menschlichen Gestalt" [271]. Vor diesem Hintergrund wird erst die Bedeutung verständlich, die die
Skulptur in Hegels Ästhetik für die Darstellung der griechischen Götter hat. Weil
die Götter „aus jeder Kollision und Verwicklung, ja aus jedem Bezug auf Endliches
und in sich Zwiespältiges zu der reinen Versunkenheit in sich zurückgeführt" sind,
ist „die Skulptur vor allen geeignet, das klassische Ideal in seinem einfachen
Beisichsein darzustellen, in welchem mehr die allgemeine Göttlichkeit als der
besondere Charakter zum Vorschein kommen soll" [272], was nicht heißt, daß nicht
gerade die Skulptur auch die Kunst ist, die zu der „Besonderheit der Götter mit
fortgeht" [273]. Die Skulptur ist so sehr „Mittelpunkt der klassischen Kunstform",
daß „wir hier nicht, wie bei Betrachtung der Architektur, das Symbolische,
Klassische und Romantische als die durchgreifenden Unterschiede und als Grund
der Einteilung annehmen dürfen. Die Skulptur ist die eigentliche Kunst des klassischen Ideals als solchen" [274]. Demgegenüber erschien in der Phänomennologie

---

[266] Ebd. S. 480 f.
[267] A. a. O. S. 218.
[268] Ebd. S. 216.
[269] Vgl. auch die Deutungen der Erzählung vom Tod des Patroklus (Ilias 16, 787 ff.), die
Hegel (Ästhetik 1 S. 480) und Otto (a. a. O. S. 196) gegeben haben.
[270] Götterstille S. 121.
[271] Ebd.
[272] 1 S. 468.
[273] Ebd. S. 472.
[274] Ebd. 2 S. 93 f. — Die Weise, wie Hegel im dritten Teil der Ästhetik die Skulptur im
einzelnen behandelt (vgl. ebd. 2 S. 87—169), kann hier nicht näher betrachtet werden, obwohl
das sehr lohnend wäre.

i n n e r h a l b der Darstellung der Kunstreligion die Sprache zwei Mal als das gegenüber der bildenden Kunst höhere, vollkommenere Element [275].

Doch auch bei der Behandlung der Skuptur zeigt Hegel wieder, wie er in seiner Deutung des Griechischen das klassische und das romantische Griechenbild vereinigen will. Gerade seine Besprechung der plastischen Götterdarstellungen führt ihn nämlich dazu, ein Moment zu betonen, das wir schon bei den Ausführungen über die Phänomenologie als christlich-romantisch gekennzeichnet haben: die Trauer der Götter. In diesem christlich-romantischen Sinn war ja in der Phänomenologie die Trauer der Götter mit dem Schicksal verbunden worden, das über ihnen steht [276]. Hegel hält in der Ästhetik an dieser Verbindung fest; interessant ist aber, daß er hier das Moment der Trauer aus einer Deutung der Plastik als solcher entwickelt. Weil die Götter in ihrer Schönheit „über die eigene Leiblichkeit erhoben" sind, entsteht „ein Widerstreit zwischen ihrer seligen Hoheit, die ein geistiges Insichsein, und zwischen ihrer Schönheit, die äußerlich und leiblich ist" [277]. Dieser Widerstreit ist vorhanden, ohne „als Unterschied und Trennung der inneren Geistigkeit und ihres Äußeren herauszutreten" [278]. Darum ist „das Negative, das darin liegt . . . diesem ungetrennten Ganzen immanent und an ihm selber ausgedrückt. Dies ist innerhalb der geistigen Hoheit der Hauch und Duft der Trauer, den geistreiche Männer in den Götterbildern der Alten selbst bei der bis zur Leiblichkeit vollendeten Schönheit empfunden haben" [279].

Bezeichnenderweise werden diese Gedanken im dritten Kapitel des die griechische Kunst behandelnden Abschnitts ‚Die Auflösung der klassischen Kunstform' [280] wieder aufgenommen. Nun aber tritt das Schicksal als die Macht, die der Zufälligkeit der einzelnen Götter entgegensteht, viel stärker in den Vordergrund. Zwar macht die Skulptur die Hoheit, Würde und Schönheit der Götter anschaulich; das ändert aber nichts daran, daß den Göttern die Endlichkeit immanent ist. Ihr Untergang ist „schlechthin durch sich selbst notwendig, indem das Bewußtsein sich zuletzt nicht mehr bei ihnen zu beruhigen vermag und sich deshalb aus ihnen in sich zurückwendet" [281]. Die Kritik, die Hegel im folgenden an den griechischen Göttern übt, ist zugleich eine Begründung für die Überlegenheit der christlichen Religion gegenüber der griechischen. Die „geistige Individualität tritt zwar als Ideal in die menschliche Gestalt herein, aber in die unmittelbare, d. h. leibliche Gestalt, nicht in die Menschlichkeit an und für sich, welche in ihrer inneren Welt des subjektiven Bewußtseins sich wohl als von Gott unterschieden

---

[275] Beim Übergang zur Hymne und zum Orakel innerhalb des abstrakten Kunstwerks (a. a. O. S. 495 f.) und beim Übergang vom lebendigen zum geistigen Kunstwerk (ebd. S. 505 f.). – In der Ästhetik gehört ja das sprachliche Kunstwerk als solches schon zu den romantischen Künsten (vgl. a. a. O. 2 S. 703—705).
[276] A. a. O. S. 512.
[277] A. a. O. 1 S. 466.
[278] Ebd. S. 467.
[279] Ebd. S. 467; bei den ‚geistreichen Männern' mochte Hegel vor allem an Stolberg und Schelling gedacht haben (vgl. Rehm, Götterstille S. 138 ff., besonders S. 141 und 146 f.).
[280] 1 S. 483—497.
[281] Ebd. S. 485.

weiß, doch diesen Unterschied ebenso aufhebt und dadurch, als eins mit Gott, in sich unendliche absolute Subjektivität ist" [282]. Daher liegt den Worten Schillers ‚Da die Götter menschlicher noch waren, waren Menschen göttlicher‘, eine schiefe Vorstellung zugrunde, denn „in Wahrheit ist", wie wir in der Geschichtsphilosophie lesen, „der christliche Gott durchaus menschlicher als die Götter der Griechen" [283]. Auch in der Ästhetik geht Hegel auf das bekannte Gedicht Schillers ein — wenn wir diese Besprechung mit der spontanen Zustimmung vergleichen, in der er in den Jugendschriften die ‚Götter Griechenlands‘ als Ausdruck seiner eigenen Empfindungen begrüßte, wird uns deutlich, wie immens der Weg ist, den er von den Schriften der Tübinger und Berner Zeit bis zu den Berliner Vorlesungen zurückgelegt hat. Nun verteidigt er das Christentum gegen die Kritik Schillers [284] — die Erarbeitung eines eigenen Verständnisses des griechischen Geistes bedeutete für ihn zugleich die Erkenntnis der Überlegenheit des Christentums gegenüber demselben. Nur die Verse will er gelten lassen, mit denen Schiller die zweite Fassung seines Gedichtes über die Götter Griechenlands beschloß:

> „Aus der Zeitflut weggerissen, schweben
> Sie gerettet auf des Pindus Höhn,
> Was unsterblich im Gesang soll leben,
> Muß im Leben untergehn" [285].

Darin sieht er nämlich seine eigene Meinung bestätigt, die er gleich anschließend so zusammenfaßt: Die griechischen Götter hatten „ihren Sitz nur in der Vorstellung und Phantasie", sie konnten „weder in der Wirklichkeit des Lebens ihren Platz behaupten noch dem endlichen Geist seine letztliche Befriedigung geben" [286].

Anhang: Die Staatsform der Griechen

Die Götter der Griechen sind vergangen, vergangen ist aber auch nach der Auffassung Hegels die Staatsform der Griechen, die Demokratie. Wir entsinnen uns, daß Hegel in der Berner Zeit die antike Republik der Monarchie als ideales Kontrastbild entgegengestellt hatte. Die Geschichtsphilosophie zeigt, daß sich an seiner von Montesquieu bestimmten Sicht dieser Staatsform nichts geändert hat; verändert hat sich aber dies, daß er nun in der Demokratie keine irgendwie geartete Möglichkeit für seine eigene Gegenwart mehr sieht. Selbst diese Veränderung kann man damit in Zusammenhang bringen, daß Hegel nun eine Feststellung Montesquieus zur Geltung kommen läßt, die er bisher nicht berücksichtigt hat:

„Il est de la nature d‘une république, qu‘elle n‘ait qu‘un petit territoire: sans cela, elle ne peut guère subsister" [287].

---

[282] Ebd.
[283] PhdWG S. 579.
[284] Ästhetik 1 S. 487—489.
[285] Ebd. S. 489; vgl. Schiller a. a. O. 1 S. 151.
[286] Ästhetik 1 S. 489.
[287] A. a. O. S. 164.

Freilich, der Grund für die Wandlung der Anschauungen Hegels [288] liegt in der geschichtlichen Erfahrung, die der Verlauf der Französischen Revolution für ihn bedeutet hat [289]. Die Darlegungen der Geschichtsphilosophie lassen daran keinen Zweifel. Zunächst hält Hegel — in Übereinstimmung mit Montesquieu — als „äußerliche Bedingung für ein Bestehen der Demokratie" fest, „daß nur k l e i n e S t a a t e n dieser Verfassung fähig sind" [290]. Weiter unten lesen wir dann: „Man kann in einem großen Reiche wohl herumfragen, Stimmen sammeln lassen in allen Gemeinden und die Resultate zählen, wie das durch den französischen Konvent geschehen ist; dies ist aber ein totes Wesen, und die Welt ist da schon in eine Papierwelt auseinandergegangen und abgeschieden. In der Französischen Revolution ist deshalb niemals die republikanische Verfassung als eine Demokratie zustande gekommen, und die Tyrannei, der Despotismus erhob unter der Maske der Freiheit und Gleichheit seine Stimme" [291].

Daß Hegel von einer äußerlichen Bedingung [292] spricht, weist schon darauf hin, daß der eigentliche Grund, weshalb seiner Meinung nach die Demokratie keine der Neuzeit angemessene Staatsform ist, wo anders gesucht werden muß. Er liegt darin, daß das für die Neuzeit konstitutive Prinzip der Subjektivität, das Bewußtsein des „sich in sich erfassenden Gedankens" [293], die Innerlichkeit oder, wie Hegel auch sagen kann, die Moralität, für den athenischen Staat, der sich dadurch auszeichnet, „daß die Sitte die Form ist, worin er besteht, nämlich die Untrennbarkeit des Gedankens von dem wirklichen Leben" [294], für die Demokratie tödlich ist. Das „Dafürhalten des Individuums ist dem griechischen Geiste ganz zuwider" [295].

---

[288] Der früheste Beleg für diese Wandlung findet sich vielleicht in den ‚Fragmenten historischer Studien‘, wo Hegel unter Anspielung auf eine Stelle des von ihm geliebten Thukydides folgendes ausführt: „So kann nur die Volksversammlung eines kleinen Freistaats sprechen. Vor ihr und von ihrem Munde haben solche: W i r; völlige Wahrheit. In größeren Republiken sind sie immer sehr eingeschränkt. Das Wir ist denen, die es aussprechen, immer umso fremder, je größer die Menge ihrer Mitbürger ist. Der Antheil jedes Einzelnen an einer That ist so gering, daß er von ihr als seiner That fast gar nicht sprechen kann. Der Antheil am Ruhm seiner Nation ist größer, aber es heißt nur: i c h g e h ö r e z u r N a t i o n, nicht i c h b i n. Dies Ganze übt eine Herrschaft über ihn aus, unter der er steht. Ein freies großes Volk ist daher insofern ein Widerspruch in sich selbst. Das Volk ist die Gesammtheit aller Einzelnen und alle Jede sind immer vom Ganzen Beherrschte. Ihre That, das, was die That eines J e d e n ist, ist ein unendlich kleines Fragment einer Nationalhandlung" (Rosenkranz a. a. O. S. 520; Dokumente a. a. O. S. 263). Da die ‚Fragmente historischer Studien‘ nicht im Manuskript überliefert sind, ist eine genaue Datierung nicht möglich. So können wir nicht sagen, ob unser Stück in die Berner oder in die Frankfurter Zeit fällt, oder ob es sich um viel später entstandene Notizen zu Hegels Vorlesungen handelt (vgl. Schüler a. a. O. S. 157—159).
[289] Vgl. hierzu J. Ritter, Hegel und die französische Revolution, Frankfurt 1965.
[290] PhdWG S. 608.
[291] Ebd. S. 609.
[292] Bemerkenswert ist, daß Hegel auch die Sklaverei für eine äußerliche Bedingung der Demokratie hält (vgl. ebd. S. 610 f.).
[293] Ebd. S. 641.
[294] Ebd. S. 645.
[295] Ebd. S. 643.

Dennoch ist gerade in der athenischen Demokratie das Prinzip der Subjektivität zum ersten Mal ausgesprochen worden, das Prinzip, das den Untergang eben dieser Demokratie herbeiführen sollte. Um das zu konkretisieren, müssen wir auf eine Gestalt verweisen, die wir schon bei unserer Besprechung der Phänomenologie als Beispiel eines tragischen Konflikts erwähnt haben: auf Sokrates. Sokrates hat dieses Prinzip aufgestellt, das eine „Revolution der griechischen Welt" [296] bedeutete. Die athenische Demokratie konnte es nicht ertragen, sie ging daran zugrunde; insofern ist Sokrates zu Recht zum Tode verurteilt worden. In seiner Wahrheit kommt es für Hegel erst in der Religion zur Geltung, die als ganze der griechischen überlegen ist, der christlichen.

Schluß

Gewiß läßt uns manches an dem Griechenbild Hegels, das wir hier, wenn auch nur in Umrissen, skizziert haben, unbefriedigt. Dabei denke ich vor allem daran, daß nicht versucht wurde, von der Behandlung der athenischen Demokratie aus eine Theorie der neuzeitlichen Demokratie zu entwickeln [297]. Ebenso halte ich die Weise, wie die Stufe des griechischen Geistes mit der Kunst als solcher zusammengesehen wird, für fragwürdig. Das Problem ist, ab man die romantische, d. h. die neuzeitliche Kunst, wieder, wenn auch nur in einem bestimmten Sinne, mit der symbolischen Kunst in Verbindung bringen kann, so daß sie in diesem Sinne als Rückfall gegenüber der klassischen erscheinen muß, oder ob sich nicht Gesichtspunkte finden ließen, die die romantische Kunst auch als Kunst, nicht nur wegen des ihr zugrundeliegenden höheren Inhalts, gegenüber der klassischen auszeichnen [298].

Dennoch scheinen mir beim Griechentum Hegels Darlegungen geglückter zu sein als bei jedem der von uns zuvor behandelten Völker. Das liegt zum einen daran, daß der Unterschied zwischen dem, was wir heute wissen, und dem Forschungs- stand zu Beginn des 19. Jahrhunderts bei den ‚Naturreligionen' sehr viel größer ist

---

[296] Ebd. S. 646; vgl. S. 643 ff. — Interessant ist, daß Plato in der Sicht Hegels Sokrates nicht folgte. Der Hauptgedanke der ‚Republik' Platons ist nämlich der, „der als Prinzip der griechischen Sittlichkeit anzusehen ist, daß nämlich das Sittliche das Verhältnis des Substantiellen habe, als göttlich festgehalten werde, — so daß jedes einzelne Subjekt den Geist, das Allgemeine zu seinem Zwecke, zu seinem Geiste und Sitte habe, nur aus, in diesem Geiste wolle, handle, lebe und genieße . . ." (Werke 19 S. 113 f.). Eine eingehendere Darstellung des Verhältnisses Hegels zur griechischen Philosophie, die dem entsprechen würde, was wir bei den chinesischen und indischen Philosophie versucht haben, ist hier nicht möglich, da sie Thema einer eigenen Abhandlung sein müßte (vgl. u. a. M. Heidegger, Hegel und die Griechen, in: Die Gegenwart der Griechen im neueren Denken, FS H. G. Gadamer, Tübingen 1960, S. 43—57).
[297] Das ändert nichts daran, daß die Argumentation, mit der Hegel die Monarchie als Staatsform für die christlichen Völker begründet, Probleme unserer neuzeitlichen Demokratie aufzeigt, und zwar besonders den Formalismus in der Verwirklichung der Freiheit, die nur als in einem bestimmten Jahresrhythmus erfolgende Stimmabgabe gefaßt wird.
[298] Vgl. zur Konzeption Hegels besonders Ästhetik 1 S. 295—297.

als beim Griechentum [299], zum andern liegt es an den manchmal, besonders beim Judentum, einseitigen Interpretationen Hegels. Gerade seine Auffassung des Griechentums zeichnet sich dadurch aus, daß sie ganz unterschiedliche Anschauungsweisen in sich vereinigt und die damals bekannten Phänomene in einer Breite begrifflich verarbeitet, die sie, wenn ich recht sehe, gegenüber den Deutungen der anderen großen Gestalten des deutschen Idealismus überlegen sein läßt [300]. Darüber hinaus ist bemerkenswert, daß wir hier eine christliche Interpretation des Griechentums vor uns haben, die dennoch nicht von der Romantik geprägt ist. Die Tiefe, mit der Hegel die griechische Religion, besonders die Götterwelt Homers, verstand, um dann an ihr selbst ihre Schranke aufzuzeigen, ist vorbildlich für jede christliche Interpretation des Griechentums, besonders für die unserer Zeit [301]. Sie wurde bisher nicht wieder erreicht.

---

[299] Das ist vor allem darauf zurückzuführen, daß bei den ‚Naturreligionen‘ die zu einer Urteilsbildung notwendigen Quellen gar nicht (Ägypten) oder nur in ungenügender Weise (China, Indien, Persien) vorhanden waren, während Hegels Darstellung des Griechentums auf einer umfassenden Kenntnis der wichtigen Autoren aufbauen konnte.

[300] Natürlich müßte man, um hier ein fundiertes Urteil abgeben zu können, das Griechenbild dieser anderen Denker ebenso ausführlich untersuchen, wie wir das hier bei Hegel getan haben. Da das in unserem Zusammenhang nicht möglich ist, sei — recht vorläufig — folgendes vermerkt: Goethe vermochte (und wollte!) die religionsgeschichtliche Betrachtungsweise Creuzers und anderer überhaupt nicht in sein Griechenbild aufzunehmen (vgl. Rehm, Griechentum, besonders S. 299 f.), so daß er — von da aus gesehen — nicht die Weite der Hegelschen Sicht erreichte. Schiller war ein „wirklich durchgreifendes, selbständiges Erlebnis der griechischen Kunst . . . nicht geschenkt" (ebd. S. 194), während Hegel ein „außerordentlich feines künstlerisches, nicht nur kunstgeschichtliches Empfinden" besaß (Rehm, Götterstille S. 166). Auch im Vergleich zu neueren Werken wie dem W. F. Ottos, der das eigentlich Griechische nur in der Homerischen Götterwelt finden will, wird die umfassende Betrachtungsweise Hegels deutlich.

[301] Neuere Theologen gefielen sich ja oft in einer schroffen Entgegensetzung von jüdischem und griechischem Denken, ohne sich im geringsten um ein Verständnis des letzteren zu bemühen.

VII. Die römische Religion

A. Die begriffliche Bestimmung als solche

Die Nähe, in der das Manuskript von 1821 zur Logik Hegels steht, bewirkt, daß die römische Religion hier eine Sonderstellung bekommt, die sie in den späteren Vorlesungen nie wieder erlangen wird. Die Religionen in der Bestimmtheit des Seins, d. h. die Naturreligionen, werden von den Religionen in der Bestimmtheit des Wesens, d. h. der jüdischen und der griechischen Religion, unterschieden. Von diesen wird gleichermaßen die Religion in der Bestimmtheit des Begriffs abgehoben, d. h., sofern es sich um den endlichen Begriff handelt, die römische Religion[1]. Auch die Weise, in der der Übergang von der Notwendigkeit der griechischen Religion zum Zweck der römischen gesehen wird, zeigt die Nähe der religionsphilosophischen Vorlesung von 1821 zur Logik Hegels. Den Fortgang der Logik von der bloßen Form der Notwendigkeit, wo der Inhalt gleichgültig ist, zur Teleologie, wo der Inhalt wichtig wird, „weil sie einen Begriff, ein an und für sich Bestimmtes und damit Selbstbestimmendes voraussetzt, also von der Beziehung der Unterschiede und ihres Bestimmtseins durch einander, von der Form die in sich reflektierte Einheit, ein an und für sich Bestimmtes, somit einen Inhalt unterschieden hat"[2], hat Hegel im Auge, wenn er schreibt: „Zweck ist konkrete Bestimmung; Götter sind bestimmte besondere Mächte, — (der Zweck wird hier das,) was vorher leere, unbestimmte Notwendigkeit über ihnen (gewesen) ist"[3].

In der Vorlesung des Jahres 1824, die die römische Religion zum zweiten Kreis der bestimmten Religionen rechnet und sie damit mit der jüdischen und griechischen zusammenbringt[4], wird der Übergang von der griechischen zur römischen Religion nicht mehr einfach als Fortgang von der Notwendigkeit zum Zweck beschrieben. Die „abstrakt leere Notwendigkeit"[5] ist nur eines der beiden Momente, die Hegel bei der ‚Religion der Schönheit' erwähnt. Das andere sind die „besondern Mächte des Rechts, der Sittlichkeit"[6]. Der Fortgang besteht nun darin, daß sich „jene abstrakte Notwendigkeit mit der Besonderheit der Zwecke vereinige"[7]. Die Kategorie des Zwecks als solche zeigt hier nicht mehr den begrifflichen Fortschritt an, der mit der römischen Religion erfolgt. Die Einbeziehung der jüdischen Religion macht deutlich, daß es sich um die Weise handelt, wie der Zweck gefaßt

---

[1] Vgl. PhdR II S. 19—21.
[2] Werke 6 S. 439.
[3] PhdR II S. 20.
[4] Vgl. PhdR III S. 9. — Allerdings wird die römische Religion auch hier noch als Übergangsreligion von den Religionen der Erhabenheit und der Schönheit abgehoben.
[5] PhdR III S. 192.
[6] Ebd.
[7] Ebd. S. 193.

wird. „Zuerst ... hat sich uns ein ausschließender Zweck gezeigt (jüdische Religion d. V.), dann viele (griechische d. V.), und diese sollen nun zu einem allgemeinen Zweck erweitert, dieser soll selbst Notwendigkeit, Höchstes werden"[8]. (römische Religion)

Da Hegel in der Vorlesung von 1827 die Reihenfolge der jüdischen und der griechischen Religion umkehrt, muß er hier die römische Religion an die jüdische anschließen. Die römische Religion wird zunächst als „Vereinigung der Religionen der Schönheit und der Erhabenheit"[9] bestimmt. Im folgenden geht Hegel wieder von der griechischen Religion aus und stellt — ähnlich wie in der Vorlesung von 1824 — die „Forderung des Gedankens" auf, „daß die abstrakte Notwendigkeit erfüllt werde mit der Besonderheit, mit dem Zweck in ihr selbst"[10]. Nun leistet dies schon die jüdische Religion, nicht erst die römische; das Höhere, das die römische Religion bringt, ist, „daß dieser Zweck erweitert werde zum Umfange der Besonderheit überhaupt"[11]. Zwar verlieren die griechische und die jüdische Religion ihre Einseitigkeit; aber „jedes der Prinzipien" verdirbt „zugleich durch die Aufnahme in sein Gegenteil ... Die Religion der Schönheit verliert die konkrete Individualität ihrer Götter und damit auch deren sittlichen, selbständigen Inhalt; die Götter werden zu Mitteln herabgesetzt. Die Religion der Erhabenheit verliert die Richtung auf das Eine, Ewige, Überirdische. Verbunden werden sie zu einem zunächst empirischen allgemeinen, zu einem ausführlichen, äußerlich allgemeinen Zweck; in der Religion der Zweckmäßigkeit ist der Zweck das Umfassende; aber ein äußerlicher, der dann in den Menschen fällt, — und der Gott ist die Macht, ihn zu realisieren"[12].

B. Die begriffliche Bestimmung in ihrem Verhältnis zu den Quellen[13]

1. Die Religion der Zweckmäßigkeit

Schon aus der begrifflichen Bestimmung als solcher können wir entnehmen, daß Hegel die römische Religion als ‚Religion der Zweckmäßigkeit' charakterisiert. Wenn wir fragen, worauf diese Kennzeichnung zurückzuführen ist, so stoßen wir auf die Quelle, die überhaupt für Hegels Behandlung der römischen Religion entscheidend ist: auf das Werk von K. Ph. Moritz: ΑΝΘΟΥΣΑ oder Roms Alterthü-

---

[8]   Ebd. S. 193 f.
[9]   Ebd. S. 193.
[10] Ebd.
[11] Ebd.
[12] Ebd. S. 194 f.
[13] Ein Überblick über die Geschichte der Erforschung der römischen Religion scheint hier entbehrlich, da in der Zeit Hegels sich erst die Erkenntnis durchsetzte, daß diese Religion ein spezifisches Gepräge besitzt.

mer'[14]. Bei Moritz ist allerdings von einer Religion des Zwecks oder der Zweckmäßigkeit nicht die Rede. Betrachten wir aber die Weise, wie Moritz die römischen Feste beschreibt, genauer, so verstehen wir wohl, wie Hegel zu seiner Charakterisierung kommen konnte. Wir ordnen dabei — ebenso wie Moritz — die für uns interessanten Feste so an, wie sie im Lauf des Jahres aufeinander folgen.

Bei den am 11. und 15. Januar gefeierten Carmentalia ging es um die „glückliche Fortpflanzung des römischen Volkes", die „von den Müttern . . . erfleht wurde"[15]. Die Fornacalia wurden der Göttin Fornax zu Ehren gefeiert, „welche man bei dem Dörren des Getreides in den Oefen anflehte, daß sie hierzu Gedeihen geben und Schaden verhüten möchte"[16]. Die Caristia hatten ihren „Nahmen von Liebe und Eintracht, welche dadurch in den Familien bewirkt werden sollten, die sich zu der Feier desselben, eine jede in dem Hause der Aeltesten oder Vornehmsten aus der Familie versammelten"[17]. Bei dem Fest der Juno Lucina kamen die Mütter „auf dem esquilinischen Berge" im Tempel der Göttin zusammen, „sie schmückten den Tempel mit Blumen und frischen Kräutern aus, und erflehten sich eine glückliche und tapfere Nachkommenschaft, Fruchtbarkeit und leichte Entbindung"[18]. Bei den Quinquatrus brachten junge Knaben und Mädchen „der Pallas Geschenke dar, um mit Leichtigkeit zu lernen, und in ihren Arbeiten geschickt zu seyn"[19]. Beim Kult der Magna Mater flehen die Frauen die Göttin um Beistand an, „daß es ihnen gelingen möchte, sich ihren Männern stets angenehm zu machen, und ihre Zuneigung sich zu erhalten"[20]. Bei den am 15. April gefeierten Fordicidien, „da die Erde selbst von dem eingestreuten Saamen schwanger . . . opferte man ihr eine trächtige Kuh . . . wodurch man die alles ernährende Mutter zu versöhnen suchte, damit sie Mißwachs und Unfruchtbarkeit verhütend, den Saaten und den Heerden Gedeihen geben möchte"[21]. Schon der König Numa hatte dieses Fest gestiftet, „um . . . bei einer großen Unfruchtbarkeit der Aecker und der Heerden, welche zu seiner Zeit einfiel, den Muth des Landmannes wieder aufzurichten"[22]. Durch die Feier der Parilien suchte man die

[14] Berlin 1971.

[15] Ebd. S. 24. — Heute können wir uns diese von Varro übernommene Deutung Moritz' nicht mehr zu eigen machen, sondern müssen uns mit dem Eingeständnis begnügen, daß wir nicht mehr in der Lage sind, den ursprünglichen Sinn dieses Festes zu ermitteln (vgl. K. Latte, Römische Religionsgeschichte, München ^{2}1967, S. 136 f.).

[16] Moritz a. a. O. S. 44; vgl. PhdR III S. 217 und 223. — Das Fest wurde im Februar gefeiert. Die Göttin Fornax ist spätere Konstruktion (vgl. Latte a. a. O. S. 143).

[17] Moritz a. a. O. S. 48. — Dieses am 22. Februar gefeierte Fest hatte sich „anscheinend aus der Gewohnheit entwickelt, nach Abschluß der Parentalia, die die Familienmitglieder vereinigten, ein gemeinsames Mahl abzuhalten, das zunächst keinen religiösen Charakter trug" (Latte a. a. O. S. 339). Es ist erst seit der Kaiserzeit bezeugt und später zum Totenfest geworden (vgl. ebd. S. 339 und 274).

[18] Moritz a. a. O. S. 58; vgl. Latte a. a. O. S. 95 f. und 105.

[19] Moritz a. a. O. S. 66 f. — Die am 19. März gefeierten Quinquatrus sind ein Handwerker- und Schulfest (vgl. Latte a. a. O. S. 164 f.).

[20] Moritz a. a. O. S. 86; vgl. Latte a. a. O. S. 258 ff. — Der „düstere Charakter des Kults" kam „im Rom der republikanischen Zeit nicht zur Geltung" (ebd. S. 261).

[21] Moritz a. a. O. S. 101.

[22] Ebd. S. 102; vgl. PhdR III S. 223. — Bei diesem Fest handelt es sich um sympathetische Magie (vgl. Latte a. a. O. S. 69).

Pales sich geneigt zu machen, „welche dem Futter der Thiere Gedeihen gab, und in
deren Obhut die Hirten ihre Heerden empfahlen, um sie vor allem Schädlichen zu
bewahren"[23]. Am 25. April, d. h. um die Zeit, „wo in jenem Klima, der Rost oder
Brand das Getreide am öftersten angreift wurde dem R o b i g o, einem Wesen der
Einbildungskraft, das man sich selbst sowohl schadenstiftend als schadenverhütend
dachte, ein Opfer dargebracht, um es zu versöhnen"[24]. Die am 9., 11. und 13. Mai
gefeierten Lemurien dienten der „Besänftigung der Verstorbenen"[25]; wenig später
brachten die Kaufleute „dem Merkurius Opfer dar, damit er ihnen im Handel
Gewinn verleihen, und ihre Unternehmungen beglücken möge"[26]. Am 1. Juni
gedenkt man der Juno Moneta, unter derem „besondern Schutz" das Münzwesen
steht[27]. Am gleichen Tag werden auch die ‚Tempestates' gefeiert: „Weil am 1sten
Junius einst eine römische Flotte einen gefährlichen Sturm, der sie beinahe zu
Grund richtete, erlitten hatte, so wurde auch diese Naturbegebenheit, die man sich
unter dem Bilde eines persönlichen Wesens dachte ... ein Gegenstand der
Verehrung"[28]. Der Seemann suchte hier „unmittelbar Stürme, Wind und Wetter,
und das Meer das er befahren mußte, zu versöhnen und sich geneigt zu machen,
um nun desto sicherer und mit mehrerem Muthe der drohenden Gefahr sich
auszusetzen"[29]. Schließlich verehrte man an diesem Tag auch die Kriegsgöttin, der
ein Tempel, „aber außerhalb der Stadt", geweiht war, „weil innerhalb der Mauern
Eintracht herrschen, und der Krieg nur gegen die Feinde des Vaterlandes sich
kehren sollte"[30]. Wenig später war der Tag des Herkules, „an welchen diejenigen
ihr Gebet richteten, welche ihre Schätze gern vermehrt wissen wollten, oder sich
gar einen Schatz zu finden wünschten. Wer daher dem Herkules den Zehenden gab,
glaubte sein Geld auf Wucher ausgethan zu haben"[31]. An den Vestalia erinnerte
man sich der „Wohlthat des Brodtbackens, da man sich in den ältesten Zeiten bloß
mit getrocknetem und zerriebenem Korn hatte begnügen müssen, weswegen man

---

[23] Moritz a. a. O. S. 103; vgl. PhdR III S. 223. — Wir haben es hier mit einem Reinigungsfest
zu tun, das am 21. April gefeiert wurde. Ob eine ursprüngliche Verbindung mit einer Göttin
Pales besteht oder nicht, kann ohne neues Material nicht geklärt werden (vgl. Latte a. a. O. S.
87 f.).
[24] Moritz a. a. O. S. 109; vgl. PhdR III S. 225. — Die Tötung des Tieres ist zunächst „ein
magischer Akt, der die Vernichtung des in ihm verkörperten Getreiderostes bezweckt" (Latte
a. a. O. S. 68).
[25] Moritz a. a. O. S. 120. — Diese Deutung trifft nicht den urspünglichen Sinn des Festes. Man
wollte an diesen Tagen Gespenster abwehren, „die sonst Mitglieder der Familie holen
könnten" (Latte a. a. O. S. 99). Diese Gespenster sind „von den wohltätigen Divi parentum
sehr verschieden, und anscheinend hat erst Ovid sie nach dem Sprachgebrauch seiner Zeit mit
den Manes paterni identifiziert" (ebd. S. 99).
[26] Moritz a. a. O. S. 123; vgl. PhdR III S. 223. — Der Tag des Merkur war am 15. Mai (vgl.
Latte a. a. O. S. 162 f.).
[27] Moritz a. a. O. S. 129; vgl. PhdR III S. 222; vgl. Latte a. a. O. S. 169.
[28] Moritz a. a. O. S. 132.
[29] Ebd. S. 133; vgl. Latte a. a. O. S. 52.
[30] Moritz a. a. O. S. 134. — Gemeint ist das Fest ‚Mars extra portam Capenam' (vgl. Latte
a. a. O. S. 438). Mars blieb außerhalb der Stadtgrenze, als „Exponent der unheimlichen,
unvertrauten Welt draußen" (ebd. S. 114).
[31] Moritz a. a. O. S. 136. — Der Stiftungstag der aedes Herculis Magni Custodis in Circo
Flaminio lag am 4. Juni (vgl. Latte a. a. O. S. 219).

auch der Göttin Fornax, welche dem Dörren des Korns in den Oefen vorstand, ein eigenes Fest feierte"[32]. Die ludi Apollinares gehen auf eine Pest zurück, bei der man den Göttern gelobte, „diese Spiele auf immer, an einem gewissen bestimmten Tage zu feiern ... Man suchte ... auch hier bei dem größten Unglück, das den Staat betreffen konnte, die erzürnten Götter durch frohe Spiele wieder zu besänftigen[33]. Kastor und Pollux, denen man „auf dem römischen Forum einen kleinen Tempel" errichtet hatte, betrachteten „die Ritter ... als ihre besonderen Schutzgötter, deren Beistand ihnen im Treffen Muth einflößte, und welchen sie sich gleichsam näher dünkten, weil diese Schutzgötter auch selbst Ritter waren"[34]. Bei den Vinalia rustica empfahl man dem „Schutz der Venus auch die Gärten"; von „ihrem wohlthätigen Einfluß" erhoffte man sich „Gedeihen für die Pflanzen"[35]. Bei den Volcanalia „schien es, als wolle man das Element des Feuers selbst, insofern es schadend und zerstörend ist, unmittelbar zu versöhnen, und zu besänftigen suchen, indem man ein röthliches Kalb, und wildes Schwein, usw. in die Flammen warf, und der schädlichen verzehrenden Gluth das Leben von Thieren aufopferte, damit sie gleichsam ihren Hunger an diesen stillen, und das Uebrige, was den Menschen lieb ist, seine Wohnungen, seine Güter, und ihn selbst verschonen möchte"[36]. Man „opferte den schadenden und unglückbringenden Wesen, gleichsam einige Tage im Jahre auf, um sich das ganze übrige Jahr dadurch zu erkaufen"[37]. Die am 21. Dezember gefeierten Angeronalien schließlich gelten der Gottheit Angerona, in welcher man die „Sorgen und Bekümmernisse, welche das Gemüth beängstigen, personifizirte"[38]. Diese Gottheit besaß, wie man glaubte, „die Macht ... dergleichen Beängstigungen zu verursachen, und auch wiederum davon zu befreien, weswegen man sich mit Gebeten und Opfern an sie wandte, damit sie dergleichen Bekümmernisse des Gemüths sowohl, als auch insbesondere eine körperliche Krankheit, welche Angina hieß, und einst bei dem römischen Volke epidemisch um sich griff, gnädig von den Bittenden abwenden möge"[39].

---

[32] Moritz a. a. O. S. 146. — Die Vestalia, ein Fest der Bäcker, fanden am 9. Juni statt (vgl. Latte a. a. O. S. 143 f. und S. 438).

[33] Moritz a. a. O. S. 177; vgl. PhdR III S. 225. — 212 wurden diese Spiele auf Anordnung der Sibyllinen zum ersten Mal abgehalten, ab 208 wurden sie eine ständige Einrichtung. Sie waren ursprünglich auf den 13. Juli festgelegt, wurden aber dann auf den Zeitraum vom 6. bis 13. Juli ausgedehnt (vgl. Latte a. a. O. S. 255 f.).

[34] Moritz a. a. O. S. 185. — Gemeint ist die am 15. Juli stattfindende transvectio equitum. Die Ritter zogen an diesem Tag „bekränzt mit Olivenlaub und mit ihren militärischen Abzeichen vom Tempel des Mars zum Capitol" (Latte a. a. O. S. 175). Ob eine ursprüngliche Verbindung zu Castor besteht, ist unsicher (vgl. ebd. S. 173—176).

[35] Moritz a. a. O. S. 198. — Dieses Fest wurde am 19. August gefeiert. Es galt Jupiter, nicht der Venus, „die im ältesten römischen Kalender fehlt" (Latte a. a. O. S. 75). Moritz folgt bei seinerDeutung Varro, der „das Fest auf Venus als Schützerin der Gärten bezogen und Juppiter nur die ersten Vinalia am 23. April gelassen" hat (ebd. S. 75).

[36] Moritz a. a. O. S. 198 f.

[37] Ebd. S. 200. — An dem am 23. August gefeierten Fest war man vor allem bestrebt, „die eingebrachte Ernte vor Brandgefahr zu schützen" (Latte a. a. O. S. 129).

[38] Moritz a. a. O. S. 254.

[39] Ebd. — Die Deutung Moritz' ist völlig überholt. Die Göttin ist, wie Mommsen erkannt hat, danach benannt, „daß sie die Sonne wieder heraufführt" (Latte a. a. O. S. 134).

Versuchen wir selbst, die von uns wiedergegebenen Ausführungen Moritz'
zusammenzufassen, so werden wir das Charakteristische der römischen Religion
darin sehen, daß jedem einzelnen der aufgezählten Feste ein bestimmter — Zweck
zugeordnet ist. Wenn Hegel also die römische Religion als ‚Religion der
Zweckmäßigkeit' erfaßt, so ist das von seiner Quelle her vollkommen gerechtfertigt.

Aber auch von den Forschungen der modernen Religionswissenschaft ist Hegels
Kennzeichnung nicht überholt worden. G. Mensching sieht in seiner Typologie der
Religionen in der Religion der Römer die Religion der Zweckerfüllung[40] und
bezieht sich dabei ausdrücklich auf Hegel[41]. Auch K. Latte steht in der Nähe
dieser Auffassung, wenn er meint, daß „ausdrückliche Zweckbegrenzung . . . den
Verkehr des Römers mit seinen Göttern"[42] bezeichne.

2. Das Verhältnis zu Moritz

Wenn wir uns die hypothetische Frage stellen, ob Moritz mit Hegels Charakterisierung der römischen Religion einverstanden gewesen wäre[43], so müssen wir mit
Nein antworten. Damit kommen wir auf die entscheidende Differenz zwischen
Moritz und Hegel zu sprechen, die das Verhältnis von griechischer und römischer
Religion betrifft. Moritz gehört noch der Zeit an, die, wie Pinard de la Boullaye
schreibt, „confondait avec l'esprit grec, imaginatif et subtil, le génie positive et
pratique du romain"[44]. Demgegenüber lesen wir bei Hegel: „ . . . gewöhnlich
(gelten zwar) griechische und römische Religion als eins und dasselbe, aber ihr
wahrhafter geistiger Charakter (ist) wesentlich verschieden"[45]. Gewiß wurde diese
Erkenntnis durch Männer wie Niebuhr[46], Wolf und K. O. Müller vorbereitet[47];
trotzdem bleibt es ein Verdienst Hegels — gerade wenn man bedenkt, von welcher
Quelle er ausgeht —, sie so klar ausgesprochen zu haben. Die andere Anschauung
Moritz' wird nicht nur daran deutlich, daß er ganz einfach von den ‚Alten' spricht
und damit Griechen und Römer meint[48], sie zeigt sich auch daran, daß er zwei für
die griechische Religion wesentliche Momente in der römischen wiederfindet: die
Fantasie und die Heiterkeit. Interessanterweise kommt Hegel in beiden Fällen zu
einem anderen Ergebnis.

---

[40] A. a. O. S. 23—25.
[41] Ebd. S. 24.
[42] A. a. O. S. 47.
[43] Sie ist natürlich deshalb hypothetisch, weil Moritz schon 1793 gestorben ist.
[44] Pinard de la Boullaye, L'étude comparée des Religions I, Paris 1922, S. 304.
[45] PhdR III S. 208; vgl. ebd. S. 206.
[46] In seiner Geschichtsphilosophie setzt sich Hegel mit Niebuhr kritisch auseinander (vgl.
PhdWG S. 665, 690 und 697). Quelle hierfür war Niebuhrs ‚Römische Geschichte' I, Berlin
1811).
[47] Vgl. Pinard de la Boullaye a. a. O. S. 304.
[48] Vgl. z. B. a. a. O. S. 29 und 113.

a) Die Fantasie

Das Bewundernswerte an der Religion der Alten war nach Moritz ihre Einheit mit dem wirklichen Leben. Selbst durch die von der Einbildungskraft geschaffenen Wesen, welche sie verehrten, wurden ihre Begriffe immer wieder auf das wirkliche Leben zurückgeführt"[49]. Damit hängt zusammen, daß die „Religion der alten Griechen und Römer . . . nicht eigentlich gelehrt" wurde [50].

„Sie war für das Volk kein Gegenstand des Unterrichts, sondern bloß der Ausübung. Auch war sie auf keine Weise systematisch, sondern sie bildete sich selber von Zeit zu Zeit; welches um so mehr der Fall seyn mußte, da die Gegenstände der religiösen Verehrung nicht genau bestimmt waren, und durch die immer wirksame Einbildungskraft bis ins Unendliche vervielfältigt werden konnten. Natürlicher Weise konnten bei einer Religion der Phantasie keine bestimmten Begriffe von der Gottheit Statt finden; es gab daher auch keinen eigentlichen Lehrbegriff der Religion, und man lernte die Götter nur aus der Art der Verehrung derselben kennen, die sich von einer Geschlechtsfolge auf die andere fortpflanzte. Die mannichfaltigen Feste und religiösen Gebräuche aber erhielten alles, was man sich von den Göttern dachte, bei dem Volke weit lebhafter in Erinnerung, als irgend ein noch so oft wiederholter mündlicher Unterricht würde gethan haben . . ."[51].

Betrachtet also Moritz die römische wie die griechische Religion als „Religion der Fantasie', so finden wir bei Hegel entgegengesetzte Aussagen. Die römische Religion ist „Religion des Verstandes; denn er ist es, der endliche Zwecke festhält — (der Zweck ist) ein durch ihn einseitig gesetzter, nur ihn interessierender — und diese Abstrakta, Vereinzelungen weder in Notwendigkeit versenkt, noch sie in der Vernunft auflöst. Diese Gestaltungen der Religion sind daher nicht Werke der freien Phantasie, des freien Geistes, der Schönheit, nicht Gestaltungen, in denen objektiv der Gegensatz von einer Verstandesbestimmung, Zweckbestimmung und der Realität ausgetilgt ist"[52]. Ja, Hegel kann sogar sagen: „Es gibt nichts Phantasieloseres als ein Kreis von solchen (sc. den römischen d. V.) Göttern"[53].

Auch hier folgt aus der Unterscheidung von Moritz die Nähe Hegels zu Aussagen der modernen Religionswissenschaft. In der römischen Religion vermittelt nach K. Latte den „Zugang zu der unsichtbaren Welt . . . nur eine vorsichtig tastende Empirie, keine gestaltende Phantasie"[54]. Nährboden dieser Religion, schreibt er an anderer Stelle, ist „die Erfahrung, nicht die Phantasie. Die Menschen suchen zu ihrem Frommen zu beeinflussen, was sie umgibt, aber sie greifen nicht über das Nächste hinaus. Es gibt Geister und Mächte, die im Boden sitzen, aber kein Totenreich und keine Unterwelt. Es gibt einen Himmelsgott, der Regen und Sonnenschein, Hagel und Sturm sendet, aber keinen „Himmel" als Aufenthalt der Götter. Es gibt böse und gute Vorzeichen, die eintreten und . . . die man zu beachten hat, wie man sich mit Glück und Unglück abfinden muß. Aber der Römer fragt die Mächte, die ihn umgeben, nicht, was kommen wird. Auf die nächstliegende Sorge, auf das Tun des Tages sind alle Gedanken gerichtet, dafür

---

[49] Ebd. S. 10.
[50] Ebd. S. 364.
[51] Ebd. S. 365 f.
[52] PhdR III S. 210.
[53] Ebd. S. 216.
[54] A. a. O. S. 63.

sucht man hilfreiche Kräfte günstig zu stimmen und feindliche fernzuhalten"[55].
Diese Kräfte, um deren Gunst man bemüht sein muß, werden „nicht als plastische
Gestalten, sondern nur in ihrer Wirksamkeit erfaßt"; sie erscheinen deshalb „in
einer Vielheit . . . die sie von anthropomorphen Religionen unterscheidet"[56].

b) Die Heiterkeit

Das andere Moment, bei dem es um eine inhaltliche Differenz zwischen Moritz
und Hegel geht, ist die Frage, ob die römische Religion als heiter oder als ernst
aufzufassen sei. Moritz sieht es als merkwürdig an, daß man „in den Festen der
Alten, die erzürnten Götter, statt durch Buße und Kasteiung durch Fasten, und
dergleichen, vielmehr durch Fröhlichkeit, und frohe Spiele wieder zu versöhnen
suchte"[57]. Der Flora bringt man „kein andres Opfer dar, als den frohen Genuß
des Lebens selber, den die schönste Jahreszeit unter den Einflüssen dieser
wohlthätigen Gottheit begünstigte"[58]. An der Heiterkeit der römischen Religion
zeigt Moritz wieder die Einheit von Religion und Leben, die für die ‚Alten‘
charakteristisch ist.

„Wenn man . . . erwägt, wie wenig Scherz und Laune durch das Heilige und Ehrwürdige bei
diesen sowohl als anderen Festen der Alten, ausgeschlossen wurde, so scheint es, als ob sie
gewußt hätten, das Ernsthafte und Komische gleichsam an seinen beiden Enden zu fassen, und
es in einem glücklichen Vereinigungspunkte zusammen zu knüpfen, der uns vielleicht
entschlüpft seyn mag, weil wir bei dem Heiligen und Ehrwürdigen das Komische immer nur auf
eine solche Art dulden, als ob es nicht recht mit gutem Gewissen geschehen könne; so wie man
denn auch das jetzige Karneval in Rom als eine Sache betrachtet, die gleichsam wieder
abgebüßt werden muß"[59].

Demgegenüber hebt Hegel die „E r n s t h a f t i g k e i t der Römer"[60] hervor. In
ihr sieht er einen „Grundzug gegen die Heiterkeit der vorhergehenden Religion"[61], d. h. der griechischen, einen Grundzug, den er wieder davon ableitet, daß
die römische Religion als ‚Religion der Zweckmäßigkeit‘ verstanden werden muß.
Da, „wo ein oberstes Prinzip, ein oberster Zweck ist", kann „ diese Heiterkeit

[55] Ebd. S. 107.
[56] Ebd. S. 19. — Natürlich muß eine heutige Analyse der römischen Religion eine differen-
ziertere Darstellung bieten, als Hegel sie zu geben vermochte. In der Geschichte der
römischen Religion gab es nämlich sehr wohl eine „Bewegung, die unter dem Einfluß
griechischer Vorstellungen zu persönlichen, plastisch gesehenen Göttergestalten" führte (ebd.
S. 33, vgl. S. 150, 242 und 251), eine Bewegung, die allerdings bei Beginn der Kaiserzeit
rückläufig wurde, was sich an der Verehrung der Abstracta zeigen läßt (vgl. ebd. S. 33 und 312
ff.). Das ändert nichts daran, daß Hegel das für die römische Religion Spezifische
hervorragend erfaßt hat.
[57] A. a. O. S. 113.
[58] Ebd. S. 112. — Man weiß nicht, ob Flora nur mit der Getreideblüte zu tun hat, oder ob sie
allgemein „rebus florescendis praeest" (Latte a. a. O. S. 73). Ihr Fest ist eine Neuerung vom
Ende des 3. Jahrhunderts; ein Opfer wurde ihr am 3. Mai dargebracht (vgl. ebd. S. 73).
[59] A. a. O. S. 77.
[60] PhdR III S. 210.
[61] Ebd.

nicht stattfinden" [62]. Gerade diese Ableitung muß man im Auge behalten, wenn man die Gültigkeit der Aussagen Hegels auch für unsere eigene Urteilsbildung betont. Dann wird man nämlich die Tatsache, daß römische Religiosität im Gegensatz zur griechischen ein ‚optimistischer Anspruch' kennzeichnet — ein Vergleich des griechischen Tyche—Begriffs mit dem römischen Ausdruck Fortuna, auf den wir weiter unten noch zurückkommen müssen, macht das ganz deutlich [63] — nicht mehr als Einwand gegen Hegel vorbringen, sondern die die griechische vor der römischen Religion auszeichnende Heiterkeit darin sehen, daß dem Römer im Gegensatz zu dem Griechen das „Gefühl für beglückende oder begeisternde Nähe der Gottheit fehlt" [64].

3. Die Staatsreligion

Wir haben uns nun einem weiteren für Hegel wichtigen Kennzeichen der römischen Religion zuzuwenden, der Tatsache, daß es sich hier um eine politische Religion handelt. Fragen wir nach dem allgemeinen Zweck dieser Religion, so ist zunächst der Staat zu nennen [65]. Hegel orientiert sich hier wieder an Moritz, der verschiedene Feste zu nennen weiß, die auf den Staat bezogen sind. Die Einweihung des Tempels der Concordia, „welche jährlich gefeiert wurde, war ein vorzüglich schönes Nationalfest der Römer, denn es erinnerte sie stets wieder an die nothwendigste Bürgertugend, welche allein einen freien Staat erhält" [66]. Auch das Fest der Juno Sospita „gehörte . . . zu den eigentlichen patriotischen Festen, weil es an den Gedanken von Roms Erhaltung geknüpft war . . ." [67]. Die Lucaria erinnerten an die Zeiten, „wo man für Flüchtlinge eine Freistadt errichten mußte, um die neugebaute Stadt zu bevölkern"; sie waren also „wiederum gleichsam ein Blatt, worin das Volk einen Theil seiner eignen Geschichte las, und ihn jährlich in seinem Gedächtniß wieder erneuerte" [68]. Die Nonae Caprotinae zeigen, daß man „allen Unterschied des Standes vergaß, sobald von einer edlen, patriotischen That die Rede war" [69]. In den Saecularspielen verliert sich die „Vorstellung von dem beschränkten einzelnen Menschenleben . . . in den großen Begriff der Fortdauer eines Staates, der von seiner ersten Entstehung an, immer mächtiger und blühender

---

[62] Ebd. S. 211.
[63] Vgl. Latte a. a. O. S. 179.
[64] Ebd. S. 41.
[65] Vgl. PhdR III S. 220.
[66] A. a. O. S. 25. — Es gab verschiedene Concordiatempel (vgl. Latte a. a. O. S. 237f.). Moritz meint das am 16. Januar gefeierte Fest der ‚Concordia Augusta' (vgl. ebd. S. 322 und 433).
[67] Moritz a. a. O. S. 29 f. — Es gab eine Juno Populona, die für den Heerbann sorgte und in Lanuvium Juno Seispes Mater Regina hieß. Dieser Name wurde später „volkssetymologisch zu Sospes und sprachlich korrekter zu Sospita umgestaltet" (Latte a. a. O. S. 166). Die Konsuln brachten alljährlich am 1. Februar der Juno Sospita ein Opfer dar (vgl. ebd. S. 168).
[68] Moritz a. a. O. S. 30. — Genaues über dieses Fest, das als Staatsfest am 19. und 21. Juli gefeiert wurde, läßt sich nicht sagen (vgl. Latte a. a. O. S. 88 f.).
[69] Moritz a. a. O. S. 181. — Es handelt sich hier um ein Frauenfest, das am 7. Juli gefeiert wurde (vgl. Latte a. a. O. S. 106 f.).

wurde, und nun von einem Jahrhundert zum andern auf seine wachsende Größe gleichsam triumphierend zurückblickte"[70]. So ist es nicht verwunderlich, daß es auch einen Tempel der Fortuna Populi Romani gab, dessen Stiftungstag am 25. Mai gefeiert wurde[71]. Die ‚Glücksgöttin' wurde „von dem römischen Volke vorzüglich verehrt; und führte hier mit Recht den Nahmen Fortuna Publika, weil dieser Staat, vor allen andern vom Glück begünstigt, von dem kleinsten Anfange den ungeheuersten Zuwachs nahm, und zuletzt der mächtigste auf Erden ward"[72]. Interessant ist für uns vor allem die Folgerung, die Moritz daraus zieht, weil Hegel ihr ausdrücklich widerspricht:

„Es war nicht allein ihr unüberwindlicher Muth und ihre Tapferkeit, welcher die Römer die Ausbreitung ihrer Macht zuschrieben, sondern sie traten auch dem Glück, bescheiden seinen Theil ab"[73].

Hegel meint zu dieser Stelle: „(Nicht bescheiden, wie Moritz . . . sagt, traten sie ihren Teil dem Glücke ab und schrieben nicht allein alles ihrem (un) überwind- lichen Mut und ihrer Tapferkeit zu. Diese Bescheidenheit ist Religion überhaupt. Aber das Unbescheidene, Ungöttliche ist darin, daß nicht eine allgemeine Idee, sondern diese Wirklichkeit ihnen dies höchste Wesen ist)"[74]. Er wendet also gegen Moritz ein, daß die Römer mit ihrer Verehrung der Fortuna nicht von sich selbst wegverwiesen, nicht eine irgendwie gesetzte Negation an sich vollzogen, sondern nur ihre eigenen Erfolge überhöht haben.

Wenn man sich darüber unterrichtet, was in unserer Zeit zum Fortuna-Begriff der Römer gesagt wird, kann man Hegel nur recht geben. Die Fortuna Populi Romani ist „das glückliche Gelingen, das alle Unternehmungen des römischen Volkes begleitet und ihnen den Charakter aufprägt"[75]. Wenn beide, Fortuna und das römische Volk, eine so enge Verbindung eingegangen sind, daß Abweichungen davon „eigentlich wider die Natur"[76] sind, dann ist die Verehrung der Fortuna im Sinne Hegels und nicht im Sinne von Moritz zu verstehen.

Auch die Tatsache, daß Hegel das politische Moment der römischen Religion so stark herausgestellt hat, wird nicht nur von seiner Quelle, sondern auch von der heutigen Forschung gerechtfertigt. K. Latte spricht an einer Stelle davon, daß „in Rom die Politik der Religion übergeordnet"[77] sei, und immer wieder bestätigen seine Darlegungen diese Behauptung, etwa wenn wir erfahren, daß Kulte nach Rom gezogen werden, damit man sich die in den eroberten Städten vorhandenen Mächte aneignen kann wie die Kriegsbeute[78], oder wenn wir uns darüber unterrichten, wie die Pontifikalreligion mit dem Staat verbunden ist[79], um von Entartungen, wie der, daß Vestalinnenprozesse nur noch politische Kampfmittel sind, gar nicht zu reden[80].

---

[70] Moritz a. a. O. S. 275; vgl. Latte a. a. O., besonders S. 246 ff. und 298 ff.
[71] Vgl. Latte a. a. O. S. 178; Moritz nennt die Fortuna Populi Romani ‚Fortuna Publika'.
[72] Moritz a. a. O. S. 127.   [75] Latte a. a. O. S. 178.   [78] Vgl. ebd. S. 23.
[73] Ebd.   [76] Ebd.   [79] Vgl. ebd. S. 195 ff.
[74] PhdR III S. 218 f.   [77] Ebd. S. 160.   [80] Vgl. ebd. S. 267.

4. Die Stellung der römischen Religion

a) Die Herrschaft der Kaiser

Wenn man sich klarmacht, daß Hegel eine recht negativ gehaltene Beurteilung der römischen Religion gegeben hat [81], dann kann man wie Schoeps „aus dem Verwundern darüber" nicht hinauskommen, „wieso die römische Religion . . . eine höhere Stufe als die griechische oder die jüdische abgeben soll" [82]. Besser als zu staunen ist aber sich zu vergegenwärtigen, wie für Hegel aus der Bestimmung der römischen Religion als Religion des Zwecks diese Höherstellung folgt. Daß diese Religion einen Zweck hat, bedeutet ja, daß „der Begriff sich bestimmt" [83]. Der Zweck ist aber — darin besteht der Hauptunterschied zur christlichen Religion — endlicher Zweck, „selbst in seiner Objektivität zusammengefaßt, ist er nur eine Herrschaft" [84], die der römischen Kaiser. Wenn die Römer endliche, menschliche Zwecke als göttlichen Inhalt hatten und „die Macht solcher Zwecke . . . das Glück des römischen Reichs war, so lag es unmittelbar nahe, die gegenwärtige Macht solcher Zwecke, die dies Glück in Händen hatte, die individuelle Gegenwart solchen Glücks als Gott zu verehren" [85]. Daß Hegel damit — besonders wenn wir seine Randnotiz: „Fortuna publica im Kaiser verwirklicht" [86] hinzunehmen — ein wesentliches Moment der Kaiserverehrung zum Ausdruck gebracht hat [87], ergibt sich aus Ausführungen Lattes, der darauf hinweist, daß der Kaiserkult „nicht der Person, sondern der dahinter stehenden Macht des römischen Imperiums, die von den Göttern gewollt ist", gilt; „die Beteiligung an ihm ist Ausdruck der

---

[81] Zu dieser negativen Beurteilung gehört auch, daß Hegel von der römischen Religion als einer Religion der Abhängigkeit reden kann und sie als solche anderen Religonen, auch orientalischen, entgegensetzt: „Der Orientale, der im Lichte lebt, der Inder, der im Brahma sein Bewußtsein und Selbstbewußtsein versenkt, der Grieche, der in der Notwendigkeit seine besondern Zwecke aufgibt und in den besondern Mächten seine ihm freundlichen, ihn begeisternden, belebenden, mit ihm vereinten Mächte anschaut, lebt in seiner Religion ohne das Gefühl der Abhängigkeit. Er ist vielmehr frei darin, wirft seine Abhängigkeit hinweg und hat sie weggeworfen. Frei (hat er sich) ver(senkt). Gott (ist) in ihm (, und er ist) nur in ihm. Außer der Religion (ist er) abhängig; aber hier (hat er) seine Freiheit. Aber die Selbstsucht, die Not, das Bedürfnis, das subjektive Glück und Wohlleben, das sich will, an sich hält, fühlt sich gedrückt, geht vom Gefühle der Abhängigkeit seiner Interessen aus" (PhdR III S. 209 f.).
[82] A. a. O. S. 277.
[83] PhdR III S. 234; vgl. auch ebd. S. 237: „Erst durch den Zweck wird die Bestimmtheit, kehrt die Bestimmtheit in sich zurück, ist Bestimmtheit in der Subjektivität, bestimmte Bestimmtheit . . .".
[84] Ebd. S. 234.
[85] Ebd. S. 226.
[86] Ebd.
[87] Als Quellen für Hegels Kenntnis des römischen Kaiserkults muß neben den alten Schriftstellern vor allem Gibbon genannt werden, der mit seiner Schilderung der unumschränkten Macht der römischen Kaiser Hegel stark beeinflußt hat (vgl. Gibbon a. a. O. I, Basil 1787, S. 108 f.; besonders S. 109: „But the empire of the Romans filled the world, and when that empire fell into the hands of a single person, the world became a safe and dreary prison for his enemies", S. 179 f. und 221 mit PhdR III, besonders S. 227).

Anerkennung einer politischen Wirklichkeit, nicht religiöses Bekenntnis"[88].
Allerdings wird bei Hegel der Unterschied zwischen dem Gottesbegriff, den man
dem Kaiser zuschrieb[89], und dem Gottesbegriff der monotheistischen Religionen
nicht genügend deutlich[90]. Wenn man bedenkt, daß es sich um zwei völlig
verschiedene Begriffe handelt, wird fraglich, ob man die Verehrung des Kaisers
und die Verehrung Jesu zueinander in Beziehung setzen kann, selbst wenn beides
gegeneinander abgehoben wird wie bei Hegel: „Die Göttlichkeit, das göttliche
Wesen, das Innere, Allgemeine ist zur Einzelheit dieser Individualität herausgetreten, geoffenbart, daseiend; es ist die zur Einzelheit vollendete Bestimmung der
Macht. Aber das Allgemeine ist entflohen; es (ist nur) die Welt des äußerlichen
Glückes und die Macht desselben gegenwärtig, — das ungeheure Unglück. Es fehlt
jene Vollendung der Bestimmung zur bestimmten Bestimmtheit, daß das Indi-
vidum Subjekt, wirklich gegenwärtiges Inneres, Substanzialität in sich werde"[91].

b) Der Begriff der Person

Mit der Herrschaft der Kaiser wird das Endliche, das subjektive Selbstbewußtsein,
zum Unendlichen gemacht. Den näheren Ausdruck davon, daß hier die „Vernünf-
tigung der Subjektivität als solcher" eingetreten ist, sieht Hegel in der Persönlichkeit, d. h. in der „Bestimmung, die der Mensch im Rechte hat"[92]. Die Höherstellung der Römer gegenüber den Griechen und Juden ist für Hegel nicht zuletzt
darin begründet, daß die Römer als erste erfaßt haben, was Person heißt.
Allerdings ist es nur „die abstrakte Person, die abstrakt rechtliche, die des
Eigentums fähig ist"[93]. Von daher ist zu erklären, wie wichtig für die Römer die
„Ausbildung des Rechts"[94] gewesen ist — Hegel stützt sich hier auf die ‚Römische
Rechtsgeschichte' Gustav von Hugos[95] — sie beschränken sich aber auf das
„j u r i s t i s c h e R e c h t, das Recht des Eigentums"[96]. Höhere Rechte wie das
des Gewissens oder „das Recht der Sittlichkeit, der Moralität"[97] kommen hier
noch nicht in den Blick. „Es ist wohl die Persönlichkeit, aber nur die abstrakte, die

---

[88] A. a. O. S. 308.
[89] Einem das Prädikat ‚Gott' zuzuerkennen, bedeutete ja nur die „Aussage des höchsten zur
Verfügung stehenden Prädikats für einen Menschen" (ebd. S. 308).
[90] Vgl. ebd. S. 31 und 326.
[91] PhdR III S. 227.
[92] Ebd. S. 235.
[93] Ebd.
[94] Ebd. S. 234.
[95] Hegel benutzte folgende Ausgabe: G. v. Hugo, Lehrbuch eines civilistischen Cursus 3:
Lehrbuch der Geschichte des römischen Rechts bis auf Justinian, Berlin [5+6] 1818 (vgl. Briefe
II S. 177 und 424 sowie die recht kritische Auseinandersetzung mit Hugo in der
Rechtsphilosophie [Werke 7 S. 37ff.]). Schon die mir zugängliche Auflage von 1799 zeigt
eigenständige, nach Perioden unterschiedene Darlegungen über das Personenrecht, die sich dort
auf 37—58, 166—172, 309—315 und 395—398 finden.
[96] PhdR III S. 234.
[97] Ebd.

Subjektivität in diesem abstrakten Sinn, die diese hohe Stellung erhält"[98]. Die Bedeutung der römischen Religion besteht darin, daß sich in ihr die „Bestimmung des Selbstbewußtseins" vollzieht — das macht ihre „unendliche Wichtigkeit und Notwendigkeit"[99] aus. Aber das Höchste wird „in endlicher Weise aufgefaßt", und deshalb ist es „das Schlechteste"[100]. „Je tiefer der Geist, desto ungeheurer (ist er) in seinem Irrtum. Die Oberflächlichkeit, in dem sie sich irrt, hat einen ebenso oberflächlichen, schwachen Irrtum. Nur das an sich Tiefe kann ebenso nur das Böseste, Schlimmste sein"[101]. Nur wenn man diesen dialektischen Gedanken Hegels begreift, kann man verstehen, daß er keinen Widerspruch darin sah, die römische Religion recht kritisch zu beurteilen und sie dennoch allen anderen außerchristlichen Religionen überzuordnen. Die römische Religion ist die „Vollendung der Endlichkeit", sie ist aber zugleich „das absolute Unglück, der absolute Schmerz des Geistes, der höchste Gegensatz desselben in sich, und dieser Widerspruch (ist) unaufgelöst, der Gegensatz unversöhnt"[102]. Die „äußerliche, losgelassene Endlichkeit" muß aufgenommen werden in die „unendliche Allgemeinheit des Denkens"; umgekehrt muß die „unendliche Allgemeinheit des Denkens ... gegenwärtige Wirklichkeit"[103] erhalten. Das Selbstbewußtsein muß „zum Bewußtsein der Wirklichkeit des Allgemeinen" kommen, das Allgemeine muß das Göttliche als „daseiend, als weltlich, als in der Welt gegenwärtig"[104] haben — Gott und die Welt werden in der christlichen Religion versöhnt.

---

[98] Ebd.
[99] Ebd. S. 238.
[100] Ebd.
[101] Ebd.
[102] Ebd. S. 239.
[103] Ebd. S. 240.
[104] Ebd.

Abschließende Überlegungen

Wir sind nun imstande, eine Antwort auf die allgemein gestellte Frage zu suchen, ob Hegel die von ihm benützten Quellen bei seiner Darstellung der außerchristlichen Religionen zu Worte kommen ließ oder ob er sie zugunsten eigener Begrifflichkeit uminterpretiert hat. Die Antwort, die sich natürlich der mit der Allgemeinheit der Frage gegebenen Problematik bewußt sein muß, kann nur lauten, daß im großen und ganzen der Befund der Quellen in die Ausführungen Hegels über die einzelnen Religionen eingegangen ist.

Gewiß lassen sich Beispiele dafür anführen, daß eine stärkere Berücksichtigung der Quellen durch Hegel notwendig gewesen wäre: So wird in China die Gleichheit, in Indien die Verschiedenheit zu stark betont[1]; die Bedeutung, die die Subjektivität des einzelnen hat, kommt nicht zum Ausdruck[2]. Die Tragweite des Unterschiedes von privater und öffentlicher Religion in China wurde nicht genügend erfaßt[3]; die Quellen lassen Belege für die Behauptung vermissen, der Vorgang des Denkens als solcher sei mit Brahma identisch[4]. Bei der Behandlung des Buddhismus ließ sich Hegel zu sehr von zeitgenössischer Polemik bestimmen[5]; die Aussagen über die in dieser Religion gelehrte Unsterblichkeit der Seele hätte er bei ausgiebigerem Quellenstudium sicher vorsichtiger formuliert[6]. Der Tatsache, daß in der persischen Religion die Vorstellung eines *einmaligen* Geschichtsverlaufs ausgebildet worden ist, hätte er mehr Aufmerksamkeit zuwenden müssen[7]. Schließlich kommen bei der Darstellung der jüdischen Religion die Momente der Nähe Gottes nicht zur Geltung, obwohl Hegel aus den alttestamentlichen Schriften wie aus Mendelssohn das Nötige hätte entnehmen können[8].

Diesen Beispielen lassen sich aber andere gegenüberstellen, die zeigen, daß Hegel manchmal gut daran tat, über seine Quellen hinauszugehen, weil er so in eine größere Nähe zu Ergebnissen der modernen Religionswissenschaft gelangte als jene selbst. Im einzelnen sind hier bei Indien seine Aufnahme des Werkes von Mill anzuführen[9] sowie die Tatsache, daß er die Objektlosigkeit des Brahma dargelegt hat, ohne den Begriff des Ātman einzuführen[10]. Bei Persien kann man auf die

---

[1] S. o. besonders S. 40 und S. 100.
[2] S. o. besonders S. 31ff.
[3] S. o. S. 31 — 34.
[4] S. o. S. 92ff.
[5] S. o. S. 63 — 69.
[6] S. o. S. 74f.
[7] S. o. S. 124f.
[8] S. o. S. 145 ff.   Man muß hier allerdings das in V, Anm. 216a) Gesagte berücksichtigen.
[9] S. o. S. 82f.
[10] S. o. S. 91f.

Wiedergabe der Abhandlung Fouchers verweisen [11], bei Ägypten auf die mindestens partielle Zurücknahme der hellenisierenden Interpretation Plutarchs ebenso wie auf die Interpretation des Herodot-Zitats von der Unsterblichkeit der Seele im Sinne der Selbstständigkeit des Subjekts [12]. Beim Judentum kommt es der Deutung des אֲרָא-Begriffs zugute, daß Hegel die damalige alttestamentliche Exegese so wenig berücksichtigt hat [13]. Verdienstvoll bei der Behandlung der griechischen Religion ist die Skepsis, mit der Hegel den damals gängigen, auch von Creuzer übernommenen und ausgebildeten Meinungen über die Mysterien gegenüberstand [14]. Schließlich muß auch die Bestimmung der römischen Religion als Religion des Zwecks hier eingereiht werden, da sie Moritz selbst kaum für eine seinem Werk angemessene Charakteristik gehalten hätte, da sie aber andererseits von der modernen Religionswissenschaft aus als recht glücklich anzusehen ist [15]. Wir können also zusammenfassend sagen, daß eine Kritik an der von Hegel gegebenen Darstellung der außerchristlichen Religionen nicht von daher aufgebaut werden kann, daß die zugrundegelegten Quellen nicht genügend berücksichtigt worden seien. Das Gegenteil ist im allgemeinen richtig, und wenn dies nicht der Fall ist, muß man immer fragen, ob nicht gerade so die Aktualität für die heutige religionswissenschaftliche Diskussion erreicht wird.

Mit der Frage nach der Verarbeitung der der Hegelschen Konzeption zugrundeliegenden Quellen ist freilich noch nicht die Frage nach der allgemeinen Bedeutung dieser Konzeption beantwortet. Wenn wir uns jetzt dieser Frage zuwenden, so empfiehlt es sich, die grundsätzlichen Bestimmungen von Religion, die sich vor allem im ersten Teil der Religionsphilosophie finden, als Ausgangspunkt zu nehmen. Die Religion hat einen Gegenstand, sagt Hegel dort, nämlich Gott [16]. Wichtig aber ist, Gott nicht nur als Gegenstand, als ,Verstandeswesen' zu erfassen, sondern als Geist [17]. Die Erläuterung dieses entscheidenden Begriffs macht die Relevanz der außerchristlichen Religionen für Hegels Religionsphilosophie deutlich. Wenn Gott Geist ist, so bedeutet das, daß er nicht nur das „im Gedanken sich haltende Wesen" ist, „sondern das erscheinende, sich Gegenständlichkeit gebende" [18]. Indem der Geist sich zum Gegenstand macht, gibt er sich „die Gestalt des Erscheinens als eines Gegebenen"; darin ist begründet, daß „der Geist zu einer positiven Religion kommt" [19]. Der Geist ist nur Geist, indem er „sich setzt, für sich ist, sich selbst hervorbringt" [20]; der Begriff der Religion ist nur das Erste; „das Zweite ist seine Tätigkeit, sich zu bestimmen, in Existenz zu treten, für anderes zu sein, seine Momente in Unterschied zu bringen und sich auszulegen. Diese

---

[11] S. o. S. 122.
[12] S. o. S. 135f. u. 144.
[13] S. o. S. 174ff.
[14] S. o. S. 209f.
[15] S. o. S. 224ff.
[16] Vgl. PhdR I S. 7.
[17] Vgl. ebd. S. 8.
[18] Ebd. S. 31.
[19] Ebd. S. 61.
[20] Ebd. S. 70.

Unterschiede sind keine anderen Bestimmungen, als die der Begriff selbst in sich erhält. In Ansehung des Begriffs der Religion, der Tätigkeit des religiösen Geistes ergibt dies die b e s t i m m t e n, die e t h n i s c h e n" [21], d. h. die außerchristlichen Religionen. Diese Religionen sind unvollkommen, weil sie den Kreis der Bestimmungen der Religion noch nicht durchlaufen haben; sie sind aber notwendig, weil jede von ihnen ein Moment des Begriffs der Religion vergegenständlicht [22]. Wie sie „in ihrer Bestimmtheit begriffsgemäß einander folgen und wir sie eine nach der andern erkennen", so sind sie „auch notwendig in der Welt vorhanden", so haben sie „zeitlich nacheinander" existiert. „Denn was durch den Begriff bestimmt, im Begriffe notwendig ist, hat auch existieren müssen, und die Religionen, wie sie aufeinander gefolgt sind, sind nicht auf zufällige Weise entstanden" [23]. Wenn man also die „Reihe der Religionen determiniert nach dem Begriffe" [24] in ihrem ‚Stufengange' betrachtet, hat man die Geschichte der Religion vor sich.

Vergegenwärtigt man sich den geistesgeschichtlichen Standort dieser Konzeption, so ist zunächst darauf hinzuweisen, wie weit sie über die in der Aufklärung ausgebildete Anschauung der natürlichen Religion hinausführt. Diese mit der Religion der Vernunft identifizierte Religion war ja nur als Abstraktion der einzelnen positiven Religionen zu denken; d. h.: Die für diese Religionen wesentlichen Besonderheiten konnten nicht angemessen gewürdigt werden, weil man in ihnen der Vernunft widersprechende Ausprägungen sah. Hegels Konzeption ermöglicht es aber, gerade in diesen Ausprägungen Weisen der Vergegenständlichung des Geistes zu sehen, dessen Für-sich-werden die Geschichte der Religion ist. Die Stärke dieser Konzeption besteht darin, daß nicht nur ein Begriff der Religion aufgestellt wird, den das Christentum realisiert, während die anderen Religionen als ihm nicht genügend disqualifiziert werden, sondern daß dieser Begriff auch diese Religionen umfaßt — in dem Sinne, daß sie notwendige Stufen seiner Realisierung sind. Damit hat sich Hegel über das Niveau aller Versuche erhoben, die die Überlegenheit des Christentums über andere Religionen durch Vergleiche erweisen wollen und damit letztlich diese Religionen als etwas Unbegriffenes außer sich lassen. Dieser Vorzug Hegels gilt auch gegenüber dem Manne, der ebenso nachdrücklich wie Hegel selbst die Anschauung einer natürlichen Religion als Fiktion entlarvt hat: Schleiermacher. Zwar hat dieser in der fünften seiner Reden über die Religion eine Auffassung skizziert, die, wäre sie in der Behandlung der außerchristlichen Religionen ausgeführt worden, eine der Hegelschen ebenbürtige Darstellung hätte ergeben können. Die Glaubenslehre nimmt aber den Gedanken, daß das Christentum die Religion ist, die „die Religion selbst als Stoff für die Religion verarbeitet" [25], nicht auf; sie sucht mit einer Unterscheidung von Entwicklungsstufen und Arten die Höchststellung des

---

[21] Ebd. S. 71 f.
[22] Vgl. ebd. S. 72.
[23] Ebd.
[24] Ebd.
[25] F. Schleiermacher, Über die Religion, Hamburg 1958, S. 163.

Christentums zu sichern, vermag aber nicht die Notwendigkeit der anderen
Religionen begreiflich zu machen [26]. Wenn die Frage, „inwieweit diese oder jene
Religion universale Einheit der Wirklichkeitserfahrung zu stiften vermag" [27], das
Kriterium ihrer Relevanz, ihrer Wahrheit ist, dann wird sich jede Religion auch
daran messen lassen müssen, wie sie in der Lage ist, die Wirklichkeit anderer
Religionen von ihren eigenen Voraussetzungen aus begreiflich zu machen. Hegel
hat dieser Forderung genügt, indem er — von einem christlich gefaßten
Gottesbegriff aus — die Notwendigkeit der anderen Religion explizierte. Hält man
das oben angeführte Kriterium für sinnvoll, wird man auch an eine in unserer Zeit
zu entwerfende Religionsphilosophie diese Forderung stellen müssen — die
exemplarische Bedeutung der Darstellung Hegels ist dann offensichtlich.

Allerdings erheben sich gegen die Weise, wie Hegel die Geschichte der Religion im
einzelnen dargestellt hat, gewichtige Bedenken. Sicher hängt die Tatsache, daß wir
bei ihm eine ausgeführte Geschichte der einzelnen Religionen vermissen, vorwie-
gend damit zusammen, daß die hierfür notwendigen Kenntnisse am Beginn des 19.
Jahrhunderts noch nicht gegeben waren. Dennoch lassen sich einzelne kritisch zu
vermerkende Eigentümlichkeiten Hegels feststellen, die auch von seiner Konzeption aus eine Geschichte der einzelnen Religionen oder die Möglichkeit einer
solchen erschweren, wenn nicht unmöglich machen. So werden unbekümmert
Darstellungen, die das Indien um das Jahr 1800 zum Gegenstand haben, als
Charakteristik dieses Landes als solchen übernommen [28], die damalige Unkenntnis
ägyptischer Literatur erscheint so, als ob das Fehlen schriftlicher Äußerungen im
Wesen des Ägyptischen begründet sei [29], und die Tatsache, daß sich bei den späteren
Propheten das Bewußtsein der Allgemeinheit zeigt, wird beiseite geschoben, weil
sie der herrschenden Grundidee der jüdischen Religion widerspreche [30]. Gerade
hier weisen verheißungsvolle Ansätze der Jugendschriften darauf hin, daß Hegel
durchaus in der Lage gewesen wäre, eine Geschichte dieser Religion zu skizzieren [31]. Die Behauptung allerdings, Hegels ausgebildete Begrifflichkeit habe es prin-
zipiell unmöglich gemacht, die Geschichte einer einzelnen Religion zu erfassen,
würde zu weit gehen; die Bedeutung seiner Darstellung der griechischen Religion
scheint mir nicht zuletzt darin zu liegen, daß sie das Gegenteil beweist.

Die von Hegel vorgenommene Auswahl der Religionen kann nicht ganz zufrieden-
stellen, auch wenn man sich klarmacht, daß eine von unserem Kenntnisstand aus
wünschenswerte Behandlung der babylonisch—assyrischen Religion und des
japanischen Shintoismus für Hegel nicht möglich war. Sicher läßt es sich
rechtfertigen, die germanische und die keltische Religion zu übergehen, obwohl
Hegel sich hierfür zugegebenermaßen unvollständige Kenntnisse hätte verschaffen

---

[26] F. Schleiermacher, Der christliche Glaube, hrsg. von M. Redeker, Berlin 1960, S. 47—64.
[27] W. Pannenberg, Grundfragen systematischer Theologie, Göttingen 1967, S. 265f.
[28] S. o. S. 81.
[29] S. o. S. 131.
[30] S. o. S. 179.
[31] S. o. S. 153ff.

können [32], weil diese Religionen für die Weltgeschichte von verhältnismäßig geringer Bedeutung sind. Eine fundamentale Schwäche der Hegelschen Konzeption zeigt sich aber daran, daß er, wie schon öfters festgestellt wurde, auf den Islam nur beiläufig eingegangen ist. [33]

Die eigentlichen Bedenken gegen die Weise, wie Hegel in seiner Religionsphilosophie die außerchristlichen Religionen dargestellt hat, richten sich aber gegen die begrifflichen Bestimmungen, mit denen er die Religionen untereinander verbindet, mit denen er den Fortschritt von einer zur anderen zu erfassen sucht. Sie richten sich dagegen, daß das Werden von Substanzialität zu Subjektivität, die Erhebung des Geistes über die Natur an einer fixierten Folge einzelner Religionen anschaulich werden soll. Schon bei den Chinesen haben wir gesehen, daß die Subjektivität nicht ausschließlich auf den Kaiser konzentriert werden kann, wie Hegel das tut. Die Momente der Substanzialität in diesem Land werden zwar zutreffend aufgezeigt; doch handelt es sich zum großen Teil um Erscheinungen, die wir auch sonst in antikem Denken finden, also um nichts spezifisch Chinesisches. Sowohl die Gleichheit Chinas wie die Unterschiedenheit Indiens werden, wie wir gesehen haben, überbetont; aber selbst wenn es sich um völlig einwandfreie Charakterisierungen handeln sollte, ist nicht einzusehen, wieso vom einen, der Gleichheit, zum andern, der Unterschiedenheit, ein Fortgang stattfinden soll [34], und selbst wenn man noch bereit wäre, den Fortgang als solchen zu konzedieren, ist er nicht in dem Sinne zwingend, daß nicht auch die umgekehrte Folge denkbar wäre. Ähnliches muß gesagt werden, wenn wir betrachten, wie die Religionen Chinas und Indiens einander zugeordnet werden. Ist die Bestimmung der chinesischen Religion als Zauberreligion unhaltbar, dann stellt der Buddhismus keinen Fortschritt gegenüber dieser Religion dar, wie es die Lassonsche Ausgabe deutlich machen will [35]. Daß in dieser Ausgabe die ,Religion der Fantasie' durch die Besonderung der allgemeinen Substanz als Fortschritt gegenüber dem Buddhismus erscheint [36], ist wiederum nicht zwingend, da genau so gut die umgekehrte Folge gedacht werden könnte. Eben das beweist Hegel selbst, wenn er in der Glocknerschen Ausgabe den Buddhismus als die Religion, die die Bestimmungen der ,Religion der Fantasie' zusammenbringt, auf diese folgen läßt [37]. Schließlich bleibt in dieser Ausgabe auch die Unterscheidung von ,einfacher Grundlage' der chinesischen Religion und ,abstrakter Einheit' der ,Religion der Fantasie' [38] viel zu abstrakt, als daß sie einen Fortgang von der einen zur anderen konstituieren

---

[32] Der fünfte und sechste von F. J. Mone bearbeitete Teil von Creuzers Symbolik (1822/23) bringt eine ,Geschichte des nordischen Heidenthums', in der diese Stämme behandelt werden.
[33] Vgl. PhdR III S. 84 und Lasson, Einführung S. 102 sowie Schulin a. a. O. S. 123. — Ob bei Hegel eine persönliche Aversion gegen den Islam vorliegt, wie beide vermuten, scheint mir zweifelhaft.
[34] Vgl. PhdWG S. 271. — Hinweis auf die Logik nützen hier und im folgenden nichts, da sich solche Behauptungen aus empirisch feststellbaren Tatbeständen ergeben müssen.
[35] Vgl. PhdR II S. 119 ff.
[36] Vgl. ebd. S. 137 ff.
[37] Vgl. XV S. 400 ff.
[38] Vgl. XV S. 325 f.

könnte. Daß der Fortschritt von den indischen Religionen zur persischen nur
durch einen im griechischen Sinne verstandenen Lichtbegriff vermittelt wird, haben wir schon festgestellt [39]. Überzeugender vollzieht sich der Übergang von der
persischen zur ägyptischen Religion, da es möglich ist, die ägyptischen Götter zu
den Prinzipien von Licht und Finsternis in der persischen Religion in Beziehung zu
setzen [40]. Dennoch ist auch dieser Übergang nicht zwingend, weil sich statt der
Aufnahme des Dualismus in ein Subjekt, das die Negation an ihm selbst hat,
ebenso ein Auseinandertreten der in dem Subjekt verwirklichten Einheit in diesen
Dualismus denken ließe. Der Fortgang, der von allen am meisten einleuchtet, ist
der von der ägyptischen zur jüdischen Religion. Die Tatsache, daß hier zum ersten
Mal eine Subjektivität gedacht wird, die die Natürlichkeit nicht mehr neben sich
bestehen läßt, bezeichnet ein Moment der Überlegenheit nicht nur gegenüber der
ägyptischen, sondern gegenüber allen vorhergehenden Religionen. Fraglich wird es
allerdings, wenn wir uns die Meinung Hegels, hier vollziehe sich die Erhebung des
Geistigen über die Natur, und die daraus sich ergebende Gliederung, die alle Religionen von China bis Ägypten als Naturreligionen begreift, vergegenwärtigen; denn
die „Wahrheit ... daß ... das absolute Eine das Wahre und das endliche Sein das
Aufgehobene, Ideelle ist" [41], ist nicht erst in der jüdischen Religion zur Geltung
gekommen − sie ist auch schon für die Religionen Indiens bedeutsam. So kann
man fragen, ob Hegel gut daran tat, Geist und Subjektivität so eng miteinander zu
verbinden, wie er es getan hat, ob nicht gerade die indischen Religionen darauf
hinweisen, daß es Gestaltungen gibt, die die Dominanz des Geistes verwirklichen
und dennoch der Subjektivität fernstehen [42]. Der Übergang von der jüdischen zur
griechischen Religion vollzieht sich so, daß die in jener gedachte Subjektivität sich
besondert und so zur Vielzahl der griechischen Götter wird [43]. Wieder müssen wir
sagen, daß die Bestimmung zu abstrakt ist, als daß sie eine Beziehung zwischen
beiden Religionen herstellen könnte, und daß, selbst wenn man das noch zugeben
wollte, das Fortschreiten von der einen zur andern nicht zwingend ist, weil auch
die umgekehrte Folge denkbar wäre. Hegel hat ja in der Vorlesung von 1827 selbst
diese umgekehrte Folge dargestellt [44], wobei er − überzeugender, weil mehr an
dem geschichtlichen Tatbestand orientiert − die jüdische Religion als die Rein-
igung der in der griechischen noch vorhandenen Sinnlichkeit und Äußerlichkeit zu
erfassen suchte [45]. Doch hätte sich aus dieser Folge eine grundlegende Änderung
des Hegelschen Aufrisses der Religionen ergeben müssen − nicht nur deshalb, weil
so das Fortschreiten der Weltgeschichte von Osten nach Westen nicht mehr mit der
wünschenswerten Deutlichkeit zum Ausdruck gekommen wäre, sondern auch deshalb, weil die griechische Religion dann in die Mitte zwischen die Naturreligionen
und die Religionen der geistigen Individualität hätte gestellt werden müssen −, so

---

[39] S. o. S. 117.   [40] S. o. S. 140f.   [41] PhdR III S. 5.
[42] Daß dennoch bei der Darstellung der Geschichte dieser Religionen auf den Begriff der
Subjektivität nicht verzichtet werden kann, zeigen die folgenden Ausführungen.
[43] Vgl. PhdR III S. 114ff.
[44] Ob diese Umstellung damit zusammenhängt, daß Hegel um diese Zeit das Subjektive
geringer schätzte, wie Schulin meint (a. a. O. S. 99), muß fraglich bleiben.
[45] Vgl. PhdR III S. 4 f.

daß es nicht verwunderlich ist, daß Hegel in der Vorlesung von 1831 zur ursprünglichen Reihenfolge zurückgekehrt ist[46]. Der Fortgang von der griechischen zur
römischen Religion ist insofern einleuchtend, als es naheliegend ist, das Bestimmte, den Zweck, aus dem Unbestimmten, der Notwendigkeit, zu entwickeln, und
nicht die umgekehrte Folge zu konstruieren[47]. Doch auch wenn wir das zugeben,
ist es, wie Hegel selbst zeigt, nicht nur möglich, die römische, sondern auch die
jüdische Religion auf die griechische folgen zu lassen. Wenn aber die Entwicklung
vom Begriff des Zwecks als solchem aus konstruiert wird und dann so aussieht,
daß zunächst ein ausschließender Zweck gesetzt wird, auf den viele folgen, während ein allgemeiner Zwecke den Abschluß bildet[48], so ist der Eindruck der
Beliebigkeit dieser Reihenfolge unausweichlich, wobei noch zusätzlich zu fragen
wäre, ob die römische Religion dem allgemeinen Zweck entsprechen kann, weil
doch gerade hier die Besonderung in verschiedene Zwecke am weitesten fortge-
schritten ist. Daß die Entwicklung von der Substanzialität zur Subjektivität in den
außerchristlichen Religionen bei der römischen Religion endet, hat, wie wir
gesehen haben, auch den Grund, daß hier zum ersten Mal der Begriff der Person
rechtlich definiert ist. Andererseits muß man sagen, daß die Vorstellung der
göttlichen Subjektivität, die die jüdische und die griechische Religion auszeichnet,
in der römischen fehlt, so daß diese in dieser Beziehung einen Rückschritt
gegenüber den beiden vorhergehenden darstellt und die Eindeutigkeit, mit der sie
die Reihe der außerchristlichen Religionen beschließt, fraglich wird.

Wir sehen, daß nur der Versuch, vom Christentum aus die anderen für die Weltge-
schichte wesentlich gewordenen Religionen als notwendig zu erfassen, die exemplarische Bedeutung der Hegelschen Religionsphilosophie ausmacht, nicht aber die
Art und Weise seiner Durchführung. Es kommt aber noch etwas anderes hinzu:
Eine Betrachtung der Religionsgeschichte, die von den Anschauungen der eigenen
Religion ausgeht, um von da aus die anderen Religionen zu begreifen, hat die
Selbstverständlichkeit, mit der sie sich bei Hegel darstellt, verloren, so sehr es, wie
wir zu zeigen versuchten, für das Selbstverständnis der einzelnen Religionen not-
wendig ist, sie beizubehalten. Man wird, und zwar mit Recht, fordern, bei einer
Betrachtung der Religionen die eigenen Voraussetzungen so weit wie möglich zu
eliminieren, um so zu einer aus der Historie erwachsenden „Zusammenschau und
Vergleichung der großen Haupttypen geistigen Lebens"[49] zu kommen. Daß die
Hegelsche Religionsphilosophie für eine solche Betrachtungsweise noch irgend etwas zu bedeuten hat, mag zunächst unwahrscheinlich erscheinen; denn ihr ist ja
der Begriff der christlichen Religion mit dem Begriff der Religion überhaupt identisch. Schon die am Anfang gegebene Bestimmung, die Religion habe einen Gegen-

---

[46] Mit absoluter Sicherheit läßt sich das natürlich nicht behaupten, doch können wir es aus der
Gliederung der Glocknerschen Ausgabe erschließen.
[47] Es handelt sich hier nicht um ein Verhältnis wie das von Einheit und Verschiedenheit, wo
in der Tat beide Folgen denkbar sind.
[48] Vgl. PhdR III S. 193 f.
[49] E. Troeltsch, Die Absolutheit des Christentums und die Religionsgeschichte, Tübingen
³1929, S. 49.

stand, nämlich Gott [50], wird zweifelhaft, wenn wir uns den Buddhismus vergegenwärtigen. Wenn Hegel aber fortfährt, Gott sei als Geist zu betrachten [51], so ist ganz
deutlich, daß der Begriff, den er von der Religion überhaupt hat, aus der christlichen Gotteslehre abgeleitet worden ist. Dennoch meine ich, daß die Relevanz der
Hegelschen Religionsphilosophie [52] auch für eine solche Betrachtungsweise behauptet werden kann, und zwar scheint sie mir gerade bei dem deutlich zu werden,
was Hegel selbst vernachlässigte, der Geschichte der verschiedenen Religionen.
Man kann nämlich fragen, ob nicht der im einzelnen natürlich unterschiedliche
Verlauf dieser Geschichte einer allgemeinen Gesetzmäßigkeit unterliegt, die sich
mit den von Hegel gegebenen begrifflichen Bestimmungen der Entwicklung von
der Substanzialität zur Subjektivität, der Erhebung des Geistes über die Natur,
erfassen läßt. Ich will das an einigen Beispielen aus den hier behandelten Religionen verdeutlichen: Es ist ein allen Schichten des Volkes gemeinsames Kennzeichen
der frühen chinesischen Religion, daß „persönliche Gefühle und Gedanken, individuelle Momente" [53] noch keine Rolle spielen. Erst der Konfuzianismus hat die
überkommenen Riten im Sinne einer individualisierten, personalisierten Ethik um-
gedeutet [54], und der Taoismus zeichnet sich ja ohnehin durch seinen Individualismus, dem der einzelne und sein Heil wichtiger sind als die Gesellschaft, aus [55].
Darüber hinaus läßt sich bei Konfuzius eine Vergeistigung des Himmelsgottes feststellen [56]. Im Gegensatz zum Brahmanismus wendet sich der Buddhismus an den
Menschen schlechthin, d. h. er beseitigt die Aufspaltung in soziale und rassische
Gruppen [57]. Von besonderem Interesse ist in unserem Zusammenhang der Wandel,
den die karman-Vorstellung in dieser Religion erfahren hat. Zählte bei den Brahmanen die Tat allein, unabhängig von der Absicht, so gibt der Buddhismus dem

---

[50] Vgl. PhdR I S. 7.
[51] Vgl. ebd. S. 8.
[52] Mensching hat diese Bedeutung darin erblickt, daß Hegel bereits die „erst jetzt entdeckte
Notwendigkeit einer Religionstypologie" gesehen habe (Typologie außerchristlicher Religion
bei Hegel, in: ZMR 1931, S. 330). Jedoch ist hier Zurückhaltung am Platze. Natürlich hat
Hegel eine Typologie versucht, indem er sich nicht damit begnügte, die Religionen nach den
entsprechenden Völkern zu benennen, sondern jeweils eine Charakterisierung hinzufügte und
von dieser aus einzelne Beobachtungen erklärte. Man muß sich aber klarmachen, daß diese
Charakterisierungen ein höchst unterschiedliches Gewicht haben. Nur die Charakterisierungen
‚Religion des Maßes', ‚Religion des Insichseins', ‚Religion des Lichts' und ‚Religion der
Zweckmäßigkeit' lassen sich auf das Ganze beziehen, was Hegel über die jeweilige Religion zu
sagen weiß. Die Charakterisierungen ‚Religion der Erhabenheit' und ‚Religion der Notwendig-
keit oder der Schönheit' erfassen nur wesentliche Merkmale, wobei die letztere durch ihre
Zweigliedrigkeit zeigt, daß ein feststehender Typus nicht gefunden worden ist. Die
Charakterisierung ‚Religion des Rätsels' geht von dem Eindruck aus, den diese Religion auf
andere macht. Ganz blaß bleibt die früher für die griechische Religion verwendete
Charakterisierung ‚Religion der Phantasie', die überhaupt nicht erahnen läßt, wodurch sich
Brahmanismus und Hinduismus auszeichnen. Entscheidend ist für Hegel die begriffliche Stufe,
die die einzelne Religion erreicht, nicht der Typus, den sie vertritt.
[53] FiWG 19 S. 49.
[54] Vgl. ebd. S. 51.
[55] Vgl. ebd. S. 62.
[56] Vgl. Christus III S. 338.
[57] Vgl. ebd. S. 252f. und 255.

karman „den Wert eines b e a b s i c h t i g t e n A k t e s, d h. gegen den Willen des
einzelnen gesetzt, ist er ohne Folgen"[58]. Eine ähnliche Wandlung zeigt sich, wenn
wir die karman-Vorstellung der älteren Upanishaden mit der des Hinduismus vergleichen. Ist in jenen karman eine „automatisch wirkende Kraft"[59], so ist bei
diesem die Intention der Tat entscheidend[60]. Der Hinduismus zeichnet sich auch
dadurch aus, daß er im Vergleich zur Upanishaden-Lehre den Begriff der individuellen Seele schärfer faßt[61]. Für Zarathustra ist die Spiritualisierung der altirani-
schen Religionen charakteristisch, was sich sowohl an den Funktionsgöttern wie
an der Eschatologie zeigen läßt[62]. Darüber hinaus ist seine geistige Leistung darin zu
sehen, daß er so stark die freie Verantwortung des Menschen betont[63]. Die Entwicklung zur Subjektivität in der ägyptischen Religion läßt sich an der steigenden
Bedeutung veranschaulichen, die die Vorstellung vom Totengericht im Lauf der
Geschichte erlangt hat. Erst in den letzten Jahrhunderten v. Chr. kann man nachweisen, „daß im Einklang mit einer allgemeinen „Ethisierung der Religion" auch
die Idee vom Totengericht in breiten Kreisen einen ethischen (und damit individuellen) Inhalt bekommt"[64]. Was die jüdische Religion anbelangt, so ist für uns
besonders instruktiv, wie Hesekiel die „altjahwistische Kollektivvorstellung"[65]
zerschlägt. Auch bei der griechischen Religion können wir feststellen, daß der
alten Zeit „ein bewußter Individualismus fremd war"[66]. Unsterblichkeit war, wie
Platon es ausspricht, „dem Geschlecht, nicht aber dem einzelnen beschieden"[67].
Die Hoffnung auf individuelle Unsterblichkeit können wir erst auf die Spätantike
zurückführen[68]. Bei der römischen Religion schließlich können wir auf eine Veränderung hinweisen, die sich im Laufe des dritten Jahrhunderts v. Chr. vollzog. In
dieser Zeit machte sich nämlich „das Bedürfnis nach einer eigenen Beziehung zu
den Göttern geltend. Die Wünsche des einzelnen erschöpften sich nicht mehr in
dem, was jeder begehrte und was durch kollektive oder gleichförmige Begehungen
erstrebt werden konnte. Die Menschen hatten individuelle Ziele und entsprechend
auch individuelle Anliegen an die Götter"[69]. Gewiß kommt den von uns hier
aufgeführten Beispielen ein unterschiedliches Gewicht zu. Gewiß wäre es von hier
aus erst zu leisten, die Geschichte der einzelnen Religionen — über die hier behandelten müßte natürlich noch erheblich hinausgegangen werden — als Entwicklung
von der Substanzialität zur Subjektivität, als Erhebung des Geistes über die Natur
zu skizzieren[70]. Dennoch kann man schon jetzt sagen, daß die Religionswissenschaft gut daran täte, wenn sie bei einem Vergleich der einzelnen Religionen, die
sie in ihrer Geschichte dargestellt hat, prüfen würde, ob nicht die diesen Ge-
schichtsabläufen gemeinsame Tendenz als philosophisch begriffene von Hegel bereits zur Sprache gebracht worden ist.

---

[58] Ebd. S. 258.
[59] Ebd. S. 133.
[60] Vgl. ebd. S. 150.
[61] Vgl. ebd. S. 173.
[62] Vgl. Widengren a. a. O. S. 80 und 86.
[63] Vgl. Christus II S. 638f.

[64] Otto a. a. O. S. 74.
[65] V. Rad a. a. O. I S. 407.
[66] Nilsson a. a. O. S. 675.
[67] Ebd. S. 676; vgl. S. 675.
[68] Vgl. ebd. S. 675ff.
[69] Latte a. a. O. S. 25.

[70] Eine ausführlichere Begründung dieser These müßte auch eine Auseinandersetzung mit der
ihr analogen entwicklungsgeschichtlichen Sicht, die sich um die Jahrhundertwende ausgebildet
hat, einschließen.

Wenn es aber so ist, daß sich die Entwicklung der einzelnen Religionen als Entwicklung von der Substanzialität zur Subjektivität beschreiben läßt, dann kann man fragen, ob nicht die Verwirklichung der Subjektivität als Kriterium für den Wert der einzelnen Religionen angesehen werden kann. Man kann weiter fragen, ob nicht die Religionen, die schon in ihrer Begründung die Bewegung der Subjektivität gegen die Substanzialität thematisieren, solchen überlegen sind, die erst im Lauf ihrer Geschichte eine explizite Subjektivität erreichen, wobei zur ersten Gruppe bezeichnenderweise vor allem die Universalreligionen, Buddhismus, Islam und Christentum gerechnet werden müßten [71]. Wir sehen, daß auch eine Darstellung der Religionsgeschichte, die die Überlegenheit des Christentums über die anderen Religionen zeigen will, ohne hierbei von vornherein christliche Anschauungen als Argument zu verwenden, auf Hegel zurückgreifen kann [72]. Zusamenfassend läßt sich sagen, daß die Bedeutung Hegels für eine Philosophie der außerchristlichen Religionen in dreifacher Hinsicht expliziert werden kann: Zunächst zeigt Hegel, daß die christliche Religion in der Lage sein muß, von ihren eigenen Anschauungen aus die Wirklichkeit der anderen Religionen zu begreifen. Zweitens gibt er Deutungsmöglichkeiten, mit denen die Geschichte der einzelnen Religionen verstanden werden kann. Drittens läßt sich auf Grund dieser Deutungsmöglichkeiten eine Argumentation für die Überlegenheit des Christentums über die anderen Religionen entwickeln, die diese Überlegenheit nicht von vornherein voraussetzt.

---

[71] Von den hier behandelten Religionen müßte die Religion Zarathustras noch hinzugefügt werden.
[72] Eine in dieser Richtung gehende Argumentation hätte vor allem zu zeigen, daß das Christentum mehr in der Lage ist, die Subjektivität des einzelnen zu verwirklichen als Buddhismus oder Islam. Sie hätte eine solche These zu begründen, indem sie die Besonderheit des christlichen Gottesbegriffs gegenüber dem des Islam bzw. der ihm entsprechenden buddhistischen ‚Weltanschauung' herausarbeitet.

Literaturverzeichnis

I. Schriften Hegels

Vorlesungen über die Philosophie der Religion, hrsg. von Ph. Marheineke (Werke Band 11 u. 12), Berlin 1832.

Vorlesungen über die Philosophie der Religion, hrsg. von H. Glockner (Sämtliche Werke Band XV u. XVI), Stuttgart⁴ 1965.

Vorlesungen über die Philosophie der Religion, hrsg. von G. Lasson, 4 Bände in 2 Bänden, Hamburg 1966 (= PhdR I—IV).

Vorlesungen über die Geschichte der Philosophie, hrsg. von H. Glockner, Band 1 (Sämtliche Werke Band 17), Stuttgart⁴ 1965.

Vermischte Schriften aus der Berliner Zeit, hrsg. von H. Glockner (Sämtliche Werke Band 20), Stuttgart⁴ 1968.

Wissenschaft der Logik II, red. von E. Moldenhauer und K. M. Michel (Werke 6), Frankfurt/M. 1969.

Grundlinien der Philosophie des Rechts, red. von E. Moldenhauer und K. M. Michel (Werke 7), Frankfurt/M. 1970.

Vorlesungen über die Geschichte der Philosophie, red. von E. Moldenhauer und K. M. Michel, Bände 1 und 2 (Werke 18 u. 19), Frankfurt/M. 1971.

Vorlesungen über die Philosophie der Weltgeschichte, Band I, hrsg. von J. Hoffmeister, Hamburg⁵ 1968, Bände II—IV, hrsg. von G. Lasson, Hamburg² 1968 (PhdWG II—IV).

Phänomenologie des Geistes, hrsg. von J. Hoffmeister, Hamburg⁶ 1952.

Ästhetik, red. von F. Bassenge, 2 Bände, Franfurt/M.² o. J.

Hegels theologische Jugendschriften, hrsg. von H. Nohl, Franfurt/M. 1966 (HtJ).

Briefe von und an Hegel, hrsg. von J. Hoffmeister, Bände I—III, Hamburg³ 1969, Band IV, Hamburg² 1961.

Dokumente zu Hegels Entwicklung, hrsg. von J. Hoffmeister, Stuttgart 1936.

II. Quellen Hegels

Abel-Rémusat: Mémoire sur la vie et les opinions de Lao-Tse, Paris 1824[1] (= Ab-Ré).

Allgemeine Historie der Reisen zu Wasser und zu Lande oder Sammlung aller Reisebeschreibungen, Band VI und VII, Leipzig 1750.

Amherst, W. P.: Scenes in China ... exhibiting the manners, customs, diversions, and singular pecularities of the Chinese ... including the most interesting particulars ... London 1820.

Asiatic(k) Researches or, Transactions of the Society Instituted in Bengal for inquiring into the History and Antiquities, the Arts, Sciences, and Literature, of Asia, Bände 1—11, London 1806—1812 (= AR).

---

[1] Bei Kursivschrift wird nach einer mit der von Hegel benutzten mit Sicherheit oder hoher Wahrscheinlichkeit gleichen Ausgabe zitiert.

Belzoni, G.: Narrative of the Operations and Recent Discoveries . . . in Egypt and Nubia . . . London 1821.
Bhagavadgita, übertr. von L. v. Schroeder, Düsseldorf-Köln 1965.
Le Chou-king traduit par . . . le P. Gaubil . . . Paris 1770.
Ist das Christentum eine positive Religion? — in: Neues Theologisches Journal, Erster Band, Nürnberg 1793, S. 89—104, u. S. 273—286.

Clavier, E.: Mémoire sur les Oracles des Anciens, Paris 1818.
Colebrooke, H. Th.: On the Philosophy of Hindus, in: Transactions of the Royal Asiatic Society, Vol. I, London 1827, S. 19 ff. und S. 92 ff.
Creuzer, G. F.: Symbolik und Mythologie der alten Völker, besonders der Griechen, Leipzig und Darmstadt², Teile 1—4, 1819—1821.

Diodors von Sizilien Geschichtsbibliothek, übers. von A. Wahrmund, Berlin² o. J.
Diodorus of Sicily, with an English translation by C. H. Oldfather, Vol. I, London MCMLX.
Dissertation Concerning the Religion and Philosophy of the Brahmins, in: The History of Hindostan, Band 1, London 1768, S. XLVI—XLIX.
Dubois, J. A.: Moeurs, institutions et cérémonies des peuples de l'Inde, 2 Bände, Paris 1825.

Forster, G.: Ansichten vom Niederrhein, in: Werke, hrsg. von G. Steiner, Bd. 2, Frankfurt/M 1969, S. 367—869.
—: Die Kunst und das Zeitalter, in: Werke, hrsg. von G. Steiner, Bd. 3, Frankfurt/M. 1970, S. 123—134.

Gesenius, W.: Commentar über den Jesaja, 2. Teil, Leipzig 1821.
Gibbon, E.: The History of the Decline and Fall of the Roman Empire, Bände 1 u. 2, Basil 1787.
Goethe, J. W.: West-östlicher Divan, in: Poetische Werke III, Berlin und Weimar 1965, S. 7—408.

Heeren, A.: Ideen über die Politik, den Verkehr und den Handel der vornehmsten Völker der Alten Welt, Göttingen 1805.
Herder, J. G.: Ideen zur Philosophie der Geschichte der Menschheit, Darmstadt 1966.
Herodot: Historien, hrsg. von J. Feix, 2 Bände, München 1963.
Hesiod: Sämtliche Gedichte, übers. und erläutert von W. Marg, Zürich und Stuttgart 1970.
Histoire générale de la Chine des Pères de Mailla, 13 Bände, Paris 1777—1785.
Hölderlin, F.: Sämtliche Werke und Briefe, hrsg. von G. Mieth u. a., Bd. 1, Darmstadt 1970.
Hugo, G. v.: Lehrbuch eines civilistischen Cursus, 3. Band: Lehrbuch der Geschichte des römischen Rechts bis auf Justinian, Berlin² 1799.
Humboldt, W. v.: Über die unter dem Namen Bhagavad-Gita bekannte Episode des Maha-Bharata, in: Gesammelte Schriften, Band 5, Berlin 1906, S. 190—232 und S. 325—344.

Institutes of Hindu Law, or the ordinances of Menu verbally translated from the original Sanscrit, Calcutta MDCCXCIV.

Josephus: Jewish Antiquities with an English translation by H. St. J. Thackeray, in: Josephus in nine volumes, Bände 4—9, London MCMLXVII—MCMLXIX.
Ju-kiao — li ou les deux cousins, Paris 1826.

Lessing, G. E.: Wie die Alten den Tod gebildet, in: Gesammelte Werke, hrsg. von W. Stammler, Bd. 2, München 1959, S. 963—1015.

Marshman, J.: The Works of Confucius . . . London 1811.
Mémoires concernant l'Histoire, les Sciences, les Moeurs, les Usages, etc. des Chinois par les Missionaires de Pékin, 16 Bände, Paris 1776—1814 (= M I—XVI).
Mendelssohn, M.: Jerusalem oder über religiöse Macht und Judentum; in: Schriften zur Philosophie, Ästhetik und Apologetik, Band II, Hildesheim 1968, S. 353—471.

Michaelis, J. D.: Deutsche Übersetzung des Alten Testaments mit Anmerkungen für Ungelehrte, 1. Teil, Göttingen und Gotha 1769; 2. Teil, Göttingen und Gotha 1770.

Mill, J.: History of British India, 3 Bände, London[3] 1826.

Montesquieu, Ch.: Oeuvres Complètes, Tome I, Paris 1950.

Moritz, K. Ph.: ΑΝΘΟΤΣΑ oder Roms Alterthümer, Berlin 1791.

—: Götterlehre oder mythologische Dichtungen der Alten, Berlin 1795.

Müller, K. O.: Geschichten Hellenischer Stämme und Städte, Zweiter Band, Die Dorier, Erste Abteilung, Breslau 1824.

Novalis, F.: Schriften, Band I, Stuttgart 1960.

Oupnek 'hat, i. e. secretum tegendum ... Straßburg 1801/02.

Plutarch: Moralia, with an English translation by F. C. Babbitt, Vol. V, London MCMLXII.

—: Über Isis und Osiris, hrsg. von Th. Hopfner, Darmstadt 1967.

The Ramayana of Valmeeki, in the original sungskrit with a prose translation by W. Carey and J. Marshman, Vol. I, Serampore 1806.

Reise der englischen Gesandtschaft an den Kaiser von China in den Jahren 1792 und 1793, aus den Papieren des Grafen von Macartney, des Ritters E. Gower und anderer Herren zusammengetragen von Sir G. Staunton, aus dem Englischen übersetzt von J. Ch. Hüttner, Zürich 1. Band 1798, 2. Band 1799.

Rousseau, J. J.: Emile oder über die Erziehung, hrsg. von M. Rang, Stuttgart 1968.

—: Oeuvres Complètes, Tome III, Paris 1964.

Sainte-Croix, Baron de: Recherches historiques et critiques sur les mystères du paganisme, hrsg. von Sylvestre de Sacy, Paris[2] 1817.

Schiller, F.: Gedichte 1776—1788, Philosophische Gedichte, Elegien (d-t-v-Gesamtausgabe Band 1), München 1965.

—: Über die ästhetische Erziehung des Menschen in einer Reihe von Briefen, in: d-t-v-Gesamtausgabe Band 19, München 1966, S. 5—95.

Schlegel, F.: Über Sprache und Weisheit der Inder, in: Sämtliche Werke, Band VII, Wien 1846, S. 272—382.

Schleiermacher, D.F.: Der christliche Glaube, hrsg. von M. Redeker, 2 Bände, Berlin 1960.

Sophokles: Antigone, übersetzt und eingeleitet von K. Reinhardt, Göttingen[5] 1971.

—: Tragödien, übersetzt von R. Woerner, Darmstadt 1960.

Stolberg, Ch. u. L.: Gesammelte Werke, Band X, Hamburg 1822.

Umbreit, F. W. C.: Das Buch Hiob, Übersetzung und Auslegung, Heidelberg 1824.

Winckelmann J.: Geschichte der Kunst des Alterthums, Dresden 1764.

Zend-Avesta, Zoroasters lebendiges Wort, 3 Bände, Riga 1776 und Anhang: 1. Band in 2 Teilen, 2. Band in 3 Teilen, Leipzig und Riga 1781—83.

III. Literatur über Hegel [2]

Bourgeois, B.: Hegel à Francfort ou Judaisme, christianisme, hégélianisme, Paris 1970.

Cornehl, P.: Die Zukunft der Versöhnung, Göttingen 1971.

Glasenapp, H. v.: Das Indienbild deutscher Denker, Stuttgart 1960, S. 39—60.

Guerenu, E. de: Das Gottesbild des jungen Hegel, Freiburg/München 1969.

---

[2] Es wird nur die Literatur angeführt, die sich unmittelbar auf das hier gegebene Thema bezieht.

Haering, Th.: Hegel, sein Wollen und sein Werk, 2 Bände, Aalen 1963.
Heidegger, M.: Hegel und die Griechen, in: Die Gegenwart der Griechen im neueren Denken, FS H. G. Gadamer, Tübingen 1960, S. 43–57.
Henrich, D.: Hegel im Kontext, Frankfurt/M 1971.
Hyppolite, J.: Genèse et Structure de la Phénoménologie de l'Esprit de Hegel, Paris 1946.

Kojève, A.: Introduction à la lecture de Hegel, Paris 1947 (deutsch) Hegel, Stuttgart 1958.
Kreis, F.: Hegels Interpretation der indischen Geisteswelt, in: Zeitschrift für deutsche Kulturphilosophie 1941, S. 133–145.

Lasson, G.: Einführung in Hegels Religionsphilosophie, Leipzig 1930.
Lukács, G.: Der junge Hegel, Werke Band 8, Berlin[3] 1967.

Marsch, W. D.: Gegenwart Christi in der Gesellschaft, München 1965.
Merkel, R. F.: Herder und Hegel über China, in: Sinica 1942, S. 5–26.

Pöggeler, O.: Hegel und die griechische Tragödie, in: Hegel-Studien, Beiheft 1, S. 285–305.

Rebstock, H. O.: Hegels Auffassung des Mythos in seinen Frühschriften, Freiburg/München 1971.
Rohrmoser, G.: Subjektivität und Verdinglichung, Gütersloh 1961.
–: Zur Vorgeschichte der Jugendschriften Hegels, in: ZPhF 1960, S. 182–208.
Rosenkranz, K.: G. W. F. Hegels Leben, Darmstadt 1969.
Rosenzweig, F.: Hegel und der Staat, Aalen 1962.
Rotenstreich, N.: Hegel's Image of Judaism, in: Jewish Social Studies, Vol. XV, 1953, S. 33–52.
Ruben, W.: Hegel über die Philosophie der Inder, in: Asiatica, FS F. Weller, Leipzig 1954, S. 553–569.

Schmidt, H.: Verheißung und Schrecken der Freiheit, Stuttgart-Berlin 1958.
Schoeps, H. J.: Die außerchristlichen Religionen bei Hegel, in: Studien zur unbekannten Religions- und Geistesgeschichte, Göttingen 1963, S. 255–284.
Schüler, G.: Zur Chronologie von Hegels Jugendschriften, in: Hegel-Studien, Band 2, S. 111–159.
Schulin, E.: Die weltgeschichtliche Erfassung des Orients bei Hegel und Ranke, Göttingen 1958.
Schwarz, J.: Hegels philosophische Entwicklung, Frankfurt/M. 1938.

Trillhaas, W.: Felix Culpa, in: Probleme biblischer Theologie, FS G. v. Rad, München 1971, S. 589–602.

Wahl, J.: Le malheur de la conscience dans la philosophie de Hegel, Paris[2] 1951.
Witte, H.: Hegels religionsphilosophische Urteile über Ostasien, in: ZMR 1922, S. 129–151.

IV. Literatur zu den außerchristlichen Religionen

Aurich, U.: China im Spiegel der deutschen Literatur des 18. Jahrhunderts, Berlin 1935.

Bareau, A. u. a.: Buddhismus – Jinismus – Primitivvölker (Die Religionen der Menschheit Band 13), Stuttgart 1964.
Bonnet, H.: Reallexikon der ägyptischen Religionsgeschichte, Berlin 1952.

Christus und die Religionen der Erde, hrsg. von F. König, Bd II und III, Freiburg 1951.

Deussen, P.: Sechzig Upanishad's des Veda, Darmstadt 1963.

Embree, A. T. und Wilhelm, F.: Indien (Fischer Weltgeschichte Bd 17), Frankfurt/M 1967.
Emmrich, H.: Das Judentum bei Voltaire, Breslau 1930.

Franke, H. und Trauzettel, R.: Das Chinesische Kaiserreich (Fischer Weltgeschichte Bd 19), Frankfurt/M. 1968 [= *FiWG*].

Franke, O.: Geschichte des Chinesischen Reiches, Bd I, Berlin 1930.

—: Über die chinesische Lehre von den Bezeichnungen, in: T'oung Pao, Serie II, Vol VII, 1906, S. 315—350.

Frankfort, H. u. H. A. u. a.: Frühlicht des Geistes, Stuttgart 1954.

Glasenapp, H. v.: Die Philosophie der Inder, Stuttgart² 1958.

—: Die Religionen Indiens, Stuttgart 1943.

Hamburger, K.: Von Sophokles zu Sartre, Griechische Dramenfiguren antik und modern, Stuttgart 1962.

Hornung E.: Der Eine und die Vielen, Darmstadt 1971.

I-Ching, Das Buch der Wandlungen, übers. von R. Wilhelm, Düsseldorf-Köln 1967.

Kees, H.: Totenglauben und Jenseitsvorstellungen der alten Ägypter, Berlin² 1956.

Latte, K.: Römische Religionsgeschichte, München² 1967.

Liebeschütz, H.: Das Judentum im deutschen Geschichtsbild von Hegel bis Max Weber, Tübingen 1967.

Mensching, G.: Die Religion, Erscheinungsformen, Strukturtypen und Lebensgesetze, München o. J. (Goldmann 882/83).

Merkel, R. F.: Anfänge der Erforschung indischer Religionen, in: Aus der Welt der Religion, 1, Quellenstudien zur Religionsgeschichte, Berlin 1940, S. 39—68.

—: Deutsche Chinaforscher, in: AKultG 1951, S. 81—106.

—: Zur Geschichte der Erforschung chinesischer Religionen, in: Studi e Materiali di Storia delle Religioni XV 1939, S. 90—107.

Morenz, S.: Ägyptische Ewigkeit des Individuums und indische Seelenwanderung, in: Asiatica, FS F. Weller, Leipzig 1954, S. 414—427.

—: Ägyptische Religion (Die Religionen der Menschheit Bd 8), Stuttgart 1960.

—: Die Begegnung Europas mit Ägypten, Zürich/Stuttgart 1969.

Nilsson, M. P.: Geschichte der griechischen Religion, Bd 1, München³ 1967.

Otto, E.: Ägypten, Stuttgart⁴ 1953.

Otto, W. F.: Die Götter Griechenlands, Frankfurt/M⁶ 1970.

Rad, G. v.: Theologie des Alten Testaments, Bd I, München 1962.

Radhakrishnan, S.: Indische Philosophie, 2 Bände, Darmstadt u. a. 1955.

Rehm, W.: Götterstille und Göttertrauer, München 1951.

—: Griechentum und Goethezeit, Bern und München⁴ 1968.

Reichelt, H.: Iranisch, in: Grundriß der indogermanischen Sprach- und Altertumskunde, Teil II, Bd 4,2. Hälfte, Berlin und Leipzig 1927.

Reichwein, A.: China und Europa im 18. Jahrhundert, Berlin 1923.

Reinhardt, K.: Sophokles, Frankfurt/M³ 1947.

Stenzel, J.: Kleine Schriften zur griechischen Philosophie, Darmstadt 1966.

Taminiaux, J.: La nostalgie de la Grèce a l'aube de l'idéalisme allemand, La Haye, 1967.

Widengren, G.: Die Religionen Irans (Die Religionen der Menschheit Band 14), Stuttgart 1965.

Wüst, W.: Indisch, in: Grundriß der indogermanischen Sprach- und Altertumskunde, Teil II, Band 4, 1. Hälfte, Berlin und Leipzig 1929.

Zaehner, R. C.: Zurvan, A Zoroastrian Dilemma, Oxford 1955.

V. Sonstiges

Alphabetum Tibetanum, Rom 1762.
Aner, K.: Die Theologie der Lessingzeit, Hildesheim 1964.

Fichte, J. G.: Ausgewählte Werke in sechs Bänden, hrsg. von F. Medicus, Band 1, Darmstadt 1962.

Glasenapp, H. v.: Kant und die Religionen des Ostens, Kitzingen 1954.
Grundmann, J.: Die geographischen und völkerkundlichen Quellen der Anschauungen in Herders ‚Ideen zur Geschichte der Menschheit‘, Berlin 1900.

Hegel, H.: Isaak von Sinclair zwischen Fichte, Hölderlin und Hegel, Frankfurt/M 1971.

Kraus, H. J.: Geschichte der historisch-kritischen Erforschung des Alten Testaments, Neukirchen² 1969.

Pallas, P. S.: Sammlungen historischer Nachrichten über die mongolischen Völkerschaften, Band 2, Petersburg 1801.
Pantheon Aegyptiorum I—III, Frankfurt/M 1750 ff.
Pinard de la Boullaye: L'étude comparée des Religions, Bd I, Paris 1922.
Prabodha-Chandrodaya oder die Geburt des Begriffs, Königsberg 1842.

Rendtorff, T.: Kirche und Theologie, Gütersloh 1966.
Rhode, J. G.: Die heilige Sage und das gesammte Religionssystem der alten Baktrer, Meder und Perser oder des Zendvolkes, Frankfurt/M 1820.

Schütz, W.: Johann Friedrich Kleuker, seine Stellung in der Religionsgeschichte des ausgehenden 18. Jahrhunderts, Bonn 1927.
Sommerfeld, S.: Indienschau und Indiendeutung romantischer Philosophen, Zürich 1943.
Steindorff, G.: Schillers Quelle für ‚Das verschleierte Bild zu Sais‘, in: ZÄS 69, 1933, S. 71.

Wenzel, H.: Chr. Meiners als Religionshistoriker, Tübingen 1917.

Namenregister

Aalen, S. 118
Abel-Rémusat 21f., 57f.
Äschylos 199, 212
Amherst, W. P. 22
Anaxagoras 69
Aner, K. 172
Anquetil-Duperron 78, 116, 121, 123
Aristophanes 193, 203
Aurich, U. 18f., 49, 51

Babbitt, F. C. 130, 132
Bauer, B. 12f., 59, 62, 127
Bayle, P. 147
Belzoni, G. 129, 138
Bentham, J. 82
Bohlen, P. v. 78
Bonnet, H. 142f.
Bopp, F. 79
Brasch, M. 145
Burckhardt, J. L. 129f.

Champollion, J.F. 128f.
Ch'ien-lung 29f., 44, 50
Ch'in-Huang-ti 39, 47f.
Clavier, E. 211
Clemens XIV. 18
Clemens von Alexandrien 132
Colebrooke, H. T. 78, 80, 88f., 96, 101f.,
    110–114
Comte, L. le 51, 74
Cornehl, P. 166
Couplet, P. 17f., 21
Creuzer, G. F. 204–210, 212–214, 221,
    238, 241

Degen, J. F. 129
Deichgräber, K. 123
Delambre, J. J. 21
Deussen, P. 85, 87
De Wette, W. M. L. 178, 180
Diderot, D. 18, 51
Diodorus Siculus 129, 137–140
Dow, A. 90
Dscheu-sin 35
Duboc, E. K. B. 22
Dubois, J. A. 81, 88, 102, 104

Eberhard, E. 39
Eder, M. 27, 33–36, 57f.
Eichstädt, H. 129
Eilers, W. 117
Emmrich, H. 149

Euripides 195
Eyring, I. N. 129

Feix, J. 129, 137, 141
Fichte, J. G. 146, 161
Fohrer, G. 173
Forster, G. 182, 185, 189, 198
Foucher, P. 121–124, 238
Franke, O. 18, 20, 27, 38f., 41, 49
Frankfort, H. 140
Frankfort, H. A. 140
Fricke, G. 152
Friedrich der Große 18
Fu-hsi 55

Gadamer, H. G. 220
Gaubil, P. 21, 56
Gesenius, W. 178
Gibbon, E. 187–189, 233
Glasenapp, H. v. 20, 63–68, 70–74,
    78–81, 83–85, 88–94, 96–98, 100,
    102–104, 108–110, 112f.
Glockner, H. 21, 59, 241, 243
Göschel, K. F. 178
Goethe, J. W. v. 118–120, 130, 181, 206f.,
    221
Goldstücker, T. 80
Groot, J. J. M. de 20
Grundmann, J. 21f., 51
Guignes, J. de 18, 56
Guyon, J. M. 185

Haering, T. 146–148, 152, 172
Halde, J. B. du 18
Hamburger, K. 200
Haupt, W. 189
Heeren, A. 117
Hegel, G. W. F. passim
Hegel, H. 161
Heidegger, M. 220
Heine, H. 131
Hemsterhuis, F. 161
Hengstenberg, E. W. 178
Henrich, D. 160
Herder, J. G. 19, 21, 49, 51, 72, 130, 189
Herodot 116, 129, 131, 137f., 141–144,
    214, 238
Hesekiel 245
Hesiod 191–193, 212, 214
Heyne, C. G. 129
Hölderlin, F. 147, 152, 160f., 163–166,
    169, 176, 181, 189, 195
Hoffmeister, J. 152

Studien zur Theologie und Geistesgeschichte des 19. Jahrhunderts

Vandenhoeck & Ruprecht

Göttingen und Zürich